再启
产学融合研究生培养探索与实践

"跨区域、跨校际、跨行业"研究生联合培养基地案例库建设
深圳·北京校企艺术硕士研究生联合培养基地
产教融合与设计创新

Reboot
Exploration and Practice of Graduate Education
Integrated with Industry and Learning

"Cross Regions, Cross Universities, Cross Industries"
Construction of the Case Base of Graduate Joint Training Base

The University-enterprise Joint Training Base
of Shenzhen & Beijing for Art Major Postgraduates

Integration of Education and Design Innovation

潘召南　张宇锋　彭海浪　等　著
Pan Zhaonan, Zhang Yufeng, Peng hailang, et al

中国建筑工业出版社
CHINA ARCHITECTURE & BUILDING PRESS

设计学研究生教学改革实验　Teaching Reform Experiment for Graduate Students of Design

名誉主任 Honorary Director

罗中立 Luo Zhongli

主　任 Director

庞茂琨 Pang Maokun
唐青阳 Tang Qingyang

副主任 Deputy Director

焦兴涛 Jiao Xingtao
潘召南 Pan Zhaonan

委　员 Committee Member

（按姓氏拼音排序　In Alphabetical Order by Pinyin of Last Name）

曹意强 Cao Yiqiang	孙晓勇 Sun Xiaoyong
段胜峰 Duan Shengfeng	王天祥 Wang Tianxiang
方晓风 Fang Xiaofeng	王　铁 Wang Tie
郝大鹏 Hao Dapeng	韦　芳 Wei Fang
黄红春 Huang Hongchun	肖　平 Xiao Ping
黄　政 Huang Zheng	谢亚平 Xie Yaping
黄志达 Huang Zhida	杨吟兵 Yang Yinbing
焦兴涛 Jiao Xingtao	张宇锋 Zhang Yufeng
琚　宾 Ju Bin	张　月 Zhang Yue
刘　蔓 Liu Man	赵　宇 Zhao Yu
龙国跃 Long Guoyue	周维娜 Zhou Weina
罗　成 Luo Cheng	朱　飞 Zhu Fei
潘召南 Pan Zhaonan	左　益 Zuo Yi

文字整理 Executor

田雨阳 Tian Yuyang
赵骏杰 Zhao Junjie
陈彦德 Chen Yande

撰　稿 Writers

程智鹏 Cheng Zhipeng	唐青阳 Tang Qingyang	陈紫泉 Chen Ziquan
段禹农 Duan Yunong	万　征 Wan Zheng	崔守铭 Cui Shouming
黄红春 Huang Hongchun	谢亚平 Xie Yaping	傅慧雪 Fu Huixue
黄洪波 Huang Hongbo	严　肃 Yan Su	高佳会 Gao Jiahui
黄志达 Huang Zhida	颜　政 Yan Zheng	洪佳琦 Hong Jiaqi
琚　宾 Ju Bin	杨邦胜 Yang Bangsheng	金　琰 Jin Yan
李　飒 Li Sa	杨吟兵 Yang Yinbing	李　赫 Li He
刘　波 Liu Bo	张　峰 Zhang Feng	李　蕾 Li Lei
刘　曼 Liu Man	张　青 Zhang Qing	李佩瑜 Li Peiyu
龙国跃 Long Guoyue	赵一舟 Zhao Yizhou	李　硕 Li Shuo
潘召南 Pan Zhaonan	周炯焱 Zhou Jiongyan	刘霁娇 Liu Jijiao
彭海浪 Peng Hailang	周维娜 Zhou Weina	樊　可 Fan Ke
彭　军 Peng Jun	朱　飞 Zhu Fei	田雨阳 Tian Yuyang
石立达 Shi Lida	曹　悬 Cao Xuan	徐双双 Xu Shuangshuang
孙乐刚 Sun Legang	陈雪梅 Chen Xuemei	曾　麒 Zeng Qi
谭　晖 Tan Hui	陈彦德 Chen Yande	赵骏杰 Zhao Junjie
		赵子睿 Zhao Zirui

主办单位 Host Unit

四川美术学院
深圳广田集团股份有限公司（深圳站）
中国中建设计集团有限公司（北京站）
Sichuan Fine Arts Institute & Shenzhen Grandland Decoration Group Co.,Ltd.
（shenzhen）& China Construction Engineering Design Group Co., Ltd
（Beijing）

执行机构 Executor

四川美术学院
深圳广田集团股份有限公司
中国中建设计集团有限公司
Sichuan Fine Arts Institute & Shenzhen Grandland Decoration Group Co.,Ltd.&
China Construction Engineering Design Group Co., Ltd

重庆市教育委员会研究生教改重大项目
Postgraduate Educational Reform Major Project of Chongqing Education Committee

"跨区域、跨校际、跨行业"研究生联合培养基地案例库建设
"Cross Regions, Cross Universities, Cross Industries"
Construction of the Case Base of Graduate Joint Training Base
四川美术学院 · 深圳广田集团股份有限公司 · 中国中建设计集团有限公司

再启 产学融合研究生培养探索与实践
Sichuan Fine Arts Institute & Shenzhen Grandland Decoration Group Co.,Ltd. & China Construction Engineering Design Group Co.,Ltd.
Reboot Exploration and Practice of Graduate Education Integrated with Industry and Learning

项目管理：四川美术学院研究生处、四川美术学院建筑与环境艺术学院
Project Managers：Postgraduates Office of Sichuan Fine Arts Institute, Architecture and Environmental Art School, Sichuan Fine Arts Institute

学术委员会 Academic Council
（按姓氏拼音排序 In Alphabetical Order by Pinyin of Last Name）

段胜峰 Duan Shengfeng　　孙晓勇 Sun Xiaoyong
郝大鹏 Hao Dapeng　　　　王天祥 Wang Tianxiang
黄红春 Huang Hongchun　　王　铁 Wang Tie
黄志达 Huang Zhida　　　　肖　平 Xiao Ping
焦兴涛 Jiao Xingtao　　　　谢亚平 Xie Yaping
琚　宾 Ju Bin　　　　　　　杨邦胜 Yang Bangsheng
刘　曼 Liu Man　　　　　　余　毅 Yu Yi
龙国跃 Long Guoyue　　　　周炯焱 Zhou Jiongyan
潘召南 Pan Zhaonan　　　　周维娜 Zhou Weina
庞茂琨 Pang Maokun　　　　赵一舟 Zhao Yizhou
彭海浪 PengHailang　　　　赵　宇 Zhao Yu
彭　军 Peng Jun　　　　　张　月 Zhang Yue
苏永刚 Su Yonggang　　　　张宇锋 Zhang Yufeng

工作站负责人 Studio Directors
潘召南（校方站长）College Director：Pan Zhaonan
彭海浪（企业站长）Enterprise Director：Peng Hailang
张宇锋（企业站长）Enterprise Director：Zhang Yufeng

导师团队 Tutors
校方导师 School Mentor
（四川美术学院）潘召南 黄红春 赵 宇 余 毅 龙国跃 谢亚平 黄洪波 谭晖 刘 曼 许 亮 杨吟兵 赵一舟
（清华大学美术学院）李 飒 张 月
（中央美术学院）常志刚 王 铁
（西安美术学院）周维娜
（天津美术学院）彭 军
（四川大学艺术学院）周炯焱 段禹农 万 征
（南京艺术学院）朱 飞
College Tutors：
（Sichuan Fine Arts Institute）Pan Zhaonan, Huang Hongchun, Zhao Yu, Yu Yi, Long Guoyue, Xie Yaping, Huang Hongbo, Tan Hui, Liu Man, Xu Liang, Yang Yinbin, Zhao Yizhou
（Academy of Arts & Design, Tsinghua University）Li Sa, Zhang Yue

（Central Academy of Fine Arts）Chang Zhigang, Wang Tie
（Xi'an Academy of Fine Arts）Zhou Weina
（Tian Jin Academy of Fine Arts）Peng Jun
（Arts College of Sichuan University）Zhou Jiongyan, Duan Yunong, Wan Zheng
（Nanjing University of the Arts）Zhu Fei
工作站导师 Studio Tutors
程智鹏 黄志达 琚 宾 刘 波 彭海浪 石立达 孙乐刚 肖 平 薛 峰 严 肃 颜 政 杨邦胜 张 青 张宇锋 赵中宇 韩居峰 张 峰
Enterprise Tutors：
Cheng Zhipeng, Huang Zhida, Ju Bin, Liu Bo, Peng Hailang, Shi Lida, Sun Legang, Xiao Ping, Xue Feng, Yan Su, Yan Zheng, Yang Bangsheng, Zhang Qing, Zhang Yufeng, Zhao Zhongyu, Han JuFeng, Zhang Feng

工作组 Administration Group
校方管理人员 – 刘娜娜 李 屹 王珩珂 田雨阳
深圳站建站企业广田集团管理人员 – 钱 政
北京站建站企业中建设计集团管理人员 – 赵 旭

进站学生 Workstation Student
（四川美术学院）曹 悬 曾 麒 陈雪梅 陈彦德 高佳会 金 琰 李 蕾 刘霁娇 田雨阳 徐双双 赵骏杰 赵子睿
（清华大学）李 硕
（天津美术学院）李 赫 李佩瑜
（西安美术学院）洪佳琦 傅慧雪
（四川大学）崔守铭 樊 可
（南京艺术学院）陈紫泉
（Sichuan Fine Arts Institute）Cao Xuan, Zeng Qi, Chen Xuemei, Chen Yande, Gao Jiahui, Jin Yan, Li Lei, Liu Jijiao, Tian Yuyang, Xu Shuangshuang, Zhao Junjie, Zhao Zirui
（Tsinghua University）Li Shuo
（Tianjin Academy of Fine Arts）Li He, Li Peiyu
（Xi'an Academy of Fine Arts）Hong Jiaqi, Fu Huixue
（Sichuan University）Cui Shouming, Fan Ke
（Nanjing University of the Arts）Chen Ziquan

再启
产学融合研究生培养探索与实践

Reboot
Exploration and Practice of Graduate Education Integrated with Industry and Learning

"四川美术学院校企联合培养硕士研究生工作站"项目简介
Introduction of Sichuan Fine Arts Institute and Enterprises Joint Training Postgraduates Workstation

校企联合培养研究生工作站(设计学科·深圳站、北京站)简介
Introduction of the College and Enterprises Joint Postgraduates Training Workstation (Design discipline·Shenzhen, Beijing)

四川美术学院校企联合培养硕士研究生工作站(环境设计专业),简称"校企联合培养研究生工作站",2021年9月—2022年6月(第七期)由四川美术学院、深圳广田集团股份有限公司、中国中建设计集团有限公司有限公司共同主办北京站、深圳站的联合培养。校企联合培养研究生工作站本着"互惠共享、互利共赢、共同发展"的原则,于2014年5月在中国深圳市正式挂牌成立,是中国设计学科环境艺术设计方向的第一个"跨区域、跨校际、跨行业"的多校、多企联合培养研究生平台。

天津美术学院、南京艺术学院、四川大学、中南大学等8所院校参与,利用设计学科的优势与深圳、北京的专业设计机构和行业合作,共建育人平台,共享信息资源,共用人力资源,创新产学合作协同育人的方法,实现"跨区域、跨校际、跨行业"的远程培养新模式,以"育人、用人、塑人"的培养路径,打通学校与企业的上下游通道,搭建创新与共享一体化的研究生培养平台。

Sichuan Fine Arts Institute University-Enterprise Joint Training Postgraduate Workstation (Environmental Design Major), short for "University-Enterprise Joint Training Postgraduate Workstation", from September 2021 to June 2022 (the seventh phase) jointly sponsored by Sichuan Fine Arts Institute, Shenzhen Guangtian Group and China Construction Engineering Co., LTD., Beijing station and Shenzhen Station joint training. In line with the principle of "mutual benefit and sharing, mutual benefit and win-win, and common development", university-enterprise Joint Postgraduate Training Workstation was officially established in Shenzhen, China in May 2014. It is the first cross-regional, cross-university and cross-industry joint postgraduate training platform of environmental art design discipline in China.

University-enterprise joint training graduate workstation give full play to the sichuan fine arts institute, tsinghua university academy of fine arts, central academy of fine arts, xi 'an academy of fine arts, tianjin academy of fine arts, nanjing art institute, sichuan university, central south university and other 8 colleges and universities to participate in, take advantage of the design disciplines and shenzhen, Beijing professional design agencies and industry cooperation, to build educational platform, share the information resources, Sharing human resources, innovating the method of industry-university cooperation and collaborative education, realizing the new long-distance training mode of "cross-region, cross-university and cross-industry", opening up the upstream and downstream channels between schools and enterprises with the cultivation path of "educating, employing and shaping people", and building a postgraduate training platform integrating innovation and sharing.

宗旨 Aim

校企联合培养研究生工作站充分发挥四川美术学院、清华大学美术学院、中央美术学院、西安美术学院、

运作方式 Operating Mode for Environmental Design Postgraduates

整合高校学科资源和企业项目资源,建立产学合

四川美术学院校企联合培养硕士研究生2022（第七期）
深圳广田集团股份有限公司深圳工作站 & 中国中建设计集团有限公司北京工作站
Sichuan Fine Arts Institute And Enterprise Joint Training Workstation of Postgraduate Students 2022 (Phase 7)
Shenzhen Grandland Decoration Group Co.,Ltd. & China Construction Engineering Design Group Corporation Limited Beijing Workstation

作的校企联合培养研究生工作站，工作站针对研二的学生，进行为期一学年的进站培养，第一学期在深圳、北京企业培养，第二学期返校后通过网络视频继续开展设计与课题研究指导。在深圳、北京聚集两地知名设计企业搭建研究生培养平台，并聘请驻站企业的精英设计师带项目、课题进站，成为驻站导师；在校研究生通过遴选的方式，成为进站学员，并跟随导师进入设计企业学习。驻站导师通过实际项目指导研究生展开设计创新和课题研究，将最前沿设计理念、设计方法以及设计经验传授给学生。目前，研究生工作站已拥有16位优秀的企业导师，他们除各自指导跟读的研究生外，还定期开设导师讲堂，针对所有进站学生授课。网络视频指导汇集了企业导师、学校导师共同智慧，参与研究生工作站的教学过程，达到了产学合作、协同育人的目的，提升了研究生们的知识与能力。

Integrating the discipline resources and enterprise project resources, we established the College and Enterprises Joint Postgraduates Training Workstation. The workstation is for the students of the second year of postgraduate study, with a term of one academic year. In the first semester, we trained students in enterprises in Shenzhen and Beijing. In the second semester, students returned to school and we continued to conduct design and subject research to guide them through online videos. We gather well-known design enterprises in Shenzhen and Beijing to build a postgraduate training platform, and employ domestic elite designers of the enterprises to bring projects and topics into the station and become resident tutors. Through selection, graduate students in school become entry students, and follow the tutor to enter the design enterprise for study. The Resident Tutor guides the graduate students to carry out design innovation and subject research through practical projects, and imparts the most cutting-edge design concept, the most design method and design experience to the students. At present, the graduate workstation has more than 10 excellent enterprise mentors. In addition to the graduate students who guide their own follow-up, they also regularly set up tutor lectures for all incoming students. The online video guidance brings together the common wisdom of enterprise tutors and school tutors, participates in the teaching process of graduate workstation, achieves the goal of production university cooperation and collaborative education, and truly complements the lack of knowledge and ability of graduate students in the campus.

建站意义 The Significance of Postgraduates Training Workstation

针对高校设计学科研究生培养与社会需求脱节、理论与实践割裂的问题，由四川美术学院组织创建的国内第一个校企联合研究生培养工作站，为高校设计学科研究生教育教学改革进行创新性与探索性实践，为实现应用性学科教育贴近社会、生活、行业、市场贡献有价值的经验。

In view of the problem of the disconnection between the postgraduate training of design discipline and the social demand, and the separation of theory and practice, the first university enterprise joint postgraduate training workstation in China, organized and established by Sichuan Fine Arts Institute, carrying out innovative and exploratory practice for the postgraduate education and teaching reform of design discipline in Colleges and universities, and contributes to the realization of the practical discipline education close to the society, life, industry and market value experience.

校企联合培养研究生工作站将通过建立校企、校校多边联盟的方式，促进企业与高校的广泛合作与交流，创新中国设计教育人才培养模式，推动设计教育与设计行业接轨，传承中国设计精神，激发青年学子设计强国的梦想与热情。

The College and Enterprises Joint Postgraduates Training Workstation will promote the extensive cooperation and exchange between enterprises and universities, and innovate the talent training mode of Chinas design education, and promote the integration of design education and design industry, and inherit the Chinese design spirit, and stimulate the dreams and enthusiasm of young students who are strong in design.

四川美术学院 · 深圳广田集团股份有限公司 · 中国中建设计集团有限公司

校企联合培养研究生工作站负责人简介

Sichuan Fine Arts Institute & Shenzhen Grandland Decoration Group Co.,Ltd.& China Construction Engineering Design Group Co.,Ltd
Introduction of the Principal of University-enterprise Joint Training Postgraduate Workstation

潘召南
Pan Zhaonan

毕业院校：1983 年 7 月 – 1987 年 7 月
　　　　　就读于四川美术学院工艺美术设计系
工作单位：1987 年 7 月就职于四川美术学院至今
职务职称：四川美术学院创作科研处处长、三级教授、博士生导师、
　　　　　资深室内设计师、国际 A 级景观设计师、中国美术家
　　　　　协会会员

近年获奖和代表作品

2020 年 12 月《寻》《行》获重庆市社会科学优秀成果奖（三等奖）。
2020 年 12 月获"建筑装饰行业科学技术奖"（国科奖社字第 0313 号）。
2019 年 12 月获"光华龙腾奖 2019 中国装饰设计业推动金质奖章"（国科奖社字第 0223 号）。
2019 年 10 月设计作品"重器、重地、众心——中国重大国防主题旅教基地功能性规划设计"入选第十三届全国美展。
2014 年 11 月合作作品"四川美术学院校园景观设计——共生·校园（1000 亩）"获"第十二届全国美展铜奖"。

个人荣誉：

- 2015 年 3 月，被评为"2014 中国设计年度人物"。
- 2016 年 4 月，教育部人文社会科学研究项目评审专家。
- 2017 年 2 月，国家社科基金艺术学项目评审专家。
- 2018 年 10 月，国家艺术基金会项目评审专家。
- 2019 年 11 月，入选重庆市委首批"重庆英才计划——创新领军人才"。
- 2019 年 12 月，被重庆市教委授予"巴渝学者特聘教授"。

研究项目

2014 年	主持研究"十二五重大国家科技支撑项目——中国传统村落民居营建工艺保护、传承与利用技术集成"课题（已结题）。
2017 年 8 月	主持重庆市研究生教改重大项目——"跨区域、跨校际、跨行业"研究生联合培养案例库建设。
2018 年 5 月	主研国家艺术基金"重拾营造——中国传统村落民居营造工艺研究成果展"项目（已结题）。
2019 年 6 月	主持重庆市研究生教改重大项目——"跨区域、跨校际、跨行业"研究生联合培养案例库建设。
2021 年 8 月	主持国家社科基金项目"乡村建设设计伦理问题与策略研究"。
2021–2022 年	主持重庆市重大城市建设项目"重庆美术公园方案设计"。

近年出版多部著作

2018 年《聚》，中国建筑工业出版社。
2019 年《顾》，中国建筑工业出版社。
2020 年《重识》，中国建筑工业出版社。
2008 年《生态水景观设计》（2012 再版），西南大学出版社。
2021 年《振兴·来自西部乡村的力量——乡村建设中的地方性立场与民族性视域》，西南大学出版社。

再启　产学融合研究生培养探索与实践
深圳广田集团股份有限公司 & 中国中建设计集团有限公司北京工作站
Reboot　Exploration and Practice of Graduate Education Integrated with Industry and Learning
Shenzhen Grandland Decoration Group Co.,Ltd. & China Construction Engineering Design Group Corporation Limited Beijing Workstation

张宇锋
Zhang Yufeng

中国中建设计集团有限公司党委委员、总经济师

中建城镇规划发展有限公司董事长

社会职务

中国建筑学会工程总承包专业委员会秘书长

四川美术学院硕士研究生导师

中央企业青年联合会副秘书长

中央企业青年志愿者协会副主席兼秘书长

中国建筑青年联合会执行秘书长

中国青年企业家协会理事

北京市人力资源和社会保障局评标专家

个人简介

　　张宇锋先生为国家发改委 PPP 专家库、财政部 PPP 专家库专家，曾参与中国平安全国后援中心项目，获"中国建设工程鲁班奖""全国建筑装饰奖"、上海市建设工程"白玉兰"奖；参与上海环球金融中心项目，获"全国建筑装饰工程奖"；参与北京香格里拉饭店项目，获"第十五届亚太地区室内设计大奖金奖"；参与大连国际机场航站楼工程，获"北京市建筑装饰优良工程奖"；参与中国华能大厦装饰工程，获 2010 年"美国 LEED 绿色建筑金奖"；参与中国国际贸易中心三期工程，获"中国建设工程鲁班奖"；参与徐州北三环高架环线工程，获"中国建设工程鲁班奖"等。

项目荣誉及个人成就

■ 2001 年，大连极地海洋动物馆项目获"辽宁省优质工程奖"。

■ 2001 年，双威视讯网络有限公司办公楼工程获"北京市优质奖"。

■ 2007 年，中国平安全国后援中心工程获"中国建设工程鲁班奖""全国建筑工程装饰奖"、上海市建设工程"白玉兰"奖、上海市优秀建设工程"金石奖"。

■ 2007 年，北京香格里拉饭店餐厅工程获"第十五届亚太区室内设计金奖"。

■ 2010 年，大连周水子国际机场新航站楼工程获"全国建筑工程装饰奖"。

■ 2010 年，北京华能大厦办公楼获"美国 LEED 绿色建筑金奖"、中国国际空间环境艺术设计大赛办公工程类"筑巢奖"金奖。

■ 2010 年，取得"多层木积材造型艺术墙"实用新专利（专利号：201020269231.X）。

■ 2011 年，中国国际贸易中心三期工程获"中国建设工程鲁班奖"。

■ 2010 年，主持"高档酒店建筑装饰成套施工技术集研究"。

■ 2011 年，参与国家"十二五"科技支撑计划项目、装配式建筑原型科技支撑计划项目：装配式建筑原型设计、设备及全装修集成技术研究与示范。

■ 2012 年，在中国建筑装饰设计界成绩显著，获"中国照明设计应用大赛金奖"。

■ 2017 年，徐州北三环高架线工程获"中国建设工程鲁班奖"。

■ 2004 年，获"中国杰出青年室内建筑师"。

■ 2006 年，全国建筑工程装饰奖获项目经理。

■ 2006 年，获北京市建筑装饰行业"科技进步先进个人"称号。

■ 2006 年，《环境与人的关系》获"中华制漆杯"科技论文二等奖。

■ 2006 年，获"全国建筑装饰优秀项目经理"称号。

■ 2007 年，获"全国建筑装饰优秀项目经理"称号。

■ 2008 年，获"全国建筑装饰优秀项目经理"称号。

■ 2008 年，在中国建筑装饰设计界成绩显著，获全国有成就的资深室内建筑师。

■ 2009 年，获"全国建筑装饰优秀项目经理"称号。

■ 2010 年，获"全国建筑装饰优秀项目经理"称号。

四川美术学院 · 深圳广田集团股份有限公司 · 中国中建设计集团有限公司

校企联合培养研究生工作站负责人简介

Sichuan Fine Arts Institute & Shenzhen Grandland Decoration Group Co.,Ltd.& China Construction Engineering Design Group Co.,Ltd
Introduction of the Principal of University-enterprise Joint Training Postgraduate Workstation

彭海浪
Peng Hailang

广田设计院院长、董事
高级环境艺术设计师
高级工程师
高级室内建筑师
广州美术学院 硕士生导师
四川美术学院 硕士生导师

获奖经历

 曾获第九届中国国际空间大赛（中国建筑装饰设计奖）"十大杰出建筑装饰设计师""岭南设计功勋奖""中外酒店（八届）白金奖十大白金设计师""2016中国设计年度人物"等荣誉。建筑室内设计作品曾多次获"金鹏奖""绿棕榈奖""筑巢奖""亚太室内设计双年展大奖"等国际国内大奖。

设计主张

对于室内设计来说，最重要的就是塑造空间的灵魂，与空间对话，寻求最完美的契合点。同时，它也要跟时间对话，它要"清楚过去，立足现在，面向未来"。这句话的意思是，设计不仅仅为当下，它也要关注过去，从历史中得到启迪。面向未来指的是我们不要为当下的潮流元素、现象所迷惑，要看到事物的本质与发展趋势，这样才能拥有相对完美的空间理解，空间永远不能失去时间这一重要参考系。要将时、空二者当作一个整体，不能分开考虑。

韩居峰
Han Jufeng

毕业院校：清华大学，硕士
高级室内建筑师、高级工程师
中国室内装饰协会设计专业委员会，副秘书长
中国建筑装饰协会材料应用分会，副会长
北京侨信装饰工程设计院有限公司，董事长

国家人社部"室内装饰设计师职业技能国家标准"参编专家
教育部"1+X 室内装饰设计师职业技能评价标准"参编专家

曾获奖项与荣誉

2020年，获"中国设计金堂奖卓越人物奖"。2019年，获中国建筑学会颁发"杰出室内建筑师"称号。
2017年，获"中国设计年度人物"。2017年，获"光华龙腾奖中国建筑装饰突出贡献银质奖章"。
2017年度入选"中国室内设计师TOP100榜单"。2016年度入选"中国民族建筑设计年度人物"。
2014年，获"中国居然杯CIDA杯中国室内设计大奖"。2013年度获"中国资深室内建筑师"称号。
2012年，获"中国杰出中青年室内建筑师"称号。2012年度住房和城乡建设部颁发的"全国建筑装饰行业优秀企业家"称号。
2010年，获中国亚太国际室内设计"筑巢奖"银奖。
2008年，获"中国室内设计精英奖"。
2005年，获"中国室内设计双年展银奖"。

设计主张

设计态度与设计观是追求"设计的本质"，力求还原室内建筑设计的真正意义与实质，反对为了"设计而设计"。室内建筑师应该担负起更多的社会责任、历史责任、环境责任，在不断的设计实践中关注社会与文化问题。

再启　产学融合研究生培养探索与实践
深圳广田集团股份有限公司 & 中国中建设计集团有限公司北京工作站
Reboot　Exploration and Practice of Graduate Education Integrated with Industry and Learning
Shenzhen Grandland Decoration Group Co.,Ltd. & China Construction Engineering Design Group Corporation Limited Beijing Workstation

赵中宇
Zhao Zhongyu
中建设计集团总建筑师
教授级高级建筑师
国家注册一级建筑师
沈阳建筑工程学院学士
沈阳建筑大学硕士

设计主张

以技艺传承文化，以建筑创新生活，以匠心筑造未来。

在二十余年的建筑实践中，赵中宇先生在大型城市综合体、旅游度假建筑、文化教育建筑等领域主持完成了大量的设计作品，对建筑的形式与功能、继承与发展、经济和文化等方面，形成了深刻的理解和认识。同时，赵中宇先生还致力于装配式建筑、智慧建筑及 BIM 技术领域的科技研发，主持国家"十三五"重点研发计划项目、国家"十二五"科技支撑计划课题、国家863课题的研发工作，主编国家标准图集《装配式混凝土结构住宅建筑设计示例（剪力墙）》，参加多项国家规范、行业标准的编制工作。

薛　峰
Xue Feng
工作单位：中国中建设计研究院有限公司
技术职称：教授级高级建筑师
现任职务：党委委员、总建筑师
住房和城乡建设部科学技术委员会社区建设专业委员会委员
住房和城乡建设部城乡规划标准化技术委员会委员
住房和城乡建设部建筑设计标准化技术委员会委员

住房和城乡建设部建筑环境与节能标准化技术委员会委员
中国建筑学会创新产业园区规划设计学术委员会副主任
中国建筑学会工程总承包专业委员会副主任
中国房地产业协会住宅技术委员会副主任
中国建筑节能协会副秘书长

1988 年 7 月 –2003 年 6 月，解放军总后勤部建筑设计研究院，文职军人，建筑师
2003 年 6 月至今，中国中建设计集团有限公司集团党委委员、总建筑师、总部一院院长、第一设计所所长、副总建筑师

　　主持的设计项目获得"中国建筑卓越项目奖"1项、"中国建筑工程总公司优秀勘察设计一等奖"2项、"全国优秀工程勘察设计行业奖"6项、"北京市优秀工程勘察设计奖"8项、"内蒙古自治区城市规划（城市设计）编制优秀成果奖"1项、"中国建筑学会中国建筑设计奖"4项、"中建总公司优秀勘察设计奖"16项，总计38项省部级优秀工程勘察设计奖。获得住房和城乡建设部"华夏建设科学技术奖"3项、"中建集团科学技术奖"4项、"中国建筑学会科技进步奖"2项、"中国房地产业协会科学技术奖"2项、"全国绿色建筑创新奖"1项、"中国规划学会科技进步奖"1项，总计13项省部级科学技术奖。主编参编国家、地方和团体标准30余项，出版学术著作5部，编著9部，发表学术论文30余篇，获发明专利4项，实用新型专利3项，软件著作权5项。获得 2017-2018 年度中国建筑集团"中国建筑工匠"称号，享受国务院政府特殊津贴专家，东南大学博士生导师。

四川美术学院 ・深圳广田集团股份有限公司 ・中国中建设计集团有限公司

校企联合培养研究生工作站负责人简介
Sichuan Fine Arts Institute & Shenzhen Grandland Decoration Group Co.,Ltd.& China Construction Engineering Design Group Co.,Ltd
Introduction of the Principal of University-enterprise Joint Training Postgraduate Workstation

设计主张

项目是公司最基本的业务单元，是公司最具活力的组织细胞。设计管理不应只关注设计项目的管理，设计管理要着眼于更高层面——团队和公司，作为团队的管理者更应该将眼光聚焦于设计产业链条，思考设计管理。

石立达
Shi Lida
毕业学校：中南财经政法大学，国际金融专业
任职单位：深圳市广田建筑装饰设计研究院，行政院长

曾获奖项与荣誉

严肃从事设计行业二十多年，擅长建筑空间、园林景观、灯光、照明等设计领域，他主持设计的"百事达白金乐酒店""甘肃省陇能商务大酒店""百色右江景观带""宁波华诚花园样板房""成都世季映像小区售楼处景观项目"等项目曾获得了"全国建筑工程优质工程管理与设计奖"、"国际环艺创新设计大赛酒店设计工程一等奖"、"国际环艺创新设计大赛景观设计类一等奖"、中国国际空间环境艺术设计大赛"筑雀奖"、国际环境艺术创新设计"华鼎奖"景观类一等奖等知名设计奖项。他还曾获得"中国设计年度人物提名""中国国际世纪艺术博览会年度资深设计师""中外酒店白金奖中国十大室内设计师"等荣誉称号。

在丰富的项目实践基础上，严肃发表了《环境心理学理论浅析——对设计创作的影响》《中外室内装饰设计风格比较》《灯光在酒店空间的运用》《可持续性的景观设计》等多篇学术论文，在业界享有极高的声誉。

严肃以"注重人性化，平和中彰显个性"的独特设计风格，致力于可持续设计，在设计思考中平衡经济、环境、文化、道德因素。赋予建筑、景观可持久的生命力，让城市的发展保持活力。

严 肃
Yan Su
高级室内建筑师、高级景观设计师，清华大学高级建筑室内设计高研班，瑞士伯尔尼建筑科技大学硕士，北京林业大学景观设计研究生毕业。现任深圳市广田建筑装饰设计研究院副院长、罗湖区旧改项目设计师、中国饭店协会设计与工程委员会常务理事、中国饭店协会国家级评审会会员

再启　产学融合研究生培养探索与实践
深圳广田集团股份有限公司 & 中国中建设计集团有限公司北京工作站
Reboot　Exploration and Practice of Graduate Education Integrated with Industry and Learning
Shenzhen Grandland Decoration Group Co.,Ltd. & China Construction Engineering Design Group Corporation Limited Beijing Workstation

张　峰
Zhang Feng

毕业于长沙理工大学，意大利米兰理工大学 EMBA
深圳广田集团股份有限公司、深圳广田设计研究院董事、联席院长
高级工艺美术师、建筑装饰设计高级工程师、高级室内建筑师
深圳市专家人才联合会成员及副会长，深圳装饰行业专家库成员
长沙理工大学校外研究生导师，长沙理工大学客座教授

从事室内装饰设计 20 年，在室内装饰领域的星级酒店、文旅主题特色精品酒店、企业总部及企业园区总部、医疗、商业行业有丰富的设计经验和作品。13 年的装饰上市企业设计院的管理经验，在设计院人才储备和培养、校企合作"产—学—研"、绿色设计、装饰装配化研发方面是新时代年轻力量的突出代表，对装饰设计行业的推动有一定的贡献。

设计主张

空间是一个对立与统一的矛盾体：善与恶、真与伪、美与丑、黑与白、中与西、古典与现代；但也是因对立而存在，所以设计过程应该是一个夸张与严谨、超越与务实相平衡的过程。
我认为应该把空间和环境当作有灵魂的个体加以尊重，对它们付出我的虔诚和热情。

曾获奖项与荣誉

2018 年，获"深圳市十大青年设计师"。2019 年，获"中国酒店业杰出青年设计师"。
2019 年，获"光华龙腾奖中国装饰行业十大杰出青年奖"。
2020 年，任深圳市专家人才联合会成员及副会长。
2020 年，荣获"深圳首届工程优秀科技人才优秀工程师奖"。2020 年，获"中国设计年度人物奖"。

杨邦胜
Yang Bangsheng

YANG 设计集团创始人、总裁、首席设计师
APHDA 亚太酒店设计协会副会长
中国室内装饰协会（CIDA）副会长
中国建筑学会室内设计分会（CIID）副理事长
中国陈设艺术专业委员会（ADCC）副主任
中国装饰设计业十大杰出青年评审委员会执行主席

设计主张

1. 设计是解决问题，机电、灯光、景观、建筑、室内设计、酒店服务必须相互配合和谐统一，才会让人感到舒适；
2. 设计的价值不是简单的风格和创新，而是根植其中的文化属性；
3. 设计从来不是无中生有。对于传统文化，取其精髓，创新求变。唯有思变，方能传承；
4. 文化特性是酒店设计的核心，但文化的传达不应只是触碰事物表面；
5. 风格是多变的，唯有文化恒存；
6. 中国酒店设计方向应是站在民族、地方特色的本位，审视世界酒店的流行风向，这也是室内设计师的立足之本；
7. 做吝啬的设计。在地球资源有限的今天，设计师应力求通过简单、极致的设计，通过创意去改变空间的美感，创造项目的价值；
8. 保持内心的本真纯粹，才能做出好的作品。

四川美术学院 ·深圳广田集团股份有限公司 ·中国中建设计集团有限公司

校企联合培养研究生工作站负责人简介
Sichuan Fine Arts Institute & Shenzhen Grandland Decoration Group Co.,Ltd.& China Construction Engineering Design Group Co.,Ltd
Introduction of the Principal of University-enterprise Joint Training Postgraduate Workstation

颜 政
Yan Zheng

梓人设计董事、设计总监
高级室内建筑师

个人简介

颜政女士，大学主修服装设计，后于法国国立工艺学院（Le CNAM）深造。在她近20年的室内设计生涯中，倡导空间感受的"极致优雅"，以国际化视野诠释当下中国高净值人群的典雅生活。

社会职务 & 个人荣誉

深圳市室内设计师协会副会长
中华文化促进会人居文化委员会副主任
2019年，获"中国设计年度人物"。
2018年，获"胡润百富最受青睐华人设计师"。
2018年，获"粤港澳大湾区设计行业推动人物（杰出榜）"。
2008年，获"中国建筑装饰协会当代最受尊敬的杰出设计师"。
蝉联四届"深圳市最佳室内设计师"。

获奖经历

■ 2019年，柏林"Design Awards 金奖"。
■ 2019年，巴黎"Design Awards 金奖"。
■ 2019年，法国"DNA Winner – 设计奖"。
■ 2019年，英国"SBID-finalist 国际设计大奖"。
■ 2019年，日本"JCD 国际商空设计 longlist 入围奖"。
■ 2018年，英国"LICC 伦敦国际创意决选奖"&"荣誉提名奖"。
■ 2017年，美国"IDA Honorable Mention 荣誉奖"。
■ 2017–2018年度意大利"A' Design Award 国际设计金奖"。
■ 2016年，德国 IF"INTERIOR ARCHITECTURE INTERIOR DESIGN"设计大奖。
■ 2015年，英国 SBID"Best Residential Project under 1 Million 金奖"。
■ 2015年，英国"London Design Award 设计大奖"。

设计主张

每个空间都是为解决人特定的生存功能而存在的，空间是每个特定生活行为的背景，个体生命体验的差异使不同的人群对空间有不同的归属感，开始一个空间创作的第一步便是把握使用者的精神内涵。设计的过程便是将这种抽象的精神转化成有质感的物质空间的过程，这很像拍电影，故事的内核有了，脚本也就渐渐地出来了，其余的有关于设计语言、选材、物料等，就如同电影拍摄的舞美、灯光、音乐、角色的选定，该怎么演完全取决于对那个结果的诉求，不会刻意突出某个单独的细节，一定服从于核心和整体，也不需要为每一个空间赋予单一的主题或答案，有时候客人所需要的就是多重而复合的感受，使用者需要的是言已尽而意无穷的想象空间和自己的生活加入之后，空间的再丰富和再创作。但有一个是不变的，那就是品质与耐看，极致的优雅。

再启　产学融合研究生培养探索与实践
深圳广田集团股份有限公司 & 中国中建设计集团有限公司北京工作站
Reboot　Exploration and Practice of Graduate Education Integrated with Industry and Learning
Shenzhen Grandland Decoration Group Co.,Ltd. & China Construction Engineering Design Group Corporation Limited Beijing Workstation

琚　宾
Ju Bin

设计师、创基金理事、水平线设计品牌创始人兼首席创意总监

设计主张

"无创新，不设计。"

致力于研究中国文化在建筑空间里的运用和创新，以个性化、独特的视觉语言来表达设计理念，以全新的视觉传达来解读中国文化元素。

在作品中，将"当代性""文化性""艺术性"共融、共生，以此作为设计语言，用于空间表达。从传统与当下的共通、碰撞处，寻找设计的灵感。在艺术与生活的交错、和谐处，追求设计的本质。在历史的记忆碎片与当下思想的结合中，寻找设计文化的精神诉求。

张　青
Zhang Qing

毕业院校：海南热带农业大学（现海大）
工作单位：深圳市凸凹空间设计合伙人

设计主张

■ 不断发现美，就是创造的过程。——让生命有温度！

■ 绘画不只是画画，可能就是一种思维方式，也可能是一种解开问题的渠道，又可能是自我认知的一种方式。

■ 美是没有目的和功利的，美是一种无目的的快乐。美是看不见的竞争力，关键是如何保持高度的创造力！

■ 找回自己的状态，安静下来，会听到很多声音，这是一种"空"的状态。

■ 美需要进入每个个体，各有各的领悟，在不停地领悟中感受。什么时候有些许体会了，就是在发现美的过程。

■ 美需要积累和发现，大量的库存和积累，不经意间就会出现。

■ 美让生命对待压力、痛苦等，会以此释放情绪。

■ 我们现实中是不可能纯粹的，会有很多牵挂。

■ 美是现实生活的补充。

■ 春日在天涯，天涯日又斜。莺啼如有泪，为湿最高花。

■ 美不可旁观，一定要摄入，在其中，才会被感动。

■ 一直勉励自己不断去寻求生命中的美！

四川美术学院 ·深圳广田集团股份有限公司 ·中国中建设计集团有限公司

校企联合培养研究生工作站负责人简介
Sichuan Fine Arts Institute & Shenzhen Grandland Decoration Group Co.,Ltd.& China Construction Engineering Design Group Co.,Ltd
Introduction of the Principal of University-enterprise Joint Training Postgraduate Workstation

孙乐刚
Sun Legang

任职单位：深圳九唐设计集团有限公司
深圳九唐设计集团有限公司创始人、董事长

社会职务 & 个人荣誉

法国 CNAM 学院硕士，高级工程师，高级室内建筑师
中国首届特级室内设计师
中国建筑装饰协会室内设计分会副会长
深圳建筑装饰协会室内设计分会执行会长
中国设计年度人物专家提名委员会委员，执行委员会委员
中国 CBDA《室内空间照明设计标准》评审专家

获奖经历

■ 2021 年，获美国 " MUSE DESIGN AWARD 缪斯设计大奖铂金奖"。
■ 2021 年，获意大利 "A' DESIGN AWARD 设计大奖金奖"。
■ 2021 年，获英国 "IPA 国际房产大奖"。
■ 2021 年，获美国室内设计杂志中文版 "金外滩" 最佳公共空间设计奖。
■ 2021 年，获中国 "装饰设计奖（CBDA 设计奖）空间方案类金奖"。
■ 2020 年，获英国 "OPAL 伦敦杰出地产奖"。
■ 2020 年，获 "中国装饰设计奖（CBDA 设计奖）空间方案类金奖" / "空间工程类金奖"。
■ 2020 年，获 "TOP10 中国设计头条年鉴榜年度设计专案奖"。

设计主张

　　设计首先是实用美术的范畴，是要为人服务的，开展一项设计，再好的理念也应满足这项基本要求，设计师应站在生活的前沿，适度、适时地把新的生活方式和新的体验融入设计，带给使用者全新感受。好的作品如一缕清风，吹及内心；好的设计也应体现投资方的价值需求，是艺术表达和使用要求的合体。

再启　产学融合研究生培养探索与实践
深圳广田集团股份有限公司 & 中国中建设计集团有限公司北京工作站
Reboot　Exploration and Practice of Graduate Education Integrated with Industry and Learning
Shenzhen Grandland Decoration Group Co.,Ltd. & China Construction Engineering Design Group Corporation Limited Beijing Workstation

程智鹏
Cheng Zhipeng
毕业学院：北京林业大学

广东省风景园林领军人才、广东十佳青年风景园林师、广东省城乡规划专家（首批）、深圳杰出风景园林师（首届）。

程智鹏师承孟兆祯院士、周曦教授，践行风景园林传承文化传统、引领科学创新的使命，主持了上步绿廊公园、百花儿童友好街区、澳门大学横琴新校区、东莞松山湖核心片区、深圳光明海绵示范区提升等大量项目的规划设计实践，并获得了包括风景园林行业最高奖"计成奖"等国家级、省部级奖项30余项，专利10余项，持续为构建绿色、宜居、可持续的美好生活环境贡献力量。

设计主张

在风景园林行业多年的探索与实践中，深感风景园林行业应该高瞻远瞩，在生态文明建设的大背景下，发挥全面的主导作用。风景园林应当承担起多专业协作组织者和践行者的角色，以更宏观的视野广泛吸纳并融合产业链上下游专业及平行专业的方法与工作，以地脉、文脉风景和绿色基础设施引导新一轮的城市化建设，这也赋予了新时代下的风景园林新的使命：
1. 倡导生态评估及风景评价，发挥风景园林在生态文明建设中的先导作用。
2. 深化"海绵城市"和"城市双修"实践，发挥风景园林在构筑绿色基础设施中的载体作用。
3. 参与"田园综合体"建设，发挥风景园林在创造美好人居环境、提供优质生态产品中的保障作用。
4. 着手"生态都市主义"探索，发挥风景园林在多学科协作中的融合作用。

风景园林应当从全球生态系统出发，在构建人类命运共同体的基础上，践行"探索生态命运共同体"的构想，统筹人居环境各行各业，树立包容、协同、可持续的生态观，共同、综合、合作、可持续的新安全观，主动担负起传承传统园林文化、引领科学创新的使命，为构建生态命运共同体贡献力量。

黄志达
Ricky Wong
RWD 黄志达设计创始人、董事长
中国建筑装饰协会设计委员会副会长
亚太酒店设计协会专家委员会委员、常务理事
江南大学环境与建筑设计系专家顾问

设计主张

主张"设计给生活无限可能"，秉持"以终为始"的理念，用国际化的视野和理性的思维，致力于打造高端品位的建筑空间及产品。

四川美术学院 ·深圳广田集团股份有限公司 · 中国中建设计集团有限公司
校企联合培养研究生工作站负责人简介
Sichuan Fine Arts Institute & Shenzhen Grandland Decoration Group Co.,Ltd.& China Construction Engineering Design Group Co.,Ltd
Introduction of the Principal of University-enterprise Joint Training Postgraduate Workstation

刘 波
Liu Bo

PLD 刘波室内设计（深圳 / 香港）有限公司创始人

社会职务 & 荣誉称号

深圳市空间设计协会会长
住房和城乡建设部中国建筑装饰协会专家
亚太酒店协会专家委员会专家
深圳市政府建筑装饰行业专家评审委员会专家
2018 粤港澳大湾区"十佳酒店会所设计师"
2018 粤港澳大湾区"设计行业代表人物"
《中国室内》编委

个人简介

刘波作为一个拥有近 30 年酒店室内设计经验的设计师，乐于在设计专业领域里探索求新。他擅长处理复杂的内部空间，设计风格稳健而富有变化，在色彩和造型处理上更是得天独厚，颇有心得。在与多个国际品牌酒店管理公司及酒店开发商合作过程中，积累了众多成功合作的经验，深谙五星级酒店功能和形式的和谐统一之道，并成功将国际酒店管理理念和价值观与每个项目的当地特色完美结合。

刘波确信有一种美可以在东方与西方、古代与现代、时尚和经典之间通行自由，并且以此为团队和个人的追求目标。由于深知在专业的道路上，永无止境可言，在创造出能感动人心的作品的过程中得以深知，自由是源于自律，空间是来源于凝聚，而创造出能经历时间考验，无拘于东方和西方形式的经典，必然是来自于人们内心深处的虔诚。

获奖经历

■ PLD 荣获 "2019 第十四届金外滩奖最佳酒店空间设计"。
■ 2018 年荣获新加坡 "SIDA 国际室内酒店类别金奖"。
■ PLD 荣获美国 "IDA 国际设计奖"。
■ PLD 荣获 "2018 金堂奖"。
■ PLD 荣获 "英国伦敦设计大奖"。
■ PLD 荣获法国双面神 "GPDP AWARD"国际设计大奖。
■ PLD 荣获 "世界设计冠军联赛卓越奖"。
■ PLD 荣获美国 "Hospitality Design Awards 酒店设计优秀奖"。
■ 刘波先生荣获 "2018 华人设计杰出人物"。
■ 刘波先生荣获 "2017 金殿奖年度杰出设计师奖"。
■ 刘波先生荣获中国室内装饰协会 "中国室内设计卓越成就奖"。
■ "大中华区最具影响力设计机构"。
■ "深圳室内设计行业杰出贡献奖"。
■ "1989-2009 中国室内设计二十年杰出设计师"。

设计主张

真正的艺术应当是跨文化、跨宗教、跨种族，历久而不衰，有着与人类精神共鸣的结晶。而设计源于艺术，却体现了更多时代发展的印记。设计师对现实生活的理解，曾读过的书、走过的路、热爱的事，都将成为其作品的灵魂。我们常常反复去揣酌内心的需求，平衡利弊，最终以艺术的方式作为表达。尤其是为酒店做室内设计，与之打交道的其他设计顾问有很多，如何做到融合各个专业的需求，突出使用体验，维护合作方的投入成本，并保有艺术的独特性和前瞻性，是需要设计师用一生来学习和沉淀的。

再启　产学融合研究生培养探索与实践
深圳广田集团股份有限公司 & 中国中建设计集团有限公司北京工作站
Reboot　Exploration and Practice of Graduate Education Integrated with Industry and Learning
Shenzhen Grandland Decoration Group Co.,Ltd. & China Construction Engineering Design Group Corporation Limited Beijing Workstation

张 月
Zhang Yue

毕业院校：中央工艺美术学院

清华大学环境艺术设计系教授、中国室内装饰协会设计委员会副主任、中国建筑装饰协会设计委员会副主任、北京人民大会堂室内设计专家评委、2015年米兰世博会中国馆展陈设计项目负责人、米兰理工大学客座教授

设计主张

设计的好坏应该考虑到它影响了多少人，很多所谓"高大上"的设计作品，虽然观念前卫，技术先进，但功能有限，影响范围有限，并不能成为社会生活的日常参与者，也就不可能成为改变生活的力量。设计应该保持生活的本色而不是装腔作势，"过度设计"不可取。空间环境是用来生活的，不是艺术品，也不是设计师的玩物。设计师是发现问题，寻找对策并解决问题，而不是不管三七二十一地做个作品。很多设计者走入了误区，他们太想通过设计进行展现，太关注设计本身的专业问题，反而忽略了设计本来的目的——人的需求。设计师应该更多关注的是"人"，而不是"设计"。把设计降低到服务于人的需求的主题之下，而不是设计一家独大。我们在设计的语境里讨论问题常会比较关注设计自身，但如果从生活的语境来说，人们则更关注设计解决了什么生活需求。

李 飒
Li Sa

清华大学美术学院副教授、硕士生导师
中国流行色协会教育委员会委员
中国建筑协会室内设计分会陈设艺术委员会副主任
中国民间工艺美术协会会员
中国工艺美术协会明式家具委员会会员
研究方向：陈设设计、中国城市老年人居住环境研究

设计主张

"做中国人自己的设计"。设计的核心是找到适宜的方式、视角为人服务。它基于了服务对象的文化背景、地域文化、生活环境，甚至是交友圈子，因此，设计从来就不是设计师的独乐乐，而是满足设计对象的众乐乐！在地球距离越来越缩小的今天，如何做到体现中国人的设计，是每一位设计师的职责！挖掘我们文化的根源、寻找传统文化的灵感，体现大国文化的精髓，都是我们的任务！在艺术与生活的邂逅中，寻味优雅的、理性的设计本质，在传统与现代思想的结合中，探求中国人自己的设计精髓。

四川美术学院 · 深圳广田集团股份有限公司 · 中国中建设计集团有限公司
校企联合培养研究生工作站负责人简介
Sichuan Fine Arts Institute & Shenzhen Grandland Decoration Group Co.,Ltd.& China Construction Engineering Design Group Co.,Ltd
Introduction of the Principal of University-enterprise Joint Training Postgraduate Workstation

王 铁
Wang Tie

毕业院校：清华大学美术学院

留学日本获得硕士学位、工作于日本名古屋 BE 建筑设计事务所；匈牙利（国立）佩奇大学荣誉博士学位、中央美术学院教授、景观建筑艺术研究方向博士生导师、建筑设计研究院院长、匈牙利佩奇大学信息工程学院建筑学方向博士生导师、中国建筑装饰协会设计委员会会长

设计主张

人类命运共同体理念已融入世界一体化，科技人类、智慧人类已锁定探索方向，可以推测传统空间设计将逐渐融汇于大数据科技主流，未来高等教育艺考生群体将面临改变的外在压力。由于单一学科的欠缺，难于融入万物互联的精准时代，痛点和短板便呈现出来。如何前行值得深思，空间设计将步入输入操作方法而改变传统，新逻辑和知识要求将改变传统群体结构，云技术大数据使构造与设备设计已不是难题，安全科技高品质的苛刻环保规范将成为评价设计作品的硬核。

传统设计从业群体完成了时代使命，以阶段性胜利者的荣誉逐步融入科技时代，面向未来而华丽转身。淘汰在历史进步中残酷无情，同时探索设计教育的又一条路显现在面前，努力、补强。

在科技潮流面前主动和被动都是无法选择的，推动力告诉初心者只能向前。新型冠状病毒疫情开始就是中国走向未来发展的新起点，同时空间设计教育也进入了前无古人参照物的深海，改变、探索、发现、融入是我等的方向。

周维娜
Zhou Weina

毕业院校：西安美术学院

西安美术学院建筑环艺系主任、教授，陕西省美术家协会设计艺术委员会委员、副秘书长，中国工艺美术学会展示艺术委员会常务副理事长，陕西省教学名师，西安市第十六届人大代表，中国室内装饰协会设计艺术委员会委员

设计主张

设计是有生命的。

设计本身是一个具有生命体征的系统性工程，设计的对象是有生命的，也是有生命周期的。所以，从设计的认知角度来说，首先要对产品有一个生命体征、生命周期和所处环境多样性的系统性认知，每一件产品都是一个独立的生命体，同时它与周边环境具有必然的和谐共生关系。当今设计的基本目的已不再是追求外表的形式设计，而是建立人与自然和谐共生的关系，在满足人类健康生活方式的基础上，倡导遵循客观规律和生态循环、探索生命持续发展与共生的一种生态设计。

再启　产学融合研究生培养探索与实践
深圳广田集团股份有限公司 & 中国中建设计集团有限公司北京工作站
Reboot　Exploration and Practice of Graduate Education Integrated with Industry and Learning
Shenzhen Grandland Decoration Group Co.,Ltd. & China Construction Engineering Design Group Corporation Limited Beijing Workstation

彭　军
Peng Jun
毕业院校：天津美术学院
天津美术学院环境与建筑艺术学院教授、天津市级高校教学名师、匈牙利佩奇大学客座教授、中国建筑装饰协会设计委员会副主任、中国室内装饰协会设计委员会副秘书长、中国美术家协会会员

设计主张

创新是设计最本质的要求。

设计是创造美好生活、提高生活质量的重要环节。设计的创新不仅仅是简单的装饰美化、设计符号的堆叠，而是一种创造。没有创新的设计是无源之水，无本之木。设计创新要有与时俱进的理论支撑、设计实践的相互促进，才能使设计的创新达到更高的水平。创新性设计是一个设计师所要努力追求的能力高度。设计不是复制，而是要形成自己独特的设计语言与风格，而如何形成自己独有的设计语言，又和设计师本人的专业素养和文化修养息息相关，因此要不断地丰富生活经验，积累历史知识和专业能力储备。

周炯焱
Zhou Jiongyan
毕业院校：四川美术学院
俄罗斯国立师范大学博士、四川大学艺术学院艺术设计系主任、副教授、四川大学艺术研究院副院长、中国建筑装饰协会特聘专家、中国建筑协会室内设计分会理事、四川专委会副主任、四川省高校环境艺术研究会副会长

设计主张

做一个设计应该更多地思考设计本身的问题，每个空间因为地理位置、环境、内部使用功能的不同，是独特而不可复制的，我们不能用现有的流行趋势去追随，设计的自洽也因此而产生。摒弃所谓的"风格""观念"与"样式"，做出最符合项目本身条件的设计，是设计最大的乐趣所在。就像医生看病，不是只用名贵药材，而是对症下药，药到病除就是价值的体现。

而在信息充斥的时代下，如何利用信息，挖掘背后的文化内涵与艺术价值，为用户创造符合他们个性的、最适宜的产品，并在此基础上引导正确的、朴素的、生态的价值观和审美观，是设计师的社会责任。

四川美术学院 ·深圳广田集团股份有限公司 ·中国中建设计集团有限公司
校企联合培养研究生工作站负责人简介
Sichuan Fine Arts Institute & Shenzhen Grandland Decoration Group Co.,Ltd.& China Construction Engineering Design Group Co.,Ltd
Introduction of the Principal of University-enterprise Joint Training Postgraduate Workstation

段禹农
Duan Yunong
四川大学艺术学院教授
装饰雕塑与壁画研究方向、公共艺术景观研究方向硕士生导师、公共艺术研究方向博士生导师
四川大学环境艺术研究所所长

四川大学当代俄罗斯研究中心学术委员、研究员
四川省雕塑学会副会长
四川省雕塑协会副会长
四川省美术家协会雕塑艺术委员会委员
成都市公共环境艺术协会会长
中国美术家协会会员
中国雕塑学会会员

先后毕业于中国四川美术学院和俄罗斯国立师范大学，分别获文学学士、俄罗斯联邦美术教育学硕士和"造型装饰艺术与建筑艺术"研究方向博士学位。
国家公派俄罗斯国立列宾美术学院雕塑系察尔金工作室访问学者。

万 征
Wan Zheng
1993年毕业于四川美术学院设计系环境艺术设计专业，获文学硕士学位。1993年至今任教于四川大学。现为四川大学艺术学院环境设计系教授，硕士研究生导师。主要从事环境艺术设计教学及研究。同时作为一名旅行者和写作者，去世界各地旅行，实地考察建筑，进行建筑旅行写作。著有《室内设计》《建房》《在去看房子的路上》。

设计主张

　　一切设计的问题都是关于生活的问题，它们是关于人该如何存在的问题。学习设计需要学习很多，但最重要的是学会生活，先学会理解生活，自己的生活以及他人的生活。学会"看"是其中最重要的方法之一，多看一些优秀的设计作品，学会理解那些优秀设计作品之所以优秀的原因，学会读懂这些作品所面对的问题和它们的解决之道，学会洞见设计师如何看待他（她）所面对的生活和理解这个世界，从而学会理解我们自己当下面对的问题并对它们进行思考。正如墨西哥建筑大师路易斯·巴拉甘所说："不要看我做了什么，而要看我看到了什么。"

再启　产学融合研究生培养探索与实践
深圳广田集团股份有限公司 & 中国中建设计集团有限公司北京工作站
Reboot　Exploration and Practice of Graduate Education Integrated with Industry and Learning
Shenzhen Grandland Decoration Group Co.,Ltd. & China Construction Engineering Design Group Corporation Limited Beijing Workstation

朱　飞

Zhu Fei

教授、博士
硕士生导师

中国建筑师学会室内设计分会理事，专家委员会委员，南京室内设计学会副会长，政协南京鼓楼区第 10 届委员会委员
从事环境艺术设计、展示设计专业教学，担任的主要课程有建筑装饰材料与工艺、商业空间设计、展示设计、毕业设计等。担任硕士研究生展示设计方向的主要专业课程。
发表的主要论文有：《室内设计形式要素的表意性》《混乱的会展艺术与技术专业》《环境艺术专业材料学教学初探》《文脉同构设计方法初探》《甘肃省博物馆创作体会》《室内建筑师辞典》等。

设计主张

"历史传承与改革创新同步，理论研究与设计实践融汇，现代设计与手工艺术并重，教育实践与服务社会结合"。

赓续中华文脉，将艺术创造力和中华文化价值融合，把中华美学精神和当代审美追求结合，通过形神兼备的继承转化，焕发经典文化元素的活力与魅力，是创作的重要遵循。设计不能脱离时代，也没有脱离民族文化根源的设计。"中国优秀传统文化是一个宝藏。回看中国古老文明与传统造物并不是要回到过去，而是希望通过设计实验探索寻找东方的根脉，形成与当代的对话。"以文化人，更能凝结心灵；以艺通心，更易沟通世界。如何提升设计的创新性和生命力？扎实掌握专业设计技能，提升国际化、科技化、人文化视野，同时开展多学科跨界思维。通过实践和尝试，就一定会找到开启创新、创意思维的金钥匙，提升自己设计的原创力。

谢亚平

Xie Yaping

毕业院校：中国艺术研究院
现任四川美术学院艺术教育学院院长、教授、研究生导师。主持国家级、省市级科研项目多项。曾获得"重庆市第八次社会科学一等奖""第一届重庆市青年美术双年展优秀奖"等。曾策划中国美术馆《本体与重构》、国家艺术基金项目《设计介入精准扶贫案例展》、北京设计周《手艺的重译》等展览。

设计主张

中国当代设计形态正在发生的"六个转向"。设计方法从"碎片式地局部参与"转为"不断深度介入的实践智慧"；设计目标不满足于"冷漠的销售"，而重视利益相关者生活空间的"整体考量"；设计尺度不再遵从盲目的"大设计"，而是提倡适度的"小设计"；设计价值不追求"重设计"，而是遵从"轻设计"；设计研究正从"单一物质产品"转向"非物质形态"的研究；设计组织正从"设计师独立运作"转变为"协同设计"。

四川美术学院 · 深圳广田集团股份有限公司 · 中国中建设计集团有限公司
校企联合培养研究生工作站负责人简介
Sichuan Fine Arts Institute & Shenzhen Grandland Decoration Group Co.,Ltd.& China Construction Engineering Design Group Co.,Ltd
Introduction of the Principal of University-enterprise Joint Training Postgraduate Workstation

设计主张

　　设计从来不是无中生有，它来源于生活，又回归于生活。设计创造美好，空间设计集理性与感性、艺术与科学为一体。根据设计项目需求从多角度考量，以人为本，具有同理心，洞悉使用者的感受，传递感动；设计需要创新，在设计时结合本土文化，力求寻找独特的、具有感染力的设计语言，塑造新的设计形态；设计追求精益求精，注重空间设计的整体把握和细节的推敲；设计教学需要技巧，不仅要注意"授之以鱼"，更要"授之以渔"，强调设计教学与社会接轨，使理论学习与社会实践紧密结合。

余　毅
Yu Yi
毕业院校：四川美术学院
四川美术学院教授
中国高等教育学会实验室管理工作分会理事
全国高校景观设计毕业作品展学术委员
中国建筑装饰协会设计委员会委员
中国建筑学会室内设计协会会员

设计主张

　　设计发展到当下，思维方式正转向以思维创新为主，强调综合性、多样性和开放性，特别是综合集成的思维方式。由此，时代的发展、社会的进步、城市的建构、消费的行为等各个领域出现了关注系统化、整体化的能动趋势。这一趋势在环境艺术语言中亦有所呈现。如今，环境艺术设计已成为科学技术与人文精神之间一个基本和必要的链条，其内涵也被不断地拓展，已不仅仅是一个空间功能与形式协调统一的问题，而是进入对于人的存在和生活方式、生活价值以及生活哲学等社会意识形态问题的认识，成为人们生活在社会系统所必须关注的问题。这种定义范畴的扩展使得环境艺术设计的创意内涵和外延都变得日益复杂，要求多学科的知识以交叉、整合、渗透的培养方式即观察能力、解析能力、综合比较能力、系统处理能力和创造评价能力等综合素质的提升来拓展环境艺术设计的空间和设计师的成长成才之路径。

许　亮
Xu Liang
毕业院校：江南大学设计学院
四川美术学院建筑与环境艺术学院教授、硕士生导师，高级室内建筑师。中国建筑装饰协会会员、中国工业设计协会会员、重庆市政府项目评审委员会专家、重庆市规划专家委员会委员、重庆市建筑装饰协会设计委员会专家。曾获中国建筑装饰协会"全国有成就的资深室内建筑师"荣誉。
研究领域：系统化空间设计理论、方法与应用

再启　产学融合研究生培养探索与实践
深圳广田集团股份有限公司 & 中国中建设计集团有限公司北京工作站
Reboot　Exploration and Practice of Graduate Education Integrated with Industry and Learning
Shenzhen Grandland Decoration Group Co.,Ltd. & China Construction Engineering Design Group Corporation Limited Beijing Workstation

赵　宇
Zhao Yu

毕业院校：四川美术学院

四川美术学院设计艺术学院环境设计系主任、
四川美术学院教授、中国建筑装饰协会设计委
员会委员、重庆市建设工程勘察设计专家咨询
委员会园林景观和装饰装修专业委员会委员

设计主张

艺术源于生活而高于生活，艺术≠生活，设计亦如此。

设计为人的需求服务，比艺术更接近生活，更贴近个人。所以，设计容易被误认为是单纯满足用户需要的服务。当人的需要具体到个人的要求时，这种需要往往会变得无聊甚至可怕。无聊尚可忍受，然而，一旦可怕的个人选择能够左右设计的时候，设计的命运，设计之下社会的、人类的命运，将是充满危机的冒险。因此，设计需要底线——为人服务的底线、可持续生存的底线、亲和友好的底线。

设计应该为生活树立表率！

黄红春
Huang Hongchun

毕业院校：四川美术学院

现任四川美术学院建筑与环境艺术学院副院长、国家公派意大利米兰理工大学访问学者、上海美术学院博士生、重庆市乡村振兴服务基地领衔专家、重庆市设计下乡专家、重庆生态农业萤火虫保护协会会长。作品入选国家级奖项3次，省部级奖项4次，行业协会一等奖1次，银奖1次，发表论文多篇。

设计主张

"设计"一词很久以来为人类所专用，人们把为人造物的计划和过程称为设计。而当全球化的生态危机来临，我们不得不审视，我们的设计哪里出现了问题？长久以来，我们在设计中不断研究人类的需求，当我们开始转变设计的对象，把设计需求的对象由人类扩展到其他地球物种，我们是否会对设计领域有全新的认识？"格物致知"，或许我们会发现大自然本身就是最好的设计师，而人类对我们身处的环境也必须经过由表及里的深刻认知，才能达真正的"师法自然"。

四川美术学院 · 深圳广田集团股份有限公司 · 中国中建设计集团有限公司
校企联合培养研究生工作站负责人简介
Sichuan Fine Arts Institute & Shenzhen Grandland Decoration Group Co.,Ltd.& China Construction Engineering Design Group Co.,Ltd
Introduction of the Principal of University-enterprise Joint Training Postgraduate Workstation

龙国跃
Long Guoyue

四川美术学院环境艺术设计系教授、高级室内建筑师、中国美术家协会会员、中国建筑装饰协会设计委员会委员、中国室内装饰协会设计委员会委员、重庆市规划委员会专家

设计主张

当下艺术设计教学呈现多元化的趋势，很难形成一种标准的尺度，对学生专业能力的培养一直是四川美术学院最为关注的。其认为艺术设计教学培养学生的审美创造力是非常重要的，也就是培养学生在艺术设计审美中能动创造的能力。艺术设计中的审美创造力是我们美术学院学生专业和非专业的一种基本能力，可以在一定程度上反映出学生创造新认知、新思维、新观念、新手法的能力和创造新审美意象的能力。

艺术设计的审美创造力决定其原创性创造力、再创性、整合性创造力等不同形态和层次，艺术设计教学培养学生的审美创造力有助于提高学生自身的审美感受力、判断力、概括力、想象力、审美意象创造力等形象思维能力以及意境创造力、艺术表现力、审美评价能力等综合艺术设计能力。

黄洪波
Huang Hongbo

四川美术学院副教授、硕士生导师

2006年毕业于四川美术学院，获硕士学位，留校任教至今
四川美术学院建筑与环境艺术学院环境设计系主任
长期从事环境艺术和室内设计研究工作
研究领域：环境艺术设计、室内设计、传统民居
研究内容：当代环境艺术设计和传统建筑文化的结合研究，将传统文化运用到环境艺术设计的实践中

论文及著作

《传统村落民居细部工艺图说》，由人民美术出版社出版。
《居心地设计——情景教学法在住宅设计课程中的运用》发表于《艺术教育》。
《建筑与环境设计专业构思与创新教学方法的思考》发表于《艺术教育》。
《论桃坪羌寨的水系统之适应性》发表于本学科北大核心期刊《装饰》。
《宋代建筑屋顶仙人脊饰形象探析》发表于本学科北大核心期刊《装饰》。
《传统历史古镇保护和重建的必要性》发表于北大核心期刊《人民论坛》。
《浅析酒店陶瓷用品的设计与开发》发表于艺术类核心期刊《艺术教育》。
《专卖店品牌信息的传递》发表于C2期刊《包装工程》。
《由重庆汉石阙简析汉代建筑特征》发表于北大核心期刊《中国市场》。

再启 产学融合研究生培养探索与实践
深圳广田集团股份有限公司 & 中国中建设计集团有限公司北京工作站
Reboot Exploration and Practice of Graduate Education Integrated with Industry and Learning
Shenzhen Grandland Decoration Group Co.,Ltd. & China Construction Engineering Design Group Corporation Limited Beijing Workstation

谭　晖
Tan Hui

四川美术学院建筑与环境艺术学院副教授、硕士生导师，英国伯恩茅斯艺术大学建筑学院访问学者，中央美术学院与美国哈佛大学合作"未·未来全球教育计划"实践课题组中方导师，德国卡塞尔大学建筑学院交换学者，四川美术学院《艺术介入精神康复工作室》项目工作室负责人

研究领域：

基于设计学、人居环境学和社会学等学科支撑，引入当代艺术作为设计思想与策略，研究景观及室内空间教学与设计，探索场景中的创新性路径和方法。

主要获奖

■ 2021 年，《方斗坪古村落更新计划》获"庆祝中国共产党成立 100 周年第八届重庆市美术作品展览 一等奖"。

■ 2021 年，《美丽新世界》获得由中国建筑与装饰协会主办的"第十一届中国国际空间设计大赛金奖"。

■ 2020 年，《生生不息》入选中国美协主办"为中国而设计"第九届全国环境艺术设计大展。

■ 2018 年，《墟石间——重庆市城口县方斗坪村落复兴设计》获得"为中国而设计——第八届全国环境艺术设计大展中国美术家协会入会资格奖"。

■ 2017 年，《垂直街区》获得中国建筑学会主办"中国营造设计大赛铜奖"。

■ 2016 年，《十八级梯步，十八样日子》，获得"为中国而设计——第七届全国环境艺术设计大展中国美术家协会入会资格奖"。

■ 2016 年，《艺术盒子——重庆市文联艺术广场景观设计》，获得"重庆市第六届美术作品展览三等奖"。

刘　蔓
Liu Man

四川美术学院建筑与环境艺术学院教授、硕士生导师、北京源创绿建筑装饰有限公司重庆分公司负责人兼总设计师、中国医疗建筑设计师联盟第二届理事会理事、中国医药卫生文化协会人文医居分会第一届委员

设计主张

　　让自己的设计作品有自己的风格是每个设计师所追求的目标，其努力在医疗空间设计中将艺术与医疗文化相结合，致力于身体疾病与心理疾病相结合的学科研究，将情感带入设计、将设计融入生活，去创造愉悦的主题空间，把枯燥的医学知识通过艺术的表达，使其更加容易被大众理解和接受，让人真正地在医院空间得到心理和生理的双重治愈。

四川美术学院 ·深圳广田集团股份有限公司 · 中国中建设计集团有限公司
校企联合培养研究生工作站负责人简介
Sichuan Fine Arts Institute & Shenzhen Grandland Decoration Group Co.,Ltd.& China Construction Engineering Design Group Co.,Ltd
Introduction of the Principal of University-enterprise Joint Training Postgraduate Workstation

杨吟兵
Yang Yinbing

四川美术学院教授、环境艺术设计专业硕士研究生导师、图书馆副馆长、美国华盛顿大学访问学者、重庆市自然遗产和风景名胜区专家委员会委员、重庆市第三批学术技术带头人后备人选、重庆市高校中青年骨干教师

设计主张

　　设计驱动力源于创新，作为设计的灵魂，创新是设计的本质要求。设计教育的发展与社会的发展紧密相连，并随着社会的变革而变革，没有创新就没有发展。设计教育专业作为研究生艺术教育的重要组成部分，理念的创新是其灵魂所在。设计创新理念的提升可以认知新趋势、求索新知识、创造新技术、追求新梦想。

再启　产学融合研究生培养探索与实践
深圳广田集团股份有限公司 & 中国中建设计集团有限公司北京工作站
Reboot　Exploration and Practice of Graduate Education Integrated with Industry and Learning
Shenzhen Grandland Decoration Group Co.,Ltd. & China Construction Engineering Design Group Corporation Limited Beijing Workstation

赵一舟

Zhao Yizhou

毕业院校：清华大学建筑学院

四川美术学院建筑与环境艺术学院副教授、博士、硕士生导师，曾任美国迈阿密大学建筑学院讲师、高级访问学者，重庆市巴渝青年学者，重庆市英才计划青年拔尖人才，中国建筑学会会员

设计主张

以融贯思维探索设计研创，以绿色理念服务地方建设，以国际视野立足本土设计。

"艺术 + 技术"：设计，既是问题求解的过程，也是人文关怀的体现，需要我们以艺术化、数字化、智能化为导向，探索艺术与科学融合设计的新方法。

"乡土 + 绿色"：设计，既是传统文脉的再传承，也是未来永续的再创造，需要我们以地域原型绿色化、绿色技术地域化为导向，探索地域绿色设计的新范式。

"研创 + 服务"：设计，既是前沿研创的转化，也是服务社会的载体，需要我们以国家战略、社会主题、需求语境为导向，探索地方服务设计的新模式。

前言 | Preface

"实践造就人才 精英培养精英"

唐青阳
Tang Qingyang
四川美术学院党委书记

到四川美术学院工作已经一年多了，尽管这个学校与我之前经历过的学校有着太多的不同、太大的差异，但是我以为，无论是美术学还是设计学，与我自己所从事的法学其实都是实践性很强的学科，利用社会资源进行实践教学是其人才培养过程中不可或缺的重要一环。

听同事说四川美术学院设计学科在深圳和北京建立了两个校企联合研究生培养基地，运行几年后卓见成效，便引起了我的疑惑和好奇，为何要舍近求远跑到这两个地方去培养研究生？难道重庆就没有适合研究生实习的企业和环境吗？很巧的是，基地负责人潘召南教授在9月开学前找到我，邀请我参加深圳、北京两个基地的开班仪式，并强调每一届活动的开启都有一位学校领导参加，这既表示学校的重视，又可以借此机会开展立德树人、师德师风教育。召南教授如此一说，更增加了我对此事一探究竟的期待，于是我欣然应承了他的邀请。

9月10日正值教师节，上午开完教师代表座谈会便与四川美术学院环境艺术系的老师们一道前往深圳，路上顺便和老师们聊起此行目的，对这个研究生培养工作站得知一二。四川美术学院校友听说老师们在教师节到了深圳，异常兴奋，晚上专门过来畅叙至深夜，这让我从另一个侧面了解到了四川美术学院的人文气息。第二天，来到广田集团，参加产学融合高层次人才培养工作站的开班仪式，见到了集团的负责人和中装协的领导，以及工作站参与活动的众多设计师朋友，相较于现场的学生数量，参会的导师则显得更多一些。我还了解到研究生们提前几天到深圳，已经见过导师，并进入导师企业。看到如此高素质的导师团队，看到来自 6 个不同高校的学生们兴奋而又期待的目光，我想此行是必要的。在异地学习的学生最需要的是学校的支持，企业与设计师支持教育最需要的是学校的认可和行业的认同，老师投入教学改革最需要的是学校的支持与鼓励。9 月 11 日上午又到北京工作站参加同样的活动，并参观了中建设计集团的设计工作环境，深感今天学生们学习条件的优越，在北京的中心地带，宽敞明亮的办公空间，高标准的设备条件，总工程师作为导师亲自执教，真正体现了工作站的目标——"精英培养精英"。总之，深圳、北京之行让我更好地理解并认同了这种双师施教和精英式的培养方式。

  设计学科是四川美术学院的重要主干学科，也是双一流建设的重点学科，是与社会生活、社会文明同步发展的应用性学科，"学以致用"是设计学科人才培养的目标，"知能并重"是对高层次人才培养水平的要求。四川美术学院牵头将深圳、北京优秀的专业资源整合起来支持设计教育，将教育带入社会、行业、企业，让研究生体验"学"与"用"前因后果，形成了工作站所提出的"跨区域、跨校际、跨行业"培养模式。美国实用主义哲学家、教育家约翰·杜威曾倡导"教育即生活""学校即社会"，强调教育与现实的关联。四川美术学院环境艺术系的老师们通过"实验、实践、实现"的具体行动，在研究生教育教学改革中持续 8 年的不懈探索，无疑是对这个教育理念的尝试与印证。实践造就人才、精英培养精英，这或许就是四川美术学院艺术教育的独特魅力吧。

2022 年 3 月 23 日于四川美术学院虎溪校区

目 录 Contents

04 "四川美术学院校企联合培养硕士研究生工作站"项目简介
Introduction of Sichuan Fine Arts Institute and Enterprises Joint Training Postgraduates Workstation

06 校企联合培养研究生工作站负责人简介
Introduction of the Principal of University-enterprise Joint Training Postgraduate Workstation

28 前言
Preface

33 关于"再启"
About Reboot

49 2021-2022 四川美术学院校企联合培养研究生工作站导师讲堂
Students' masterpieces of the Joint School-enterprise Training Workstation of Sichuan Academy of Fine Arts Teacher Lecture Hall（2021—2022）

50 时代、机遇与认知、创新 / 张青
Times, Opportunities and Cognition, Innovation / Zhang Qing

59 设计杂谈 / 琚宾
Design of Gossip / Ju Bin

68 经验之谈 / 刘波
Rule of Thumb / Liu Bo

70 我的职业生涯 / 孙乐刚
My Career / Sun Legang

74 复杂性科学 / 彭海浪
Complexity Science / Peng Hailang

79 一直存在的 / 严肃
Ever-present / Yan Su

82 艺术的情绪感染力在空间中的表现 / 颜政
The Expression of Artistic Emotional Appeal in Space / Yan Zheng

86 探讨后疫情时代的人居设计趋势 / 黄志达
Discuss the Trend of Residential Design in the Post-epidemic Era / Huang Zhida

88 远走高飞 / 杨邦胜
Come Away with Me / Yang Bangsheng

93 从"道路"到"街道"——脚底下的文艺复兴 / 程智鹏
From "Road" to "Street"— Renaissance under Foot / Cheng Zhipeng

98 再话"设计人生" / 张峰、李晓君、彭海浪
Again, "Designing Life" / Zhang Feng, Li Xiaojun, Peng Hailang

101 日本当代艺术乡建诸模式 / 张颖
Japanese Contemporary Art is Based on Various Models / Zhang Ying

111 艺术人类学的范式与方法 / 彭兆荣
The Paradigm and Method of Art Anthropology / Peng Zhaorong

122 重塑与激活：城中村菜市场更新设计研究——以深圳市龙岗区中心围村菜市场为例 / 田雨阳
Remodeling and Activation: A Study on the Renewal Design of Urban Village Vegetable Market— Take Zhongxin Weicun Food Market,Longgang District, Shenzhen as an Example / Tian Yuyang

Reboot
Exploration and Practice of Graduate Education Integrated with Industry and Learning

再启
产学融合研究生培养探索与实践

高科技园区非正式交流空间设计策略及应用研究 / 陈雪梅 — 140
Research on Design Strategy and Application of Informal Communication Space in High-tech Park / Chen Xuemei

场景视域下的连锁品牌体验空间设计研究——以杭州 RARA 为例 / 陈紫泉 — 154
Design of Chain Brand Experience Space from the Perspective of Scene — A Case Study of Hangzhou RARA / Chen Ziquan

广府文化在度假酒店空间设计中的演绎——以珠海悦榕庄酒店设计为例 / 陈彦德 — 164
Interpretation of Guangfu Culture in Space Design of Resort Hotel— Take The Design of Banyan Tree Hotel Zhuhai as an Example / Chen Yande

触媒理论下有机垃圾处理中心公共空间设计研究 / 傅慧雪 — 184
Research on Public Space Design of Organic Waste Treatment Center Based on Catalyst Theory / Fu Huixue

度假酒店空间复合化研究——以无梦度假酒店设计为例 / 樊可 — 195
Study on Spatial Complexity of Resort Hotel — A Case Study of Dreamless Resort Hotel Design / Fan Ke

城中村低层住宅室内光影设计初探——以深圳市坪洲宝城花园 3 栋为例 / 高佳会 — 211
Preliminary Study on Interior Lighting Design of Low-rise Residential Buildings in Urban Village— Take Building 3, Baocheng Garden, Pingzhou, Shenzhen City as an Example / Gao Jiahui

城市化变迁背景下改善型住宅空间规划及影响因素研究——以佛山市顺德区合院住宅设计为例 / 洪佳琦 — 228
Research on Spatial Planning and Influencing Factors of Improved Housing under the Background of Urbanization Change—A Case Study of Courtyard House Design in Shunde District, Foshan City / Hong Jiaqi

设计项目管理在深圳室内设计公司中的执行与应用 / 金琰 — 240
Implementation and Application of Design Project Management in Shenzhen Interior Design Company / Jin Yan

复杂性科学介入办公空间边界模糊性的设计探究 / 李蕾 — 250
Complexity Science is Involved in the Design of Fuzziness of Office Space Boundaries / Li Lei

高架桥附属空间优化更新设计策略研究 / 李赫 — 263
Research on Optimization and Renewal Design Strategy of Viaduct Attached Space / Li He

产城融合下的高新技术产业园景观场景化设计研究——以东莞市凤岗区高新技术产业园为例 / 李佩瑜 — 280
Research on Landscape Scene Design of High-tech Industrial Park under the Integration of Industry and City—Take Fenggang High-tech Industrial Park in Dongguan City as an Example / Li Peiyu

全龄友好理念下老旧社区小微空间更新设计——以北京水碓子西里社区为例 / 刘霁娇 — 293
Old Community Small and Micro Space Renewal Design under the Concept of All-age Friendship—Take Beijing Shui duizi Xili Community as an Example / Liu Jijiao

智慧居家养老空间设计研究——以北京密云穆家峪康养社区为例 / 李硕 — 307
Smart Home Care Space Design Research—A Case Study of Mujiayu Health Care Community in Miyun, Beijing / Li Shuo

沉浸式体验在酒店设计中的营造——以襄阳·若水汉主题酒店大堂吧设计为例 / 赵子睿 — 321
Immersive Experience in Hotel Design—Take the Lobby Bar Design of Xiangyang · Ruoshui Han Theme Hotel as an Example/ Zhao Zirui

基于地域文化的品牌商务酒店客房设计研究——以长沙万豪酒店客房设计为例 / 徐双双 — 339
Research on Guest Room Design of Brand Business Hotel Based on Regional Culture—Taking Guest Room Design of Changsha Marriott Hotel as an Example / Xu Shuangshuang

基于漫游体验的艺术空间设计研究 / 崔守铭 — 351
Research on Art Space Design Based on Roaming Experience / Cui Shouming

基于儿童友好城市理念的街道空间设计研究——以深圳福田区景田社区街道为例 / 曾麒 — 363
Research on Street Space Design Based on Child-friendly City Concept—Take The Streets of Jingtian Community, Futian District, Shenzhen as an Example / Zeng Qi

有机垃圾处理中心荒野景观设计研究 / 赵骏杰 — 381
Study on Wilderness Landscape Design of Organic Waste Treatment Center / Zhao Junjie

关于"再启" | About Reboot

潘召南
Pan Zhaonan

四川美术学院教授、博士生导师、
科研处处长

2021年初夏，疫情的喧嚣好像被阳光和温暖冲散，消停了许多，到处能看到久居蛰伏被憋坏了的人们，那一张张寻找冲动的脸。同深圳广田集团的第二次合作在此间已达成共识，即将签订协议，这不仅仅代表川美与广田再度开启时隔4年的校企联合培养研究生工作站的活动，也预示着动荡不定的临时教学状态将回归于正常。

疫情下的启动工作

校企联合培养研究生工作站运行至今已有7个年头了，2020～2021年因为疫情停止了一年，也成为那些准备进入工作站学习的研究生们在就读期间的一个遗憾。7月下旬，四川美术学院与广田集团再次合作签约完成，工作站将于9月再次启动。由于进入暑期，学生都已放假回家，告知学生、准备选题、安排项目、校企重新建立沟通机制、双方指定负责人和日常联系人、进站学生的遴选、联系进站第一堂思政课的学校领导、安排学生租房等，前期一系列的准备工作将在一个月内必须完成，才能保证9月初研究生顺利进站，时间非常紧迫。好在本届吸收了两名青年教师和一名助理协助，使得繁杂的联络工作不至于乱中出错。在此过程中，新冠疫情仍然是压在大家心中的巨大隐忧，参与工作站的师生们高度关注深圳、北京两地的疫情变化，其程度远远超过对自己所在城市疫情防控的关心，幸运的是从前期准备到学生进站一切正常。2021年9月初来自四川美术学院、清华大学、天津美术学院、西安美术学院、四川大学、南京艺术学院等6所院校的20名研究生，顺利进入深圳（14人）和北京（6人）两地工作站。今年进站的人数是历届最多的，又在疫情期间，这对两地工作站的管理是一个考验；加之两地工作站又新增几名企业导师，进站培养是否一如往昔，太多不确定的因素实在让人心里没底。

再启
产学融合研究生培养探索与实践

Reboot
Exploration and Practice of Graduate Education Integrated with Industry and Learning

9月10日，正值教师节当天，四川美术学院党委书记唐青阳教授参加完上午学校组织的教师代表座谈会后，便马不停蹄地同我们一道前往机场，参加11日上午在深圳广田集团总部举办的第七期产教融合设计学科高层次人才培养工作站启动仪式。每次进站启动仪式我们都邀请一位校级领导参加，代表学校对工作站提出要求、表达希望、体现态度，虽然这已成为一个程序，但每一届的学生都是新人，这个仪式是必不可少的。目的是体现对学生成长的高度重视，对工作站导师们的付出表达敬意，对校企联合工作站的教改探索表示关注。9月10日下午到达深圳，广田集团领导和设计院的负责人为表达合作敬意，在集团总部食堂安排晚宴接待大家，短暂的经过这个必要的程序后便赶往另一处聚点。深圳校友们得知我们到来又值教师节，要我们一行无论如何留出一点时间同深圳的校友们小聚一下。四川美术学院（下文简称"川美"）在深圳的毕业生很多，尤其是从事设计领域的，大多是我们教过的学生，赶上教师节这个特殊的日子，师生共庆也是难得的缘分，加之四川美术学院新任党委书记来深圳好多校友都不认识，也借此机会相互了解。之前担心影响青阳书记休息，特地询问他是否能参加，结果书记欣然愿往，也想多了解一下四川美术学院深圳校友们的情况。聚会地点安排得非常接地气，一个可供多人聚集的路边大排档，亲切随和，没有客套，可以随时加座位，有好几位校友专程从广东佛山、东莞等地赶来见曾经的老师，到达时间也不好凑齐，只能随到随坐。大家见到这些久别的面孔立刻忘记了疲劳，相互寒暄问候。校友不断加入，从十几个人到几十个人，气氛已经达到相当热烈的程度。这是川美的特色，也是川美师生间的传统，没有那么严格的师道尊严、老少尊卑，深圳校友会会长涂峰已年近6旬，依然同几个20几岁刚毕业的学生坐在一起喝酒聊天，在教师节面对学习教师，他们已经沉浸在美院同学的情景之中。这其中还有7、8位都是曾经进入工作站学习的研究生，毕业后有的留在培养过他们的企业里，从事地产、教育和自主创业等，难得一见聊起来真是没完没了。看来校友们寻常忙于生计、工作，彼此相聚也并非常态，反倒是我们的到来为大家的相聚找到了一个最好的理由。深圳的气候太适合夜生活了，临近午夜街上仍是车水马龙，来深圳的人目的非常明确，白天拼命工作挣钱，晚上彻底放松解压，从身边过往的人面对我们这一群人的喧哗显得很是淡定，就像看到昨晚的自己。一夜欢聚至凌晨，不是书记提醒不知到何时方休，为了不耽误上午的活动仪式，只好依依不舍地同校友作别。

9月11日9:30活动准时开始。由于深圳疫情防控要求，参加活动的人数被严格控制在50人以内，参会人员间隔就座，原本宽敞的会议大厅显得异常得空旷，每人面戴口罩，气氛有种说不出来的感觉。随着活动的进行，现场的违和感渐渐淡化了，大家开始相互交谈，好长时间不见了，彼此倍感亲切。活动由工作站发起人四川美术学院潘召南教授主持，首先按照惯例介绍了参加第七期工作站启动仪式的嘉宾和师生们，并将本期与以往有所不同之处做了简要说明，在总结前六期的基础上进行了调整和改进，更加强调了产教融合互利互助的作用，加强了企业、行业对学校人才培养和项目研究的实质性合作，借助工作站这一成熟平台，真正形成产学研一体化的互动机制。中国建筑装饰协会秘书长张京跃先生代表行业主管部门致辞，他一直主张校企合作支持人才培养，以此推动行业进步，并表态将川美"产教合作高层次人才培养工作站"，作为中装协重点关注的校企联合项目，并予以支持推广；同时，结合企业对人才培养的项目和协会共同申报住房和城乡建设部研究课题及科技成果奖励。这个信息对于参与的企业和学校来说无疑是一个非常令人振奋的消息，这意味着行业协会不仅仅是表明态度，

图 1 深圳站授牌仪式

图 2 深圳站进站仪式合影

更重要的是将工作站纳入了中装协未来的工作范畴，使校企联合培养发挥更积极的作用。接下来是四川美术学院党委书记唐青阳教授致辞。作为川美最高领导参加本次活动，表明了学校的态度和事情的重要性。工作站由川美发起，参与院校多达 8 所，知名企业 10 余家，进站培养研究生 20 名，这已经不是小事，不能出任何差错。这不仅关系到学校的声誉，更主要的是对中国设计学科产学合作人才培养的探索是否形成实质性成果，并为设计教育教学改革提供有益的实践经验。因此，唐书记面对进站的师生们着重谈到了国家对研究生教育的要求、立德树人的准则、守正创新的目的、师德师风和学术道德的规范，与其说是致辞，不如说是一堂思政课，这是非常严肃而有必要的，警醒大家不要在思想上松懈。随后，广田集团总裁叶嘉铭先生代表合作企业致辞，表达了广田集团作为第一期建站的发起单位，再度与川美合作的信心与上市企业回馈社会的责任。川美研究生处韦芳处长也介绍了工作站在未来研究生教育教学改革所起到的示范性作用，并提出下一步发展目标。深圳 YANG 设计集团总裁杨邦胜先生代表工作站导师们讲话，他回顾了 2014 年第一期工作站开始至今的发展历程，讲到了众多的师生和企业的工作人员对此的付出与收获，以及教学相长的作用与企业发展的关联，他的发言得到了大家的热烈掌声；川美研究生田雨阳也代表进站学生发言，表达了他们对于这种不同寻常的学习方式的好奇和渴望，珍惜这段难得的学习经历，希望在企业导师和学校导师的共同培育下快速成长，收获更多的知识与能力。最后，由中装协秘书长张京跃先生和川美唐青阳书记为广田集团作为驻站单位授牌，并为工作站企业导师颁发聘书。至此，第七期深圳工作站启动暨研究生进站仪式在紧凑的安排中圆满结束，活动流程虽然较为密集，但经过多年的操作自然驾轻就熟，能够控制。活动结束后，广田集团专门在公司食堂为大家准备了工作餐，也方便大家久别重逢的叙旧，虽是周末，但参会的师生们却聊意正浓，相谈甚欢。短暂的相聚后一行人又匆匆赶往机场，到北京准备参加第二天的北京站启动仪式，这种奔波已是习以为常，每年如此，但必不可少。

9 月 12 日上午（星期天），在北京中建设计集团总部会议室再次重播了昨天在深圳广田大厦的那段仪式，只是对象不同。北京站也迎来较大的变化，一是导师新增 3 人，均有非常优秀的学历和工作业绩；二是增加了一个进站企业，也是国企背景，并从事多项重大城市改造项目，符合北京站培养特色要求，这也是我们在两地建站突

图 3 北京站授牌仪式

图 4 北京站进站仪式合影

出差异化培养路径的主要目的。通过参加两地的启动仪式，也大致了解了两个工作站在研究生培养前期工作的准备情况，以及研究生们生活和学习开展的情况，所有的担心和顾虑暂时放下了。接下来将按照阶段性培养检查要求，进入工作站项目组学习，并开展双师指导工作。

返校后，一边整理安排 10 月份开题检查需要准备的材料，一边关注深圳和北京的疫情，担心突如其来的疫情造成学生们的健康危险。与此同时，联系确定主讲人到深圳举办讲座的时间和主题，这也是再次与广田形成校企合作上互利共享的内容，利用众多参与院校的学术资源，为进站校企的设计师提供跨学科知识与学术提升的条件。选择首次面对众多设计师的演讲人和演讲内容需要好好考虑，我了解到这些设计师，在专业上已经是国内的顶尖人物了，可谓自成一家，各有路数，从设计理论上讲对于他们现有水平作用不大；而跨学科知识则更有利于他们在知识的维度和视野的广度上拓展，因此确定请一位其他学科的专家开场。彭兆荣先生是中国著名的人类学学者、厦门大学教授，近几年作为专家被川美引进，助力学校的学科建设和科研，虽然来川美时间不长，但随和大度的性格很快收获了一批朋友和粉丝，我也在其中。电话上向他说明意图后，彭老师非常爽快地应承下来，并主动询问讲什么主体和内容？是否需要同设计发生直接联系？并表示他都可以做好相关准备。这令我很感动，于是我向彭老师简单介绍了听众的情况和想法，他也清楚了这个活动的意图。临近启程的一周前，担心的事情还是发生了，彭教授生活的城市厦门突发新冠肺炎疫情，因疫情防控措施无法按期完成讲座，但又不能叫停讲座，只好更换主讲人和讲座主题，好在安排的第二场讲座是张颖老师，她也是研究人类学的年轻学者，彭教授的得意弟子，从厦门大学调到川美任教和做科研，有深厚的学术根底和可观的学术成果。只能请她应急，还好她没离开重庆，得知情况后立即调整了本已计划好的工作，缓解了这个燃眉之急。事情落实后总算松了一口气，马上安排 10 月中旬去两地工作站的开题检查事宜。

经过一年疫情带来的缓冲，也使得我们认真思考这些年校企合作培养研究生过程中的得与失，以及需要优化与拓展的地方。对于工作站运行至今最大的依仗是人力资源的组织和利用，学校、企业、行业作为核心力量的支持，使得这项看似难以持续的工作延续至今并不断发展壮大，与企业和行业合作的范围越加广泛，也启发我们对工作站未来的作用寄予更大的想象。同时，在这一年的时间里对于工作站的管理工作也做了安排，好在有两个年轻人协助，深圳广田和北京中建也都指定专人负责，将校企联络、日常管理、阶段性检查内容、两地研究生日常学习生活情况、导师指导情况和导师讲堂的推进等工作都分工明确地安排，使工作站的运行较以前更从容有序。经过多方密集的联系沟通，终于确定了两地工作站开题检查的具体时间和参加会议的人员，因涉及面较大，最终还是有个别导师出差在外，不能确定能否参加，非常能够理解，都是企业里重要的角色，很多时候身不由己。

互动与回馈——新的合作尝试

10月15日一早，以环境艺术系的老师为主的导师团队从重庆出发前往第一站深圳，与此同时，其他几个院校的导师也从不同的地方赶往目的地，尤其是北方的学校，老师们赶来要用大半天的时间，需要乘坐最早的航班，才能参加下午的导师讲座。出发当日天气不太好，飞机晚点半个多小时，抵达深圳机场已经13:00，原计划14:30的讲座只好推迟到15:00，好在路上不堵车，一个小时后到达广田总部。广田设计院的石立达院长非常细心周到，特地为我们准备了午餐盒饭，匆匆吃过后赶到会议室。这时会场已经坐满了人，均是来自多个企业的设计师和工作站的师生。从会场上可以发现，只有好学的员工才会成就优秀的企业。研究生们见到自己的导师纷纷起身迎接，像是见到久别重逢的亲人，心情格外不同，师生间利用短暂的时间聊个不停。工作人员已经将视频连线对接好北京站的师生们，以及不能参加现场活动的人，主讲人张颖老师已经将讲座的PPT认真调试过一遍，准备工作一丝不苟，确保活动万无一失。15:00活动正式开始。

这又是一个新的探索和尝试，对于知识密集型的设计企业对社会输出的是智慧、才华和创新能力，但设计师面对繁重的工作压力几乎无暇从自身内涵发展上思考知识更新与眼界的拓展，事业发展到一定程度往往受制于内力不足、知识量不够的瓶颈，渴望通过学习提升能力、突破瓶颈。从哪些方面建设自己？学什么？读什么书？如何获取跨学科的知识？如何求教并获得指导？这些问题几乎是设计师们面临的共同困境，企业由于自身条件的局限，不可能系统性地解决广泛的知识提高的问题，而工作站则成为联通校企双方知识能力供需、共享的平台。设计师给予学生们的是经验、能力、方法、责任、规范，教授给予设计师们的是观念、知识、理论、逻辑和思想，这是近乎完美的互补组合，产教融合的目标不就是如此吗？只是尚未把工作站的功能和潜力完全挖掘出来。张颖老师研究旅游人类学，在日本访学研究多年，尤其关注日本乡村的变迁和发展的经历，以鉴证中国乡村振兴的方法；来到川美后又开始结合艺术与设计介入其所研究的方向，从她的学术发展路径上可以看出跨学科的特点，这一经历恰好给长期从事单一学科的设计师很好的知识补充和观念启发。她演讲的主题是"日本艺术乡建诸模式"，跳出设计师们日常关注的视野，对于不同地域的传统地方性知识的理解和认识，如何与现代艺术的结合则提供了多维度的经验，这是设计师们最感兴趣的地方。设计师在项目设计前期，通常按照自己的方式对项目的基本情况进行考察调研，其内容与方法也是神通各异，且时间短深度不够，并以此为依据开展后续设计，导致设计结果针对性不强和相似度较高。这是设计企业普遍存在的现象，产生这样结果的原因有二：一是企业设计项目多、时间短任务重，没有时间和精力把设计前期工作做充分；二是大多数设计师没有系统地掌握田野调查的方法，专业能力不足，有待提高。这堂讲座可以说是正中需求，

图 5 张颖老师讲座现场

张颖老师讲述的条理性、逻辑性和丰富性使得讲座信息量很大,增彩不少,大家听得很用心,特别是在后面的交流互动环节,设计师们的提问和请教非常踊跃,不知不觉已过 18:00,在工作站助理钱政的几次提醒下主持人才宣布活动结束。讲座历时 3 个多小时,大家意犹未尽,纷纷同老师合影、扫手机微信二维码以留下联系方式,广田集团的高管也一直在现场认真学习,感受良多,并要求学校加强这类活动,多请专家为进站企业提供更多的知识来源。看来此次活动超出了原有的预期,不仅是在场的设计师、研究生,就连参与院校的导师们也对这种互动给予了充分肯定,这对今后工作站的资源利用和功能开发更有信心。

陈述与作答——第一次汇审课

第二天,10 月 16 日 9:00,在广田集团总部大楼与昨天讲座的同一个会议室,开始了第七届产学合作高层次人才培养(深圳工作站)开题答辩会,除少数几位导师因事出差外,所有的师生几乎全部到场参会,会议由天津美术学院的彭军教授主持。本届进站学生是历届最多的,考虑到时间的问题,主持人直接宣布开题汇报开始,并按事先拟定的学生名单顺序进行。面对人数远远超过学生们的导师团队,刚开始汇报的研究生难免有些紧张,有个女同学甚至怯场到不敢上去作汇报,经过老师的一再开导才慢慢平复下来,介绍完自己的研究项目和论文开题情况。每位研究生 8~10 分钟的汇报时间大多掌握得很好,看来他们已经提前做好充分的准备,并演练过多次,有几个同学的汇报非常突出,获得会场热烈的掌声。这也激发了导师们的指导热情,原定对每位学生的点评不超过两位导师,用时 3 分钟,但却限制不住导师们的责任心,几乎每位同学汇报完后导师的指导都会超时、超量,这对研究生们的学习受教良多,虽然有的观点并不一致,但不同的思考问题角度、路径给学生们带来多维度的启发,又是一堂难得的课程。又是从 9:00 到 18:00 整整一天,主持人不得不叫停大家讨论的热情,并要求我为此次深圳站开题情况做个总结。深圳站的培养特色是非常突出的,也是工作站一直以来秉持的人才培养方向,虽然每期进站的学生不同,效果不一定完全一致,但总体特征保持得很好,并在不断总结改进中得以提升。今天的开题让我了解了广田对活动的准备工作,认真聆听了每一位同学的汇报内容,有了新的认识和思考,并从四个方面分析归纳了本次活动情况:

1. 广田设计院在学生进站一个月的时间里，安排专人负责使工作站的组织管理工作快速进入正轨，学生在异地学习得以保障，并与学校相关管理人员积极对接，同驻站企业和导师保持密切联系，清楚地掌握研究生进站学习和生活情况，为产学合作高层次人才培养工作站可持续发展打下坚实的基础。为此，代表参与学校的导师们向辛勤付出的广田集团领导和管理人员表示由衷的感谢！

2. 本届进站的学生共14名，创下有史以来人数的新高，同时，又引进了5名新的导师加盟，使得两地工作站整体规模迅速扩大，这对教学和管理工作都是很大的挑战。但从今天研究生们的开题汇报中发现我们多虑了，从学生们汇报选题的多样性和材料的规范性上可以看出导师与企业的用心，也能发现学生们在新的环境中学习的投入，这恰恰是工作站以企业为依托、以项目为载体、以实践带动研究的创新培养特色。

3. 本次汇报反映出大多数研究生一个共同的问题，即：项目设计实践创新与设计方法论研究在理解上不明确，体现出研究生们对于理论研究的陌生，这篇刚开始着手写的文章几乎是他们所有人的第一篇论文。因此，在选题和内容结构上缺乏规范性和条理性也在意料之中。但也有几位同学汇报材料做得很好，从选题到内容框架，再到汇报时的语言表述，以及自信的表现，可以看到这几位研究生的自我学习能力和导师的付出。

4. 在指导和点评的过程中，有一个显著的现象就是企业导师的理论水平和指导能力明显提高，对于学生们在开题汇报中所出现的问题能够一针见血地指出，并条理清晰地展开理性分析，这同以前凭感觉、凭经验感性评判已有很大的不同，在工作站的培养过程中真正实现了教学相长的目的。

活动结束后，广田设计院的彭院长和石院长在本部食堂安排晚餐接待师生们，晚餐很家常，像好朋友聚会一样，大家围坐在一个大厅里，师生混搭，气氛热闹温暖，感到无比的轻松，直到入夜学生们一起送老师们回到酒店，才意犹未尽地离开。这一刻，老师们突然发现这些学生懂事了，有礼貌、知感恩，看来这一个多月学会了不少东西，不仅仅是做设计，还有做人。

第二天上午又启程到机场，一部分老师返回各自学校，另一部分老师前往北京参加下一站的开题检查。飞机晚到了半个多小时，好在是星期天，路上不堵，中午一点多到的中建大厦，细心的管理人员怕我们没有吃午饭，专门准备了外卖盒饭，真的有些饿了，大家也没客气，匆匆吃过就赶到会场。虽是周末，但所有的导师都来了，中建的张宇锋老师、薛峰老师、赵中宇老师和侨信的韩居峰老师，还有清华大学的李飒教授等，聚集在会议室等候我们。北京站今年进站学生6名，人数也超过以往，导师增加了3名，北京站现有导师4名，进站企业2个，正在逐步建设完善。大家久别重逢，非常亲切地相互问候，由于导师和学生都有新人，按照活动流程一一作了介绍。我委托系里的年轻副教授赵一舟老师主持今天的开题汇报，她是学霸型的老师，清华大学建筑学院博士，川美第一个拿自科项目的教师，也是第一次参加工作站的活动，带有一名研究生进入中建跟随薛峰老师学习，很巧的是薛峰老师也是清华大学建筑学院博士毕业，同赵一舟的导师是师兄弟，现在两人又共同指导研究生，搞得辈分有点理不清。14:30活动正式开始，天津美术学院的同学率先做的汇报，这个男生心理比较强大，上去就滔滔不绝地细说学习过程，恨不得把这一个多月的所作、所为、所想都让大家了解，主持人不得不两次提醒注意掌握时间，他仍然不管不顾，老师们又好气又好笑，终于在20多分钟后完成了他的汇报。随后是四川美术学院、西安美术学院、清华大学美术学院、四川大学等几所院校的同学陆续汇报，同时指导他们的导师也一一做了学习情况的介绍。在座的导师根据研究生们的选题内容和进展情况分别做出针对性指导，虽然只有6个人但逐一指导仍然用了近4个小时的时间，最后主持人要求我对本次课题讨论会做个总结。

经过新冠肺炎疫情停歇一年的思考和调整，并在第七期展开一系列的改变与实践，已经在工作站的管理、运行、校企互动方面见到明显成效，使得这项教改活动持续纵深推进。从开题汇报的内容与形式上看，深圳与北京两地工作站的培养项目选题各自体现出不同的特色，北京站的培养项目多为城市更新、生态可持续发展、工业园区环保减排等国家发展中面临的重大环境问题；而深圳站的培养项目大多是地域文化在商业空间中的应用、老旧社区菜市场改造、某旅游景区景观设计等市场化很强的项目。在学术研究上，北京工作站的导师自身承担多项国家研究课题，因此，更加注重理论研究的价值、意义、合理性与逻辑性，强调项目研究的规范性；深圳工作站的导师在市场激烈竞争与分类细化中不断提升项目服务质量，注重创新能力培养。因此，在设计方法研究上强调创新性和现实性。两地工作站的培养过程同步，而各执特色，正是对应国家与社会需求多元化的结合，也触动设计学科高层次人才分类培养改革的具体落实，有什么样的培养特色，人才就具备什么样的能力，这是相辅相成的因果关系。在此过程中，如何使两地工作站培养成效相互借鉴，发挥更大的作用，可以借助第二阶段的视频会议共同指导下进行。

至此，开题阶段的检查指导工作结束，研究生们同各自的导师根据本次汇报反映出的问题与建议，分头进行修改调整，结合项目具体情况深化设计研究，并准备12月中旬的中期检查。

蝶变与反思——实验中建立规则

刚从北京返回重庆不久就听到四川美术学院美术学、设计学申博成功的消息，这可是让学校所有人为之松了口气的消息，了却了几代人多年努力的夙愿，也算是真正能够代表四川美术学院不仅在创作实践上引领西南，也体现了办学层次和艺术教育水平在区域中的标杆地位，这是一次根本性的蝶变，它会促进四川美术学院将办学目标和学科建设提升到一个新的高度。但随之而来的压力可想而知，要在硕士学位教育上更上一层楼，所需具备的各方面挑战，尤其在师资水平和培养特色上。对于学科建设四川美术学院较之于中央美术学院、中国美术学院等一流艺术院校仍有不小的差距，硕士研究生以上的培养仍显经验不足，四川美术学院自身的培养特色和西部对高层次人才需求的供给关系有待进一步精准凝练。因此，在探索博士培养方法、提升硕士分类培养质量的同时，整合多种社会资源和相关学科的融合，逐步形成服务西部发展的、具有自身特色的、不同层次人才培养的路径，这是目前四川美术学院设计学科建设的当务之急。

在忙于协助学校制订"十四五发展规划"的同时，又肩负修订学校新一轮科研成果评价系统和科研管理办法，虽然这些事务性工作看似与研究生培养没有直接的关系，但在研究与讨论工作的过程中才真切地感受到它对教育教学的支撑作用，才对教改所涉及各个方面问题的系统性思考有了深刻的认识。教育教学改革不只是单纯的教学方法和形式的改变，它触及培养目标的顶层设计、培养过程的整体规划、培养方法的分步实施、培养课程的系统建设、培养质量监控以及评价办法的制定，培养保障的措施与条件等。我们往往把研究生培养认为是传统的师徒制培养，殊不知传统师徒传授和现代研究生培养完全是两个不同的育人概念，虽然同是教育，但师父言传身教的程式化传授，更多地从一代代师承技艺方法上进行，守住工艺绝技，保障迭代相传，师门执业兴旺。因此，守业重于创新，与时代无关、与科学无关；现代设计教育则注重创新意识培养、系统性学科理论学习和方法论研究。前者是"由技入道"，强调专业实践能力和个体化人才培养；后者"由道入技"强调创新思想、研究能力与实践结合的综合能力培养，适合规模化教育。

适逢2021年底由我主持的研究生教改课题即将结题验收，一个是"产教融合创新研究与人才培养导师团队"，另一个是"跨区域、跨校际、跨学科——产教融合培养研究生工作站案例库"。这两个课题都是针对深圳、北京两地校企联合研究生培养工作站开展的，历时两年的专项教改研究，虽然中途因疫情耽误了一年的时间，但由于工作站经历8年的持续稳定运行，并产出一系列的成果，目前已组建了成熟的导师团队，由参与院校的硕博导师（20余名专业教授）和知名设计企业的设计师（16名精英）组成，针对每期20名研究生进行为期一学年的专项培养。团队秉持"艺创维实、启智为用"的育人主张，采取选师随教、双师授教、多师教化、外师反哺等多种培养方式，形成分阶段互为主导的"双师并行"培养格局，打破了研究生与导师一对一的传统培养模式，并在工作站开设"企业课堂"、"项目学堂"、"导师讲堂"、网络视频指导的"交流会堂"等四堂授课，开拓了学生们的视野和思维，丰富了知识面，提升了实践能力，从一师传授到多师获益。结合工作站导师团队以项目带培养、以案例促研究的特殊培养方式，通过项目案例设计进入教学，以现实问题为研究导向，让学生系统地理解企业特性、项目特征、设计特色，坚持以真实需求和现实问题为研学目标，持续深入地开展有针对性的理论研究与设计实践相结合的培养模式，坚持"理论研究从实践中来，设计创新回到现实中去"。客观地说，研究生教改项目中的案例库建设项目，川美的校企联合培养是具有代表性的。借疫情期间短暂的闲暇，工作站团队成员将近两年的案例教学成果进行系统的整理，结合已毕业和未毕业的进站研究生的学习状况，编辑出版了《顾与识——产学合作培养研究生佳作集》，集中将20余个培养案例进行分析呈现，并作为课题结题的重要支撑材料。由于两个课题结题材料准备非常充分，顺利通过结题答辩。在撰写结题材料的同时，也系统地梳理了两地工作站的成果、经验和需要改进的问题，在培养规模逐渐扩大的条件下，加强导师团队建设和建立体系化的案例教学课程，是未来校企联合培养的重点工作，并借此机会思考建设设计学科研究生案例教学教材。这无疑是一个结合教改而行之有效的创举。两地工作站的企业资源、导师资源、项目资源堪称国内一流，并且已经拥有8年的教学经历，将成果进一步提炼深化，可为设计学科教育教学改革提供很好的示范经验。

跨界与交融——拓展平台作用

在疫情期间继续两地工作站的培养的确存在一定的风险，我们时常关注深圳和北京的疫情控制情况，心中也暗暗为进站师生们祈祷平安。责任在于用心，虽然他们与我并无血缘关系，但工作站8年来凝聚了大家的心血，投入了太多的精力和时间，真心希望它能为进入工作站的青年学生带来成长中的机遇和条件。

转眼又临近计划中期检查的时候，这次讲座专家还是邀请的彭兆荣教授，上次因疫情没能参加，大家都很遗憾，好在张颖老师的精彩演讲博得一众点赞。知道张颖老师是彭教授的弟子，大家便更加期待。为此我们也做了一些准备，尽量避免再次出现疫区限制出入的情况。按照计划，中期检查主要了解研究生在开题汇报基础上，对研究论文和项目设计调整与推进的情况，掌握他们进入企业的学习状态，以及异地生活情况。2021年12月17日星期五，各个参与院校的导师一早出发赶到深圳，彭兆荣教授也从贵州乘7点的航班抵达，资深教授的责任心就是不一样，怕飞机晚点耽误给大家的讲座。下午3点讲座开始，主题是"艺术人类学的范式与方法"，彭教授简洁明了地介绍了艺术人类学的概念和基础理论知识，并结合人类学的研究案例和田野调查方法，以及民族志的叙事方式，系统地讲述人类学与其他交叉学科的关系，作为基础学科在认识论与方法论上对其他学科的借鉴与启发。讲座非常成功，不仅让在座的企业设计师受益匪浅，也让我们这些学校的师生收获满满。到下午6点过后主持人强行终止了提问，整整3个多小时，没有一个人退场，大多数的听众都在做笔记。活动结束后很多人还围着彭教授问这问那，意犹未尽，可笑的是彭教授不用微信，引来大家的遗憾，不知道他是有意的还是无意的，这倒好，减少了许多的应付。

今天，设计职能已不再是以专业的单向能力服务于社会，因为社会的需求更加多元、丰富。产品、环境、建筑、传媒等各个领域的设计，都有尤其复杂的社会需求，而对人的需求研究的必要性强胜于设计对象本身，了解不同人群的基础条件和真实的生活需要，才是设计针对的根本。如何了解"人"（非抽象化的概念）这个服务对象？在设计学的教学方法中恰恰是未能触及的短板，课程设置显然是从单向出发，仅考虑的是通过审美技术训练达到结果的可视化或驱动消费的目的，而真实的需求却未满足，这是值得设计教育反思的问题。人对跨学科知识的接触有时是很偶然的，偶然接触了一些其他学科的人和事，在交往中了解一点相关的知识会唤起你的联想，产生有趣的综合反应，引发你从另一个角度观察本学科的问题或是对别的领域的好奇，会有一种豁然开朗的感觉，会发现许多以前从未思考过的问题。想必这种交叉的效应会产生学习的共识，会带给从事设计的、学设计的、研究设计的人更多的益处，只是需要计划好在学生就读的有限时间内选择怎样的跨学科知识传授，这些知识与本学科的关联度以及产生的作用。

第二天9:00产学合作高层次人才培养中期检查正式开始。原计划本场活动安排在深圳YANG酒店设计集团总部会议室，本想让参会老师们了解一下深圳知名设计企业的情况，之前已经同杨邦胜老师沟通妥当，结果公司所在地罗湖区发现疫情，办公场地暂时限制进出，只能改回广田总部大厦会议室，好在他们没有安排其他活动。今天到会的人把会场坐满了，导师几乎都来到会场，这是每期活动的最后一次现场指导，所以大家都很重视，研究生们同导师的关系相处非常融洽，这种正式场合师生相互支持也是培养成效的体现。甚至连昨天忙了一天的彭兆荣教授也亲自参加活动，他本可以不来，大家担心他身体承受不了，彭教授却兴趣盎然，也很想了解这个工作站的培养情况，并满怀好奇心坚持到最后结束，真让人关于"再启"
About Reboot

感动。整个活动仍然邀请天津美术学院的彭军教授担任主持人，介于要保障一天完成14位研究生汇报内容和导师点评意见，因此，主持人宣布政策：每位研究生汇报时间不得超过10分钟，点评导师仅限每次两位，每次点评不得超过3分钟，学生导师介绍学习过程不得超过2分钟。这样算起来工作时间需要5个小时，加上工作餐、中途茶歇二次，需要7个小时左右，这是计划安排，但大家都知道没有一次不超时的。同学们按照既定的顺序进行汇报，总体来说情况非常好，每位同学学习很努力，完成的工作量较大，看来在设计企业和进入项目组开展研究与实践，不仅让他们在知识与能力上得到提升，同时也加强了紧迫感和荣誉感，汇报的好坏不仅代表自己学习的程度，也代表导师团队的水平，更代表自己学校的荣誉。在多种因素的激发下，研究生们学习很投入，比在学校读的书还要多，这种现象有些让学校的老师们感到无语，难道在学校还让他们松懈了吗？想必这来自于企业环境的影响，深圳设计企业每个岗位各司其职，大家都为讨生活而努力工作，绝不养闲人。研究生刚进入时几乎都有些无所适从，但经过最多一周后，自己就知道该干什么了，这也是校企合作重要的作用，改变学生懒散的状态，在项目团队中向设计师们学习，并激发参与竞争的活力与勇气。每位同学汇报结束后，都会得到热烈的掌声，师生们相互鼓励成为工作站每次汇报的传统，也增强了下一位汇报者的信心。在点评指导的过程中，原计划的时间安排被一次次打破，几乎每位同学都有不止3位以上的导师指导，并且都有超时，就连彭兆荣教授和张颖老师也被现场气氛所感染，主动发言赐教，会场气氛非常热烈。本想请彭军教授做主持人，以老教授的资格可以控制一下时间，结果事与愿违，他认为多听其他老师意见对学生进步有益，甚至他自己利用主持人占据话筒的权力，时不时地进行点评指导。其结果是整个活动过程没有一次茶歇，工作餐仅半小时后就立即进入工作状态，不像是中期汇报倒像是中期考试。直到18：00，在YANG酒店设计集团总监杨邦胜老师的一再提醒下，主持人要我在本次活动结束前做个总结，虽是程序但也必须完成，我从四个方面概括今天活动的感受和安排后续事宜：

一、感谢广田精心的组织，感谢企业导师用心的指导，感谢进站企业对学生们的培养，让我们看到研究生成长的状态和成果。

二、通过今天的汇报，了解同学们在深圳期间的学习情况和研究成果，并在企业团队的培养下迅速成长，看到大家的进步可喜可贺，希望再接再厉，圆满完成工作站的学习任务。

三、进站的同学来自多所院校，放假时间各不相同，临近春节，离开深圳的时间以川美放假时间为参考（2022年1月22日），也可根据各自企业放假要求而定，望同学们听从企业导师的安排。

四、按照工作站培养计划要求，2022年3月内完成研究论文撰写，并交稿；5月初完成项目方案设计，5月中旬将在川美举办工作站阶段性培养成果汇报展和研究生教学研讨会，届时将邀请两地工作站的所有导师、同学到川美参展、参会，望大家记住时间安排，积极准备。

请各位导师、同学以及进站的工作人员、设计师们保重身体、注意安全，祝大家新年快乐！虎年大吉！祝同学们学业有成！

最后，主持人宣布第七届产学合作高层次人才培养工作站（深圳站）中期检查圆满结束，请大家到台上合影。

活动结束后师生们异常的轻松，深圳YANG酒店设计集团杨邦胜老师专门宴请参会的全体师生，以及之前参加工作站学习后留在深圳的同学们，在一家大众化的海鲜餐厅聚餐，既随和又亲切。见到毕业多年的学生，老师们非常高兴，彭兆荣老师一向稳重，也被大家的情绪所带动。研究生们能在异地他乡学习，同时又能同老师共同交流、欢聚，这种前紧后松的气氛，可能在学校也未曾体验过，因此非常放松。

在这里要专门感谢工作站的杨邦胜导师，他是2014年创建深圳工作站的主要发起人之一，对校企联合培养研究生这项工作有突出的贡献和大力的支持，并在第三届最苦难的时期出资赞助，使工作站能够转危为安，持续发展，并且在每一届活动中都用心培养学生，留在他企业就职的工作站研究生就有4个，可见其人品和影响力。此次中期检查，为了让参加活动的导师能够得到好的休息和照顾，专门安排大家住到自己开办的精品酒店，并请师生们共进晚餐，这份支持和情谊让大家感到。这与利益、金钱无关，与信念和友情相关。只有这些可以让他和这十几位企业导师不问回报，持续8年为这些不知道未来何去何从的学生成长不断投入、付出。像他这样品行的导师在工作站有许多，中建的张宇锋老师，梓人设计公司的颜政老师，刘波设计公司的刘波老师，水平线设计公司的琚宾老师，广田集团的肖平、严肃、石立达、彭海浪老师，九唐公司的孙乐刚老师、张青、程智鹏老师等。我为一生能结识他们而感到庆幸和骄傲，真正感受到志同道合的朋友才是最大的财富。

原计划想让老师们多休息一下，第二天下午离开深圳，我和另一部分老师去北京参加中建北京站的中期检查。但就在晚上接到中建工作人员电话，告知北京疫情管控要求，所有单位停止一切集会活动，所有酒店均不得承接任何形式的会议。这使得计划安排被完全打乱。鉴于深圳、北京疫情原因，只好重做安排。第二天一早同老师们一起赶回重庆，并同北京工作站导师们约好，当天15:00通过视频会议进行北京站的中期汇报，临时发通知，大家又开始调整各种安排，好在老师们都非常理解疫情期间突如其来的变化。

2021年12月19日早晨6:00，川美参加深圳工作站的导师们就匆匆赶往机场候机，一路非常辛苦，到了机场接到通知航班延误，真是祸不单行，只好借此机会找个餐厅吃点东西。好在等待时间不长，近一个小时后开始登机。到重庆已是13:00了，赶紧乘车返校，一路担心怕再遇堵车那才是倒霉透了。一路还算顺利，到学校已经快3点了，立刻放下行李同老师们赶去工作室，研一的学生们已经准备好视频连线，大家坐下来就开始进入正题。北京工作站的师生们一个不差地全部到齐，这次还专门邀请了中央美术学院的常志刚教授和中装协的孙晓勇先生作为专家参会指导，原本提前一天去北京的赵一舟老师到中建大厦参加现场活动，正好请她作为川美代表主持中期汇报活动。由于深圳工作站的所有活动过程都通过视频会议的形式连线北京工作站的师生们，因此双方培养进展情况都很清楚，同时也共享了两场主题讲座，大家对此非常赞许，在视频会上都在要求持续开展类似的学术活动。北京工作站的6位同学学习非常努力，在能力和投入程度上一点不亚于深圳站的同学，在汇报过程中现场主持人比较辛苦，必须要兼顾现场，还有关注线上老师们的意见。就在这样的形式下汇报指导活动持续了3个多小时，每位研究生平均用时超过30分钟，比深圳的学生用时要长，看来少而精是精英培养的特点。直到18:30大家才推出腾讯会议，而现场讨论还在意犹未尽的继续，这也成了工作站培养的惯常现象。至此，共同参与深圳、北京两地的阶段性培养的现场活动完成了，将在 2022 年 1 月 20 日两地研究生同步离开返家，并在会议结束前做好寒假期间的学习安排，要求他们严格按照计划完成论文和设计任务，为 2022 年 3 月的视频检查、指导做准备。

今年的寒假对于我来说是忙乱的，几乎没有闲暇，各种杂事纠缠，也难得理出头绪。从深圳、北京工作站返家的研究生估计也没能尽兴过好年，3 月底要交论文，5 月要完成设计成果汇报展览，想起来都倍感压力。这样的处境我很理解，每一届活动的这个时候都一样，我持续 8 个寒假都处于这种状态，所以，我通知他们的导师和我的研究生催促大家抓紧时间完成计划任务。假期本该是惬意的，但如此的节假日过得几乎没有记忆，快而混沌。

很快就开学上班，有条理的忙碌和无条理的瞎忙都一样，唯一不同的是，前者是既定的、明确的、必需的，后者是偶发的、可有可无的。校企联合研究生培养应该属于前者，是在大家心里既定的工作，因此一开学就在做准备，列出相关计划，并告知群里的师生们。

2022 年 3 月～5 月工作站第二阶段网络视频远程指导。

图 6 彭兆荣教授讲座现场

图 7 讲座现场合影

图 8 深圳站开题汇报现场合影

图 9 深圳站中期汇报现场

时间安排：

第一次网络视频远程指导

2022 年 3 月 10 日（暂定）14：00-18：00

每位同学汇报时长：5 分钟

导师点评：每位导师仅限 3 分钟

每位同学汇报加导师点评时长不超过 10 分钟

共 20 位同学（深圳：14 位，北京：6 位），以姓氏拼音字母排序

学生汇报内容：

以 PPT 方式呈现

第一部分：课题论文（当前进度以及时间计划）

第二部分：课题设计（当前进度以及时间计划）

图 10 深圳站中期汇报现场

图 11 中期汇报现场

图 12 深圳站中期汇报现场合影

图 13 北京站网络汇报现场

图 14 北京站网络汇报现场合影

论文出版要求及设计指导时间计划

论文格式规范要求：

论文需标注文献引用、图片来源（插图用清晰度高的）、参考书目

（正式提交前发送详细格式规范文件）

论文字数尽量控制在 8000 ~ 10000 字

时间计划：

3 月 10 日 13:30 线上论文进度检查

3 月 10 日 ~ 3 月 25 日论文修改校对

3 月 25 日 ~ 3 月 27 日提交汇总

3 月 27 日 ~ 3 月 30 日出版内容校对排版，交出版社

第二次网络视频远程指导

4 月 12 日线上设计指导及进度检查

第三次网络视频远程指导

5 月 11 日线上设计指导及进度检查

6 月初书籍定稿印刷

6 月中旬四川美术学院虎溪校区布展及参加展览开幕式

2022 年 3 月 10 日 13:00，工作站第二阶段培养，第一次视频指导会开始，本次会议主要检查研究生们的论文写作进度和设计方案推进情况。在此之前做了一个安排，研究生汇报顺序不同以往，按照工作站所在地分别汇报，两地交流共享被隔绝了，没能更好地发挥工作站的平台作用；因此，两地工作站学生打散混合在一起，以姓氏拼音字母为序，形成一个整体并共享优渥的师资条件，这一翻操作起到了很好的效果。同学们看来假期也没有过得安心，每个人的论文完成度都较高，有些学生竟然已经总体完成，并进入细化调整阶段。但设计方案还未呈现令人满意的进度，这种情况每年都会出现，也是工作站在成果要求上的错位，就像研三的毕业论文和毕业设计始终难以同步进行。6 月的展览上有个重要的成果就是研究生们的论文集，由于出版的特殊要求，必须 3 月内完成并交稿，自然无法同设计进展并行，也造成论文中对设计结果的引用与方法研究呈现不足的现象。虽然在线上指导，老师的热情依然很高，进入线

图 15 返校后网络汇报现场

图 16 汇报现场老师点评（1）

图 17 汇报现场老师点评（2）

图 18 网络汇报现场

上会场的导师很多，加之交叉指导，对不同培养项目和研究成果有新鲜感，也激发了导师们的话题，平均一个学生有三位以上的老师指点，原计划 20 个学生的检查控制在 4 个小时左右，结果 5 个半小时过去仍诲人不倦。临近 19:00 主持人黄洪波老师不得不叫停了会议，并感谢导师们的悉心指导，同时为下次检查汇报提出了要求。

从本次视频检查反映出了几个方面的问题：首先，是会议的准备，无论是会议设备的前期调试，还是研究生对汇报材料的事先准备（对线上操作的熟悉程度和文本共享与同步表达）等方面都有不足，导致部分同学汇报时耽误不少时间在如何打开 PPT 和中途信号传输不畅的处理上；其次，研究的程度问题，虽然这是因人而异的事，但如果没有一个基本的要求，培养的目标则难以实现；再次，"重文轻武"，由于研究生毕业论文的权重越来越大，加之工作站对论文出版的时间要求很紧，导致学习的倾向性明显在论文方面，而设计实践的进度和用心程度则明显滞后，这有悖于工作站培养的初衷，现实条件、现实项目、名师指教，却在做工作站导师们并不擅长的理论研究，虽然理论来自于实践，但重心仍出现偏离，其结果值得反思。这些问题一直以来困扰着工作站的培养成效，由此萌发在今年 5 月举办的研究生教育教学改革研讨会上作为论题之一。近些天，与四川美术学院环境艺术系的同事们一直忙于筹办全国设计学科研究生培养论坛活动的相关工作，抽空完成《再启》书稿的部分内容，头绪太多，常常忙中出错，好在未造成严重后果，也算幸运。

此书本应记录和总结两地工作站从 2021 年 9 月至 2022 年 6 月整个阶段的过程，但由于出版计划与展览要求，往往在最后两个月的培养情况与成果呈现都无法完整体现在本书之中，只好在后期佳作集中进行呈现。由于本届研究生进站人数远超以往，在教学与管理上遭遇不少的问题，也面临不小的压力，每次指导用时越来越长，但愿这一切的努力能在学生们的展览中得到回报，这也是所有参与本项活动的导师及管理者共同的愿望。

潘召南

2022 年 3 月 26 于四川美术学院虎溪校区教师公寓

2021 - 2022

四川美术学院校企联合培养研究生工作站

Students' masterpieces of the Joint School-enterprise Training Workstation of Sichuan Academy of Fine Arts (2021-2022)

导师讲堂
Teacher Lecture Hall

"跨区域、跨校际、跨行业"研究生联合培养基地案例库建设
深圳·北京校企艺术硕士研究生联合培养基地
产教融合与设计创新

"Cross Regions, Cross Universities, Cross Industries" Construction of the Case Base of Graduate Joint Training Base / The University-enterprise Joint Training Base of Shenzhen & Beijing for Art Major Postgraduates / Integration of Education and Design Innovation

时代、机遇与认知、创新

Times, Opportunities and Cognition, Innovation

讲堂导师：张青

讲题：《时代、机遇与认知、创新》

授课时间：2021 年 9 月 13 日

讲堂地点：深圳市凸凹空间设计有限公司

张青老师讲堂现场 1（来源：自摄）

张青老师讲堂现场 2（来源：自摄）

张青老师：我来到深圳以后才知道这里是这样的，你只要肯干活，只要肯努力，就有一线机会待在这里。随着时代发展，经历是变化，现在再折回来看，反思过往，这些历程是那么具有时代特征。

大家看这是什么——马车，马车刚出现的时候，大家知道周边会有一些什么东西吗？马车行业会带出一些什么样的东西吗？驿站、马夫、马的蹄子、轮子、车厢等。马的一些驾驶用具，还有清洗马的、培育马的，还有不断帮助你翻新马的设备。那么，现在我想问大家一个问题，谁觉得自己有创新精神？谁最有创新突破性？自己觉得自己敢于去突破，敢于去创新吗？

同学：往哪儿突破？

张青老师：往哪突破？如果在这样的一个时代，我们找到一个马夫，告诉他马车要过时了，你带着大家做另外一件事情——做汽车。在座的所有人，除了那个要突破创新的，要准备做汽车研究的，你们全部是做马车相关产业的人，你是做马的生意的，你是做马蹄的，你是做马厩的，你是做驿站的，你是做马车内饰的，你是做马镫的，你是做培训马夫的，你是做特色马的培训基地的，全部都是和马相关的生意。他提出来，不要再做马车了，这个会落后，他要带你们做汽车。请问：你们愿意接受他吗？你们愿意更替掉现在的东西，接受他的汽车吗？你觉得你能说得动他们跟着你走吗？

同学：如果我们不随大流的话，可能会有很多的风险。

张青老师：这一点大家一定要有切身的感受，我为什么要让大家转换身份？就是你们现在的受益点来自于当下，你们已经被这个身份所赋予了他的受益并具有连接性。他刚才说得很现实，为什么创新这件事情突破这个时代的局限很难。我刚才为什么讲到时代这个话题，正因为他有太多的背景，他虽然看到，或者说他能感知到，但要颠覆却很难。但你们有没有勇气去颠覆？你们愿不愿意接受这样的挑战呢？

同学：那我就说动一大半的人，不会让自己错过。

张青老师：会不会错过，机会是不会告诉你的，当汽车出现的时候，马车一瞬间就被颠覆掉了，就像现在的科技力量。科技发展和转变就是一页瞬间翻过去的，对吗？所以我想提醒大家，当你们来到深圳，来到中国科技发展的前沿，如果你们还是以惯常的方式和不变的眼光去看待当下，你们不可能也不会感知到这个时代的声音和时代的浪潮，大家能体会到这样的感受吗？但不可否认的一点是，我们的思维是有惯性的，因为我们适应了它，所以当马车这件事情有人提出来不行的时候，我们无人在意，甚至抵触。原来的路叫马路，是因为出行坐马车，现在路上没有一匹马，开的全都是汽车。

有没有在福田保税区上班的同学？大家有没有注意到一件事情？有没有看到公交车没有人驾驶？这个无人驾驶的公交在深圳已经运行了四年，在保税区，它存在的意义就是要颠覆掉整个时代的发展，以后像这些基础的工作都不会再有人来做，司机坐在车里只是在看他在开的过程中有没有系统问题，解决临时的一些转向等问题，仅此而已。

这就是在深圳已经在做的一些调整，其他地区也有，但是还未普及。我在做创新人才培养的时候，有一个课堂要去清华大学参观一些高级实验室，会看到国家前沿科技做的项目，真的太先进了，即使是这样，我们离国外和一些发达国家的差距还很远。今天，在太空舱里面的宇航员要回来，在建空间站的时候考虑飞船对接，有一只机械手上来抓住飞行器把它扭转90°扣进来，然后再衔接过来，这个口的开放和衔接，在清华大学也有。我们去清华大学实验室看的时候，觉得这是一个非常高级的机械和科技工程。它要伸出来抓住部件，然后在空中移动的时候再准确地链接。现在的科技发展非常快，为什么像恒大地产公司也要转向做汽车，也要做新能源，做智慧汽车，是因为他看到的是这个时代的一个拐点。时代的拐点是什么？当科技、材料和这个时代的需求一旦到位时，这个时间点就会突破。所以，智慧汽车也好，智慧城市也好，所有的都是为迎接未来另一种生产、生活方式做准备。

在深圳有一条路叫智慧路，是在全中国铺设的第一条"智慧道路"，离我们这里不远，也叫侨乡路。这条路的铺设，修修改改五六次，最后定下来叫作"智慧路"。我也带着一些甲方和设计师去看过。你们可以调研一下智慧路到底做了什么，"多杆合一"也好，智慧化的设施也好，等等，实际上我们人在路上行走的过程中，所有的数据都已经传上去了。你带着手机经过那条路，所有的数据都在互动，你坐在车里面，它能观察到你所有的状态，这就是现代的城市。

从马车时代到汽车时代的100多年，时间不长，但是从汽车时代再到下一个时代会更短，就像我们的电脑一样，更替起来非常快。有了时代的感知和时代的认知，那么存在的是什么？是时代的机会、机遇，你没抓住它，你就错过了这个时代；没抓住它，你就不知道这个时代的机会在哪里。

大家知道这两个人吗？我有时候也喜欢听他们的脱口秀。最早的一位是黄西，他在美国留学，那时候他应该是生物学的博士研究生毕业了，之后他没有继续从事生物学研究，转而做脱口秀。最后他来到中国，回国做了电视节目，也有拍电影。另一位是李诞，80后，是笑果文化的股东，领着一大批00后、90后在讲脱口秀。我说的这个例子，背后有个逻辑：黄西很早就出名了，也是前辈，是我国最早做脱口秀的人，从美国把脱口秀带回来，他回国以后做了很多尝试，没有做成。但是李诞，80后，从脱口秀开始，他就在里面做编剧，从那个时候沉淀到现在仅仅不到10年的时间，就成为笑果文化的合伙人，现在有一大帮投资者。这一次的脱口秀大会李诞邀请黄西去当竞赛演员，而不是评委。时代不一样，机会也不一样，不是比谁年纪大，而是比谁更优秀，这个例子说明时间节点和机遇很重要。

下面我问大家一个新的问题，如果现在请各位小伙伴回到10年前，你们还会选择现在的生活吗？还是换个方式？如果再回到20年前，那时候你们的父母打着你们，说着你们，你们肯定什么都听不进去，但人最难的就是没有回头路，只有一条路走。我们生活在这样一个维度的空间里，不允许我们往回走，所以我们只能想一想，但是想过以后，我们可以想想未来。如果未来10年，你们现在正当年，正值这样的时间，未来10年的机会在哪儿？时代的特征是什么？你们该怎样抓住机会？再过一年你们研究生毕业，你们会看到下一个10年是什么样吗？如果还有机会你们会再次选择回到这里吗？虽然大家现在都是在同一个时间点，都在这个地方起步，但是10年后绝对不一样。我们未来的生活方式会有很大的改变，我们的出行会改变，我们的工作也会改变。

8月24日我在这边主持一个文博会的分会场，下半场会有嘉宾互动的环节，有一个嘉宾是做新媒体的，我们在讨论的时候就说到新媒体的互动和定位，他说他们公司从疫情到现在，已经没有人在上班了，全部在家里面或在其他地方上班。我说为什么这样？他说，有一天他去到公司看到公司电脑打开上面文件自己在动，后来一看是他们自己的员工在远程控制电脑，把文件处理完了。他看见这个情况，他就通知大家不用来公司了，在自己家里面办公就行了，直到现在为止，他们公司还没有人。工作方式变了，出行，维系朋友，居家，我们城市人与人之间的边界都在改变，所有这一系列的改变都会体现在我们的生活环境里、生活场景中。

全球化的时代背景，使我们现在的行业竞争不断加大，信息快速传递连接，技术迭代发展，知识经验复合性增长。原来的中国发展大量劳动力；现在变了，深圳现在的人工成本非常之高。经济迅猛发展迫使人们回归理性，回归到现在的社会发展状态。高频的竞争，高强度的投入，都是非理性的，迫切性的竞争在这个阶段已经过去了。因为很多企业面临着困境，上市公司也好，甚至一些大牌的企业也好，在很短的时间内也会消失。一个社会经济快速爆发了以后，消费促使技术更新迭代的快速转换，从而导致内卷化，这是对一家公司、一个团队的考验，考验你的核心竞争力是否有强大的基础。优秀的团队能体现出它的持续性。

我引用一句话：“明者因时而变，知者随事而至。”以转型应对变数，以创新开拓新局。未来企业适逢其时，应变于心，启运于未来。在这一点上更多的是突破自己，改变传统的思维和成长方式，同时也要从所学的专业中进行拓展、跨学科，成

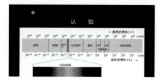

人眼可见光谱（来源：网络）

为复合型的人才。其背后的逻辑会有团队、有企业管理、有项目执行、有商务接洽等，是综合性设定的目标，要成为一个复合性的人才，不是某一个专业或者某一个领域学习能形成的。

大家知道这个地方吗？大湾区听过吗？大湾区在整个珠江片区，共有9个城市、两个特区。9个城市就是沿着珠江，从珠海到惠州形成一个湾区，两个特区就是两个端头——一个香港，一个澳门，形成了11个城市，这11个城市未来要包含多少人？接近一个亿的人口。未来的发展要通过两个特区带动从而辐射出去，但在上面大家所看到的有几个？全世界现在有很多的湾区，但是影响最大的就是它们。纽约曼哈顿，早些时候形成是以金融、保险业，还有在这一个金融板块延伸出来的一些投资企业，包括像雷曼兄弟、纳斯达克，他们在那里构建了全世界的金融经济联动中心，因此带动了全世界的金融体系，直到现在仍然领跑着全世界经济的走向。旧金山在美国的西海岸，大家更熟悉一点的是包括你们用的手机、Google、Facebook都在那边，那里有很多高校，创造出了很多优秀的企业，这些企业有一个大的特征——科技创新。他们带动了全世界的时代文明发展。二战结束以后，大量的美国技术和工业进入日本东京，现在像索尼、松下等大量的制造企业全部在那个时间点起来。当时有一个板块就是制造业，早些时候的索尼公司还赶不上我们这个园区的规模和品质，但是，美国人还是委托给他们很多制造订单，通过美国提供的机会使得日本的制造业得以迅速发展，形成了现在的东京经济带。它带动的是什么？新兴制造业、新兴科技和低成本高品质的科技制造技术。那，大湾区是什么呢？它是中国现在能够带动世界发展的高新技术湾区。中国香港是面向全世界的金融中心，澳门也是一个对外开放的经济体，一个旅游和文化窗口，形成了一个围合区域。所以，中国在打造大湾区的时候，它的核心是什么？我告诉大家几个数据：第一，2020年，深圳一个城市的GDP是6.7万亿，6.7万亿是什么概念？是云南省、贵州省再加上四川省，三个省市的GDP总值。第二，深圳截至2020年，中小版和主版上市了461家企业。

昨天我和同学在科技园吃饭，吃完晚饭已经23:00左右，我叫代驾，约了一个小时还约不到。而我的前面是腾讯的办公区，两千多人在腾讯上班，这些工作者已经把车约完了。这只是在科技园的一部分，如果你们晚上去深圳科技园看，灯火通明。很多时候我看到这样的场景，很想拍张科技园的照片发朋友圈，这就是深圳的状态，

再启
产学融合研究生培养探索与实践

Reboot
Exploration and Practice of Graduate Education Integrated with Industry and Learning

一直都在工作着，没有停歇。另外一点，你们来到深圳这么久，我问同学们，你们发现深圳几个特点没有？在深圳基本没有老年人，深圳是年轻人作为主力，从始至终都在忙碌着，所以深圳也是年轻人最有幸福感的城市，那是最值得拼搏的城市。中国打造深圳就在于它启动了、带动了整个中国经济的最前沿，是年轻人最具有创新性的地方。我们在做人才培训的时候，会带着去参观，包括去清华大学。那里我们会看到一些新兴材料，比如有石墨烯，石墨烯大家有听过吧？我们用的铅笔、碳粉，它们是分层的，石墨烯的平层就像一个蜂窝，但只是一个平层。现在的技术能把他剥离，可以把它剥离成一个平层。它的强度很高，导电性能极好，导热也很好，但是它的剥离技术要达到这么薄，很难。石墨烯这种材料用在很多地方：首先，我们的服装，可以用石墨烯材料作为布料。石墨烯做的服装，病毒这么小的一个生物都不能在它的表面上停留，它的孔状表面和它极高的密度使得它只要拍一拍，细菌就没有了，就掉了。其次，做一些热传导和冷敷的东西，在北方很冷，他们把石墨烯附着在画上面，然后形成了热辐射的东西，他们做完了这种材料之后，把画挂在墙上，通上电，这个画作为装饰的同时又可以为这个房间辐射热量。我们原来所做的地暖，北方家庭的同学应该知道，地暖需要通过水管加热。天津美术学院的同学知道，他们宿舍一定会有暖气片，而现在做的就是直接把它铺在地面上，就像地毯一样，铺上去以后，直接通电，整个地暖就是热的，而且很薄，施工成本很低，施工工艺也很简单。这就是现在的科技带来的新发展和新条件，随着技术的改变，我们的设计，所有应对的东西也会做调整。

面对机遇就会有挑战，挑战会是些什么？就像刚才所说的，如果你选择到大湾区或者一线城市，你面临的挑战，可能就是大量同龄人竞争。在竞争中会要求你不断提升自己的能力，提高你的水平和综合素质，以便于应对各种挑战。在经历不同的过程后，每个人的体会都不一样，这样的经验会影响各自的思维方式，也造成你们之间的各不相同，不同的思维方式决定了不一样的结果。知道这张图的道理吗？我们看到的是光波，有很多光波是一份一份的，然后传递过来，负波长，正波长。人能看到的仅仅是这一段，而另外一些我们是看不见的，但是它就是存在的。我想说明一件事情，我们人所看见的世界也是很窄的范围，我们所了解的外界的这一切也是有限的，要有一种不断去学习，不断去了解突破自我的状态，同时要有一颗敬畏之心。

创新是发展的第一动力，在这一点上，无论是深圳还是全国所需要的便是往这个目标去努力，去创新。没有创新，按部就班，经济发展基本上是原地踏步。中国深圳早些时候也是这样做的，很多的科技公司拿着别人的产品用来用去，最后被别人卡脖子，结果大家意识到自我创新和自我研发才是硬道理。为什么华为能做起来？是因为他们大量的资金都投入到了研发这个领域。大家有机会可以去松山湖看一下华为所建的整个产业基地，像欧洲小镇，同时它也建立了自己的华为大学，为企业发展培养自己需要的高端人才。

创新是一种认知、一种思维、一种突破，是一种思想的自信。我想问一下大家知道这是什么东西吗？救生圈是什么？大家都认为它是救人的，但我说他不是救人的，大家相信吗？大家看过这种场景吗？如果我哪天在海里游泳，当身体累了，游不动的时候，出现危险的时候，人们看到了我，怎么办？把救生圈扔下来，你们觉得你们会救得了我吗？用绳子拉我上来？

没有真正的实际意义。为什么？这样的场景是救不了人的。你们在不了解情况、没有经验、没有准确的行为的情况下，就像路边摊套圈圈是一样的，是套不住的。我在下面游着泳，已经很累了，没有太多的力气了，你偏偏给我扔了一个救生圈，还扔得很远，只有安慰，没有实效。

日本有这样一个场景，很多现在的年轻女性不愿意结婚了，因为社会压力、生存和自我的独立性。但是有一部分女性会选择生孩子不结婚，那这些女孩子会面临什么样的问题呢？生孩子得去妇产科，为了帮助到这部分女性，日本让一些城市的政府部门提出让这些的士司机作为公益人员去帮助这些女性，去帮助的这一部分费用由政府来承担。在日本，政府要求这些司机去调研清楚哪一个片区，哪一个女性什么时候待产，身体状况如何？这是他们要获取数据的资料，就是服务者和需求者之间的关系。就近的几家医院调研之后要把整个生产流程了解清楚，如果出现急救的情况，怎样把她送到最恰当、最合适的医院救治，需要把整个路线理解清楚，这件事情才算做完。这个案例说明在社会机制设计上仍然需要不断完善，有很多方面有待创新提高，只是我们在这些方面还有没有认真思考和实践。

大家可以看这张照片，是一副公筷，请问这算不算创新啊？有的创新在应用后并不见得是创新。我们把这个场景还原一下，当有两双筷子同时出现的时候，有一副要作为公筷，另一副要作为自己用的筷子，从行为区别上判断，首先定义哪一副为公筷、哪一副为自己用的，这是两个结果、两个选项。但实际上，只需要区分出其中一副公筷的差异，自然就定义了另一副，至于哪一副是自己用、哪一副是公筷就在于自选。所以，创新的意义可能通过选择或思考方式的转向，也就是观念的转变就可以实现。这实际上是跟我们的思维习惯、行为习惯和生活习惯有很大的关系，就像英国经验主义哲学家休莫所说："人生是信仰与习惯造就的"。

澳大利亚被英国殖民的时候，出现了一件事情，当时一部分囚犯被派到澳大利亚去搞开发，但是出现几种情况：雇主找英国买下了这些囚犯，从英国到澳大利亚后发现很多船上的囚犯已经死掉了，但是钱也付了，怎么办？最后澳大利亚地方政府提出来，以已落地的活的人口来算钱。因为在运人过来的时候他只管装多少人就是多少人，但是环境不好，条件不好，生病不管，所以地方政府提出落地了以后人都是活着的才算数。在这一点上可以发现，游戏规则的改变可以使结果改变。

我的邻居有两个小孩，女儿读幼儿园，儿子读小学。她送小孩去学校，需要先经过幼儿园再到小学。我那天在学校门口的时候，就看见他牵着他儿子，两个人互不理睬，很气愤地来到学校门口。我问怎么回事啊？她说大儿子推她妹妹，我又问为什么？原来是妹妹在学校门口哭，男孩就叫妹妹赶快去幼儿园，并推了妹妹，妹妹哭了，他自己也很难受。先催着妹妹进幼儿园，是因为后面还要送大儿子去学校，老大上学赶时间。然后我就给她出了一个主意，带着妹妹先把老大送到学校折回来再来送妹妹，最后妹妹也没哭，老大也能送到。这个叫什么创新？制度创新。制度创新是大家设定的游戏规则、思维习惯所设定的。所以，有的时候创新的东西不仅指单一的技术创新，还有方法创新。综合来看，创新在很多方面都可以突破。

这地方大家看到的是一个丁字入口。这个丁字入口，大家觉得有没有问题？转弯半径、视线通畅、人行通道、车行、隔离带等。不从专业的角度看，从生活习惯、认知上看有没有问题？在左转的位置倒了两根隔离的杆子，为什么会出现汽车

设计汇公筷（来源：自摄）

隔离带1（来源：自摄）

隔离带2（来源：自摄）

马斯洛需求理论（来源：网络）

视野盲区的问题？设计也是按规范标准做的，都是验收过，但是这两根杆子倒了无数次，工程施工人员、甲方、施工方很负责任，每一次倒了都把它重新扶正。但从来没有人问为什么倒了？为什么还要把他扶回去？经过研究发现，这个入口是个斜上坡，斜坡上来的时候视线是往上的，这时的转弯半径要比平路的转弯半径大，视线盲点的时间要长。车子上坡，再到平路转弯的时候，在这里的转弯半径是不一样的。然而，这里的转弯半径设置还是平路的转弯半径，所以这里的杆子总是被车子撞坏。但是从规划上来说是没错的，转弯半径是够的，但是在现实中却出现了问题，这就是设计与现实的差距，需要经过实践的检验。就创新而言，对问题的思考要突破和质疑规范的合理性，不是生搬硬套的，这些标准都是国家交通规范已经设定好了的，但是实际上在事情发生的时候，需要去结合实际处理。

大家知道马斯洛原理吗？马斯洛原理形成了一个构架关系，人们的思维习惯中会形成一种对于自我的实现和需求性的阶段，导致人们在做事情和做判断的时候可能会逐层去实现。我来讲一个故事，有一个乞丐走在路边，他食不果腹，正在要饭。突然旁边一个强盗，正在拿刀抢劫一个人。这个乞丐挺身而出，拦住了劫匪，救了这个人。而后，这个人感谢乞丐并买来食物给予乞丐，乞丐没有吃就走了。请问大家，乞丐属于哪个层级？

同学：属于尊重这一层级，也有可能是情感和归属这一层级。

张青老师：通过这件事，想告诉大家我的理解，其实我们行事并非都是从第一层开始需求。对于这个乞丐来说，他第一层生理需求都没有解决，但是并不影响他达到最高一层。第一，改变我们的思维认知，因为它会限定你的发展。第二，人本身应该要埋下一颗比较理想而崇高的种子，不要觉得这些离你太远。昨天我去一家企业，看见企业的口号就一句话："利他人才能会自利"，只有不断地帮助别人，才可能获利，这是他们公司的诉求。我说这一点也想提醒大家，在自我构建人生和价值观的时候，不要被这座金字塔所左右。

同学：我理解了老师讲的意思，就是不用逐级去追求每一层。其实普通人是没有这样的自主意识去追求更高层级的。无论是有钱、有成就的人还是没有钱、没有成就的人，能这样去追求高层级的自我实现，这种人都是很少的。

张青老师：我们每个人不一定都要成为非常厉害的那个人，但是你对自我的诉求可以设定一个努力的方向。不要被时代或者社会的一些东西盖掉，迷失自己。

同学： 刚刚老师举了一个例子，那我想问老师有没有真的接触过绝对利他的人？

张青老师： 道德的养成在于内心，一个纯粹或是绝对利他的人是很难的，我认为不一定说要去找这样的人，或者说一定要有这样的人存在。在人生成长中去给自我设定一个努力的目标。不一定每个人都要成为伟人和特别优秀的人，但是我们可以尽量要求自己，做到严于律己。

我们在日常生活中会存在着物质状态、社会状态、精神状态，在这个过程中，我们可能或多或少地都要进入到其中的某种社会状态之中。当物质状态存在的时候，我们如何与社会、精神状态做一个平衡，体现出来的状态可能会有这样几点：家庭、工作、自我。往往在刚进入社会的时候，工作会占据我们的大部分时间和精力。在工作的同时，对于家庭，对于孩子，对于身边的人或者对于老人，你没有花时间、精力去照顾他们，我个人比较看重这一方面的平衡。但这一点平衡以后，照顾了工作和家庭，你还能不能再保持自己？保持你自己的一些喜好。如果你都偏失了，就会产生焦虑、不安。当你这三个状态比较平衡的时候，你会感到比较舒适。我原来的一些同事去了设计院，在设计院也当了领导，或者当了部门的负责人。但在交流的时候就提到他们的中年危机和中年焦虑。主要危机和焦虑在哪里？第一，是接近50岁的年纪，精力跟不上，跟年轻人没法相比；第二，是新的东西不断地出现，他们不断地去学习新的软件或者其他新东西；第三，有一些新的技术和需求在改变，再去学习有多少的能力和增长条件？这是第一部分焦虑。第二部分焦虑就是随着孩子和家庭的成长，大部分孩子已经成年或者说已独立生活。在座的各位同学基本上在初中高中以后跟家里接触很少，大部分都已经进入了社会和自我独立，家里面和你的互动非常少。作为个体来说，对于家庭和孩子身边的关照会越来越少，在时间上呈现出负荷状态。如果说这个年龄段的人和家庭、孩子关系不是特别和谐的话，它所呈现出来的家庭状态、社会状态会导致他产生社会焦虑。第三部分焦虑就是孩子成年了，有自己的事情，夫妻双方的父母可能已经不在了，夫妻双方还有没有共同的话题？双方之间更像亲人，就像左手拉右手没感觉，怎么保持双方的新鲜和生活的状态？怎么在每一天都能有一种生活的热情？去保持生活的情调、生活的自我。刚才有一位同学写理想中的自己的时候，希望成为有智慧的人。你们有没有分清什么是知识，什么是智慧，什么是更高层级。

知识，首先是在学校教室获得的或者说日常生活沉积下来的这些经验，以及在书籍中认知的，这属于知识的一部分。智慧于每一个人是不同的，我称之为人与周边相处的一种关系。就是你懂得使用知识，并在各方面具有综合处理能力，这属于智慧。比如说，你跟人交往用自己的综合能力去协调这一层关系，这也是智慧。要做到这一点，我们怎么样去实现呢？刚才有位同学说不要急，要稳，要有这样的一种状态，遇到事情不慌。而在这一个过程中能有一种平和的心，在应对的时候，你才会清晰地、有能力地去判断，而后做出正确选择。

大家来到深圳，来到大湾区开始一段时间的学习，你们在沉淀和做准备，也是在对未来人生和自我定义上做出一种选择。今天所讲的可能会带动你们去做一些准备和思考，所以我的建议是你们持续地、深度地去了解自己，深度思考，并建议大家

再启
产学融合研究生培养探索与实践

Reboot
Exploration and Practice of Graduate Education Integrated with Industry and Learning

多看书。另外，保持成长状态，成长状态就是你要有求知的欲望，才会有成长。寻找老师的引导，我也在找不同的老师。其实和大家在交流的时候也是在学习，并不是说你年轻就不可以成为我的老师。最后是自我的完善，自我的完善有很多方面，包括性格、心理和生活状态，这都是在自我完善过程中构建出来的。

最后一个部分，我在 2016 年去浙江金华，参观了一个古宅改造的博物馆。当时外面打雷下雨，我就走进了这个屋子，在堂屋正中间的位置坐了下来。中间是窗花一样的照壁，下面有一张案台，两边都是长辈坐的太师椅。太师椅不宽，坐的时候有三分之一的屁股是要露在外面的，因为太师椅的设计就是要让人正襟危坐。看着外面下着雨的庭院，我当时突然冒出一个想法，当初这家的主人在宅子建好后，一定是希望这个宅子能够代代相传，希望子嗣繁衍、永不落幕。但是 400 年过去了，我就坐在这里，而他们的家人不知道去了哪里。我们作为家族的一员，我们到底应该给予子孙后代留下什么？有一次我跟我的父亲闹矛盾，我说了一句让他难受，但是又不得不说的话。我说，父亲当你准备要走了，你给我留一句话，你会留什么？最后，他说了一大堆话，我说你对你的人生还没有总结。如果是我，我不希望给后代留下物质的东西，我希望留下来的是一种价值传承，是一种品质，潜移默化地留在他的一生中。我为什么这么早提这件事情？实际上我们每个人从一开始在构建自己人生的时候，就在构建未来。

同学：老师刚刚那个问题我想了一下。在我的家族中，留给我最多东西的可能是我的爷爷，也是让我印象最深刻的。而我的父母，他们一直是在扮演父母的角色，尽父母的职责。所以，对我来说印象没有那么深刻，他们没有太多个人的东西。而我的爷爷有很多个人的特质，所以给我留下了很深刻的印象，很容易就想到他身上的特点。我觉得这个启发就是，如果我想让我的下一代记住我的话，那我肯定首先要成为自己，然后再去完成职责。

张青老师：你爷爷对后代的影响是你父辈和你的这一代，但是对于你的下一代影响可能就小了。其实你爷爷对你的影响除了他自己这个符号，实际上他是给了你一种品质，一种对待生命、对待人生的观念和态度，这就是传承的一部分。大家都知道曾国藩，那你们知道他的后代现在在干什么吗？过了这么多代，一个家族，一个家庭的延伸，除了生命，还有其他的东西。

今天我站在自己的角度，没有去说技术专业层面的内容，因为我觉得大家来到这个工作站，在你们生活中就需要有所认知和改变。所以我在带学生的时候，希望他们明白自己来工作站要带走些什么，或者要学到些什么，有目标性地去思考，思考了以后通过自己的行动去实现。同时，我也觉得这是互相的引导和带动，大家是愿意去面对改变的，只是看你对于自己的要求和目标在哪里。

导师讲堂
Teacher Lecture Hall

设计杂谈

Design of Gossip

讲堂导师：琚宾

讲题：《设计杂谈》

授课时间：2021年11月2日

讲堂地点：水平线设计

一、开篇

今天的分享，大家都是带着问题来的，这也是一个很好的交流沟通的机会，可以让大家了解到水平线，了解我们的团队，以及公司一直以来所思考的，包括我个人。

你们现在看到的这个 PPT 里面一共有 7 个方面，我们公司所有的项目都围绕着这 7 个方面展开，不管是从建筑到室内再到产品；其中我们会谈到"建构和美学"，这是我们经常在项目中运用的，怎么能把这些功能关系通过建构体块的方式来完成诉求。我们会经常讨论"功能和形式"之间的关系，这是一个恒定的课题，在场所有设计师在过了 1000 年之后也会辩论的话题，我们到了北京，我们到了月球，也一样会讨论这个问题。接下来，我们会讨论到"游园和尺度"，这一点是相对东方的，这也是我们公司语境下一个很重要的方面，因为我们很多的项目都是关于这些尺度、东方的园林、这些园林当中承载的绘画以及这些艺术形式。我们会讨论到"材料和五感"，现在我们不需要任何形式，我们只看到材料时，需要知道我们要表达一个什么样气质的空间。我们也会经常强调"想象与图像"，德国的图像学研究提到一点：能用简单的语言进行表述，我们的大脑全部是靠切片构成的，靠蒙太奇的镜头来切换构成的，大脑思维的组成无法通过动态的关系与你连接起来，都是靠蒙太奇一般的点状的真实片段连接起来，形成了脑海中的画面，所以我们的思维与时间的长度都是用图片之间的连接构成的。这就告诉我们，第一，我们要思考我们脑海中的图像，空间当中的立

设计杂谈（来源：水平线设计）

原点开始,原点结束(来源:水平线设计)

体感和图像的关系是什么。第二,当我们在做方案的时候,我们就要知道我们以后这个项目所形成的图像在哪些方面可以形成这个项目的记忆点。这两点应该是很清楚的,我在每次讨论方案时都会讨论到图像,图像和想象实际上是你脱离了原有图像给你的记忆。你建立出一个新的想象之后,同样也建立了一个心境。"情境和与物品"讲的是什么?例如一个空间中的家具,学校桌子上的一个托盘或者一个水杯,它都代表了你和空间之间的对话;比如,我们是否能通过一个场所的建立而告诉对方散发的气质,联想到在这个房间里的一个桌子上放了个杯子,它们彼此之间的关系应是一致的,它们的气质,它们的感受,它们两个对于设计理解的角度有某种相似性存在,这个就是我们需要去思考的,所以情境不是情景,是情境和物品。设计就是解决一个有条件的问题,别把它想得太过于深奥,它实际上就是在面对每一个问题时,找到最适合、适宜、适时的答案。

"原点开始,原点结束"

什么是原点?当我们踩到一块地面的时候,你会想象到很多画面,你会好几天晚上都睡不着觉,你会想着盖个什么房子;实际上那时你还没有进行设计的推论,你只是因为踩到了场地上,当下的感动赋予了你脑海中的想法。然后我们回到公司,所有的工作都在补充这些想法,思考它的逻辑和后续是否可行。实际上我们每一个设计师,当他勘察完这个场地的三天内,他已经做完了 60% 的方案,他回来只做一件事情,就是论证他站在场地的刹那间,所思考的这些想法是否禁得起推敲。而当所有的过程都思考论证完之后,你又回去了,你往那一站,说,这就是我当初的想法!这便是"原点开始,原点结束"。

"在一个动态的、可以平衡的、有机的秩序当中,去探索设计的未知边界。懂得直觉性,捕捉与它关联的灵感,继而通过逻辑的思维,从精神转化成想象的实体,得出形式,落于载体,回问意义,营建氛围,使其飘离至最初的平衡当中。"

我们如果一直在已知范围内徘徊的话,对我们是没有什么触动的,实际上任何一个方案都是动态的平衡。首先,你需要知道你的设计是创新的;其次,你要找到灵感;再次,你要有逻辑地去分析;最后,你要把想象的画面,转换成实体。这段话里面包含了我们所有思考的方面：形式、载体、意义、氛围、还有平衡。

同样，我们在思考建筑和空间关系上，首先，便是恢复我们和自然的关系，每一个场所精神在我们去建设时都会带来很多的破坏，所以你需要懂得和自然产生关系之后保持一种适度感。其次，"记忆性"对我们公司是非常重要的，要知道地域性的重要性，地域性和我们设计的关系。再次，基层固有的历史和文脉。最后，是我们怎么重建一种人际关系，重建一种生活场景、生活方式，这其中包括了对公共产品的设计、精神设计、场所的构建。

二、项目分享

1. 阳朔糖舍酒店

我们从阳朔开始，首先这里面有几个关键词，"自然""场所"和"历史"；这个项目有很好的地理位置挨着漓江，但是却紧邻高速公路。首先是我们和自然的关系，我在台北听蒋勋的讲座时，我写下了这样一句话："设计的本质来源于自然，温度来源于乡土，感动来源于人文，高贵来源于学养，"所以人到最后身上会映射出你和自然的关系。这是一个老的糖厂，我们能看到解放军画报，实际上在20世纪60年代的时候，在阳朔这个地区糖厂是非常重要的，谁家里能在糖厂上班，那都是很有面子的。在整个阳朔的项目里，我们全部采用当地石材，每平方米就100多块钱，和阳朔所有的马路牙子用的同一种石材。在外立面上，我们当时的想法是用混凝土砌块，混凝土砌块所代表的是与工业有关的，而当地的石材是与地域性有关的；这两个材料如何穿插在一起，施工方法就是通过中间的钢筋把他们串联起来，形成整个外立面。

这次的施工有两个技术难点，一个是混凝土砌块，另一个是混凝土脱模；于是我们就开始了各种打样，要么特别的贵，要么太便宜了，做工不好。最后，我们工地现场有个很厉害的人叫小黄，他自告奋勇在现场做了个机器，在工地的对面做了一个专门制作混凝土砌块的机器，阳朔糖舍酒店所有的混凝土砖砌块都是用这个机器一块块地做出来的。

在酒店开业之后，我们还发现一件趣事，在糖舍对面的村里，鸡窝、猪圈、院墙都跟我们的砖是一样的，砌的方法也是一样的，所以你们走在对面，就会发现这个村里特别有趣，它和我们酒店的外立面很像。

阳朔糖舍酒店1（来源：水平线设计）

阳朔糖舍酒店2（来源：水平线设计）

混凝土砌块墙1（来源：水平线设计）

混凝土砌块墙2（来源：水平线设计）

设计汇西塘良壤酒店1（来源：水平线设计）

设计汇西塘良壤酒店2（来源：水平线设计）

2. 西塘良壤酒店

接下来我们来到良壤，这个项目中的几个关键词是"江南游园""传统与当代""非物质文化遗产"，这个场地的环境不是很好，场地内的古镇有两条河，有保护建筑，就是这样一个场地，紧挨了一条公路。如果说阳朔阿丽拉酒店是用阿丽拉的品牌打造了一个酒店，那么西塘的项目就是整个品牌的建构，一个品牌的建设和你做一个酒店的建设，这是两条路线和两条线索。我参与了所有的创造良壤品牌的缘起过程，包括在起名字之前，我们便已经开工了。良壤是一个冰岛的词语叫"Nara"，这个品牌里包括了生活美学聚落、餐饮美食娱乐、文化艺术空间、人文度假酒店、有机生态村落，我当时就给出了这几个关键词："游园""朦胧"和"倒影"。我们都知道在园林里如果要体会到不同的心情，就得用不同的尺度去构建。比如院墙有1.6米高，你站在墙这边，然后另一边有一个女孩子走过去，你们之间的路高高低低的，一会儿你能看见她的头发，一会儿你看不见对面但能听到说话的声音，于是就产生了一种人和人之间诗意的感受。中国园林中有很多产生诗意感受的地方，我们要学习的内容就是把所有的园林中的这些尺度和能产生诗意的情境转换成当代的，应用到我们的空间中。比如现在我给你们布置作业，看这个场地，我们先不要做方案，你先写一篇文章，从头到尾就像《桃花源记》一般，写完文章，你的方案就已经做完了，为什么？因为你写的每一段话里都有游走的方向和情绪的变化，你要做的是把文学性的描述转换成你的空间尺度，形成空间链接，构成情绪的变化，形成你的建筑，让你走5米左转，再走上一会儿就能看见前面有草地，再走10米，眼前豁然开朗，看见一片湖，这就规定你得是一名非常重要的导演，任何一个人走进你的场地都是受你控制的。

即便是留白的自然山水也得是为你所掌控的，你不能留下一个死角；比如一个项目，哪怕你70%是设计，30%是留白，这30%也得是你控制范围之内的，你要控制的能量最终只落到一点，就是让人的情绪永远在你设定的范围内，让他哭，让他笑，让他忧伤，让他特别欢喜，这都是要靠你的能力，但这些该怎么做？这些都要转换成尺度，都要转换成1.2米、5米、8米……

另外一点很重要的是水，你走过湖面的时候为什么要有汀步？因为你每次走汀步的时候，你的内心会想：别掉进水里，你就会放慢。听故事就得让你的节奏放慢，每一种空间尺度应用的目的都是为了和情绪连接。这些提取转换就要求我们永远要在现场,不在现场是很难把我们的工作做好的。我们在做设计时,会牵涉各种因素和事件,而我们需要思考的是把这些因素放进去之后,它会怎样随着时间的变化而发酵。

接下来给大家分享一个有趣的事情,这是我们良壤的酒吧,我们良壤的酒吧好看,人人都愿意去,可就是不赚钱,你们知道为什么吗?因为我们把最美的景色放到了这个地方。客人们坐在这儿点一杯鸡尾酒,就可以坐一整个下午,他坐在这儿一直看着外面的风景,为什么?因为酒吧的吧台在另外一边,服务生走过来问你还喝吗?客人会说不用了,然后就一直坐着。这是我们的平面图,大家可以看到最好的座位面对着水景,却背对着吧台;而阳朔酒吧的总经理只做了一件事,因为泳池在酒吧的外面,他安排了一个服务员,每天上午和下午端个盘子里面放着免费的鸡尾酒,在泳池周围转悠,第一杯酒是免费的,再喝就需要付钱了,你免费为他们提供一杯酒,却让酒吧一天多赚 3000 块钱,别看这些是小事,却非常重要。酒吧的互动性很强,你可以坐在高处,也可以坐在低处,在酒吧里喝酒都是人看人,不管人们认不认识,远远地看着就能多喝一杯,甜甜的鸡尾酒也没有太高度数,你控制不住两三杯就喝没了,阳朔的酒吧就是非常成功的一个酒吧。这就是什么?设计师一定要把你的思考和经历融在一起,不能仅仅靠想象什么是美好而去做设计。

3. 章堰文化馆

我前面讲了两个,一个是阳朔,是一个酒店的设计;另一个是良壤,是一个品牌模式的建立;下面这个是章堰文化馆,这个项目在上海青浦,有一个古村落,里面有 30 多处房子是被保护的,于是我们提出了三个关键词"生存""生长""新生",我们在上海周边经常能看到的这种村落,这是章堰,在明代时,是鼎盛的时期,那时候还没有上海,只有章堰。我们要盖的房子就在这儿,首先我们会去做广度的分析,寻找可能性,之后对当地的民居进行考察,然后进行材料搜集,得到我们需要的结果。这是我们场地的样子,至今已有 100 多年,一个已经破败了的院墙,还有两颗特别重要的树;去现场的第一个感觉就是,要保留这个墙。我印象特别深刻,所有人都支持把墙留下,所以我们决定要把这个墙留下,里面再盖个新房子,这就变成了场地的特点。里面是一栋新建筑,外墙是老建筑,既有新和旧建筑之间的对话,也有新建筑与当代的关系。它虽然很小,但体现了一个非常重要的建筑上我们称之为"新陈代谢"的学术性课题。

在施工的过程中,我们先要把老墙移走,以后再移回来,然后把树打上针,让它活着,在这一系列过程中,只有 1600 多平方米的小房子,我们施工却用了两年多的时间。这期间还有工人感觉这活太难干了,怎么办呢?他们就趁下大雨的时候把老墙推倒,推了之后老墙就没了,没了之后就要换方案。当我知道这个消息之后,我和他们领导都气坏了,好在我们把老墙挽救了回来,这个项目最后的效果和反响都很好,如今成了上海市政府社会主义学习基地,成为美丽乡村建设的模范。我们今天再给大家透露一个秘密,因为工人们确实推倒了我们的老墙,我们说推倒不行,还得盖回去,最后我们不仅盖回去了,我们还加了门楼,好在修来修去和原来的墙感觉还是一样。

章堰这个项目是我们团队对于中国城市旧改的一次积极回应;阳朔阿丽拉是老的,章堰是老和新的,良壤是东方文化的,我们许多的项目要做的都是这样，老的再加点新的，我发现在这条路上无形之中就走出了一些关于生命、哲学的东西。

4. 御风者1号游艇

御风者这个项目对于我们来说确实有点挑战，首先，船的建造设计和我们的专业之间有些距离；然后，就是遇到一个很难沟通的甲方；我印象特别深刻，这个船厂老板第一次来开会时，他打开电脑然后打开 word，里面只有 12345 几点，我说这么多人过来开会，你就一个 word 文档打开 12345，我说这该怎么办？这就是我们当时的海星造船厂的老板，一坐下来吃饭聊天，就说我要做中国最好的船厂。

实际上我们接手船时，已经有了一个船壳了，去看了之后，甲方还请我们去了法国的戛纳体验了豪华游艇。这个项目对我们团队的成长都非常重要，因为它有很多的细节，他和你在陆地上做设计考虑的问题不太一样；在施工上，我们也突破了几个规范，实际上中国目前还没有一套特别完善的游艇设计规范，所以面临着很多问题。比方说，他们要求用碳纤维的拉膜杆，好在后来我们也突破了这个技术难题；还有最后他们船体要用香槟的颜色，可是能做整艘船漆的供应商全球只有两个厂家，一个德国一个意大利，最终这个香槟色的漆多花了400多万。

船的内部有茶室、麻将室，我们当时的想法就是要用中国的造船厂，中国的设计师，用中国人的生活方式接待国外帆船杯的选手和代表，所以你能看到里面有唱歌的 KTV 影院。因为我们之前从来没有做过游艇，这也是开创性的中国设计、中国制造的一艘船，应该是属于亚洲最大的双体游艇，所以我们做项目的过程，也是探索实践的过程。

5. 雅安禅院

这是正在做的项目，还是标准打法，首先我们会做很多不同的模型分析，然后会对场地进行各种处理，从视线、交通以及当地政府的规范，还有业主的要求，然后会考察很多当地的民居和最终我们要做的建筑之间的关系，还包括建筑的形制、高低关系、材料的研究。

我们的业主来找我们的时候，是从大山里出来的。他是一个特别虔诚的佛教信徒，现在做的建筑已经不能叫寺院，而叫禅院了，因为修行人和一些其他的师傅住的房子

章堰文化馆1（来源：水平线设计）

章堰文化馆2（来源：水平线设计）

章堰文化馆3（图片来源：水平线设计）

御风者1（图片来源：水平线设计）

御风者2（图片来源：水平线设计）

也都在里面，所以我们也是基于他的本心、他的为人，看到场地做了这个项目。到现在为止，甚至未来3～5年，这应该是我们要做的一个非常重要的项目。因为里面包含了我们对宗教空间的当代思考，包含了我们对于宗教空间和生活方式结合的一种酒店类型的探索，有僧人住，可以做法事活动，又有酒店，偏向于禅修的酒店，你到那之后肯定会吃斋礼佛，住下看一看。

这是当时对场地的一些思考，怎么能让人体会到这里的场所精神，这是禅院的酒店部分，顺着电瓶车上了落客平台，然后到达餐厅的外围场地，对面是茶园，茶室边坐下来，有条小溪，顺着这个地方就可以去寺院了，这是寺院的山门，这是入口，那边是人的世界，这边是神的世界；进入这个仪式感的门后，你会先到一个抄经房，从抄经的房间出来之后，顺着回廊，有一个放生池，这边会有一片银杏林，里边有一个户外演讲的场所；这是第一个殿，顺着继续往上走可以看到远处的山，最远处是一座雪山，殿背后有一座大山，然后你走进大殿，顶上有自然光照到佛像上，楼上有藏经阁端，路的尽头是佛塔……

三、结语

最后又回到了我刚开始给大家讲的这些内容："功用与形式""材料与五感""游园和尺度""建构和美学""情境与物品""想象与图像""气韵和氛围"。希望我们所有的小伙伴们以后都能在这7个维度里面思考并解决每一个问题。

"我们的想象力始终是外部世界与内在意识的交互缠绕。促使我们离开真实的原初图像并形成新图像，使其相互关联与更新。"

这是我在读图像学时思考的，人都需要有点热爱的事，特别是坐我们前面两排的同学们，对认定了的事便要乐意为之、全力付出，我们只做了一件事，就是设计。

四、交流互动

Q：一直感觉自己在专业上比较业余，虽然自己学了这么多年，但还是感觉自己很多方面掌握得不够，研究得也不够透彻，可能还是没有经历过太多事情，没有做过真正的项目设计，没有一些关于自己的思考；我听完老师的讲座，就在思考我们应该从什么方面去切入，怎么沉淀，然后怎么样进行成长，感觉需要学习的东西太多了。

A：因为同学们现在是研究生阶段，在毕业之后的前三年，我把这一阶段称之为：隧道期，无论你读的是专科还是博士，只要从事设计这个职务，前三年大家都一样，你就好好地把技能学好，基本的设计流程怎么开始怎么结束；然后呢，你需要围绕一切的专业知识学习，把握好你有限的时间和精力；这一阶段可能需要三年的时间，三年之后你就能看到自己到底在设计创意方面更敏感，还是在其他方面更有感触，到那个时候再去界定，现在就敞开自己的怀抱去学习。但是有一点很重要，就是明确你的目标是什么？我是要做一个建筑设计师还是一个室内设计师？你要给自己立一个方向，将来你要读什么书？从最开始读基本的专业技术书，到后来的建筑知识，紧接着你要读文学的、艺术的，逐渐往外延，包括哲学、图像学。这些书你都得给它捋一遍，谁都没有捷径，谁都要一步一步走。

Q：您能谈一谈有关美学的认知吗？

A：首先如果你作为一个导演，你不了解舞美、不了解替身，你不了解制片，那你怎么做好一个导演，我觉得"美"，好不好看这件事，我们一定要以更高的维度去思考，因为你接受了美学的教育，就认为我所接受的美学教育的"美"好看，这只是一个方面一个维度的美，一个人学了哲学，没学过美学，他就不懂美了吗？不是，那乔布斯他不懂美吗？他懂得很。所以，我们要更全面地学习各种知识，这是人生的功课，所以现在我在读书时特别明确，一定要给自己制定一个终身学习的方法，还有一个非常有效的工作方法：时间管理，你的时间只要管理好了，你就已经比你的同辈们优秀多了。

Q：听完老师分享的案例之后，给我的感觉是打破了我对传统产业的思维，颠覆一种原来对教堂和对寺庙的固有印象，最后看到这个禅院的时候，我也在想为什么会采用这样一种形式、这样一种颜色、这样一种现代的表现手法？

A：我们做任何项目时都会先做广度分析，比如说宗教的建筑在最近100年做了什么样的改革？最近10年全球的宗教建筑，哪一些宗教建筑做了改变？这些都是你要通过逻辑数据，通过广度分析得出一个结论，这个结果肯定是不可逆的，为什么？因为你讲的都是逻辑，不是一拍脑袋我就这样干，任何设计都像数学一样严谨，这是非常重要的。还有就是你们提到的关于为什么要这样做，那你为什么不这样做呢？你如果不这样做那怎么设计？你要考虑更多的是逆向思维之后的，我一定不能按照原来那样做，才是我要想的。你做设计的目的是什么？你设定的意义是什么？如果他已经做过一个，你再做一个，那为什么你要再做一个呢？你设计的目的就是你懂得逆向思维，可控地做一个项目，让它的设计变成一个信号，进而具备了一个时代的特征。这是你要思考的问题。

Q：我还有一个问题，如果甲方是非常虔诚的佛教徒，那他对于这种方案会有意见吗？

A：人的智慧来自于尊重，如果一个足够有智慧的人，他会尊重那个领域里非常重要的人；如果现在我的电脑坏了，我会相信帮我修电脑的人，我相信他能把这个电脑修好。所以你以后要做的事情就是：我们每个领域里的人都懂得去尊重另一个专业领域的事情时，我们彼此都有边界感，有了边界感就会出现一种非常友好的社会环境。

Q：刚刚老师说尊重，那您这边做了基督教的教堂，又做了佛教的寺庙，这个会不会有些矛盾？

A：不矛盾，任何时候、任何设计你都要独立出来，你是一个职业建筑师，你的职业就是设计师。现在给你一所监狱，你要做，给你一个法院，你要做；给你一个教堂，你要做；给你一个寺院，你也要做。你只是通过你的专业知识解决了不同功能的诉求，这个功能会体现一种精神特质。你只要做一件事情，就是我永远在这不动，任何事情都在我的周边，什么样的项目我都可以去思考，因为你要建立的是一套理论体系方法，无论你要是做的是佛教，还是天主教的教堂，这仅仅是功能改变之后的不同，就这样而已。

这是你理解的矛盾，宗教之间没有矛盾，只是因为你认为他们俩不能放一起。现在从整个人类的进步来讲都是要去边界化的，现在有边界出现，我们应该去否定它，不应该肯定它，我们更应该倡导人类的命运共同体，不管是信伊斯兰教还是基督教。基督教讲的是什么？是爱。佛教讲究的是慈悲。他们最终是一样的，他们最终指向那个最高的东西是一样的，只是他们往下分支的时候仪式不一样，方式不一样，你要追到最本真去看待他们。

Q：我觉得设计师对美有一种偏执，把自己从这个偏执的状态拉回来，其实是很困难的，因为就我目前是这样的，我会有一定不喜欢的东西，也会有很喜欢的东西。比如说，刚刚老师说的石头这种结构上的处理，每个人都是有偏好的，但这种偏好有时候就会形成一种固定的模式，尤其是我们可能有一个很好的设计后，会下意识地去重复，这件事情我觉得很难解决。

A：这里有两点，第一：你只要是真实的，就是美的，你在每个阶段做的设计，是真实的，你内心是真实的，专业的态度是真实的，有偏好就有偏好。因为你的偏好和你没有偏好以及你偏好到哪个方面，它都是动态的。所以，每年阅历的增长，知识结构的改变，你接触人的数量都在变，只要你不要给自己设定就行了，比如我现在就喜欢这样，那你喜欢就好，你自己在真实的状态里就行了，不真实的人，你自己是能感觉到的。还有一点是当你一直和美的事物在一起的时候，你自己会变得更美，你一定要相信这一点，在这个基础之上，文学和艺术是最重要的支撑，设计能不能做好，是你的文学修养和艺术修养的引领。如果说你平常连书都不读，你就想把设计做好，这是不可能的事。文学和艺术比建筑更有历史。1000年过去了李白还是李白，科技再往前推50年，这些技术是谁发明的？你记不住，但是你能记住文学家，能记住艺术家；再前进1000年凡·高还是凡·高，最永恒、最长远的就是文学和艺术，你每天不和艺术在一起怎么可以？你不读一首诗，你不看看美丽的天空……你坐在地铁上、走在路上，打开你的手机，去读一篇美的文章，你的心情马上就不一样，你要把自己放在这个维度上。

Q：把时间线拉回到您最开始做设计的那个阶段，回顾到您最开始，比如说像我们现在这个阶段，您当时做了什么事呢？

A：我一直是很笃定的，因为我在30岁之前，读了200个人的自传，这个世界是大人物构成的，你不把它读完你怎么能成为大人物呢？所以，我先看一看他们是怎么过来的。从伦勃朗到凡·高、毕加索所有的这一批人，他们为什么有所成就？他在什么点，遇到了什么机会，他是怎么把握的？他在30岁干了什么，25岁干了什么，然后你就了解到了原来伦勃朗老年没把自己活好，那老了可不能像他那样，但是也不能像毕加索。你要去了解曾国藩为什么那么有智慧，他的家书那么有分量。李鸿章为什么这么厉害。所有的人类历史都是大人物构成的，你不了解他们的经历，你永远成不了大人物，这是第一件要做的事情。之后你要知道自己在什么阶段，在你面前有一个机会，你马上就能抓住，在我25岁的时候，我已经大概读了有四五十个人的自传了，这对我的成长非常重要。还有就是我刚刚说的终身学习，你现在离开校门的第一件事情就是建立一个非常有效的时间管理方法和终身学习方法。假设你每天要阅读一个半小时，该怎么做？你看马斯克的时间管理，魔鬼管理，5分钟的管理，什么概念？他5分钟到哪，5分钟干什么，他把他的时间分成一个个5分钟；我目前是一个小时一个小时地计划，我这个小时到这个小时之内干什么？我早晨6:30起床到8:30之前都是个人的时间，晚上是9:30~11:30，这4个小时是我个人的时间，珍惜这4个小时，坚决不能溜走。工作时间你要开始做你的工作，上午你要自己做方案，下午你要见客户，这就是你的时间观，每个人一天的时间都是恒定的，最后那个人变得优秀是因为他的时间管理，我们千万不能像许多艺术院校的同学们一样，砰，一拍脑袋，几天过去了，然后说我是艺术生，我是感性的。

经验之谈

Rule of Thumb

师生合影（来源：自摄）

主题：《经验之谈》

主讲人：刘波

时间：2021 年 11 月 16 日

地址：PLD 刘波酒店设计顾问公司

一、开篇

我是重庆人，也是四川美术学院的学生，跟大家算是校友，1992 年毕业的，跟大家比较有缘分。今天的这个交流对你们来说是经验之谈，以此了解一下以后自己的发展，自己的专业和毕业以后的前景与未来发展的路。

我们公司在 1996 年正式成立，在独立的设计公司里面，可能目前来说是最早的，在整个中国设计行业都算早的。之前做过很多不同的项目，飞机场、银行、写字楼等。而 1994 年设计深圳的五洲宾馆，1999 年以公司的名义在深圳做了五洲宾馆的第二期，这时候就让我觉得做酒店是我认为在所有室内设计里面最喜欢的一个领域，也觉得是最有挑战性的工作。因为那个时候能够做酒店的要求是很高的，不管是国内的还是国际的品牌都不会给国内的设计师做。所以，让我觉得要有自己的抱负，就是说要做好国内酒店的设计，而且还要做好国际的品牌。所以，我要告诉现在的你们开始寻找一个目标。现在的资讯不一样，你们接触的这些老师对你们的成长学习有很大的帮助，包括你们父母这一代都是很有见识的一代。

二、案例分享

JW 上海东方美谷，我们做的是整个酒店的室内设计，以下给各位同学做个介绍。为什么说做酒店设计是最有挑战的？因为酒店的空间是最复杂的，包含了很多不同设计的专业。比如上千人的宴会你要做宴会厅、会议厅，那会议功能里面还有很多，除了一千人的会议外，他们还要分开讨论，还要有多种不同的大型、中型、小型的会议室等。其中很多东西你都必须要了解、学习，知道每一个环节中所包含的内容，你才能够成为一个酒店的设计师，这就是最难的地方。

而且，你也要知道运营的要求不仅只是说好不好看，还要明白一个酒店是怎么样管理的，怎么样投资的。

JW 上海东方美谷 1（来源：PLD 刘波酒店设计顾问公司）

福州万豪酒店

做酒店设计，你还要对地方的人文历史要有了解，大到区域，小到地方，然后再到场所。比如福建的项目，我们都知道福建的一些人文历史，郑和下西洋，还有福建的茶叶、漆器艺术等。这些知识甚至常识都要了解，学习要跨界，多参与社会活动，了解专业以外的知识，因为做一个酒店实际设计涵盖的知识量很大，将地方性知识与艺术表达结合，体现在室内空间中，是给业主加分的设计创意。

JW 上海东方美谷 2（来源：PLD 刘波酒店设计顾问公司）

三、互动交流

Q：我就想问一下您做设计这二十多年，期间有没有什么波折或者转折？

A：其实我觉得算是蛮幸运的，目前在我看来还没有遇到那种大的波折，在没成立公司之前，个人发展与定位这种纠结肯定是有的。但在 20 世纪 90 年代末，我们连续完成了几个重要的项目，在行业中形成了一定的影响，也让公司有了好的发展基础。开始经营公司什么设计都做，冷静思考后，认为应该要做自己的市场，慢慢就不做其他的设计，专做酒店设计。

福州万豪酒店 1（来源：PLD 刘波酒店设计顾问公司）

Q：老师，您现在自己做得设计还多吗？对于设计的把控和公司经营之间的平衡是如何做到的，再对比您最开始做设计的时候对这个行业的热爱又是什么？

A：我觉得热爱是你必须要保持的，你自己选择了这个行业，有很大的原因是自己的兴趣和情怀。任何行业都是，你想要成功，不管是乒乓球运动员还是高尔夫球运动员，又或是电影明星等，任何行业都要有所付出。当然，对于设计，我不赞赏把设计当成一个商业模式来经营。

福州万豪酒店 2（来源：PLD 刘波酒店设计顾问公司）

我的职业生涯

My Career

讲堂导师：孙乐刚

讲题：《我的职业生涯》

授课时间：2021 年 11 月 17 日

讲堂地点：深圳九唐设计集团有限公司

一、经历分享

  同学们今后不管是成为一名设计师，还是自己做老板、开公司，有些经历是不可忽视的。我们团队从创立之初到现在，经历了十多年的时间，那些关键的时间与节点是什么？今天的分享对你们的将来或许会有些启发。设计行业并不是走在前端的，而是一个下游行业，甚至是处于一个很被动的状况，无论同学们将来择业，还是自己成立公司，都希望大家有一个好的心态。

  从罗中立院长在任的时候开启的第一届工作站，直到现在已经是第六届了，我非常骄傲能成为四川美术学院的研究生导师，川美的这个工作站做得很好，并且持续了下来，对同学们来讲是也一个很好的机会。最早我是自己独立做公司，非常波折，栽了许多跟头，甚至把我逼上了艰难的困境，尽管有过波折和失败，但为我现在的工作积累了丰厚的经验，其实也是受益良多。

  我非常清楚地记得，我是 2004 年 2 月 12 日来到深圳的，作为引进人才在洪涛装饰股份有限公司做主任设计师。当时住在福田区泥岗村，我是一个人来的，没有找任何朋友，那些人群密度很大、脏乱的环境依旧历历在目……

第一个合同单

  2006 年我在广田设计院创立了我的团队，第一个设计单是宁波的一个酒店，设计费在 85 万左右。当时挺激动的，非常想与父母分享这份喜悦，当时家里人不同意让我到南方，但我依然过来了，也一直没与父母联系，对父母来说是挺不孝顺的。签了这个合同之后，

孙老师讲座现场（图片来源：自摄）

我觉得我可以给家里打电话了，想让父母高兴高兴，但是当我无比激动地向母亲分享这份喜悦时，电话那头的母亲却只是很平淡地说："好，要注意身体。"我没想到母亲是这样平静。

第一次获奖

2007年我获得了"中国年度十大设计人物"的荣誉，当时是在北京颁的奖。我又给家里打了电话，这次母亲激动得难以言表："好啊，好啊，真不错！"我感慨颇多，其实老人并不在乎你挣了多少钱，而是你过得好不好，这次通话也让我终生难忘。

第一个房子

可以说，每个来到深圳的人都想要在这里安一个家，其实我一开始倒没这么想。我在深圳这边的工作和事业都发展得不错，但我总牵挂着父母，那时我的父母七十来岁，父亲很健朗，而母亲身体不算很好，怕将来他们的身体有变化，所以想让老人家过来享享福。经过长期的交流，终于说动了他们来我这边生活一年半载，之后就买了一个135平方米左右的房子。男人挣钱一方面是为了自己，另一方面也是为了家人，尽管并不是想让父母知道自己的儿子有多厉害，但老人能够看到你生活和工作的状态，知道你生活得还算不错，他们就安心了。深圳很热，他们吹不惯空调，又因为语言不通，在小区里也没有伴，住了不到一年便回老家去了……

第一辆车

2008年金融危机让我们很难收到设计的款项，公司的生存也面临着极大的考验，我不得已把我的第一辆车给卖了，用来支付公司的开支，尽管如此，卖车的钱也很难让公司维持多久，困难之至。幸运的是，一位交情很好的大哥给我介绍了一个甘肃的项目，通过团队艰辛的付出，我们最终拿下了这个项目，公司也活了过来。这期间，团队的很多成员让我难以忘怀，其中一个兄弟知道公司的难处就给我说："老孙，等公司渡过这个难关吧，我暂时还没谈女朋友，先不要工资。"还有一个女员工，在做设计工作的同时还自愿担负着烦琐的记账工作；晚上加班回家的时候本可以报销打车费用，但她为了节约公司的开支，辛苦地坐了公交。在此，我真挚地向他们表示感谢与感恩！

乘风破浪

在2015年的时候我们遇到了瓶颈，高端项目需要纯粹的设计公司，以至于我们没有办法拿到更高端的项目，于是在香港成立了唐设计有限公司。2016年我们经营得很好，又在前海成立了深圳九唐控股有限公司，同时和股东一起做了未来五年的规划。竹子林这个办公地点也开始装修了，就在这里开启了独立设计品牌的创建路程。对于竹子林这个办公地点的选取，我们团队思考了很多，这里的位置很不错，距机场和高铁站都很近，有利于辐射到全国的优质项目；周围的环境很好，一是很安静，二是旁边有一个很大的公园，有助于我们的办公和休憩；室内的基本条件也很好，可以进行很多拓展，层高也足够，不会使人感到压抑。同学们以后如果自己要创办公司，这也算是给大家的一点建议吧。

品牌的耕耘

我们是一个老团队新公司,尽管公司里有很多人早就具备了出去单干的能力,但这些人还是选择了留在这里并肩前进。在绩效考核这一部分我们请了品誉集团做规划和设计,以此更好地匹配员工的辛劳付出,也更好地激发他们工作的热情。在公司宣传这一部分我们也是付出了很大的代价,进行了高品质的策划和制作。未来我们以哪个板块为主呢?经过专业团队的深入调研,我们确定了主导城市升级改造这个大方向。品牌不是一天做成的,而是日积月累的。品牌能带来很多,品牌的知名度有了,业务自然就提上来了,也就有了溢价空间、谈判空间和可选择性;对人才的吸引力自然就提上来了,甚至可以挑选人才;同时对未来的抗风险能力也有了巨大的助益和支持力。不管今后如何,但至少我们在努力做这些事情。

二、案例分享

深圳会展中心

深圳会展中心是当年广东省的一号工程,规模宏大,总面积160万平方米,这是我从业以来做过的最大项目,也是可遇不可求的项目。想象一下,如果在座的你是主案设计师,敢不敢做这个设计。这不单单是对设计师设计能力的考量,更是对设计师综合能力(设计的控制能力、落地的把控能力与各个专业的交流能力等)的考验。今后希望同学们在这些方面的能力能够得到加强。

丽江滇菌王希丽酒店

丽江滇菌王希丽酒店是目前正在施工的酒店,它在丽江古城区。周围与之同一规格的酒店还有洲际酒店和英迪格酒店。因此,这两个酒店是什么样的,我们酒店就不能做成这样。这个项目属于改造设计,有很多的局限性,我们要将空间重新组合,形成新的面貌。我们的理解是,一个酒店做得再好,客人也绝不会在这里长期停留。我们分析过,无论是背包客还是家庭,他们一定是在周围旅游累了,需要休息了才回到酒店,这个酒店绝不是作为一个旅程的旅游项目来考虑的。因此,我们通过营造一个安静的环境将人们的劳累释放出来,这个是整个项目设计的根本逻辑。我们对纳西族的文化有深入的调研,选取了纳西古乐作为主题文化,把纳西古乐演奏的"现场"和相关元素置入了酒店,每当周末客流量较大的时候,纳西老艺人在大堂吧弹奏着老乐器,给客人呈现出了独特的音乐现场。它超出了一般酒店的范畴,具有了民宿气质,形成了一个很有格调的酒店。我们还在空间中的所有角落留有空隙,让空间与空间之间产生交互、视线相交互,隔和通的感觉也就产生了。春节后这个酒店就要建好了,我非常期待它将要呈现出来的效果。

三、结语

快乐与幸福

我们最后再聊一点与设计无关的东西。现在的年轻人都活得很滋润,但是也很麻木,那快乐和幸福有没有区别呢?我认

导师讲堂
Teacher Lecture Hall

一直存在的

Ever-present

讲堂导师：严肃
讲题：《一直存在的》
授课时间：2021 年 12 月 24 日
讲堂地点：深圳广田设计院

一、《一直存在的》的意义

看不见不表明它不存在，看不见的东西决定看得见的，每个人都应该有各自的理解。目前部分人类认知是科学可以解释的，但又有很多认知是科学所不能解释的。就像手机信号看不见，但它的确存在。此次讲座的题目是《一直存在的》。

说到一直存在，有四种文化在世界文化名录里是基本的文化元素、文化原点。以时间来说，第一种文化是印度的《吠陀经》，吠陀经是"知识、启示"的意思，是婆罗门教与印度教最重要、最根本的经典；第二种文化是大家所熟悉的《圣经》，属于犹太教和基督教；其次是伊斯兰教；影响中国、东亚、日本、韩国的是《易经》，《易经》和其他经典相比具有独特性。其中，《周易》最为经典且比较为人所熟知，但这些都是在术的层面，希望大家能够通过术的层面去了解背后的事物发展规律。

严肃老师讲座现场（来源：自摄）

二、经典文化的特征

我们的经典文化有好几个特征，第一个特征：它是符号和文字的结合，这两者是相辅相成、互为解释和支撑的关系。通过这种经典，它延伸出了许多门派和文化。通过《易经》，它延伸出了诸子百家等。第二个特征：佛教通过《易经》提取到当地的养分之后，在中国这片土地上扎根传播，就像现在的麦当劳或肯德基，味蕾的这种习惯是改变不了的，只能去适应。佛教作为外来派别十分强大才能在我们的文化里找到适应它的体系扎根发展。易经虽然没有成为宗教，但恰恰是酝酿了本土的文化力量；第三个特征：广泛性，易经是土生土长的，涵盖社会科学、自然科学、生命科学。"援易以为说"——可以引用易经来解说，而"好易者又援以入易"——喜欢易经的人把多学科的知识都放到易经里，从而形成易学这门学说，对生命科学产生了重大影响，中医直接从易经的思维方式上产生出医源于易。实际上，《易经》最初的图案、符号和文字体系里还是比较简洁的，但是经过多年的发展，做了很多诠释，他人把个人的研究与《易经》发生联系，便把很多内容植入到了《易经》里。

三、中国文化渊源

西方文化和我们的文化以神话传说和经典的角度来讲述，基本一直在最初的状态，最远古的状态就是混沌未分的元气，是万物产生的胚胎。从不同的文化体系过渡到神话体系可以了解到不同文化所代表的区域特征和文化特性。

我们有属于自己的崇敬对象，但是我们文化中更多的是体现不屈不挠的精神，但在西方的神话故事中更多的是爱恨情仇，关于人的情感因素，更注重情感的支配，强调人的自然属性。我们的传统文化和民俗，可以说是由各种渠道被赋予神话色彩，但是在西方是不可能的，它是有血脉关系的，我们的神无所不能，它本身是没有缺点的。

四、自然现象

我们所讲的《易经》的核心就是宇宙万物生生不息的运行变化规律。通过这个符号，很多人讲周易、讲阴阳，经常探讨到男性、女性，这是没有问题的。如果只说男性、女性，这个是不对的，就像一加一等于二，但是二绝对不可能只有一加一。太阳东方升起西方落，这是山的缘故，背阴面与向阳面的关系，太阳出来之后山的南面为阳，北面为阴，就是通过这样的事物观察得出结论，通过阴阳再分出四象，从受光的角度看，四象就是阴阳向背；从方位上看，上下左右或东西南北；从季节上看就是春夏秋冬的关系。这是最初始的自然现象。

四象在空间的排列，把空间分为东南西北四个方位，北半球是南边热、北边冷，当然热代表阳，冷就是阴。再看东和西，太阳东升西落，太阳升起时候温暖，太阳落下的方位会感到凉意。正所谓南热、北冷、东温、西凉，便因如此。

天圆地方如何解释呢？实际上我们知道地球是圆，地不是方的，但天可以说是方的。在先秦时期我们的祖先就知道地不是方的。地方有两种解释，一种是形而上的方，它是包含万物的方，并不是形状的方。第二种方，它是方位的方。比如太阳是在南方，代表的是夏天，特别在深圳就能够感受到在南方代表夏天，在西方代表着秋天，太阳代表热，太阴代表冷。这个图代表了方位、季节、温度甚至体感。从四象看就是四季变化的内外因关系。例如到了南方秋天的时候，土地地表层还是热的，但是外面已经秋风瑟瑟。这个现象就是由外及内产生的。我们的文化是对于实体的观察和整个空间关系变化规律的记录。

"往古来今谓之宙，四方上下谓之宇"显示的是古往今来，还包括三维的空间，对宇宙进行全面的模拟，必须加入三维的因素，仅有上下左右是两维的平面，有两仪，出现两仪之间的中，空间应当有"上、中、下、左、中、右"。"老子"所谓"一二"，上是天，下是地，中间是万物，万物以人为代表。

易学的时间观包含空间时间的奥秘，易学百姓日用而不知，惊蛰时节到来时基本都会打雷，土地中会出现很多微生物以易耕种。

风水是古人选择环境、营造环境、调节环境的学问，是古人探寻自然环境的一种科学。

"寡者为君"以少胜多的原则被老子《道德经》所发挥，"少则得，多则惑"就是越少越有收获，越有差异化的东西可能越重要。古人说的是势，不是形，势指的是千尺为势，远景为势，而近景前有照，前面应开阔、通透、有阳光。

"万物互通互联"在我们现在的社会叫物联网，早先是互联网，老祖宗虽然没有说万物互通互联，但是有说明如何去做。拿我们的人体打个比方，我们身体的五官体现我们人是整个小宇宙，就像所说的万物互通互联一样。这万物互通互联便有着千丝万缕的联系，一个身体便是一个小的宇宙。

人类掌握驾驭了火的力量，科技力量将达到顶点，驾驭物质的科技将达到顶峰，但与此同时伦理不一定达到顶端。经过长时间发展，人类的各种文化和思想道德观念会升到最高的顶峰。到这些"会"的时候，最后我们会升到最高，到我们觉得已经没有意义在这个地球上待下去的时候，冰河世纪又会开始。《皇极经世》上的这一纪文明又从零开始，这个阶段的文明将延展给下一纪。人类活动大致是这样的情况。

再启
产学融合研究生培养探索与实践

Reboot
Exploration and Practice of Graduate Education Integrated with Industry and Learning

艺术的情绪感染力在空间中的表现

The Expression of
Artistic Emotional Appeal in Space

讲堂导师：颜 政
讲题：《艺术的情绪感染力在空间中的表现》
授课时间：2021 年 12 月 16 日
讲堂地点：深圳市梓人环境设计有限公司

颜政老师讲座现场（来源：自摄）

一、导语

作为一个从业多年的设计师，很高兴今天能和各位优秀的同学们分享与交流设计。前面大家也听过好几位校外导师的分享，每一位老师解读设计都有着不同的起心动念，或是生活中打动他们的点。今天，我想讲的是一种动力和内在，让我始终对设计保持初衷与喜爱，我想从这方面与未来作为设计的从业人员或教育者的你们，真诚地做一些分享。

人们常说音乐是情绪的艺术，语言的尽头是音乐，同样，空间设计也是情绪的艺术，不同空间的塑造可以传递出对应的情绪。某种无以名状的情绪，可以在打造或身处不同的空间被消弭掉，这和电影或音乐创造在某种程度上是契合的。好的设计不应该太强调"物"的体现，反之它应当尽量减弱设计的痕迹，将人的情绪循序渐进地转移到这个空间里。改变一个人的生活方式很难，赋予一个空间生命的灵魂，打造美好生活的场景，把这种理想无形地嫁接进去，给予他一个空间暗示，潜移默化地将方式变为习惯。

二、案例分享

（一）华润昆仑域亚林西别墅样板房

项目是华润地产在北京的高端样板间楼盘，客人对于空间的品质及购买过程的体

华润亚林昆仑域亚林西别墅样板房 1
（来源：梓人设计）

华润亚林昆仑域亚林西别墅样板房 2
（来源：梓人设计）

中铁成都双流合院 1（来源：梓人设计）

中铁成都双流合院 2（来源：梓人设计）

验也更为挑剔，需要为客人打造专享和私属的独特氛围，这种独特的空间美感并非简单地追随时尚，而是一种借由经典、优雅、深邃的精神内核支撑的特立独行。

对于空间的地下庭院，我们希望能赋予这个项目更多新的价值。北京冬季的漫天飞雪对于我们来说是非常宝贵的，为此，我们特意在庭院中建造了一个通透的玻璃长廊，客人可以围坐在温暖的庭院中欣赏与珍藏这份难得的美好，抒情与浪漫往往能够触及内心深处的柔软与感动。这个案子是十分典型的东西文化兼容并蓄的结果，以"Chinoiserie"风格的轻快华美支持一层的安宁与优雅，庭院处又融合了法式南亚风，空间中遥远的文化追溯多有所在。

法国精湛工艺的古董，法式南亚风的窗帷和细密的木卷帘和百叶，大航海时期由中法贸易的成果——珠贝镶嵌的屏风，越南殖民地时期风格的卧床、床品及抱枕的布艺来自 John Tomson 的东方灵感的设计……空间中这些来自西方艺术品般的家私和陈设唤起了我们人类的心灵共鸣。这些产品虽然来自于不同的地域，但共同的特质是这些作品都具备了对优雅与时尚穿透岁月的体悟和表现力，有着人类文明长期沉淀方能滋生的敏锐与才华，这些过往的成就也向我们展示了过期的时代变迁中，那个时代的经典与今天已成为新的、经典的、时尚的共融。

（二）中铁成都双流合院

本案位于成都，一个富有历史文化底蕴且又自带烟火气息的城市。它的魅力在于生活与文化紧密地交融在一起，生活中随处可见文化的小细节，文化中带有生活的小意趣。提起东方文化，人们会自然联想到很长一段时间随处见到的禅意空间或是侘寂风，这不是东方文化最美好的阶段。优雅宁静是东方无可比拟的文化，以宋代时期为代表，那个时期具有极高的情绪敏锐度和"极发达"的末梢神经抒发情绪。

设计不仅仅局限于中国的历史文化，同时也要汲取其他国家在文化融合中所创造的一些极具东方韵味的建筑、艺术或画作，从而创造出属于空间自身的东方文化。空间的使用者感受到的是一个完整的空间：对包括外景、室内、建筑、墙壁以及家具等综合的、有透视的空间的一个全面感知。对于设计师来说，在最初规划生活场景时，我们的角度一定要趋于完整，不能刻意偏颇任何一个部分。然后，围绕使用者的生活找到一个能让其产生美好感受的生活场景，并以使用者的角色去感受场景的功能性。最后，设计者进行考虑和平衡之后，将其落实和转换成图纸语言，继而指导未来的实施。

（三）中海重庆天钻艺术销售中心

本案空间讲求刚柔并济，雄壮与柔美的兼容并蓄，告别直线的僵化与简单，曲线手段使得空间充满活力和流动的韵味。空间中的艺术感不是靠艺术画作或是堆放一些艺术单品来实现，需要为空间赋予自身独特的空间艺术语言，在室内空间艺术品与装饰的植入方面，整体要高于一切。无论是多么奇异的色彩与艺术造型，终究需要归结在一个特定的空间氛围，即围绕着其特定的精神内涵，并且一定要有着严谨的秩序与和谐美的表达。

20世纪初期的Art Nouveau、Art Deco时期的西方成就为我们提供了许多能够唤起心灵共鸣、艺术灵感的素材。本案的灵感来自法国的Georges Vdmier，Jean Dapas，波兰的Tamara de lempicka，我国台湾的Gaylord Ho等几位对优雅与时尚有穿透岁月的体悟和表现力的雕塑家和艺术家的作品。

大堂地面的灵感来自Georges Valmier的绘画，他是法国20世纪初期的艺术家，设计过剧院的布景、服装，他在绘画中所表现出的强烈的通透感与流动的平面构成，恰恰是我们希望在空间的规则韵律投入的成分。似乎是一种与空间严谨的对称与均衡相矛盾的状态，而恰恰是这种在矛盾中的均衡，增添了空间独一无二的个性魅力。这也正是我们想为空间找寻的精神内涵，开放、包容又有自己的主张。

三、交流互动

Q：通过了解刚才的几个案例，我觉得在设计的风格上存在一些差别。比如，您在接到这些案子的时候，在风格的选择上是甲方授予的，还是根据自己的一些理解去完成？由于我对室内设计不是特别了解，看到这几个案例就会有一些疑惑，在做这些不同的项目时，应该怎样融入自己的一些设计、一些思考以及理解。

A：当经济、交通及信息资讯不够发达时，一个风格的流行周期时限会比较长。在经济提升后，人们对建筑空间和生活艺术有了更高的追求，而互联网时代比起任何一个历史时期，它给予了人们更多的选择去了解世界各国优秀的文化。当下，人们有机会根据自己的需要去选择最能表现其精神内涵的美学形式，诠释自己对居住空间的梦想，经典与时尚的相互交融在当今显得那么自然。

在条件允许的情况下，我们要为客户提供多样化的选择，让他们找到真正符合内心的所想与所需。关注客户内心深处的真实声音，将符合使用群体的精神内在与准确的空间表达相结合，为客户找到人性的内在空间美学的准确表达。当我们把这个项目做得高级且极具品质感时，其实跟风格没有太大关系，每一种风格只有让空间情绪沉浸式进入，那都是解决客户需求的手段。

设计之初最重要的是决定表现怎样的精神内核，借由这个诉求将精神的感受转化成空间的布局，地面的比例、图案、细节、物料、灯光方式等各种技术的平衡与选择，让一切都呈现出最自然的状态，毫无刻意、强求之感。这也是设计选择表现什么，隐藏什么的大学问。

师生合影（来源：自摄）

为快乐是短暂的、不可持续的、浅层的；而幸福则是深层次的、不可逆的。如果大家能在设计上找乐子，找到那个开心的点，它就能够长久地给你带来快乐，何尝不就是一种幸福呢？

禅修

打坐能让人安心，对禅修六大佛度的思考和研究对我来讲还是蛮有用的，在这里我想给大家分享一下。第一是布施，分为财布施、法布施和无畏布施。财布施属于物质的布施，即以衣食住行资身用物帮助别人，当别人遇到困难时，以财富和经济手段去帮助别人，这样也能让自己得到快乐。所谓法布施就是给他们讲授对他人有帮助的东西。每个人都可以进行无畏施，别人绝望的时候我们要给他人以勇气，让他消除害怕与恐惧。第二是持戒，分为行戒和止戒。行戒是向尊敬的导师、亲人、朋友等致敬，向他们实行有益的责任，止戒是不做佛陀和圣人所禁止的事情。第三是忍辱，即别人侮辱了你要忍着，别人夸赞你有没能企及的能力也要忍着，忍是脱离苦海的最妙法门。第四是精进，年复一年、日复一日地往自己心中的目标前进，时间长了就能厚积薄发了。第五是禅定，无论生活多么的烦琐，多么的嘈杂，我们都要花时间使自己的内心得到平静，进行宁静的思考和深邃的思考，这对我们的成长大有益处。第六是波若，我们要时常到一些地方去现场体验，现场感受，去感知那个地方的气场，并打开自己的心扉；追求一个目标要具有"成是我幸，不成是我命"的良好心态。在这里我只跟大家做简单的介绍，希望大家有时间可以真正思考一下，悟一下，可能会对大家有所帮助。

今天讲得有些零散，但是我希望这次心对心的交流，不局限于设计的交流；敞开心扉交流能够或多或少地为大家的成长提供帮助，因为你们是我的学生，我非常珍视这种机缘。最后，祝愿大家学有所成，前程似锦！

复杂性科学

Complexity Science

讲堂导师：彭海浪

讲题：《复杂性科学》

授课时间：2021 年 11 月 23 日

讲堂地点：深圳广田设计院

一、我与复杂性科学的相遇

为什么要跟大家分享复杂性科学这个话题？在 20 世纪 90 年代，我的表哥从北京大学硕士毕业后去了美国读书，去之前我问他："你去美国将会研究哪个方向？"他告诉我，他将研究复杂性科学。从那时起，我就非常留心复杂性科学的发展，不过那个年代能够看到的相关资料非常少，现在稍微多一些。复杂性科学，很多人字面意思理解为复杂的科学，其实这样不准确。事实上，复杂性科学是以科学的方式去研究世界上那些复杂的现象。

二、设计与复杂性科学的共性

学设计为什么要研究、了解复杂性科学？因为复杂性科学与生活的方方面面都有联系，与设计的联系更紧密。你们有没有用过犀牛软件？犀牛软件，就是典型的用复杂性科学原理做出来的一个软件，建模能力非常强，是吧？

什么叫复杂性科学？目前为止研究这个话题的书籍已是汗牛充栋，但是很少有人能说清楚什么叫复杂性科学，就像很少有人能说清楚什么叫设计一样。同学们分组讨论"设计是什么"，每组派代表回答。为什么要先讨论什么是设计，因为复杂性科学跟人类所有的问题相关，它不属于某一个学科。但作为设计师，有必要先讨论什么叫设计。

彭海浪老师与同学们合影（来源：自摄）

A 组学生发言：设计是解决一个有条件的问题。比如，解决人的需求，人的需求根据时间、主客观条件、面临的限制等诸多条件会发生改变。所以说，设计是解决一个有条件的问题。

B 组学生发言：那我们就比他们说得再大一点，我们认为设计是人类文明的创造。

C 组学生发言：三个点，以人为本，解决问题，创造价值。

D 组学生发言：我们也是三个点，（1）满足人的需求；（2）具备美学特征；（3）不仅限于功能，同时可能具有精神价值。

同学们的理解跟我的理解很接近。我认为设计是解决问题、创造价值。就设计来说，内涵和外延无限大，就像复杂性科学，要尝试用跨学科的思维，用更加开放的方式去解决问题，为人类创造更高的价值。

三、"涌现"与"统一性"的复杂性科学

复杂性科学，有很多学者认为是经典物理学之后最伟大的科学。霍金曾说，21 世纪将是复杂性科学的世纪。钱学森在 20 世纪 80 年代时提出"无尽论"，其实它也是复杂性科学的一个说法；20 世纪 90 年代时，他又提出了"巨系统"。李政道对复杂性科学的看法是 20 世纪是微观的，而 21 世纪则是宏观与微观相结合。前不久诺贝尔物理学奖，发现了从原子到行星尺度的物理系统中，无序和波动相互作用，小到无限小，大到无限大，在这样一个数量级的跨度里，能够找到统一性的原理。

先试着给这个复杂性科学一个定义。有一个说法认为复杂性科学是运用跨学科的方法研究不同复杂系统之中的涌现行为和统一性规律的学科。有几个关键词——"跨学科""涌现行为"和"统一性"。

概念很抽象，下面用一些具体案例来解释什么是"涌现"和"统一性"。

说到复杂性科学这个话题，不得不说圣塔菲研究所。它坐落于美国南部。这里曾经诞生了著名的"曼哈顿计划"。坐落此地的洛斯阿拉莫斯实验室为"曼哈顿计划"生产出了原子弹。但原子弹在广岛爆炸之后，科学家们痛苦反思自己怎会发明这样糟糕的东西，摧毁了人类。同时，他们也在思考如何解决这个问题。所以，优秀的科学家们又聚集在这里讨论，原子弹可以杀死生命，但我们要用知识去促生生命。圣塔菲研究所于 20 世纪 80 年代成立，有顶尖的共享实验室、优异的人才和计算机设备。不同于其他研究所，圣塔菲没有固定的研究人员，人们有自己的本职工作，但在圣塔菲可研究专业领域之外一切感兴趣的事物，并可以随时找到想要交流的人分享自己的想法与灵感。

复杂性科学从圣塔菲诞生本身就体现着"涌现"与"统一性"，科学家们在这个无领导的研究所，自发地、跨学科地研究着一些问题，这些问题的本质又是具有"统一性"的，即一种对生命敬畏的责任心。

推荐大家阅读《复杂》，是介绍圣塔菲研究所初创者跟复杂性科学相关的故事。推荐大家去看的原因是《复杂》像讲故事，通过介绍创始人研究复杂性科学的故事，以及他们对复杂性科学的贡献来让我们了解复杂性科学。

圣塔菲研究所（图片来源：网络）

飞翔的鸟群（图片来源：网络）

地图上的黏菌（图片来源：网络）

四、涌现的集体智慧

复杂性科学中有一些概念，如"跨学科""自组织""非线性"等。"非线性"是复杂性科学里非常重要的特性。经典物理学是线性的，什么是线性的，就是可还原，一个物体拆开后还可以再组装在一起，如果拆开后无法复原不可逆，这是非线性。复杂性科学还有一个重要的公式是"1+1>2"，即"整体大于部分之和"。鸟群通过分离、对齐、凝聚这几个简单的动作，形成了一个庞大的智慧系统，有统一的方向却能自如地避开障碍，这就包含了复杂性。

关于"涌现"，大家先看一个视频。视频中的现象大家可能看过很多次，大型的鸟群在空中飞翔，组合变化成各种有意思的形态，这是非常典型的涌现性。碰到障碍物时迅速分开，然后又聚在一起，这是怎么做到的？曾有学者认为鸟群中有发号施令的领导者，实际上并没有，它们的整体飞行队列是个体自发形成的。

另一个案例是蚁群，其实蚂蚁算法已融入生活的方方面面，特别是运用于各类软件程序内。蚂蚁的基本规则是找食物时路径最短规则，以保持最高频次的往返，蚂蚁沿途释放信息素，往返叠加的信息素给了其他蚂蚁相应的反馈，每个个体的信息素形成反馈的能量越来越强，寻找食物的高效路径也就越来越明确，最终形成了良性的循环。我们每个人在生活中使用这些软件程序时，也是在主动地提供这样的反馈信息，生成了一个庞大的信息网络，最终开发者能够根据这些信息整合出最为便捷的使用信息。

再来看一个更小的东西——黏菌，像鼻涕一样具有延展性。通过科学家们的反复实验，黏菌在寻找食物的过程中拥有罕见的"集体意识"，它们会发出信号召集周围黏菌聚集在一起，通过合体的协作将食物收入囊中，并且总能以最短路径获取食物。科学家把黏菌放在东京地图上，将食物放在东京地图周围的卫星城市上，黏菌在地图上发散寻找食物形成的路径，酷似东京现在的交通干线。

通过刚刚几个例子是否理解什么是涌现？大量的个体聚集后，个体的简单动作却产生了极为智慧的复杂系统。复杂系统的个体一般都遵循相对简单的规则，不存在中央控制或领导者，大量个体的集体行为产生了复杂、不断变化且难以预测的行为模式。

复杂性科学在对昆虫群体的研究中发现了集体智慧。当面对未知事物时，集体智慧比精英者带领下的集体体现出了更多的优势。曾经我也认为让最聪明的人站出来直接告知大家怎么做最高效,后来发现并不是,个体之间平等的交流所产生的信息更为有效,并且传播范围更广。当追求设计的极致的话,其实也是在面对未知,而这时,更多的交流实际上更有利。设计师在设计的过程中或许会盲目地崇拜一些精英设计师,以及参考一些教科书上的金科玉律,不妨先放下这些精英的条条框框,走到不懂设计的群众中进行交流,同平凡的日常细节来一场对话,从细微处逐渐体会源于集体的智慧。

五、分形的相似性

分形是一种不断被包含的图形,从图形中我们可以看到末端的小图形放大后和最外面的大图形一样或相似。分形图案的发现源于地理学家对海岸线长度的测量,海岸线布满错落的岩石,将一段曲折的海岸线放大后又呈现出相似的曲折形状,如果用越来越小的尺子去测量海岸线,就会发现海岸线的长度难以被精确测量。

分形图案,用中国传统的道家思想来说,就是"一生二,二生三,三生万物"。简单的图案通过不断的自相似性和重复的相互包含而源源不断,看不到尽头,分形从具象的角度看是一种具有自相性无限循环的图案,从抽象的角度来讲是一种延续的、互生的哲学思想。

熟悉我的朋友都知道我很喜欢拍月亮,经常在朋友圈发月亮的照片,并且我也很喜欢观察星空。有一句话我以为是我的原创,后来发现并不是,这句话是:我总是被遥远的相似性感动。看到月亮我常浮想联翩,想到苏轼写的一句诗:高处不胜寒。联想就是因为某种相似性促生了思维与现实的碰撞,是一种跨越时间与空间的碰撞。

获诺贝尔奖的作家帕穆克写了一本小说《纯真博物馆》,小说中主人公收集与爱情有关的纪念物,建成了"纯真博物馆"。然而有趣的是,小说中的这个"纯真博物馆"在现实中真的被建造了出来,成为大家去土耳其旅行的热门观光点。虚构与现实遥相呼应,一座无中生有的博物馆,读者从虚构的故事情节中走出来,又进入了一个真实的故事性空间,帕穆克通过构思一个故事的同时又建造出故事中的博物馆,将虚拟与现实的边界模糊掉,形成了一个有趣的系统,这也是另一种形式的分形。

我非常佩服两个人,马斯克和任正非。马斯克从电动汽车到运载火箭,做的东西专业跨度非常大。为什么他做的东西跨度这么大?似乎是不相关的行业。马斯克的回答是:"我认为存在一种好的思维框架。那是物理学的东西,有点儿像第一性原理推理。总体来讲,我认为存在将事情缩减至其根本实质……你必须能够把那些问题'煮沸'才能从里面找出那些最基本的东西。"

什么叫第一性原理?我理解的第一性原理是统一性,找到事物之间的联系,这个联系不一定每个人都能看到,即使有的人看到了事物之间的联系也未必会有所行动。而马斯克不但能够看到,而且付诸行动并且坚持下去,这就是第一性原理,也是我佩服他的原因。

回顾历史上第一辆汽车是怎么诞生的?从最开始的马车,到后来逐渐转变为汽车,马车和汽车的统一性在哪里?在汽车出现前,人们的愿望是想要拥有世界上最快的马车,而马车到后来并没有发展成超级快的马车,而是转变成了汽车,因为"快"

英国海岸线的测量（图片来源：网络）

分形图案（图片来源：网络）

帕穆克与纯真博物馆（图片来源：网络）

是这两者的统一性，也就是"第一性"。

分形图案的延续性与自相似性，不仅展现的是科学之美，也揭示了世界的本质，有人形容分形几何图案是代表大自然的几何学，研究分形能够将我们的思维拓展到更宽广的疆域，让我们重新审视这个世界，特别是分形图案用具象的方式将真实世界的非线性特征表达了出来，我们可以从中感受到科学与艺术的融合之美。

六、去电影中寻找复杂性科学

当我们用一只手拍打另一只手的手背，手背被拍红时有一些细胞就死掉了，而细胞并不明白发生了什么。身在宇宙中的人类也像这些细胞一样无法理解很多现象，这就是复杂性科学一直在尝试探索的，这些问题非常值得思考。我推荐大家去看《黑客帝国》，从电影中了解复杂性科学。在《黑客帝国》中，编写计算机程序改变人类认知，复杂性科学要研究的就是现实世界中的"计算机程序"。还有另一部电影《盗梦空间》，也蕴含了大量的数学思维。片中的许多假设和现象，其实都来源于分形几何的研究，比如盗梦者营造的梦境迷宫，现实与虚拟层层嵌套，好让对方像一条虫子一样跑不出圆圈。

通过这次课堂的机会，将我对复杂性科学的理解与同学们做一次分享，希望对同学们以后在做设计时能有一些不同角度的启发。

中山威斯汀酒店（来源：YANG 设计集团）

兰全翠老师乡村住宅改造后（来源：YANG 设计集团）

回酒店（来源：YANG 设计集团）

的父母一边做饭一边聊天的场景很让我感动，那种家人聚在一起谈天、灶上有烟火、桌上有热腾腾的饭菜，就是家的味道。所以我们保留了柴火灶，在隔壁客厅的电视墙下面做了一个壁炉，厨房升火时，这边是可以看到的，很温暖。父母的卧室移到了先前厨房的位置，同时原来的卫生间向外推出，并增设一条走廊，这样兰老师有时在后边的菜地干完活，也可直达洗手的地方。所有房间都铺的深灰色地砖，对于生活在乡村的他们，耐脏才是第一诉求。每个房间都装上了大面落地玻璃窗，一来让采光更通透，二来可以直接看到后方菜园。阳台上还选种了兰花，那是兰老师学生送她的。这个项目的砖，是老房子拆出来的，因为承载了他们一家人的生活记忆；门口的石墩是我在二手市场淘的；墙上的挂画——向日葵，是我自己画的。

好的设计，不是用成本堆砌、材料叠加的。重要的是要根据实际需求、因地制宜的设计。

四、设计不是装饰，是表达建筑营造意境

我喜欢用建筑师的观念做设计。设计的语言要干净、材料的使用不能复杂，空间可能会使用超过三种材料，但这些材料如果色彩很接近，那么空间依然会很干净，如果空间不大，只用一种材料表达，那么可以通过工艺分缝来丰富空间细节。这些年我亲自走访柯布西耶、巴拉干、卒姆托等建筑大师的作品，发现他们在用材上极其苛刻。著名的瓦尔斯温泉甚至只用一种材料表达，这种从内到外的整体性，会营造出一种独有的空间意境。

中国人也讲究意境，韵味、气韵这些词，都在指向同一层含义。传统道家思想，尊崇自然，敬畏山、水、石……把这种思想植入心中的山水，构筑成空间，即园林。这是我们2014年做的深圳回酒店。酒店名字就是我取的。一是想表达文化回归的寓意，同时也是想塑造"酒店即家外家"的概念。酒店顶层的书吧外有一个露天庭院，这里就取了中国园林的意境，不是只有太湖石的假山才能表达中式园林，这样的一个艺术装置＋无边际水面做出的效果，同样极富东方气韵。

这个是我们现在正在做的深圳小梅沙钓鱼台美高梅项目。因为还在施工中，项目处于保密阶段，只能告诉大家，这是一个极其奢华的东方气质酒店。我们将大量的传统文化，用现代设计手法及材料重新演绎，源于传统却不囿于传统，未来可以关注一下。

五、不忘初心，逐梦远行

这是我们团队去全球各地学习、考察的照片。我是一个从四川乡村走出的设计师，这些年从未停止学习。我做室内设计二十多年，一直梦想着有一个机会，能从建筑之初就参与进来，实现从建筑、室内、景观、灯光、软装等一体设计。在 2019 年，我们成功中标恩施悬崖英迪格项目，大家可以看一下这个效果图，是不是特别酷？酒店客房全部建在悬崖之上，也是经过大量的调研、考证，才确定这个方案的可执行性，促成了这一个多方合作的项目。

后面是我们自主研发的一些家具作品，都申请了国家专利。我们希望空间的设计，大到建筑、小到选品，都能由公司的团队逐步一体化完成，这样设计的概念和创意，可以更完整，更趋于和谐统一。

今天，这多么同学相聚一起，大家的起点，肯定都比当年的我的起点高。同时，现在大家接触的资源、学习的渠道都更为丰富，希望大家能够珍惜，而且把目光放长远。世界的舞台很大，如果真的喜欢设计，愿你们都有远大未来，成为这个行业的后起之秀，为中国的设计贡献一份自己的力量！谢谢大家！

师生合影（来源：自摄）

导师讲堂
Teacher Lecture Hall

从"道路"到"街道"
——脚底下的文艺复兴

From "Road" to "Street" — Renaissance under Foot

讲堂导师：程智鹏

讲　　题：《从"道路"到"街道"——脚底下的文艺复兴》

授课时间：2021 年 12 月 30 日

讲堂地点：深圳市城市交通规划设计研究中心景观设计院

一、开篇

我们谈文艺复兴，其实是从神到人的一种关系，从道路到街道也是如此。以前道路是给车用的——马路、车路，现在我们要让道路变成人的道路，那它是怎么样的一个过程呢？有人做过统计，我们生命的1/8，或者是说我们清醒时间的1/6 都是在路上，清醒时间如果我们按一天算的话，有 4 个小时我们都在路上。简·雅各布斯在《美国大城市的死与生》中谈道，当我们想到一个城市的时候，首先出现在脑海里的就是街道，街道有生气，城市就有生气，街道沉闷，城市也就沉闷。

你们来自不同的学校，比如西安、重庆，那么当谈及不同的城市的时候，你们会先想到哪里？是磁器口？解放碑？还是回民街？其实这样的思路是很普遍的一个情况，但我们在真正研究这个问题之前并没有这样去思考。在我们的城市公共空间里面，一般说到公共空间想到的就是公园、广场，甚至是一些博物馆、规划馆，甚至是我们小区门口的花园。但没有考虑过"街道"，它是我们很重要的一个公共空间，甚至从我们与它接触的频率来说，占到了 80%。关于"街道"的问题，实际上已经研究了很多年，深圳城市交通规划设计研究中心很重要的一个任务是替市政府去研究交通，其中包括了各种交通，从大的来说海陆空铁都是交通，从小的来说人流、物流都是交通，包括外卖、快递这些都是交通。而最近这几年，城市更关心的是步行或慢行空间，而慢行空间的发展又基于轨道和公交的发展。比如重庆，有过江索道，有穿过楼宇的轻轨，

师生合影（来源：自摄）

讲座现场 1（来源：自摄）

讲座现场 2（来源：自摄）

这都是其独特的地方。但在独特之余，它其实是让在那里生活的人的交通更便捷，而不是必须依赖小汽车才能出行。所以，这其实就是我们已经从一个学习美国的汽车时代，转换成以慢行为主，并且是基于轨道公交跟慢行支持的网络时代。

根据大量研究，城市慢行的分担率越高，城市的活力和竞争力以及城市的 GDP 都是很高的。目前来说，全世界都在大力压缩小汽车的空间，恢复慢行空间，在这个方面做得越好的城市，现在的经济活力也很高。如果是在 10 年前，甚至 20 年前，在我们共同富裕的第一阶段，家里能够买一辆小汽车是非常骄傲的事情，所以那时候小汽车的拥有量在不断攀升。但是到了现在，尤其是在一些发达的国家和城市，我们已经过了那个阶段，而且城市的密度也不再是当时那种比较分散的阶段，那么我们慢行的需求也变得越来越高了。

从 2015 年开始，我慢慢地发现越来越多的人开始乘坐地铁或步行上下班，路途上这些公共场所往往和老百姓的活动需求相关——比如乘凉、休息，甚至是跳广场舞，刮风下雨的时候有遮风避雨的地方，其实都是一致的。这些地方就是我们所谓的"街道"，所以当下在城市建设里面提到要建设以人为本的人居环境，其中"街道"环境也变得越来越重。如今，我们的出行目的、出行链条、出行方式都已经变得越来越多样和复杂，像前海就属于深圳规划中比较前沿的地方，它的轨道公交加慢行的分担率在规划中是要达到 85%，也就是在未来建成的时候，小汽车出行占比只占 15%。前海周边的轨道站点连着各种商场、大堂等，基本上实现了地下通行、购物、消费的需求，而这些需求也是日益变得越来越强烈的。但客观来讲，我们整个城市的环境是完全没有跟上的，如同我刚才所说，十年前在深圳探慢行是没有人理解和接受的。但其实从 20 世纪 80 年代开始全球就已经对环境有所关注了。新城市主义的出现其实就是反对柯布西耶，战后重建的这些功能主义、现代主义，反对"光辉城市"之类的思潮，从那以后就更加关注人的环境了。所以，新城市主义、生态街道建设、"完整街道联盟"，都已经越来越关注人，开始反对战后的那种冷冰冰的极简主义的方盒子生活，而是想要回到街道上，能够和邻居在街上闲谈的、有人情味的生活。从新城市主义开始一直到后面的一系列研究，都是希望我们回到一个有人的关怀的、更健康、更生态的环境。

二、项目分享

我以深圳福田中心区交通设施和空间环境综合提升规划设计为例，来谈一谈这个问题和公司的具体实践。

首先，从规划背景来看，城市街道承载了市民的日常出行，街头的公共空间是市民日常活动的重要场所，也是彰显一座城市特色和气质的名片。以街道治理全面提升市民出行和活动体验，是落实以人民为中心、高质量发展的关键抓手。作为深圳市发展建设最成熟的片区，福田中心区在打造全球标杆级的街道体验方面肩负着重大历史使命，它既是深圳市的行政文化中心，也是金融贸易中心和综合交通枢纽。

那么在这样的背景之下，为激发福田中心区的街道活力、彰显城市魅力，市政府决定对福田中心区的交通设施及空间环境进行综合改造，旨在推动福田中心区从过去 40 年的经济特区 CBD 迈向未来的湾区 CAZ，即两大转变——从侧重服务人的移动需求向满足人的活动需求转变，以及从强调提升通勤者的出行效率向增强所有访客的出行幸福感转变。

我们进行了一系列街道活力的观测与评估，对于街道活动的特征进行了提取和需求识别，完成了完整活动链的提取与还原，提出了以下四点规划内容：

（1）提升城市整体风貌

细化城市设计的颗粒度，从"鸟瞰"到"人视"再到"体验"。明确了"路"与"街"，提出了分类、分区差异化的优化原则。针对不同街区提出道路空间重构策略，如商业办公片区少压缩车行空间、生活服务片区多压缩车行空间，公共文化街区争取实现无车化。基于空间需求识别，对三类街区提出差异化的场所营造目标，通过调节各类要素的尺度、色彩、材质、规格等，形成不同的场所体验。提升城市整体风貌包括对生态来进行优化，通过斑块修复、廊道贯通，营造全民健康的生活环境；以动植物友好、低冲击开发为原则，践行绿色环保的价值取向。

（2）重构道路交通空间

通过增加慢行空间、消除慢行高差、车辆速度管控三方面重构道路交通空间，进一步强化"轨道 + 慢行"主导交通出行模式。按照福田中心区街道活动人群图谱空间需求，通过缩减车道宽度及数量、取消部分路边停车泊位、缩小交叉口转弯半径三项措施合理压缩机动车道规模，增加慢行空间，合理压缩车行空间，实现道路慢行空间占比由改造前 24.8% 提升至改造后 39.7%。并且减少了慢行系统的高差，实现"零高差"出行，保障出行路径的连续舒适。车辆速度管控方面，以"零伤亡"为愿景，控制机动车速度，街区路段限速 30 千米 / 小时，路口限速 20 千米 / 小时。就压缩车道宽度这个点来说，深城交按照最新设计标准，将车道宽度由原 3.5 ~ 3.75 米压缩至 3 ~ 3.25 米，那么多出来的道路宽度就能还给行人，拓宽了慢行空间。

（3）营造街道活动场所

在城市设计的指引下，面向多元活动需求从功能、生态两方面提升着手，结合街道风貌、业态、人群特征进行场所营造。我们根据大数据 + 现场调查，识别街道人群的时空分布、活动行为及潜在诉求：比如居住生活街区以康养、游乐、运动为主，因为他们的停留热点力度最低，设计落点就在于儿童公园、休闲广场等。以福中路为例：针对 14 米宽路侧封闭空间，在完全保留原有树种的前提下补充活动场地，使人群不单单是通行，而是成为能够吸引人滞留的空间，形成 2 公里长的沉浸式连续公园带。

（4）打造智慧出行体验

通过全息传感网的部署，对福田中心区超过 12 种典型活动链的每一个环节进行还原，并对全过程的安全、效率、体验进行系统性评估和持续观测。形成了"感 – 算 – 知 – 判 – 治"于一体的完整智慧街道类项目总体架构。其实最简单也是最明显的一个现象就是乘坐公交车上下班你们会发现不怎么堵车了，在这个方面我们全面优化了交通出行的结构，调整了公交车车型，包括发车频率等，这样便能够保证公交快速通行，延误率也大大降低了。

福田中心区的改造是在 2020 下半年顺利竣工验收的，通过一系列的回访和反馈，改造前后的各项观测数据均有明显提升，达到了规划的预期效果。不仅城市活力显著提升，出行幸福感也得到了明显改善。国务院相关部门，交通部、住建部等国家部委，以及北京、上海等15个城市的政府部门多次组织考察，评价说"真正实现了发展成果全民共享，为高质量创建智慧无障碍城市提供了现实样板。"大家有时间可以去走走，感受一下。

"街道"是一个很重要的公共空间，它不只是我们这些人在关心，也不只是深圳在关心。回到这种愿意走一走、愿意骑单车、愿意跟别人打招呼，回到这种邻里生活，回到这种绿色低碳的环境，这是一个基础，也是一种探索。在这个探索中，在最开始的阶段我们在考虑怎么样压缩小汽车的占有率，压缩小汽车的空间，压缩小汽车的速度，来创造一个好的环境。在不断地探索当中，"街道"已经延伸出来一系列的产品，譬如儿童友好街区、对残疾人友好的无障碍街区、全民友好的街区等，也是希望基于街道给人民提供一个健康的、美好的环境。这也是我们工作的一个由来和发展。当然我们还有很多其他的工作，但今天就拿街道这块来跟大家做一个分享，谢谢！

三、互动环节

Q：之前在研究课题的时候，看了很多关于街道和相关背景研究的论文，其中俞孔坚提到关于绿色、关于健康的街道空间的时候提到了一个概念是"无边界乐园"，是说他小时候生活的环境，包括他所接触到的自然是那种天然的、田野化的自然。之前我们去听其他老师讲座时，所提到的自然（包括绿化）分了三个层次，一个是最原始的自然，一个是经过设计的自然，一个是精神层面的自然。但是在我们街道空间设计当中，我们所考虑到人跟自然的关系，更多的是以这种人工化自然为主。对于郁闭绿化的改造，我们更多的可能还是从它的形式层面，或者是从这样一个比较人工化自然的层面对它进行改造。那如果是按照他所说的，我们真正能够趋于自然或者说像原来的样子，回到我们小时候的那种生活方式，那么我们在做街道或者景观绿化，怎么样将人和自然的这种关系更恰当地进行协调，来权衡两者之间的关系，或者是怎么样来找这个切入点？

A：你提出的这个问题很大，也是个好问题，我一辈子都要去想这个问题。我分两个部分来尝试回答一下。首先是关于这个自然的分类，老师讲的这个是个很直观的分类，我觉得非常好。但我个人比较倾向的是第二种分类方法，有类似的地方。首先第一种自然，就所谓的第一自然，这种叫天成的自然，就是纯粹没有人的痕迹的自然。但是这种自然多出现在风景区、国家公园里面，在我们的生活环境里面其实就少一点了，因为毕竟有人存在过就很难是那样的一个纯天然的状态。第二自然就是所谓的人工自然，或是农耕自然。我们最早跟自然发生关系，就是农耕社会，比如说贵州的梯田，南方的丘陵的水稻田，江浙一带的水乡等。这些已经把自然做了一些改造，但跟自然的关系是很密切的。所谓第三自然就是人为自然，譬如苏州园林、人造的公园等，看起来是很自然的环境，但实际上已经是通过人的意志、人的美感、人的需求等去改造过的自然。第四自然就是现在所谓的修复的自然。通过一些设计，比如通过补充一些乡土植物，修复一些斑块与廊道，为动植物提供健康稳定的栖息生境，建立人与生物友好的环境，自然又慢慢地回来了。

那么回到你的这个问题——我们怎么样有一个很好的环境，或者是我们怎么样恢复到这样一个很好的环境，我觉得讲得更多的是第四种——修复的自然。举个例子，我们这里有一个低洼的地方，我们现在不像以前，低洼地方一律填平，有座山

导师讲堂
Teacher Lecture Hall

中海重庆天钻艺术销售中心2（图片来源：梓人设计）

师生合影（来源：自摄）

Q：颜老师我看您分享的案例，我会觉得在空间里面不仅仅是法式风格，从中依然透露着东方的设计风格。比如说那个扇面，墙纸和壁画都运用了一些东方元素。我想了解其中相关的方法论，如何处理空间的情绪氛围，以及如何把东方和西方元素相结合。

A：当下的中国风格，不再是某一个朝代或某一个时期风格原封不动地照搬。在全球化与多元化的背景下，中国风本身就是一个融合、多变、充满不确定的多元风格，它的状态是流动的，是在具有本民族特征的同时又充斥着异国特色的风格。因此，在重新表达"中国风格"时，不仅要站在文化本位上进行设计的表达，他者的理解和表达同样重要。在他者眼中，另外一个文化的特色，可以被他们直接明了地表现出来，这些断面都会表现出现今"中国风格"的新思路。

如今艺术思潮的多元化，使得后现代主义逐渐兴起，设计开始关注精神价值以及不同人的心理需求，室内设计风格的多元化发展以及文化需求使我们重新审视东方与西方、传统与现代的关系。

在文化演绎与转换的过程中，有一点是万变不离其宗的，即人类对"美好"与"和谐"的追求。所以，东西方文化并存的设计理念、空间的装饰和设计语言，都是为了更好地、更理性地控制技术和空间的品质。

探讨后疫情时代的人居设计趋势

Discuss the Trend of Residential Design in the Post-epidemic Era

讲堂导师：黄志达

讲题：《探讨后疫情时代的人居设计趋势》

授课时间：2021 年 12 月 21 日

讲堂地点：RWD 黄志达设计

主持人：RWD 创始人及董事长黄志达作为校外导师，与来自四川美术学院、西安美术学院等高校的在读硕士研究生代表们一起坐下来，探讨"后疫情时代的人居设计趋势"。

黄志达老师：首先要和学生们分享一下后疫情时代的人居设计趋势是什么？绿色化、智能化是后疫情时代的人居设计的主要方向，下面以 RWD 的绿色人居新作"杉·文化艺术空间"为例，从设计前、中、后三个阶段讲解设计实践的重要性；通过外立面的特殊采光玻璃、室内生态绿植的可持续生长、室内桥梁的架设、下沉式的空间、创新形式的空间呈现等设计实践，模糊了室内与室外的界限，最终设计出犹如立体森林般的绿色化人居空间，在实践中体现出设计的可持续发展。

对于如何形成设计师的成长路线，首先设计师的第一个"十年"是非常重要的，要真心热爱设计，要像海绵一样，不断吸收专业知识和社会知识，了解设计更多的作为和相关程序，制定个人的发展计划，将每一年要解决的问题、掌握的知识逐一完成。在这个过程中不断成长，找到自我。从创立 RWD 之初到现在，我一直坚持"以终为始"的设计理念和经营理念，这也正是 RWD 的成功之处。

设计是在探索中不断成长的，人的需求在变，设计的探索也在变；设计师需要学会置换身份来设计空间。很多设计的灵感其实来自于设计之外，特别是做地域设计的时候，可以深入当地，走进博物馆，以最接地气的方式去了解当地的文化和历史，提

讲堂海报海报（图片来源：RWD 黄志达设计）

导师讲堂
Teacher Lecture Hall

黄志达老师讲座现场（图片来源：自摄）

取地域元素，融合到设计中去。

课堂互动环节：

学生们踊跃提问——"设计专业的学生迈入社会后要如何成长""独居群体的人居需求要如何把握""疫情背景下人与空间的距离要如何设计"……黄志达老师也逐个耐心解答，还主动引导大家畅谈对于未来设计事业的规划，希望能帮助学生们更准确地认识自我，规划未来，指导性与启发性并重。黄志达老师作为设计界的前辈，给了学生很多真诚的建议——建筑设计和室内设计是相辅相成的，要做到高效、节能、减排，需要设计全程的深度思考，并从设计的核心价值出发，再次强调了学生从校园走向社会过程中，专业积累和社会积累的重要性。

来自工作站的研究生和 RWD 分享了课后感想：

黄老师的分享，对我们学生未来职业规划方面帮助非常大。听黄老师讲解案例，从黄老师身上感受到对设计的认真与热爱，这对于年轻的设计师来说是一种激励。老师的解答，有着不一样的角度，这样的交流很有意义，我喜欢这种"非官方"的方式与结果。

最后，黄老师对校企联合工作站的学生们做出了期盼，分享和解答了一系列问题，指出设计的未来，应更加关注可持续发展，而设计师是需要时间成长的，强调了第一个十年的重要性。黄老师和校企联合工作站营造和谐的校企合作，助力设计新生代人才的成长，致力教育事业和设计行业的连接，为设计行业发展持续注入了新兴力量。

远走高飞

Come Away with Me

讲堂导师：杨邦胜

讲题：《远走高飞》

授课时间：2021 年 12 月 30 日

讲堂地点：YANG 设计集团深圳总部

同学们好，今天分享的主题是《远走高飞》，想借二十多年酒店设计的经验，和大家谈一谈一个设计师的成长与经验。

一、设计是自我认知、自我情绪的表达

我是四川人，从小就喜爱美术，后来放弃了学校老师的铁饭碗，南下深圳打拼。那时国内还没有室内设计这一说法，都叫装饰装潢。我很幸运，进入了深圳洪涛装饰公司。1995 年做长春名门饭店时，都不懂五星级的标准，只好到香港去考察、去学习。大家都争相模仿西方，因为他们从文化、美学到空间都已经有了成熟的体系。2000 年初，我们已经做了不少五星级酒店，开始在各个项目上去挖掘中国的文化底蕴和不同城市的历史文脉。

现在，我们公司做每一个项目都强调不一样，不想自我重复。我很喜欢中国文化，崇尚自然。你们看，这是我老家的乡村，周边青山绿水，竹林环绕，所以 2015 年公司选择在迎宾馆办公，就是看中了院子里的竹子。我的办公室，你们也看到了，竹影婆娑，鸟鸣风动，很舒服。这种成长的印迹，会在未来逐步显现，成为一种自我身份的识别。

二、在重叠的维度创造奇点

做设计也同样如此，立意很重要——每个城市的味道都不一样，选择什么样的意象、隐喻去构建它的文化体系、空间层次、使用情景，都需要综合考虑。业主是谁？品牌有什么故事？谁来使用？差异化在哪里？

导师讲堂
Teacher Lecture Hall

杨邦盛老师公司（来源：YANG 设计集团）

深圳国际会展中心希尔顿酒店（来源：YANG 设计集团）

金鹰世界 G HOTEL1（来源：YANG 设计集团）

金鹰世界 G HOTEL2（来源：YANG 设计集团）

如何搭筑起消费者的记忆，唤起他的愉悦？只有创造了情感价值，才有情感上的交流。大家可以看到，我们面临的问题常常是重叠的维度。所以，我们设计师不能只关注和精通设计的单一维度，还可能要向文学家学习叙事结构，向音乐家学习韵律节奏，向美食家学习食物品味……

这是深圳国际会展中心希尔顿酒店，它所在的位置是世界上规模最大的会展中心，是一个集展览、会议、活动、餐饮服务等于一体的超大型会展综合体，仅一期建筑面积就有 160 万平方米；业主是招商、央企、民族企业的脊梁；同时深圳这座城市的活力、创新力举世闻名。说到希尔顿品牌，针对的客群主要是商务精英。那我们团队在接手之初，就决定要为大湾区，专属定制一间有招商文化会展特色的新希尔顿酒店。有那么多角度综合考量，怎么切入？同学们可以思考一下。

大量调研工作后，我们找到了"招商百年航运文化""深圳海湾城市""全球会展依托集装箱海运"的交融点，确立了以航运为依托，以海为氛围营造的设计方针，并概括出主题："集"往开来。大堂公共区域通过大量体块穿插的设计手法、原创艺术品和圆弧造型的使用，演绎集装箱、船帆等元素，同时辅以海洋蓝色，表达时尚商务的气质。全日餐厅则融合了岭南的地域文化，可以看到由岭南镬耳墙特色建筑抽象而成的艺术画、潮汕木雕工艺的装饰，源自广府建筑的"青绿"与"橘红"色调，让空间更为灵巧、轻跃。同学们去到北方，会看到那里的建筑是厚重、雍容、大气……酒店客房，采用了 3D 打印的墙面，像海浪更多一点。

这是南京的一家精品酒店——金鹰世界 G HOTEL，位于开发区。南京，六朝古都，天下文枢。古代每年全国考生奔赴江南贡院参加科举，在秦淮河边指点江山、激扬文字。明清两代的中国官员有一半以上出自江南贡院，大量经世济国之才在这里留下了传奇故事。秦淮河是南京的母亲河，见证过金陵的帝洲辉煌，也流传过文人的风流雅韵……所以，除了中山路、玄武湖、古城墙、雨花石这些常见的南京印象，我们用秦淮文化为核心设计线索，串联起了整座酒店的动线与概念设计。

譬如，以仿古铜材质打造的古城门造型电梯厅；提取南京古城墙肌理的大堂吧金属隔断；还有我们的酒吧，主题是秦淮桨影，你们想啊，千年前那些书生们白日苦读，晚上就去秦淮河的画舫上喝点小酒，吟诗作对，好不痛快……我们的酒吧，在 13 米挑高墙体上以炫彩玻璃还原一场余晖映水、十里烟月的盛景。这个项目拿下了 2020

年的"金钥匙奖",是酒店类的全球最高奖。

每个城市,都有自己独特的性格。我们做设计,一定要综合多个维度,深入研究,才有可能创造所谓的奇点,即跨越点。

三、解决问题,做吝啬的设计

设计的本质就是解决问题。当我们接到一个项目,第一时间要做的就是发现问题,无论是定位、空间功能流线、工程造价或投资回报、竞争策略等问题,都要先找出来,然后去解决它。层高不够?就天花平铺,墙面丰富细节并打光,制造更广阔的空间感。房间太小?那就通过选择尺度合适的家具来解决;如果空间太大,那就分区做层次;整体上做到大而不空、小而不简、疏密有致,这样的空间才舒服。如果是资金问题——预算太紧张?那重点区域选用贵重材料,其他地方用平替;或者找到进口材料,国内仿制。

当我们能用专业的设计去解决这些现实问题,同时创造体验、创造连接,那我认为这就是一个好的设计,精彩的设计。我很讨厌为了装饰做设计,用堆砌奢华材料、加装复杂造型等手段去解决问题,这是一种浪费。设计师画的每一根线、添加的每一个功能或艺术品,都是在花业主的钱。希望大家能够站在业主的角度,换位思考。同时地球上的资源有限,我们用多了,世界就少了,污染可能就增加了。所以,我们提倡用最少的材料、最简单的手法,做最丰富、最有力量的作品。这是"做吝啬的设计"的第二层含义。

例如,中山威斯汀,当时业主提出的要求,在业内看来几乎不可能实现。一是要求用铝板做顶棚;二是每方石材成本不超过 400 元。用这样的苛刻条件实现一家豪华五星级酒店的室内设计,真的极具挑战。但我们给出了解决方案:把铝板分缝拼接,做出像叶脉一样的图案;找到预算范围内最适宜的石材——每平方米 300 元左右,机打做浮雕,创造出类似蚀刻而成的树叶纹理……再看大堂吧入口净高 9 米的立体绿植墙,当时业主因为觉得打理不方便,想要否定这个设计,不过我们也圆满解决了:绿植墙下面部分为真实植物,上面为仿造。中国现在的绿植仿造工艺,已经很先进了。所以,解决的路径有很多,大家可以多角度地去探索挖掘。

这是南京兰全翠老师乡村大平层的改造项目,一个公益设计作品。兰老师是我非常尊敬的一位乡村教师,身患尿毒症却依然风雨无阻,忙在三尺讲台上,一个被选为"全国优秀教师"的榜样人物,应该要收获社会的回馈与善意,有更好的居住空间。这是我接下这个项目的初衷。现在大家看到的照片,是改造前的样子,一座简陋的平房。实地走访后,发现老房子有六大痛点:一是功能空间布局混乱,兰老师卧室远离卫生间,每次前去必须穿过客厅,经过父母卧室到厨房再到洗手间,同时厨房连接卫生间,布局有问题;二是房屋墙体与支撑结构不稳固,很多年前的红砖房,用到现在已经衰败得厉害了;三是客厅,父母房没有隐私空间;四是全屋采光不足,昏暗潮湿;五是杂物堆积,储物空间不足;六是厨房老旧,油烟污染严重。

我们做的第一件事,就是实地调研和访谈,了解兰老师及她父母的日常生活习惯,对功能空间重新梳理。在兰老师的卧室增加卫生间与储物间;客厅位置不变,但相邻的房间由原来的父母房变成了厨房和餐厅。当时去现场考察的时候,兰老师一律把他推平，因为建房子的时代已经过去了，而现在这里有个坑，我们怎么办呢？会考虑是不是先养一养，看看能不能续得住水或者是说能不能在这个地方利用它来做一个填埋场，又或者利用它来做一个地下室，在上面去建别的东西。现在我们会更多地对场地有一些尊重和思考，那么在这个过程中这种自然就会慢慢地回来，这也是我们现在能亲近一个像样的自然的第一步或者是一个基础。至于它恢复的过程和结果是否舒适，是否美好，是否好用，其实很难用一个单一的标准去定义。今天定的这个标准也许就像福田中心区一样，但30年后可能又会变得不适合了。现在城市设计都在讨论韧性，韧性就是面对各种变化的时候的适应性，面对人的变化，面对这种气候的变化，面对这种疫情变化的时候，它是否能够更适应？所以基于这种韧性的要求，我们现在对自然，对于这种环境，对于景观，对于公园，不要做得太过或者不要做得太满，这样才能有一个适应的过程。

Q：我发现深圳还有很多单行道，开车开过或者开错了就要绕很大一个弯，再加上现在压缩了车道之后车行的车道变窄，行人可以随意横穿马路。虽然对人来说，他可以很随意地在保证安全的情况下过马路就会变得很方便。假如我作为一个街道的居民，我想要随意性和便捷性，但是对于我坐车到那个目的地，又觉得交通不是特别方便，就想问问您这种情况应该怎么样来协调呢？

A：对，你要牺牲一部分车的利益，让人先找到这种步行的、慢行的感觉。

Q：还有一种情况是不管是不是单行道，电动车、自行车很多时候会在机动车道上跑，往往堵车的时候很多电动车和自行车依旧会乱串，这样拥堵的情况就更严重了。

A：这是个系统的问题。尤其是作为游客，我肯定不想管这个城市是否慢行友好，我只想到达我的目的地，所以这个角度我是理解的。如果是这样，那就可能是管理的问题。其实有一个数据，深圳发生的车祸50%都跟电动车有关，但是我们又离不开它。所以，现在在管理上是一个盲区，还没有正式承认它，承认它要给它发证，你发了证，你就承认它是有路权的，你承认它有路权，你才能告诉它你的路权在哪里，你走哪里。但实际上并没有给它发证，所以电动车乱窜也不是那么好管，要管就是扣车，但扣车又需要很大的地方来存放，因为电动车保有率已经很高了。

所以，如果我没有理解错你说的这个情况的话，它有可能就是管理的问题。而且现在在是一个管理的盲区。突然间，这个城市多出了一堆电动车，而且没法管，管不住。理论上是可以，但就像你说的，首先得有空间是不是？如果改造过也许可以挖掘出一些空间，这也许是有办法解决的。如果要改造它，首先得去协调，有没有地方能够让出来给他每一个独立的路权？比如像宝安区，宝安区也在关外，地方会大一点，那边给电动车发了牌的，我有地方可以管你，所以我就承认你的路权，他就可以做到这个。而且宝安区现在正在出台电动车专用道和专用的红绿灯、专用的交通规则等。我只有承认了你的权利我才能管你，而且我得给你可以走的地方，我才能管你，你说的那个地方应该就是这样一个情况。

再话"设计人生"

Again, "Designing Life"

讲堂导师：张峰、李晓君、彭海浪

讲题：《再话"设计人生"》

授课时间：2022 年 1 月 10 日

讲堂地点：溪涌·微风山谷

伴随着新资讯技术的发展，设计的边界正不断被打破和重构。设计师需要不停地与外界交流、碰撞，以更丰富的视角解读对时代、对行业、对自身的思考。

讲座现场（来源：自摄）

一、什么是设计？

彭海浪：设计没有标准的答案，在不同的场景与领域中，有着不同的答案。同时，随着时间的推移，它还会不断出现新的答案。但设计师应该具备把抽象的东西具象化，把宏大变成细节的能力，为了便于人们能够更容易地理解和记忆。所以，简单来说：设计拆分为设和计。设：天马行空；计：落到实地。

张峰：在座的同学，现在是你们即将从学校到社会的一个"转场"期，通过几个月在企业的学习，你们应该都感觉到了设计工作和想象的不一样吧？

刚讲到的"什么是设计？"的话题，对于现在来讲不是那么重要，因为你们可以用一生的经历来探究这个问题。那我认为，现在最重要的问题是怎么样做好设计。第一，学校学到的知识很重要。第二，积累生活经验和养成好的生活态度很重要。第三，职场经验最重要！因为设计是一个系统的、理性的过程，需要团队分工协作一系列工作。

有经验的设计师，他是可以在满足自己创作欲望的同时还能在帮甲方解决一系列的需求之间做一个平衡，没有哪个项目是可以脱离实际需求的。所以，我们要尽快回

导师讲堂
Teacher Lecture Hall

设计讲座现场1（来源：自摄）汇报

设计讲座现场2（来源：自摄）汇报

师生合影（来源：自摄）

到"这是一个什么样的项目"上来，要从项目本身的需求出发，不同空间有不同人的活动场景，要关注到空间和人的关系，从发现问题到解决问题，而且要对将要发生的问题做出预判，这是一个很理性的全方位的过程。这个对于新入职场的设计师来说是很难做到。所以，新入行的设计师要做好职业规划，清楚定位自己在每一个阶段团队里面的角色，这个过程需要你投入真诚和热情，同时需要长期专业素养的训练，包括了对生活的洞察能力、观察能力和表达能力，逐渐建立自己的设计风格、设计思路、设计方法。

二、好的设计应该具备什么特质？

彭海浪："如果没有语言，人无法思考"——语言圈定逻辑思维，好的设计应结合实际使用场景，拆解各种常用空间名称背后的真实需求，这一点我推荐大家看一下《符号学》一书。其实，我们整个人生都是被符号载着走的，包括为什么要成功的问题。

李晓君：设计需要回归简单纯粹，好的设计一定是大胆表达，保持激情。

三、如何成为好的设计师？

李帅：设计需要拜师学艺，三人行必有我师，保持善于发现他人优点的目光。

（1）需要在设计工作上有自己的"绝招"，苦练一个绝技，说得简单一点就是你能够怎么去帮助别人。善于给高手创造更多的让他把事情做好的机会，这样的话，高手才会愿意带你一起"玩"。

（2）保持开放"空杯"心态，善于学习。倘若不抛开学历，如果从心理上面有这种优越感的时候，会很难去真正地发现他人的能量所在。

（3）"躬身入局"，亲身经历才知真味。就像字体，无非他还是这个字，但为什么短一点、差一点、宽一点都会有不同的感觉。其实就是我们设计的意义，我们就是善于去发现了一些点的不一样后将它们展现、呈现出来了，我们就把它的价值体现出来了。但是你不踏出去这一步，是不知道你脚下的路是往哪个方向延伸的。

在这个世界上每个人都希望被看见，只有你主动去表现自己、表达自己，你被看见的概率才会更大。

四、设计师的"中年困境"怎么破？

彭海浪：首先我们的思维一定要打开。打破边界，才能开阔视野和可能性。另外，生活中都有很多不体面、不如意，藏在表面的光鲜之下。就像张爱玲说的那样："生命是一袭华美的袍，爬满了虱子。"很多失意是我们必须要经历的，但度过这段时光之后，你才能看到自己的价值，在这之前你要脚踏实地解决问题。成为大师之后，就可以不解决问题，只创造价值。

五、设计师应该要怎样设计自己的人生目标？

李晓君：我认为人生不应该设限，根据"吸引力法则"，人终究会成为自己想成为的人。所以，首先要敢于设立目标，敢于设立远大的目标。我当初就是不想过着几十年如一日的生活，毅然决然地辞掉了家乡的铁饭碗，来到了这座灵魂带火的城市，这里都是年轻人，并且事物更新很快，我们不得不学习，所以，深圳的人是不爱躺平的。因为，总有比你更广阔的人。年轻的时候我希望走遍全国各地，结果到了今天我几乎全国各地都有项目。所以，全情投入，考虑太多，反而会丢失很多东西。

张峰：关于这个问题，刚听到每一位同学的人生目标都很大很远，这是好事，但是所有的一个目标都是建立在把一件事情做好的这个最基础的条件之上。反而，我们这几位导师回答这个问题看起来都比较"调侃"，甚至比较"接地气"。我建议大家可以试着将自己刚刚说的目标进行阶段拆分，近期目标、中期目标、长期目标，这样不会觉得要实现这个目标不知道从何"下手"，也不会觉得遥远得不可及一样。同时也会越来越清楚现在更应该做什么。所以，我认为做好现在的每一件事情非常重要，因为现在每一个习惯和思维方式将会表现在你将来的作品气质当中，有句话：你的将来一定会有你今天的影子。就像今天的这个活动，我们花了三天时间评估疫情政策、实地踩点、组织策划、环节的设定，才有现在这么好的气氛。总的来讲，做好现在身边的每一件事情，真诚对待身边的每一个朋友，你的将来会越来越顺。

彭海浪：我的目标有两个：1. 吃软饭。2. 随时可以死。单从字面上理解很容易误会，我需要解释一下：首先说第一条，不论设计还是艺术、文学，需要的都是心无旁骛，就是说不会为生活担忧，全心全意地投入到自己想做的事情中，这么说来就算是吃软饭了（笑）；第二条，随时可死，指的是我对于人和社会没有任何的遗憾和亏欠，即使突然间意外来临，我也可以很坦然地离开这个世界。

导师讲堂
Teacher Lecture Hall

日本当代艺术乡建诸模式

Japanese Contemporary Art is Based on Various Models

讲堂导师：张颖

讲题：《日本当代艺术乡建诸模式》

授课时间：2021年10月15日

讲堂地点：深圳广田集团股份有限公司

一、开篇

目前，我们会发现这样一个现状：好的民宿都是外地人开的，因为本地人的服务和经营管理水平跟不上。其实日本也同样出现了这个情况，2000年时却发现今天是搞得热热闹闹的，有观光、休闲、民宿，但是后来为什么大家都一样，重复率越来越高？

2000年后，由于日本人口的情况，无人愿意生育，导致在此低欲望社会的情况下，日本的二、三线城市没有年轻人，住民都是老人。所以在2000年之后，日本政府重新调整政策，对于日本的乡村振兴政策，不再划分是否为原住民或是移民，像原来那样只保障住民的权利，而是让大家愿意共生共创，共建新农村，产生文化精神方面的价值认同，也是一种乡村的再创造。日本在2000年后的6次产业化和创造农村，已经把日本乡村振兴带入了新的阶段，但是中国现在的学习更多地还停留在第二个阶段。随着日本整体的文化艺术立国的国策公布，日本人已经把自我的问题作为一种非产业化的问题，作为一种生命志向和生活方式的问题去思考。

根据日本的地区分布，日本绝大多数的人口现在都分布在两个地方，一是东京圈，日本差不多一半的年轻人都挤在这儿，二是京阪神圈也就是大阪，基本上全日本70%以上的年轻人全部挤在这两个地方，从而导致其他二、三线的城市人口越来越少。同时，农业的就业人口大幅减少，日本2000～2017年的数据显示农业的就业人口减半，而且就业人口的平均年龄从2000年的61岁上涨到2017年的66.7岁，这意味着平均

设计汇报张颖老师讲座现场（来源：自摄）

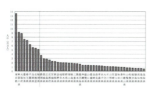

日本人口疏密分布（来源：张颖老师自制）

都是 67 岁的老人家在种地。

但是我在做调研的时候，在日本国立图书馆找了很多资料，整理了非常多的数据，发现一个很奇特的现象，我发现 2000～2015 年的 15 年间，日本出现的过疏化乡村中，只有 8 个发生了相应的逆转，这 8 个逆转的乡村又促使人们去定居的原因，前三位全部跟艺术相关。第一个是乡村的环境美化，自然环境好；第二个是该乡村有传统的文化和传统的艺术技能保存；第三个是有各种不同的节庆活动。所以，艺术是很重要的。

日本这一年乡村振兴最重要的问题是在于观念的变革，日本人和日本政府深刻地认识到，农业不只是培养动植物、提供饲料的生产方式，农地不只是种植单一作物的生产场地，农民不只是长期从事农业生产的人，农村不只是封闭的小农聚集区域。当代日本乡村振兴的有效性就在于他们把农作视为一种整体化生命产业的套路，是一种价值观，是一种生命志向和生活方式的一个命题。随着乡村振兴目标的建立，从扶贫文化转向创新，文化艺术越来越重要。

乡村逐渐成为不同的人聚集到这儿来的新场所，新的家园用文化艺术来整合不同社会群体相互之间的理解、欣赏和认同。所以，文化艺术不可或缺，这也就是为什么现在文化艺术对于乡村振兴越来越重要的原因。

二、日本当代艺术乡建诸模式

就日本艺术乡建的形和神而言，我做了一个分类，循着我前面提的日本艺术与乡村振兴的特点，我主要以艺术的形式内容为标准，然后结合主体与场合，把日本当代的艺术乡建分成了三个类别。

1. 模式一：农民传统手工艺类型

日本被誉为手工艺术国度，下面将以三个案例进行分析。

案例一：民艺之美，冲绳传统手工艺的兴与衰

冲绳是日本地方民间艺术研究的发端和民艺运动的重要阵地。1938 年柳宗悦首次造访，便被冲绳的陶艺、染织、建筑等深深吸引，称颂冲绳是具有"民艺之美"的典型地域。在冲绳代表性地方传统工艺品中唯有冲绳玻璃的生产销售情况一直趋好。该玻璃生产有着废物利用和秉承着朴素的设计风格而存在。

案例二：手作圣品，福井鲭江眼镜的技与匠

该品牌物料与工艺近乎偏执的坚持与不断创新，是福井鲭江眼镜制作自创业之初就引以为傲的传统。回归眼镜的本源，两片镜片、一只镜架，没有多余的装饰或者夸张的线条，13 世纪眼镜最初被发明时是什么样子，现在就是什么样子。并且以赛璐珞（Celluloid Nitrate）、太阳合金（Sun Platinum）和钛金属（Titanium）三种材料制成。并且鲭江金属眼镜框制造的 9 个工程：设计、模具、冲压、切削、蜡、研磨、检查、表面处理、完成，精工细作和一丝不苟已经成为鲭江手作对地方传统文化的一种承诺。

案例三：老铺新生——中川政七的日本礼物与日本生活

导师讲堂
Teacher Lecture Hall

鲭江眼镜特性与历史（来源：张颖老师自制）

川端康成笔下的雪国（来源：网络）

中川政七品牌于2010年建立，并且中川政七商店已有的"游中川"和"粹更"，两个品牌涉及的领域都是温馨日式杂货，竞争非常激烈，持续地扩大市场规模难度很大，要寻求企业进一步发展，必须推出新的差异化品牌。这个新品牌最好能体现三百年老店和奈良古城的传统，而将中川政七商店这一公司名称作为诉求"日本生活"的品牌，可以实现与流行的"日式杂货风"差异化。随后，中川政七商店已逐渐超越了"传统手工艺老店"的既定认知，成为一个和生活息息相关，传承与创新并存的生活时尚品牌。

在当下的全球化时代，主客之间的权力审美和利益关系怎么去平衡调和？所谓手工艺的内生性、多样性、创新性说起来很简单，但是具体怎么处理，这又是一个新的话题。

2. 模式二：乡土景观和农特产品设计创意振兴

日本是一个传统的农耕国家，所以它受水稻农耕传统的影响，安居乐业地稳定生活，是日本人栖居方式的最高理想。并且日本的国土，是温带海洋性气候，四季非常分明。对于日本人而言这一份季节感自古以来就是日本人本土艺术的重要美学特点，也与他们文化传统密切相关。

日本的乡村在明治维新之后与中国一样，乡村风貌、业态和信仰都岌岌可危。到了第二次世界大战之后，因为民族主义的存在，日本人就提出了《日本风景论》。之后的乡土研究运动，更多的是做乡土文化研究，但是柳田国男做出了一个杰出的贡献，他和他的研究团队，发起了一个以村落起源作为标准的分类模型，他把日本的乡村分成了9个不同类型，这9个类型不同的景观特点，对于日本后期的一个景观建设有着重大的贡献。第三位在日本景观论里面最有贡献的是时左郎先生提出的风土论，他与海德格尔的观念相对应，他认为应将乡土精神回归明确指向上的空间景观，强调"地域"差异才是日本本土艺术的注目点。

日本的景观概念是1937年从德国引进的，这一套景观观念，更多的是突出一种地理化的地形地貌理论支撑。日本由于一再强调风土伦理，所以日本的景观从二战之后到现在的发展优良，最重要的一个原因是坚持着自己本土的景观，也就是坚持每个地方有着独特的一套文化逻辑和文化特性。

日本景观的历史从二战后农村美化运动，修复重建乡村主要设施，明确指出农民应是农村美化实践的主体。最开始的概念是农民自力更生，地方自力更生。而到 1960 年农村造景运动美学问题成为农村造景重心，强调"在有用性中发现美的生活行为"原则。再到 1970 年乡土景观事业的发展，日本受欧洲生态思想和大规模"田园回归"运动影响，地方主导发起乡土景观事业。最后到 1980 年"一村一品"运动，日本凭借"自主自立"与"创意功夫"成功激活乡村，并迅速推广到全国。除了其本身的品质之外，还有一个艺术的文创附加值，所以在 20 世纪 80 年代后面这一波日本就出现了乡土文化资源在景观产业生活当中的创造性再生产。

到 2004 年日本推出了景观法，他强调保全乡土景观目标以观光稳固本地"农业基盘"，本末不能倒置，这是景观法的立法宗旨和核心原则。基本所有的乡土景观建设都已经实现了后面的田园生态景观化、生产技术园艺化、农业劳作休闲化、农业产品艺术化四个结合。下面的四个案例也是进一步的说明。

案例一：雪国原乡——川端康成与汤泽町

日本有一个地方叫汤泽町，那个地方其实跟中国现在很多地方一样，在 20 世纪 50 年代后半段，由于之前就属于城镇化开发内，是东京圈一个半小时可以到的地方，在大雪封山的地方，就发展滑雪。但是发展滑雪场带来的影响，则是原来所有的村落都被拆除，然后建相应的滑雪酒店、滑雪设施，但是后果就是第一利益全部被开发商带走，老百姓越来越穷，第二是季节性太强，除了冬季之外，其他季节全部是萧条的状态。但是其转折点的事件就是 1968 年川端康成的《雪国》获得了诺贝尔文学奖，他在颁奖仪式上指明了汤泽町是他的创作地，"雪国原乡"的绝美意境吸引了大量国内外游客，特别是文学爱好者随踵而至。希望去追求何处是"雪国"，虽然地点本身并不拥有内在记忆，但它对文化空间的建构却具有重要意义。去追寻何谓"雪国"之美？作家对审美传统溯源、概括、升华的同时，读者也在不同历史背景下持续接受、表述、呈现，甚至创造着具体的景观场域或行为意义。由此观之，故乡并无特指。对于岛村或川端康成而言，故乡只是旅途的目标，是可以逃避残酷现实的充满"日式美"的理想化空间所在。《雪国》不可言喻之唯美妙处，正是源于川端康成以自我生命在场的方式，将"个性""地方性""民族性"巧妙地编织联系起来。在文学经验引导下，铁道、车站、温泉、神社、旧式旅馆成为承载"日本之美"，安放"日本之心"不可或缺的景观符号。20 世纪 70 年代后的汤泽町景观建设应文学观光的消费需求，从城市化轨道中脱身，转向"乡土复归"之路。

还构成了"文学散步道"的景观构成。首先是作家（川端康成）在汤泽的活动印迹，如他居住过的高半旅馆、经常散步的諏访神社。其次是小说（《雪国》）中的场景还原，如汤泽火车站、諏访神社前女主人公驹子坐过的"恋语石"；再次是与作家作品相关的民俗 / 文学资料馆，如雪国馆、霞之间；最后是与小说情节或意境相配合的地方名胜或新建景点，如不动瀑布、山之汤、驹子之汤和主水公园的雪国之碑。诠释了以文学经验和现实生活相互渗透，重新整理组构的"乡土景观"。被重新整理组构的"乡土景观"，既超越了汤泽地方传统，也超越了文本原始形象，所有需要被传达表现的风土信息和景观资源都转移、存储其中。虽然汤泽町的景致风貌在城乡博弈中不断变迁累叠，但因被文学经典赋予"日本原乡"的文化记忆，住民和游客皆能在回忆、认同和文化的延续中形成坚定的"凝聚性结构"——乡土之美不可弃。人们的主观性（Subjectivity）

建构，也使地方超越作为空间实体的物质性，转而成为一种不断变化、充满意义表述的社会文化实体。就文而言，俗中之雅是指在世俗中有着超越世俗常态的观察与思考。因而文能超凡脱俗，情可委婉曲折，景亦幽然深邃。在川端康成看来，恬淡空寂即是"风雅"。心像与物象合二为一，花影树声，皆含妙理，余情袅袅，幽远景美。川端康成总说风景是刺激他创作的要因，但何尝不是他的妙笔，赋予乡土景观"出世之美"呢？

《雪国》的经典，在于川端康成对"故乡之美"的成功凝练。而在其文学经验引导下，汤泽町的乡土景观也在不断塑形中同样成为经典的"日本原乡"。当我们走入实地现场，将文学经典安置于当地人的认知架构中寻求解释，就会发现作家、作品、读者、住民、景观，共同沿袭文本历史、创造现实生活。全球性力量对于地方的影响也不会简单地导致地方性的消亡，而是在于地方意义的重构。

案例二：最美乡村——北海道美瑛町

北海道美瑛町 70% 以上的土地被山林覆盖，其他 15% 为农业用地，如诗如画的农地丘陵风光和美轮美奂的花田风景，使之成为北海道地区的观光胜地。我给大家推荐一下，最佳的观景季节是每年 7 月份，因为 7 月 20 号左右薰衣草全部都开了。美瑛的得名，原是由当地原住民阿伊努语 piye-pet/ ピイエペッ转音而来，其原意指"如脂肪般浑浊的河"。因为美瑛川的源头为十胜岳山脉，这座山脉到目前为止仍是座活火山，当时因火山因素导致水源混杂着硫磺变得混浊不清，而后汉字取其谐音"美瑛"，就成为如今的町名。 这里主要的旱地作物有小麦、马铃薯、豆类。小麦的面积从 1970 年开始扩大，这是由于作为水循环的特定作物受到奖励，以及这一时期麦价持续上涨所致。日光照耀下，满溢着浪漫情调的欧式田园风光在日本全国引起了强烈关注，超时空的自由美景成为人们摆脱都市职场生活的梦想。而那个时代，也正是日本民众以欧洲为模范的时期，因此"欧式的田园风景"成为美瑛农村景观的符号定义。这一乡村景观脱离了生产和生活日常，成为一种非日常化的意义表征。

日本的美，在川端康成的小说里，在前田真三的相机里，在宫崎骏的动画里。1986 年底，前田真三在美瑛町政府的协助下开始对前千代田小学进行翻修。1987 年 7 月，前田真三画廊"拓真馆"正式开馆运营。馆内共展示前田真三的代表作品 80 幅，以北海道一年四季的自然风景为主题的作品，充分表现了北海道的自然美。 随后来自世界各地的摄影师和摄影爱好者，将美瑛起伏连绵的丘陵、雄伟耸立的山岳、并肩向上的落叶松防风林、随风涌浪的金黄麦地、摇曳曼妙的马铃薯小白花、暗香疏影的薰衣草收入自己的镜头，以此来传达在大自然中无尽的感动和身心一如的境界。通过这些影像在世界各地的传播与传颂，"山丘小镇美瑛"一转成为举世闻名的风景摄影圣地。经过反思与展望，美瑛町政府和住民们达成一致认识，随后在 1989 年发布了《美瑛町自然环境保护条例》首先规定保护目标是在综合推进的同时，必须防止无序开发，以确保美瑛居民的健康文化生活。第一，按照自然环境保护法第 2 条规定的基本理念，制定保护自然环境的基本和综合措施；第二，规定政府必须在尊重居民关于自然环境保护的意见和建议的同时，努力鼓励居民自主开展活动；第三是要求事业经营者在开展事业活动时，为了使自然环境得到适当的保护而采取必要措施的同时，必须配合城镇实施关于自然环境保护的措施以及防止城镇实施的无秩序开发措施;第四,要求町民在努力使自然环境得到适当保护的同时,必须配合城镇实施的有关自然环境保护措施以及防止城镇采取的无秩序开发措施。1991 年美瑛町本通地区被指定为"故乡景观整治示范区"示范区。1991 年美瑛町入选该年度"美丽日本乡村景观 100 选"。2003 年地方政府制定颁布以守护、生产、养育美丽风景为目的的《美瑛町景观条例》。条例开头就反思到:在没有注意到景观秩序(合理性)的情况下建造的建筑物等,由于不了解美瑛景观的合理性而很遗憾地破坏了景观。为了考虑今后的景观,有必要理解至今为止无意识地享受的美丽景观的构成,促使町民、町政府以及事业者共同合作一起创造景观。这些条例能让町民充分认识到美瑛优秀的地域资源景观,是全体町民的共有财产。

  2004 年日本政府制定《景观法》,在国家层面对景观形成的支援政策也在扩充,"保护和培育美瑛美丽景观的条例"也全部修改为景观法的委任条例。2005 年,美瑛町发起了一个横跨日本境内许多观光乡镇的联合组织——"日本最美乡村联盟",并成为该组织常设办公地。参加联盟的标准是人口规模小于 1 万人的地方自治体,人口密度小于 50 人 / 平方公里,且拥有下列两种以上的地域性资源:

  (1) 景观:由生活活动所创造的景观;

  (2) 环境:富裕的自然环境或由自然所孕育的农村环境;

  (3) 文化:自古流传至今的传统节日、乡土文化、建筑;

  (4) 珍视美好景观的乡村建设;

  (5) 居民首创的地域活动;

  (6) 地域特有的工艺品和生活方式。

  美瑛町与日本全国的町村一起,致力于保护农山渔村的景观和文化,促进地区自立的"日本最美的村庄"联合活动,将美瑛地区资源和发展模式向全世界广泛传播。美瑛町也借此契机展开了景观整备工程,不但围绕"山丘的町"凸显地方品牌形象,形成固定的景观结构——山丘的重叠、错落有致、树木和树林(或塔)的诸要素,还重新规划调整了观光道路——拼布之路和广角之路,以自行车、观光巴士、步行三种方式设计景观游览线路。

  自然和人们的行为以独一无二的组合创造出的美瑛景观,并不是北海道随处可见的景观代表,而是北海道、日本乃至世界上独一无二的景观。历史的景观给町民带来了安乐和滋润,治愈了很多来访人的心灵,对观看的人给予了感动,是全国宝贵的资源,对美瑛町来说是不可替代的财产。另外,景观也传达着生活、文化、产业等人们的行为所积累起来的地方历史。美瑛町希望在这样的景观中培育热爱乡土之心,并将之传递给下一代,创造出一个永远适合居住的充满魅力的城镇乡村。美瑛町在 21 世纪景观整备工程的有效与有序,其实都是基于对当地农村景观形成历史的理解与认同——并不是为了形成景观而人工建造的,而是农民为了经营农业而进行生产活动的空间。因此,所有的景观规划和行动的目标,都不只将农业景观作为观光对象,单方面满足都市观光客的需要,同时地域景观品牌化对美瑛町的农业也实现了反向支撑关系,将观光作为稳固"农业基盘"的推进力,并尊重原住农民的价值观和审美观。

导师讲堂
Teacher Lecture Hall

美瑛町的景观1（图片来源：网络）

美瑛町的景观2（图片来源：网络）

案例三：稻田艺术——青森田舍馆村

田舍馆村位于日本东北部青森县弘前市，有2000年以上的水稻种植历史，1993年以乡村振兴为契机，利用不同品种的古代稻种，在15000平方米的田地上创作出令人惊叹的水田画。年观光游客数量超过30万人，在日本全国掀起了稻田艺术的热潮，也被盛誉为"东方的大地艺术"。有别于日本，西方的大地艺术主要以这种荒野风光和自然拯救的宏大目标计划相结合。一方面，田舍馆村稻田艺术的发端是极为朴素和生活化的；另一方面，稻田艺术也是基于田舍馆人重视自己的历史和先人们构筑起来的传统文化，发扬光大日本稻米文化的愿念。田舍馆村的稻田艺术作为其农业农村整备事业的重要一维，是要反映出日本水田稻作农业2000年以上的历史，并在此基础上以生产能力向上和生活环境改善为目标，进行农村空间的再编。日本人对"地域风土"的认识论，就是将人群活动经验嵌入空间之中。作为日本北方稻作文化繁荣史的代表，青森县田舍馆村的稻米生产，经考证可追溯到2100年前的弥生时代。田舍馆村自古就被命名为"田舍郡"和"田舍庄"，由于稻米种植历史悠久，被称为北方稻作文化繁荣之地。田舍馆村组织村民以"岩木山"为主题，使用村里现成的三色稻，不需要测量，仅仅用绳子进行必要的分隔即可。从2002年开始，水田艺术画开始了进化历程。其契机是田舍馆村水田艺术创作10周年，由NHK-BS电视节目组策划、1000村民参与创作了新的图案"岩木山与月"。2003年选用再现世界名画"蒙娜丽莎"为主题，为了节约预算，还缩小了水田创作面积。"蒙娜丽莎"的主题是由美术教师山本先生提议并绘制的。从2004年开始，山本先生开始采用远近法创作水田画，并在随后的几年中日趋完善。在2005年和2006年的作品中，分别加入人权宣传标语"思いやる心""大切ないのち"，以此募集人权开发补助金。并从2005年开始，以募金方式收取展望台料金，使水田创作的收入源得以保证。与起初的作品相比，现在的制作难度要高出许多。首先需要在电脑上制作平面效果图，然后根据展望台与图案的位置关系进行测量并计算坐标点，再进行必要的工程管理。大约30人的团队用一周时间完成测量和打围，5月末或6月初的周日进行插秧活动。活动的前一天，图案重要的细节部分由有经验的农妇提前完成。稻田画色彩发展的效果也是显著的。2007年的作品《神奈川冲浪里和赤富士》在原来紫、黄、绿三色的基础上新增红色和白色（富士之"红"和川浪之"白"），使画面的表现力更加鲜活生动，被称为历年来最好的作品，

2007 年的参观人数达到 24 万人。2016 年企划的图案第一会场为 NHK 大河剧《真田丸》的主题人物石田三成和真田昌幸，第二会场是正在热映的好莱坞大片《新哥拉斯》。田舍馆村水田艺术已经有 24 年的历史，绘画日渐精密细致，今年用赤、黄、白、紫等 7 色稻表现。第一会场种植 12 个稻种，第二会场种植 9 个稻种，因此有着丰富的色彩。从展望台远眺，图案采用远近法对原画做了修正处理，上部略大而下部略小。

　　从观赏时间和观光活动的组织看，不仅可以从每年 5 月种稻持续至 9 月收割，看到稻田画呈现的不同色彩，还可以参加当地不同季节的各种农事节庆。6 月绿油油的稻田生机盎然，9 月以后稻穗最开始转变颜色时，那怀旧的气氛令人沉醉。每年 4 月中旬村里举行说明会，5 月下旬种稻、7 月下旬除草、9 月下旬收割、10 月下旬脱谷、11 月下旬游稻节、7 月上旬到 10 月上旬稻草人大赛。还建造了田园空间博物馆的模式，就是把"水""土""里"视为农村地区特有的地域资源，从历史、文化的视点对田园空间整体景观和农业设施进行整体维修，再生田园创造空间的魅力。在田园空间博物馆的所有活动中，都要求社区居民主动利用社区资源，开展历史教育、与城市交流、自然观察、体验活动等。本地区从两千年前的弥生时代开始种植水稻，是津轻地区代表性的水稻种植地带；祈求五谷丰登的"祈福"等与农业相关的传统艺术也大量流传；农家的旧仓库和修剪过的树篱、庭院树木成为农村景观的特征，自古以来就是农业和人的生活密切相关发展起来的地区。里面有关于当地文化的一些陈列，在那天馆长青木先生，抱着一个罐子给我看，然后他告诉我这个罐子是 2300 年前的。你在这里可以让你亲身触摸到这个地方的历史和心跳，我觉得这个是我们在进入这个空间里面很重要的一个维度。

　　田舍馆村的村标设计立意亦是如此：整体圆形的设计意味着统一圆满，中间是田字，也有稻穗的象形表现，上半部同时也表现了村落历史与"城馆"相关的意思。作为日本北方稻作文化繁荣史的代表，青森县田舍馆村的稻米生产，经考证可追溯到 2100 年前的弥生时代。村主任铃木孝雄提出，田舍馆村的建设目标着力于："珍惜先人构筑的稻作中心文化，以农业为基让产业与他者对话。"用古代天然稻种描绘的"水田艺术"，正是这一宗旨的积极尝试。田舍馆村"游稻馆"内部。不仅展示稻米与村落生活的历史联系，还有传统与当代需求结合的工艺创作。

案例四：一物一象——高山飞弹匠造

　　匠技已经逐渐成为支撑日本作为"造物之国"的精神支柱。 其代表性价值一是"飞弹工制度"是古代以木工技术人员冲抵税金的全国唯一制度，飞弹丰富的自然孕育了与木一体的技术和感性、率直的气质，它从古代一直承袭至今，成为高山的文化基础。二是市内遗存有中世纪的社寺建筑群、近世近代的木工作品群、传统工艺等，现在仍能在各式各样的地方物象中接触到飞弹匠的技术和心灵，让我们亲身感受与树木共生的 1300 年高山历史故事。其商标图案的设计理念为：飞弹高山的街道和屋顶让人联想到人们的生活。结合代表丰富自然的太阳、山脉、河流、树木和雪的插图。并将飞弹高山的人物置于其中。我们的目标是要设计一个徽标，以保证被文化、历史和自然所环绕的奇妙土地以及该土地生产产品的质量。颜色是温暖的棕褐色，是人们熟悉的颜色。它的目的是给人以一种温暖的感觉，它也是一种使我们回想起飞弹高山和历史悠久的木制建筑的颜色。就匠技与匠心而言，飞弹匠心特点就是与木同生共存，能看清树木的各种性质，并加以充分利用；丰富的自然环境孕育了飞弹匠优秀的木工技术，他们为了能够熟练使用各种各样的树木而不断磨练，发展到与世界接轨的水平，这就是他的技术。

协同组合飞弹木工联合会，通过重视传统文化的精神品质，制作高品质的家具，致力于"飞弹家具"的品牌化。作为其中的一环，为了保护人们习以为常的"飞弹家具"这一名称，取得了地区团体商标。"飞弹家具"和"飞弹高山家具"这两个地区团体商标，于2008年1月注册。2009年5月在中国台湾，2010年2月在中国大陆也完成了登记。如何深化"日本之美飞弹设计"理念，承载起地方古老"一物一象"的设计美感，成为21世纪飞弹匠造品牌的全新任务。随着当地产业的人力资源老化、接班人短缺的情况越来越严重。同时，在飞弹高山本地，从祖先那继承而来的历史与自然景观正在受到破坏，当地的宗教仪式及文化组织的数量也在逐步减少，飞弹高山的原始魅力也因此正在逐步被消散。所以地方主导的各类设计创意行动，具有形式上强调直感性和身体性、原则上重视个别现场、输出上提倡软性方式等特点，与国家层面的农村整备对策形成相济互补的良性关系。高山飞弹匠造的情况也让我们提出了几个相应的问题，如何通过设计创意保持产品和服务独特性？如何满足或促成乡村住民与消费者或移民之间价值观、审美观的融通和谐？

3. 模式三：地域艺术项目综合振兴

在日本社会高龄过疏危局下，"如何通过艺术活动创造地域共生社会"成为日本当代艺术的热门话题和行动指导。这一类型的活动常以艺术祭、双年展、三年展冠名，其后被统称为"艺术概览"或"地方艺术"。这是一个新艺术平台，20世纪90年代日本大量美术馆、画廊被迫关闭，国家对艺术的财政拨款紧缩。面对这一困境，艺术界主动发起了"去美术馆化"新艺术平台的构筑。并且强调作为艺术家自身解放的"脱作品化"；通过介入互动性、地方性和少数性社会文脉的实践行动，以唯一化过程来表现艺术本质的作品形态。地方型乡村型艺术项目，不仅迅速成为日本乡村振兴第三阶段实现"创造新生"目标的法宝，也被公认为卓有成效的艺术乡建国际经验。要求策展人和艺术家必须对当地自然人文进行深入细致的调研，以"去作品化"或"去景观化"手法，使乡民与艺术家共同定义艺术实践对乡村生活的意义。不只是特定地点的艺术，本质上是指人文地理层面的逾越。唯有以互融共生关系为底色，作品才能在看似无规律、非限定的艺术方式中，表达传递乡土地域的日常之美。

限界艺术是在艺术和生活的分界线上有一个广大的领域，它不是由专门的艺术家创作，而是由非专业艺术家制作，并能被大众享受的艺术。艺术祭的行动目标不是"为了社会"，也不是"为了艺术"，而是在日常生活中创造准备"非日常庆典"的另一个日常行为。

艺术祭的这种形式，虽然新的理念技术可以为艺术和乡土生活的联通提供很多可能，但是全球地方的一种背板和整合，其实让地域艺术综合项目事业充满了挑战，所以我觉得现在中国本地开发的这种所谓的艺术节，我们也需要保持警惕才好。

三、结语

我今天讲的日本艺术乡建诸模式这个专题，其实也是日本当代乡建模式的历史，发现它的形式、它的内容、它的风格，迁至万变，但因意志而磨新，所以不一样。并且因共生而持续，人与自然共生、人与人共生、群与群共生、人与物共生、生物与事共生。这些内容秉承下来，日本当代这些所谓成功的艺术乡建，是因为共生而得以立足的。对日本的艺术乡建，它和西方的展开一样，没有艺术之上的考量，所以它不需要艺术对抗。对于日本人来说，所谓的艺术乡建，更多的是我们要以一种美的共感，我们对于美的相通的理解和共同感受，来承载一个关于乡和农的生命之下的生活方式和存在问题。

所以，我认为中国的艺术乡建也需要考虑这样的问题。我近期刚刚发表了一篇文章，叫《中国艺术乡建 20 年本土化问题与方法论困境》，我就提出来中国艺术乡建已进行了 20 年，从 2000 年开始的星星点点到现在的如火如荼，但是我们成功的案例很少。20 年走过了，我们着实需要停下来想一下，我们有没有找准艺术和乡村接触需要解决的本土化问题，我们跟西方一样吗？我们跟日本一样吗？

也许不一样，我们也许错误地判断我们的艺术乡建是否该启动，我们也许错误地去判断我们的艺术乡建要做的事情是维护农民的权利，去争夺农民的主体权利，可能更多的是应该给现在文化失调的中国乡村赋整体能。所以我提出这个希望，我们做理论的也好，做实践的也好，我们来共同反思一下这 20 年我们做了什么，我们还可以做什么？艺术和乡村之间的关系，如果从共生的立场来解决和解读当代艺术乡建，他们所建构的艺术和乡村的理想关系，其实是一种相互尊重个性，保持一定距离，相互尊重各自领域，然后从合作当中寻找新的共同性的一种方法。

日本当代艺术乡建诸模式，它连带提出了什么呢？日本不是单独地做艺术乡建，实际上也是全球在做。所以看起来是中国的也应不仅仅是中国的，当我们在做中国艺术乡建的时候，我们也联动了全球，我们也受他者的影响或者影响他者。另外，当我们提当代艺术的时候，当代仍然是上接传统、下接未来的一个艺术概念。有很多中国的学者做了一些艺术乡建的总结，这是一方面，但是我觉不需要给他一个固定概念。艺术乡建可以是以艺术家为主体的乡建活动，可以是村民用艺术形式来做的乡建活动，也可以是乡村带给我们艺术家或者是艺术创作的一些哺育和滋养。其实这个概念、这个范畴应该是开放的，重要的是要找到美的共同感受，我觉得这可能是艺术乡建的核心。但是艺术乡建不可以等于很多事情，艺术乡建不可以完全等同于地方的经济政治振兴，艺术乡建不可能完全等同于社会的反对反抗运动，它可以不等于很多。所以，诸模式的意思就是说模式可以是动态的，它可以一直变化，它同时也可以是叠加的。以上便是我致力于研究的日本当代艺术乡建诸模式，谢谢大家！

导师讲堂
Teacher Lecture Hall

艺术人类学的范式与方法

The Paradigm and Method of Art Anthropology

讲堂导师：彭兆荣

讲题：《艺术人类学的范式与方法》

授课时间：2021年12月17日

讲堂地点：深圳广田集团股份有限公司

讲座海报（来源：自制）

彭兆荣老师讲座现场（来源：自摄）

很高兴今天跟设计师们在一起，来向大家学习，因为我不会设计。很高兴这几年跟艺术家们，跟潘教授在一起相处，很开心，因为是真正的心灵放松和解放。艺术家需要有这种天性的奔放，需要个性的解放，他才能够有很好的艺术作品。我虽然不是艺术家，但是我在走遍世界的过程中看了许多艺术作品，我了解艺术家跟他人之间的关系，他人和艺术家之间究竟发生了什么？是怎样天然的默契？这是我从直觉上能够感觉到的。今天来我既是向大家学习，也希望从人类学的角度，能够分享给大家一点点有用的东西。

我也看过一些与设计有关的书籍，我觉得没有一本书的概念跟我的这种粗糙的理解是吻合的。我认为设计的定义是经由人的选择，被人赋予价值并与人的文化相契合，最后由人来确定的符号系统，这是设计。"design"就是确定，就是符号，当然它是指符号系统，而谁赋予"design"，谁赋予那个符号呢？是人。所以，这我觉得是经由人的选择，又符合了人的价值，又跟人的观念相契合，那么由人所固定确立的符号是什么？这个是我所理解"design"的本意。"design"是什么？"design"是这两个组合词，"de-"就是确定固定，谁能确定固定的当事人。"sign"就是符号，它不一定是一个符号系统，当然它包含着人所理解认知选择契合的符号系统，这个是我理解的，如果"design"是我刚才讲的，大家在框架上可以认可，当然都是"人"的问题，人类学是干什么的？当然是研究人的。"design"是一个艺术符号，它是艺术作品,所以今天是艺术人类学,我希望能够通过我的角度跟大家讲一下相关的艺术人类学,可能在某种程度上和设计学有契合的地方。我今天跟大家讲的题目是《艺术人学的方式方法》。

一、关于"人类学"

简单地讲一下人类学。我国人类学在中华人民共和国成立前是很强大的,费孝通先生就是中华人民共和国成立前著名的人类学家。但是20世纪80年代改革开放以后,我们突然间发现在学科上很难跟西方对接,因为人类学是在西方近代资本主义资产阶级成立与扩张的过程中,在整个西方的发展过程中能起到重要作用的学科。在西方基本上所有的大学学科都要学人类学,虽然人类学在我国恢复了以后逐渐蓬勃发展,但是毕竟学科中断了几十年,缺乏了交流的媒介与媒体。在改革开放时期,我们与西方交流,不管是思想知识还是技术都有所欠缺。所以我们今天从任何意义上来说,从国家的长治久安,未来的发展走向,建立人类命运共同体都需要人类学。我们56个民族是一家人,那么我们要尊重不同民族的文化,哪怕是不同的群体。比如设计师,我的房子,我请设计师做设计,但是房子拥有者是我,再优秀的设计师还得听我的意见,我希望把我这个房子变成什么样,然后你根据我的想法去做。所以,我希望从这个角度来说,当设计师去帮助一个城市、民族、村落、酒店做设计的时候,你要去了解当地的文化,你要去了解当地族群的背景,你要去了解当地的地方知识,然后找到一个能够真正值得为他做的东西,这就是我讲的人类学。

人类学中心有4个分支,两个分支在自然科学里,两个分支在人文社会科学里,譬如大家都知道的人的基因、考古学等属于自然科学,而是它原来是从生物人类学里面分化出来的。人类学是所有学科中间唯一跨学科的学科。

当我们去帮助某一个国家的时候,你要了解它的文化,你如果不了解它的文化,你怎么去帮助他,他的信仰、习俗、价值观、生活所遵循的原则都跟我们国家是不一样的。你要帮助他,与他合作,那么你要了解他,所以我给人类学的第二个定义就是关系学。第一个定义是知彼学,第二个定义是关系学,所谓亲密关系,不管你是友好关系,还是父辈关系,还是"人类命运共同体",你与他是在建立关系,你不建立好关系怎么做得了事情?所以,我们今天的国家急需人类学指导。世界上的国家与国家、政党与政党群体、各民族的人与人,夫妻之间都是这样,所以人类学帮助我们建立了良好关系。但人类需要形成不同的文化,你必须离开自己熟悉的环境到任何地方去,所以人类学有第三个意义——多样性,它要求你了解多样性,所以文化的多样性是我们人类学的第三个特点。

人类学不是只做某一种关系,它是打通关系的关系。人类有两种品性,这是马克思主义的观点,第一个是动物,所以人类其实是生物中间的一个类,叫"mankind","kind"就是一类,它首先是生物和动物。第二个伟大的贡献就是他发现了剩余价值,人首先是动力,只有满足了物质生活才能够有精神层面的东西。所以人类其实就具有两种性,一种叫动物性,一种叫文化性,只有满足了物质基础以后才能做精神上的东西,所以底下是生物,上面是文化,你满足了生命性才能够有文化性。人类学就是研究这些东西的多样性和普遍性,所以你要说的那些属于哪个学科,人类学作为跨学科的大体系,最上面的层次是思维和哲学的关系。

当我们要去选择一个符号的时候，我们可能会从今天的人类的角度去做一个选择。但是我告诉大家，其实我们今天的人类价值，对人类的认识，或者说人类思考的角度其实形成的时间相当短，而且我认为它并不是永远的。比如汉族，我们今天叫龙的传人，我们一旦听到我们是龙的传人的时候，当我们国家的人获得世界冠军，五星红旗升起的时候，我们呼喊"我们是龙的传人"。"龙"并不是一个现实生活中存在的东西，可是当你呼喊时，你怎么会那么激动？龙是我们赋予的某一个东西，我们祖先就赋予了这样一个符号，这与设计有相当大的关系，谁设计了龙为中华民族的英雄祖先，为什么任何一个民族都要去建构一个英雄祖先，哪怕没有。它即便不存在，但是你要认同，这叫民族颜色，你需要确认一个伟大的英雄先祖。国如此，家如此，所以它是符号，它是构建出来的，也是设计出来的。我们中华民族是农耕文明，特别是当符号跟农业在一起，赋予龙在农田里，你就是中华民族的先祖了，因为我们中华民族几千年把国家叫作社稷。所以，哪怕是在今天，我们仍然有很多东西并不是现实中存在的，却是我们现实中需要的，而且重要的是它与谱系和根脉有关系。

我们今天的思维跟先祖的思维其实是有差别的，我们今天的思维是抽象思维，可是我们的抽象思维仍然有神话思维和前人思维印记，所以我们在设计中如何把今天的抽象思维包含既有的东西，进行延续，然后去超越，并且能否被大家认可，特别是与祖先有关的思维。

二、"理论—知识—田野—材料"

所有的体系先是某种思维形态，接下来是理论。我们中华民族最近提出三个共同体，第一个叫作铸牢中华民族共同体意识，这是我们国家的政治共同体；第二个是习总书记提出的人类命运共同体。习总书记两个月前在昆明联合国生物多样性的会上提出了另外一个共同体，山、水、林、湖、草、木生命共同体，也就是说今天全世界面临的两大危机——生态危机、生命多样性危机，如果只强调人类，其他的生命不去关注，那么其他的生命如果灭绝或濒临灭绝了，人类其实也差不多灭绝了，所以必须把其他生物多样性的共同体放在一起考虑。三个共同体，第一个共同体对中国而言，第二个是人类命运共同体对世界而言，第三个生命共同体是对地球而言，今天我们讲人类生物多样性面临危机，其实社会跟人类同时都面临的危机。

那么，第二个层面就是知识。人类学跟其他学科最大的不同在哪里？人类学要的是田野作业，不同于采访、采风。西方人类学的博士研究生，在一个地方的田野调查要求做到什么程度呢？完整的一年中间不可中断，在田野一年的时间里，你不能中断去看望亲朋好友，为什么一年不中断？就是所有的活动你都必须要参加，这才是真正地融入地方知识、乡土知识的体系。当你真正地了解那样东西，才能了解它的精神，所以人类学家的材料最可信。所以有一个中长线项目的设计，我倒建议你们可先请人类学家提前帮你们做调查。从当地的乡土知识入手，如果设计师去了解他们的东西。

第三个，田野。田野作业是要跟老百姓同吃、同住、同劳动。彭老师在过去的50年里，有40多年在西南地区调查，三次遇难，大难未死，但是我今天仍然没有一点后怕，我感慨这些少数民族赋予我的那种淳朴，那种真情，我曾经一两次在讲的时候，甚至热泪盈眶。20世纪80年代我去做调查的时候，春节住在老乡家里，凌晨的时候我发现我的脚在老乡的胸口上，咱们少数民族的同胞能够做到这样。当你经历过这些事情的时候，你就会知道什么是人和人的交流和交往，什么是感动。你应该以什么方式来回报这些淳朴的人民对你的那种感情。当你真正成为其中一员的时候，这就是最真实的材料。

第四个就是材料，人类学很多是无文字的，中国有56个民族，汉族当然是以文字为主，我们今天称之为史前，其实是以文字为标志的，史前就是无文字之心。其实文字到今天为止，汉族已经是相当了不起的，不过是两三千年的例子。但是我们人类几十万年用文字的时间其实是非常短的，我们大部分时间没有文字用什么，所以这就是我们做设计师可以大于宙之地的广阔天地，比如说声音、材质、色彩这些都可以成为材料。这些其实更广泛地揭示了人类史前大量非文字的东西，能够在今天的设计里大量运用于研究的原因，因为它其实代表着人类更悠久的历史。我们设计的东西其实可以把它们当成艺术作品，所以我今天跟大家讲那是艺术的内容，就是希望能够更靠近大家，这些知识尽可能地能够对你们有一些帮助，所以我的语言是作为反思的艺术人的理论。

人类学是一个整合性学科。我曾经在巴黎的大学做过高级访问学者，在巴黎第十大学人类学系有他设计的建筑，设计师们考虑一下，巴黎第十大学人类学院的建筑是一个U形，其实底下是联通的，就是一边柱子是人类的生物性，另一边柱子是人类的文化性，然后底下是空的，所以人类其实就是一个贯通性的东西，人类所有的事物都在里面，所以今天的人类学其实是一个万金油，比如说人类学跟企业的结合就变成企业人类学，人类学跟生态的结合就变成生态人类学。人类学跟经济结合就成了经济人类学，如果我相信有设计人类学，人类学跟哲学结合就成了哲学人类学，因为都是人类的东西，所以倒是这些新兴学科在全世界呈现出非常良好的发展势头，艺术人类学就是艺术跟人类学的结合。这个在我们国家是有的，在海南大学有一个中国艺术研究会与新学科发展战略研讨会，就是以中国艺术人类学研究去做未来我们国家的新学科发展规划的组织。

人类学与自然是我们进入到设计学空间不可或缺的一种知识。那么，我们如果把设计作品当成艺术品，某种程度上来说，设计学也就进入了艺术人类学范畴。

弗朗兹·博厄斯（Franz Boas）是美国最著名的人类学家，它有一本书叫《原始艺术》，它其实是提醒我们，其提到人类在有文字之前留下大量的非文字遗产，而且迄今为止仍然有很多少数民族没有文字，他们活在自己的生命和生命表达中，这种生命和生命表达是什么？世界上很多民族的人不会写字，但是他们依旧留下了灿烂的文明，这才是一门真正的艺术。所以，其实艺术有很多媒介，我们现在习惯用文字，但是大部分民族和族群并没有文字，他们就用别的方式来体现，比如色彩、舞姿、声音。博厄斯在《原始艺术》这本书里告诉我们，必须记住艺术是双重源泉，一种是艺术形式，另一种是艺术形式与思维的关系。其实包括我们今天的艺术，我们很多艺术家并没有注意到从西方的艺术来看，西方当年的经典艺术，从文艺复兴以后，比如达·芬奇的艺术，我们看它的艺术全部都是非常写实的，现实主义画家达·芬奇甚至为了把人体画得很准确，他就到医学院去做解剖，所以他画得非常准确，绝对的现实性。这就是文艺复兴时期西方的经典作品都是现实主义的，可是为什么我们突然感到今天的西方艺术乱糟糟，我们根本看不懂那些抽象派。

我们现在不讨论它的哪一个价值更好，但是为什么会出现突然间地从非常写实的风格到非常抽象的风格，这中间究竟出现了什么断裂？学者告诉我们是照相机，因为照相机出现了，摄影机器出现了，传统写实艺术再写实都没有照相机拍得实际。今天有很多智能物品出现，我们要不要改变？我们要维持我们的饭碗，我们或许会有新的东西出现，这都是思维的挑战。博厄斯告诉我们，艺术是一种形式，但是它永远跟思维联系在一起，而思维是受某一种历史语境所制约的。我们刚才讲在原始社会我们用的是神话思维；到了近现代，我们用的是抽象思维；但是今天的智能时代数字时代，我们用的是什么思维？我们还是抽象思维吗？如果是抽象思维，那么有没有可能哪一天被机器、被智能、被数据所替代，那你又没有想法了，你的艺术作品，你的设计作品会走到哪里？其实人类经常是自己折磨自己，没人想到我们发明的照相机、摄像机会把这些艺术家的饭碗给砸掉。我们没有想到，我们发明的机器人把人类体现的伦理给破坏掉了，从某种方面来说这都是思维的结果。

三、民族志

接下来我们来讲民族志，所谓民族志其实就是人类学在调查的过程中，根据调查的材料所形成的结果，今天如果把它放在设计人类学的背景中间，比如杨邦胜先生的酒店就是设计人类学的民族志作品，民族志就是人类学家到一个地方去调查以后，根据这个材料最后形成的结果，我们叫民族志作品。当然，它有两个前提，第一个前提是你一定要到现场去做调查，你要很了解现场；第二个前提是，它是超越自己知识范畴的。人类学的民族志也有两种，我们通常叫大小民族志，民族志其实大小没有高低区分，比如说有些人类学家根据材料提升到哲学的高度，希望能够找到一个普遍的规律，我们叫普世价值，最终上升到哲学，这种我们称之为大民族志或者叫大人类学家。那么，有些小民族志和小人类学家，比如对某一个村、某一个民族做调查，只讲这个民族。

人类学是研究"他文化"，所以在全世界发达的国家里，人类学家都是智库专家成员的重要代表，由于专门研究"他文化"，所以我了解他们的文化个性，了解他们的文化品格，了解他们的文明线索，我知道在这种情况下他们会做出什么环境。对我们设计师来说，你们最后的作品如果借用了人类学方法，也是一个民族志做的，这是我们传统的人类学研究。一看就知道这是从我们人类的祖先开始，从历史的过去开始，它里面包含着4个基本分支。

这是人类学研究体制人种，各种各样的人类的所有情况，文化的、体制的、历史的、文明的，这是早期的人类学研究，也就是人类学能够把我们过去的东西了解得清清楚楚。那么由于人类学要到现场去，所以在很长时间里人类学被当作自然科学，在早期的人类学会被当作物理科学的分支。科学民族志的概念是费孝通先生的老师马林诺夫斯基(Malinowski)提出来的。马林诺夫斯基提出人类的文化都是满足基本功能的东西，所以它被称为功能学派。费孝通先生也把马尼诺夫斯基老师的功能学派带到中国来，所有的东西都要在现实中起作用。所以，马林诺夫斯基提出的人类学调查是科学的，因为它的事实是非常客观的，是根据调查的客观事实进行描写，叫科学的民族志。

但在20世纪中期马林诺夫斯基所提到的科学的民族志受到了质疑，人类学家其实也是人类，他也在以自己的原则和目

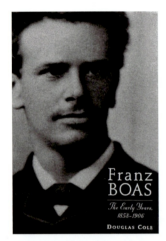

弗朗兹·博厄斯（Franz Boas）（图片来源：网络）

标去选择他要的东西，这就是历史。所以，历史永远不是百分之百的客观，历史是由某些材料组成的所谓的历史。所以，西方的历史叫"history"，"history"就是his-story，就是他的故事，故事就是历史，我们今天很多人认为历史肯定是对的，其实历史典籍也是当时整理撰写者根据他那个时候的选择。我们今天看到的就是某一个人根据某一个他的选择，"order""authority"和"authority"，这三个字其实都是跟 order 有关系的，所以不管是什么科学，所有的都是以作者为权威的真实性，是作者根据现实进行有挑剔性的选择性的历史。所以，20 世纪中期以后就有一批人类学家对科学的民族志提出了挑战，说你的材料虽然是客观的，但是还是经过你的选择，事实上就像小说。所以，我们从这个意义上来说，我们的设计作品是真实的吗？还是小说是客观的作品，还是你的作品？当然是客观的，一个酒店在这里就是客观的，但这是你的作品。我今天到杨总那里，我看到好多鸟在那里，鸟在旁边叽叽喳喳叫，你说它是自然的，但是它把那个楼变成它的东西，所以你说它是客观的还是主观的？你说它是科学的民族志，还是自我的民族志？刚才我们讲历史是一样的，所以设计这里有两个内容要平衡，一个是要尊重客观的东西，你不能胡编乱造，你没有去了解生活，没有了解的对象，你不可以乱做，尤其是跟特殊的文化有关的时候，但是你在了解客观的基础上，你可以做出你的判断，它还是你的。

所以就出现了今天的民族志，我们叫作事业民族志，事业民族志的前提仍然是客观的条件，但是就变成了解释人类学或者实验经济学。当代有一个有名的人类学家叫格尔茨（Clifford Geertz），他的一本书叫作《文化的解释》，不管我的对象是多么客观，但是最终是我的解释。我们叫"interpretation"。开始我们在中文里把它翻译成解释，但是英文中间还有一个词，也可以翻译成解释叫"explanation"。"interpretation"和"explanation"类型之间的差别是在什么，我们讲翻译，如果现场有外国人，有一个人在我旁边翻译成英文给外国人听，那么这个翻译叫什么？"Interpret"意思就是带有主观性的解释，这个词他是带有主观性的解释。

那么还有一个词"explanation"，通常是指自然科学的实验室里的解释，"explanation"比较强调客观，但是因为翻译成中文的都是解释，那么在今天的事业民族志中，人类学家的主观性被解放出来了。因为我刚才讲的科学的民族志，就是说人类学家要把主观的信息"屏蔽掉"。用事实说话，那么今天既然你不能完全客观，

体质测量（图片来源：网络）

你又把主观给屏蔽掉了，还不如彻底解放它，所以今天的人类学家比较强调自我的解释，所以民族志是在追求科学还是艺术，到今天为止仍然存在争议，其实给我们在座的艺术家有十分重要的启示。那么，对于我们的设计作品是科学的还是艺术的？当然你可以有两种倾向，如果你要去修旧如旧，是否更追求科学？如果你要去做自我的作品，当然就是艺术性的，当然也可以平衡，也就是说我们在人类学和艺术人类学过程中的两种追求，在这个过程中，你可以自己去扮演一个角色，你偏向于什么？你的作品就会在那方面呈现出的价值。如果这个东西跟自然遗产有关，跟文化遗产有关，你要去修旧如旧的话，那么它或许是另外一个价值。如果你要把它变成是我的东西，那么这就是我的风格，我以后的作品一看就是我的东西。

当然，人类学不管是科学民族志也好，现代民族志也好，人类学会自己否定自己，反思自己，事业民族志就把科学民族志给否定掉，但是事业民族志它也认为自己是有缺点的。事业民族志的特点就是解放人类学家的解释权，认可对文本进行艺术加工，把研究者当作文化的翻译者，然后他在表述上可以有多种表述方式，你对你的作品究竟是第一人称还是第三人称，你们问过自己没有？如果他是"我的作品"，他应该是怎么样？如果他是"他的作品"，那么你们，强调客观，如果是我，强调主观，所以这是某种方面给你一个很大的选择空间。今天的事业民族志就有很多表述方式，既可以是他强调比较客观的，也可以是我，也可以是我和他相加起来的，都可以。所以，我们今天在艺术人类学中间已经面临着一个巨大的转型，这个就是民族志的关系。因为所有的人类学，如果他的民族志范式得到了转型，所有子学科都会根据相应的内容进行转型，一定要求所有东西是以材料为第一，人类学家在这里尽量遮蔽掉自己的东西，所有的人要相信它是可以禁得起查证的，比如一个地点，那里有什么人，讲什么语言，这里的经纬度是多少，后人是可以去查证的。

第二个就是主客观的关系。首先社会学和人类学既有相同点，也有差别。第一，在时间上，人类学研究过去，社会学研究当代；第二，在空间上，人类学研究乡野，社会学研究都市；第三，社会学是量化研究，所以社会学一定要学统计，人类学是自性研究，定性的研究。传统的人类学从来不用数据说话，因为很多东西数据说不了，我的内心、感情、文化表达、信仰程度、信念、我的情绪数据都比较难表达；第四，人类学的工具是田野作业，社会学大多是现场采访。

我当然不会要求在座的设计师和学设计的同学们都成为人类学家去调查，因为你也不可能待那么长的时间，也不需要，但是可以借用一些人类学的方法。第一种是人类学家是完全的参与者，就是田野作业。第二种是参与观察者，就是说你很清楚你的身份是人类学家，你不可能完全成为他的一员。尽管你努力地做到，我们试图想要成为他的一员，但是你终归不是，不是某种意义上来说的策略。第三种是完全的观察者，我就是一个旁观者，我非常客观，我不是你的一员，所以这三种角度导致我们对材料掌握的可信度会有差别，但是前提是至少我们在他们中间，所以中间人类学调查有一个叫"出来""进去"。"出来"就是我们在做调查，之前我们是学者，我们要非常客观而详细地做调查方案。

如果设计师要去做一个设计作品，那个对象是你不太熟悉的，你要去调查，你是"出来，"是"out"，你必须很客观地处理。第二个部分就是当你做完调查的时候，你根据这些材料成为他们的一员。人类学家做田野，特别在"进去"那一段，其实是要用"生命"去做的，如果到异国他乡，你可能还是不被待见的，因为你可能无意中碰到异文化的某种禁区，他不会让你去了解，所以人类学很大程度上是间接的。今天，中国要走向世界，构建一带一路人类命运共同体，没有人类学家很多事情是很难做的。时代背景不同，政治目的使命不同，记录范围也不同，所以我们对于材料的辨析就会有所不同。

我们在做设计的时候，要去抓到最凸显的非语言交际元素，然后各种各样的材料都可以帮助我们获得一个整体上的结论。我们在设计的时候能不能用到这种读的、看的、听的、表演的、工艺的和整合性的文本，他们之间的关系究竟对我们在设计作品的过程中，会起到什么样的作用？这是人类学家在田野中间都要关注的，因为特别多的艺术文化没有文字，你得去注意它的声音，声音和音声的差别是什么？我们知道讲话跟音乐最大的差别就是讲话没有旋律，没有音调，没有旋律，那么有旋律的讲话就是音乐，介乎于旋律和讲话之间的是什么？如果我们在设计过程中间能够巧妙地借助音乐、声调、声音等要素，或许空间就可以具备舒适感。我们知道中国自古以来汉族没有复调音乐，没有和声音乐，从来就没有，但是20世纪50年代，郑律成发现了中国有侗族大歌，但是发现以后并没有去重视。20世纪80年代，法国的音乐人类学家到贵州，把贵州的侗族大歌请去行业内，轰动世界，我们在想为什么侗族人会有侗族大歌，侗族大歌是复调音乐，也叫和声音乐，或者多声部音乐，我们汉族就从来没有，为什么都没有，后来我调查了，侗族的侗，古代是左边一个山，右边一个同，就是山洞的意思，这群人是住在山洞，住在山洞里头的人，他的声音会是怎么样？到山洞里喊一下，当然是冲来冲去，声音就变成多声部，山洞里头当然会有迷迷糊糊的回声。所以，当我们在不同的地方去了解的时候，如果你有这方面的知识会带给你灵感，你的设计作品一定是有创造性的。

田野作业我们在选择的时候，通常在田野点有三种选择。第一种情况，你选择一个新的没人去过的地方，你是开启者，但是困难在于没有前人的材料可以佐证。第二种情况，有伟大的人类学家在前面做过，你可以延续他的研究。第三种情况是可以多点进行比较，或许对我们设计师也有一些帮助，就是我们在做项目选择的时候，是要借助前人的，还是要开第一个新的，还是多点比较？那么在田野过程中间就是我们要求做到的东西，田野笔记、数据收集、同步记录，关心细节。细节很重要，特别对你们设计师来说，其实一个细节有时候决定一切。因为每一个文化的特别之处都会在一个细节中间特别凸显。我举个例子，我对做瑶族研究做了30多年，我研究的瑶族，比如说他的房屋建筑，我们的汉族是坐北朝南对吧？它是坐西朝东的，为什么这么做？向东是这个民族非常独特的选择。

最后是艺术人群不同。对不同民族艺术的研究有三个主要任务，第一个是对个别的艺术品进行细致的研究；第二个是艺术家的传记；第三个是整体文化结构的艺术研究，是艺术史。那么，我想我们做设计师其实也包含了这样一个部分，我们虽然是做艺术人类学，但是设计自身也是这样，个体作品就是他的传记，然后他在这个作品的整体结构中间，其价值和你的作品以后所构成的整个结果与设计师的地位有关联性。不管是艺术人类学也好，设计学也好，它都是关于人的，我对设计的理解是人的选择，契合人的价值，是人的确定的符号体系，所有都是经过人的。最后我引用法国高更（Paul Gauguin）的作品来结束今天的分享，画面的背景其实是伊甸园，但是他没有把伊甸园画出来，在西方的宗教社会里，伊甸园是人类起步的

《我们从哪里来？我们是谁？我们到哪里去？》（来源：网络）

讲座现场师生合影（来源：自摄）

地方，但是它以伊甸园的背景重新选择，我们人类是从哪里来，我们是谁，我们将到哪里去，这个或许是我们做人类学研究的、做艺术人类学合作设计的人都要回答的问题，也就是我们最终都是归结到人本身。

2 0 2 1 — 2 0 2 2

四川美术学院校企联合培养研究生工作站
（第七期）

Students' Masterpieces of the Seventh Session of the
Joint School-enterprise Training Workstation of Sichuan
Academy of Fine Arts (2021-2022)

再启

"跨区域、跨校际、跨行业"研究生联合培养基地案例库建设
深圳·北京校企艺术硕士研究生联合培养基地
产教融合与设计创新

Reboot
"Cross Regions, Cross Universities, Cross Industries" Construction of the
Case Base of Graduate Joint Training Base / The University-enterprise
Joint Training Base of Shenzhen & Beijing for Art Major Postgraduates /
Integration of Education and Design Innovation

再启
产学融合研究生培养探索与实践

Reboot
Exploration and Practice of Graduate Education Integrated with Industry and Learning

重塑与激活：城中村菜市场更新设计研究
——以深圳市龙岗区中心围村菜市场为例

Remodeling and Activation: A Study on the Renewal Design of Urban Village Vegetable Market
—— Take Zhongxin Weicun Food Market, Longgang District, Shenzhen as an Example

田雨阳（深圳工作站）

学校：四川美术学院
专业：环境艺术设计
校内导师：潘召南
企业导师：琚宾
企业名称：HSD 水平线室内设计有限公司

重塑与激活：城中村菜市场更新设计研究——以深圳市龙岗区中心围村菜市场为例 / 田雨阳
Remodeling and Activation: A Study on the Renewal Design of Urban Village Vegetable Market
— Take Zhongxin Weicun Food Market, Longgang District, Shenzhen as an Example / Tian Yuyang

摘 要

当前我国城市建设已从增量转向存量更新，城中村作为中国特有的城市快速化进程的遗留现状，是城市更新中的重要环节，是提升城市品质、改善人们居住环境的重要部分。而城中村菜市场又有别于其他菜市场，不仅是基础公共服务设施的一部分，承担着城市居民日常对于食材的基础需求，还是高密度的城中村中重要的公共交往空间。本文探讨了城中村菜市场的特征，以及其多维的价值属性，并且以扬·盖尔的"交往与空间"理论和威廉·怀特的"三角效应"理论为线索，对城中村菜市场进行分析思考与实地考察，将其理论运用于设计实践中，旨在强调城市更新下重塑空间与场地的目的与意义是激活人与人、人与社会、人与空间的关系；同时也为我国城市更新理论与实践提供借鉴与参考意义。

关键词： 城中村；菜市场；更新设计

一、绪论

研究背景及意义

1. 研究背景

随着社会经济水平的飞速发展，人们已经从物质层面的需求转向精神层面的需求，城市建设活动也从增量转向存量更新，而城中村作为中国特有的城市快速化进程的遗留现状，也成为城市更新中重要的一部分，是提升城市品质、改善人们居住环境的重要部分。菜市场作为基础公共服务设施的一部分，不仅承担着城市居民日常对于食材的基础需求，还是城市中重要的公共交往空间。可以说城中村菜市场，在新时代背景的冲击下更需要改造与升级。

国家农业部自 1988 年提出建设"菜篮子工程"，兴建生产基地，完善市场体系，发展产加销一体化经营。从"菜篮子"提出，至 2017 年深圳市共有"菜篮子"认定基地 130 家；2002 年开展热烈的"农改超"，将农贸市场进行"街市 + 超市"化改造；2021 年由深圳市市场监督管理局牵头制定的深圳地方标准——《深圳市农贸市场升级改造建设与管理规范》获批发布实施。本标准是我国首部农贸市场升级改造建设管理地方标准，填补了我国农贸市场升级改造领域相关标准的空白。[1]

2. 研究目的与意义

在城市化的进程下，城市的更新与发展成为城市建设的重要部分，而老城区、城中村、菜市场等承载着社会公共服务功能的建筑与场所，更代表了一个地区的文化、历史与传承；是时代发展下以小见大的一个节点，是体现管理制度、社会基础设施、公共服务、人文氛围的社会聚焦点，改造菜市场，不仅是对城市生活环境的提升，更是在探索时代背景下新型售卖模式、消费理念的升级，对整个深圳城中村的改造以及菜市场的激活都有着重大的参考意义。

城市化进程的飞速发展也伴随着各种城市问题，深圳作为中国大型城市的代表，其发展速度被称之为"深圳速度"，由于其特殊的地理环境以及社会背景，其城市化形态有其特殊意义，时代发展的趋势下要求我们解决好城市化进程所带来的一系列问题，更要对城市更新模式进行梳理、分析和总结，找出存在的问题，提出对策建议，为深入研究我国城市更新理论提供依据和参考。

3. 国内外研究现状

（1）国内研究现状

我国城市在新建社区时明确要求配建菜市场，在更新改造阶段，应根据实际诉求灵活选址、查缺补漏，在建筑设计方面明确出台了相应政策，在管理机制上，政府主导管理与市场自治相结合，首要建议政府主导蔬菜市场的管理，支持公共服务。[2]

目前，国内对于老城区菜市场的研究主要集中在整体规划布局上和建筑空间设计上，对菜市场内部的分区功能、摊位设计等也有少量相关研究，但针对菜市场公共交往空间，以及城中村菜市场的特殊性研究相对罕见，少有从行为尺度、地域文化等人性化层面对人群行为进行调研分析。本文将结合现有的理论基础进行深入分析，对城中村菜市场进行研究。

（2）国外研究现状

public markets（Helen Tangires）将菜市场分为了露天市场、街道市场、街道摊贩、占领公共建筑底层的附属市场、大开放的棚市场、全封闭的市场、中央市场、批发市场等类型。Noil Tomlinson 的《菜市场规划与设计》搜罗了世界各地精彩的菜市场设计案例。书中提出菜市场从来不只是简单的商品交易中心，熙来攘往的市井风情中包含着城市的文化内涵。

4. 研究创新点

（1）本文从城市更新的背景下提出城中村菜市场的特点及改造的意义，并探讨了城中村菜市场的特征以及多维的价值属性，并从理论层面、实践层面对场地进行的探究与思考。

（2）本文以扬·盖尔的"交往与空间"理论和威廉·怀特的"三角效应"理论为线索，对城中村菜市场进行分析与思考，并实地考察且将其理论运用于设计实践，旨在强调城市更新下重塑空间与场地的目的与意义是激活人与人、人与社会、人与空间的关系。

重塑与激活：城中村菜市场更新设计研究——以深圳市龙岗区中心围村菜市场为例 / 田雨阳
Remodeling and Activation: A Study on the Renewal Design of Urban Village Vegetable Market
— Take Zhongxin Weicun Food Market, Longgang District, Shenzhen as an Example / Tian Yuyang

5. 研究框架（图1）

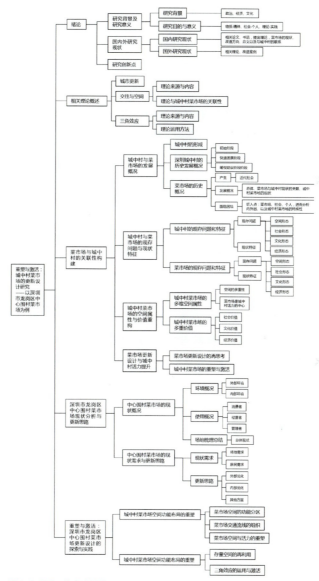

图1（来源：作者自绘）

二、相关理论概述

（一）城市更新

城市更新是一种将城市中不适应现代化城市社会生活的地区做必要的、有计划的改建活动。最早的权威概念是1958年在荷兰海牙举行的城市更新研讨会上提出的，主要内容是城市建设、街道、公园、绿地、购物、娱乐等环境和生活的改善，特别是对土地利用形态或区域系统的改善，以形成舒适的生活和美丽的城市风貌[3]。英国学者彼得·罗伯茨和休·塞克斯对城市更新的定义是："综合、协调和统筹兼顾的目标和行动：这种综合协调和统筹兼顾的目标和行动引导着城市问题的解决，且这种目标和行动寻求持续改善亟待发展地区的经济、物质、社会和环境条件。"[4] 显然，这一定义有些笼统和模糊。我国学者陶希东认为，所谓"城市更新是在城市不同发展阶段和不同城市的转型过程中，以解决经济衰退、环境恶劣无序、建筑损坏、居住拥挤、交通拥堵、空间孤立、历史遗迹损坏、社会危机等问题，由政府、企业、社会组织和公民与多方利益相关者密切联系，从经济衰退的微观、中观和宏观层面，如城中村、街区、贫困地区、工厂、荒地、棕地、滨江带及全市等，通过采取拆迁改造、旧楼改造、房屋改造、历史文化保护、公共政策等手段和方法，改善城市建筑环境、经济结构、社会结构和环境质量，旨在建设特色鲜明、充满活力、高效、公平、健康的城市全面战略行动。"[5] 由于国内特殊的国情，从中华人民共和国成立后我国迈入工业化发展时期，至今城市化建设取得巨大成就，城市更新的理论也随着城市建设与实践在逐步完善，但相比较西方发达国家，我国对城市更新和改造的研究仍比较落后。西方对城市更新的研究随着城市的发展，研究的深度和广度上都在不断增加，不管是霍德华的"田园城市"还是到柯布西耶的"光明城"，又或是凯文·林奇的"城市意象"，对城市更新的探讨从未停止。本文也从各文献中吸取观点理念，并结合实地考察和切身感受，对城市更新背景下菜市场的改造进行探讨与研究。

（二）交往与空间

1. 理论来源与内容

《交往与空间》主要论述了人们日常社会生活及其对人造环境的特殊要求，目的是让人们更多地关注这些重要的传统质量中的一个方面，即人造环境是如何支持或扼杀公共空间中各类型的生活的。扬·盖尔在书中阐述了人在公共空间中可能会发生的三种行为活动，分别是必要性活动、自发性活动、社会性活动。并着重分析了影响人们自发性活动的原因，对影响人们活动的物质环境空间进行了分析，其研究公共空间活力的方式与角度对城市规划以及旧城改造都有着借鉴意义。（图2）

2. 理论与城中村菜市场的相关性

书中提出"城市本身不是目标，而是由于使用形成的一种工具"，指出城市更新与发展并不应该追求形式或迫于时代的变迁而重新规划，许多城市是由市民自己直接建设而形成的，虽然这些城市不是按照规划建设的，但它们的发展经过了数百年的历史进程，由于发展缓慢，可以不断调节并使物质环境适应城市的功能。这与我国的城中村有着相似性，城中村的自发性和功能性在某种意义上对城市更新、城市公共空间建设有着借鉴与启发意义。

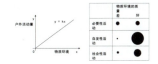

图 2 三种活动与物质环境的关联性
（来源：《交往与空间》）

在书中关于城市与小区规划的章节里提出"我们要集中的不是建筑物，而是人和活动"，这也是本文在城中村菜市场改造中所体现的"重塑"，重塑的不是空间而是人和活动。并且应在设计的过程中考虑环境与人们自发性活动的关系，通过为社会性和娱乐性的活动创造合适的物质环境条件，从而激发出人们潜在需求的可能性。[6]

（三）三角效益

1. 理论来源与内容

威廉·H.怀特在《小城市空间的社会生活》一书中用"三角效益"来描述诸如街头表演者与观众之间相互关系之类的现象，书中举例了曼哈顿广场的"四棵树"雕塑因吸引了人们共同触摸从而产生了互动交流。[7] 这些外部的刺激推动了人们之间的联系，刺激了陌生人之间的相互交谈，仿佛他们并非陌生人，这个外部刺激触发了陌生人 A 和 B 之间的交流，形成了这种细小的，但非常有意思的三角形。

2. 理论运用方法

本文将运用怀特的"三角效益"理论在菜市场的公共空间设计中，通过对零星空间、剩余空间、凹进去的空间和空间的尽头等不经意的空间进行布置从而促使人们交往与活动，激发空间的多样性。这也是本文在深圳城中村菜市场设计实践中所提出的"激活"理念，提高存量空间的使用率、激发社区活力、改善社会空间关系。

三、城中村菜市场的基本概况与更新研究

（一）城中村菜市场的发展概况

1. 城中村的发展概况

（1）城中村的形成

狭义的城中村是指城市建成区在城市化进程中失去或几乎失去耕地，但仍实行村民自治和农村集体所有制的村庄居民区，又称"城中村"，其中农田全部或大部分被征用，农民成为居民后仍留在原村。广义上的城中村，是指在城市快速发展过程中，生活水平低、落后于时代步伐的居住区。

"城中村"的形成原因具有特殊性，从我国城市化的历史进程中不难发现其原因，数据表明从 1978 年改革开放之后的 20 年内，我国的城市数量急速增加，由 320 个发

展到 662 个，城市的建地面积也由 3.6 万平方公里扩张到 9 万多平方公里。而城市面积的增长代表着城市外围的轮廓线在不断地扩大，因此原本位于城市周边的农村耕地被征收，农村的原住民宅基地由农村变为了城市，从而形成了"城中村"的形态。主观上来看，城中村的形成也是由于中国城乡二元经营体制和土地二元所有制结构造成的，这也是深层次的制度原因。所谓城乡二元管理体制，是指"城"与"乡"不同的管理模式。二元所有制是指城市土地归国家所有，农村土地归农村集体所有的制度。在一些"城中村"中，"边缘社区"的特征与城乡二元所有制结构并存，共同发挥作用。双重所有制结构使村民能够以低价甚至无偿获得土地使用权，每个村民都可以将自己建房后的土地出租，以获取尽可能多的租金。土地和房租收入的最大化，导致"城中村"的形成进一步加剧。因此，中国"城中村"的重建也应该从根本的土地制度和权利入手。[8]（图 3）

（2）深圳城中村历史发展概况

根据考古发现深圳在 7000 多年前就有人类活动的踪迹，东晋咸和六年（公元 331 年）设东官郡，下辖宝安（包括今深圳、香港、澳门、中山、东莞部分等地），欣乐（今惠州）等六县，东官郡治和宝安县治同在今深圳南头古城（现发展为城中村）一带。所以，深圳的城市建设史可以追溯到 1700 多年前，在这 1700 多年的发展过程中，形成了大大小小上千个村落，遍布深圳全境。根据《嘉庆新安县志校注》记载，深圳境内分布 800 多座村落，而 1987 年出版的《深圳地名志》中，深圳有 1500 多个村落，1992 年再次普查时，深圳有 1200 多个村落。可以说，深圳原始村落的宏观数量与空间分布奠定了如今深圳城中村的整体空间结构布局。

在 1980 年深圳的一部分成立深圳经济特区之后，深圳的城中村大概经历过三个阶段的演变。

第一阶段：初始阶段（1980～1990 年）。在这个阶段有两个关键规范性的文件：1982 年的《深圳经济特区农村社员建房用地的暂行规定》和 1986 年的《关于进一步加强深圳特区农村规划工作通知》。这两个文件为原城中村村民使用建设用地给出了指引，规定了原村民建房用地面积（80 平方米）和办事处及大队工业用地的要求，并在政府征用原城中村农用地的基础上给村民划定了新村范围。

第二阶段：快速发展阶段（1991～2004 年）。1992 年，深圳市政府宣布特区内开始全面城市化，宝安撤县改区，同时政府单方面宣布关内土地国有，特区外土地也开始融入城市发展。经过几年的发展，特区内城中村房屋违法私建问题已经相当严重，政府也多次出台了相关政策，比如 1999 年《市人大常委关于坚决查处违法建筑的决定》，2002 年《深圳经济特区处理历史遗留违法私房若干意见》等。名义上，深圳市土地已经完全国有化，但实际上使用权又掌握在村民手里，因此城中村的建设并不受政府控制，依然处于自由状态。且当时流动人口开始大规模涌入深圳，而城中村的建设也进入急速发展的阶段。刚来深圳的人，第一落脚点，几乎都是城中村，由此丰富了城中村租户人口的构成，也带来了丰富多彩的业余生活。

第三阶段：缓慢建设阶段（2005 年至今）。城中村违建行为越演越烈，如不加以制止，将严重挤压深圳未来的发展空间，于是市委、市政府在 2004 年颁布了《中共深圳市委、市政府关于坚决查处违法建筑和违法用地的决定》，加强对违法建设的执法力度，这个时期的城中村建设强度下降，城中村也由单纯提供外来流动人口临时住所演变出更丰富的内涵。比如，大芬

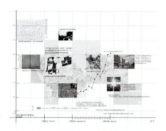

图3 深圳城中村历史发展概况（来源：作者绘制）

图4 深圳地方农贸市场标准与中心围村菜市场场地概况（来源：作者绘制）

村变成油画产业基地，湖贝村成为有名的海鲜一条街，水围村建设文化广场每年举办美食节，岗厦村出现"岗厦1980"绿色屋顶项目等各种新形式的生活空间内容。[8]

2. 菜市场的发展概况

（1）产生

现在我们在城市中见到的菜市场是随着现代化城市一起，诞生于近代社会。但在现代化城市出现之前，菜市场与街道的联系更加紧密，那时候称之为街市或集市，主要是指在商品经济不发达时期，人们自发组织的一种主要贩卖新鲜食材的可讨价议价的集市；起源于史前时期人们的聚集交易，之后常常出现在宗教节庆和纪念集会上，并附带着民间的娱乐活动。而随着城市的出现，这种传统的交易形式被城市规划者划分到固定的公共空间，便随之成了"菜市场"。（图4）

（2）发展概况

农贸市场从宋代开始一直以"街市"的形式存在，主要特点为：个体经营和道路经营，至今没有改变。 中华人民共和国成立后，国家根据当时的国情，废除了私有制，实行计划经济。 蔬菜市场被国有蔬菜农场所取代，用于储存和销售农副产品。 禁止商品贸易，每天分发农副产品。 这种经济体制在当时物资匮乏的情况下，对促进经济的快速恢复和发展起到了巨大的推动作用，但随着经济水平的发展和达到一定的高度，整个计划经济的弊端出现了。[9]

20世纪70年代后期，中国开始改革开放，大力推行市场经济体制，鼓励发展商品经济。 在这一政策的激励下，菜市场重新出现并迅速发展，很快蔓延到了城市的每一个角落。 1993年，中国共有菜市场83001个，其中城市16450个，乡村66551个，年营业额5343亿元。 1998年，城镇街市增至26381个，年营业额80691元。 蔬菜市场与人民日常生活息息相关，已成为我国商品流通中不可或缺的重要渠道。[10]

随着我国经济水平的发展，国内的菜市场从改革开放初的设施设备简陋、管理条例不完善、经营状况差到后来的逐渐完善，从露天沿街型的菜市场到如今的大棚经营、室内经营；照明、通风、运输等基础设施与条件逐渐完备，管理水平也大幅增长。菜市场的面貌如今已大不相同，前几年更是掀起了一股菜市场设计潮流，菜市场现今不仅是居民们生活买菜的必需场所，更承担起了众多的社会公共服务。

（二）城中村与菜市场的现存问题与现状特征

1. 城中村的现存问题与现状特征

（1）现存问题

城中村的发展从初期到今天由于政策以及城市建设的影响，许多问题已得到了基本控制，但由于其社会、空间上的复杂性仍然存在诸多问题。

①空间形态问题

城中村虽处在城市中，但由于空间规划等原因，市政基础设施落后，电线、水管、燃气管道多存在杂乱、老化、暴露等现象，缺乏系统性的合理规划。同时，城中村作为由原农村居民点发展起来的城市，多存在乱搭乱建的问题，村民为了提高房屋收益，通过提高容积率，增加建筑密度和提高住宅层数两种方式来实现。这就导致了城中村现在高建筑密度、道路狭窄、抢占公共空间等现状。

②社会形态问题

城中村除了空间杂乱的问题，还明显存在公共服务设施不完善、社会保障缺失等社会形态问题。多数城中村居民为外来人口，长期居住在村内缺乏基础的教育、医疗设施资源，同时由于城中村内土地资源紧张以及管理权问题，一系列公共服务设施不完善，社区内的休闲、文教娱乐场所基本没有，居民的需求得不到满足。

③文化形态问题

除了基础设施，城中村的社区文化建设也被忽略，在深圳众多的城中村内保存着许多具有地方特色的民居，一些岭南民居和宗族祠堂由于年久失修而破败不堪，成为城中村内无人问津的场所。如今的城市旧改缺乏内在文化挖掘，大拆大建的同时也忽略了文化建设与文化输出。

④经济形态问题

城中村的区位条件和人口的高密度使内部的商业种类复杂多样，同时存在着难以管理的问题，商业店面分散杂乱、管理标准难以衡定、经营状况不稳定都是城中村内经济形态的突出问题。

（2）现状特征

虽然城中村内存在着诸多的现实问题，如高容积率、社会阶层多元、商业种类繁多等，但现存问题背后的特征也同样具有双重性；简·雅各布斯在《美国大城市的生与死》中谈到了城市的多样化离不开小街区、老建筑、高密度等条件。街巷的过道相比较空旷的广场更能够吸引孩子们，众多视线交会处的街道犯罪率低于无人问津的空空荡荡的街道。芦原义信在《街道的美学》中也提到，步行街内单向曲折的车行道，让汽车只能小心翼翼地蜿蜒行驶，而相对的行人却可以在喷泉、雕塑、时钟和汽车候车棚等设施的人行道上轻松愉快地游逛。如果从人性化的角度去思考城市为谁而建时，我们不难发现城中村的现状特征也是城市富有活力的重要表现。

2. 菜市场的现存问题与现状特征

（1）现存问题

菜市场作为基础公共服务的一部分，既能满足市民对于新鲜健康食材的基本需求，也是公共交往活动的重要空间载体，同时又传承着传统生活习惯和历史的印记。但随着社会的飞速发展，新兴技术的冲击，人们的生活水平、消费模式改变，使菜市场的生存和发展面临诸多挑战。

①空间形态问题

菜市场由于多为临街集市发展形成，使菜市场的内部空间布局多散乱、不规整，且集市与菜市场本身便是人们自发组织形成，有着随意性、高自由度等特点，不利于指定统一的管理标准。同时由于菜市场售卖商品的种类问题，且多数菜市场的排水、通风等基础设施并不完善，垃圾运输系统和卫生安全管理系统存在缺陷，导致众多菜市场存在脏乱、气味难闻、分区不明、流线无序等问题。

②社会经济问题

除了物质空间上的问题，菜市场在社会层面上受到的关注也越来越少，经济投入的重心更偏向能获取高收益与高回报的场所，社区基层服务设施的建设相对缓慢。

经济上，菜市场也同样面临着时代发展下消费模式和经营理念的冲击；首先新型的商业模式下产生了大量的生鲜超市，如"钱大妈""盒马生鲜"等，它们在主打新鲜的同时注重商品的品质，由此获得了大量的客源。同时由于互联网的发展，大量的线下购物由线上购物取代，物流运输的高效快捷和健全的系统使居民们有了更多的购买方式和渠道，足不出户便能获得新鲜菜品。

③个人消费理念问题

由于时代的发展人们的消费理念也随之改变，社会的消费主力已转变为80后、90后，不同年龄段的人群，消费理念也不同，大众对精神层面的需求更胜于对物质条件的需求；人们对菜市场的需求程度也逐渐降低；新的生活模式的出现，生活文化上产生的时代隔阂，使得菜市场的消费者大量流失。"点外卖""吃食堂"代替了买菜做饭；习惯了"明码标价"而非"砍价杀价"；"宅在家"比"出门逛逛"更放松；"上网冲浪"的乐趣远大于出门社交。新一代的年轻人与传统的买卖模式和社交生活产生了巨大的隔阂。

（2）现状特征

传统菜市场的现存问题显而易见，然而从其特殊的社会属性和空间价值上来看，菜市场的特征有利也有弊。

首先，传统菜市场的弊端是空间基础设施与经营模式的问题；而从社会文化属性上分析，菜市场与生鲜超市的区别在于：①更具地域特色，菜市场出售的新鲜蔬菜虽然由批发商供应，但部分产地依然是本地，新鲜蔬菜与肉类、海鲜等供应品种与数量更受地方饮食文化和烹饪习惯影响，例如沿海的深圳，其菜市场的新鲜水产肯定比其他城市多，又或者偏爱吃麻辣的重庆，其菜市场中花椒、辣椒的品种数量也与其他的城市不同,所以各个城市的菜市场出售的菜品、干货都受地域文化的影响。②菜市场是个体商贩与个体商贩的集合,商铺与商铺之间的社会关系与普通的邻里关系、同事关系均不相同,商户与商户之间的情感连接也有所不同。③消费者和商贩可以自由议价,这有别于超市的明码标价,促进了人与人的交流和互动,消费者和商贩的情感加深。扬·盖尔在《交往与空间》中谈及当人们在同一空间中停留时,就会自然引发各种社会性连锁活动,菜市场内消费者买菜的活动虽然是必要性活动但由于和商贩的"议价"行为产生了联结,从而促进了双方的交往,随着时间的推移,双方的轻度接触也会逐渐发展成一种深化交往的可能性。相比较,高楼林立的商城和写字楼内的超市,菜市场无疑是非标准化的、更富有烟火气的场所,更能促进人与人、人与社会之间的交流。④这也使菜市场具有了独特的公共属性,菜市场的出入口、过道、停车场、空地都成了商户之间的"串门"、消费者与商户之间的"唠嗑"、孩子们的"嬉戏打闹"的场所。

综上所述,菜市场的特征有利有弊,其独特的空间和社会属性对于我们重构城市的公共空间有着促进作用;而城中村内的菜市场既具有了城中村与菜市场的现存问题,但同时也具有了城中村与菜市场的多元特征,于社会、文化、经济层面都具有更新改造的意义。

(三)城中村菜市场的空间属性与价值重构

1. 城中村菜市场的多维空间属性

(1)空间的多重性

大多数意义的菜市场在功能上不仅仅包括售卖新鲜蔬菜、肉类等,同样包括售卖熟食,且周边门面还有餐饮小吃、杂货铺、裁缝铺、五金店等,从商业业态上看菜市场内包含着社区居民所需求的各类基础服务;同时菜市场还承担着城市公共空间的功能,是人与人交往聚集的重要场所。如上文所说,菜市场的铺面、过道、空地、出入口、停车场都是人群发生交集的场所,而城中村菜市场无论是从空间上还是时间上,都具有高密度的特征。菜市场与街头巷尾在空间上产生交集,在时间上,有着早晚市的高峰期。这都促使了城中村菜市场成为人们自发性活动的场所,菜市场可以是城中村居民们的食堂、大爷遛鸟的场所、喝茶下棋的场所、休闲广场、儿童游乐场,空间重叠和时间的交错使城中村菜市场具有了多维的空间属性。

(2)菜市场是城中村活力的中心

相对于城中村的高密度来说,菜市场无论是从空间上还是文化上都位于城中村的中心。由于城中村的现状问题,使村内公共活动空间匮乏,服务设施单一,因此城中村居民对于菜市场的依赖程度更高,在菜市场产生的行为的活动也更多,停留的时间也更长,从此意义上来看也代表了菜市场是城中村活力的中心。

2. 城中村菜市场的多重价值

(1)社会价值

菜市场是转译的城市公共空间,是城中村活力的重要来源,是人们交往互动的重要场所。从广义上来说,公共空间不是一个单纯的地理空间,更为重要的是进入公共空间的人们和人们在空间内发生的行为活动。

（2）文化价值

由于城中村居住人口的多阶级性，城中村内具有极强的包容力，城中村菜市场也具备了多元的文化特征，各地的居民通过买菜卖菜等活动产生饮食文化的交流与融合，城中村的多样性、包容性也使菜市场更具特色，提升了城市风貌。

（3）经济价值

城中村的高容积率，使街巷邻里时常发生争夺公共空间资源的问题，但同时也使得城中村菜市场在昼夜不同时间段有着不同的空间利用方式，产生更高的经济效益；城中村菜市场的商业种类更为丰富，更发展出复合型商业空间，"上住下商"是多数城中村商业门面的特点，这些自下而上生长出来的空间类型与商业模式为运营降低了成本，提高了容错率。

（四）菜市场更新设计与城中村活力的提升

1. 菜市场更新设计的再思考

（1）更新设计与理论方法

菜市场的更新设计应从有机的、人性化的角度去思考，克里斯塔·莱谢尔在《城市设计：城市营造中的设计方法》一书中提出：城市设计应该把城市当作生活的容器。菜市场的更新设计，不仅要摒弃对菜市场固有的误区认识，还应该更贴近生活地去思考，如《小城市的社会生活》中怀特对于"街头生活"的亲身体验与观察研究，城中村菜市场的更新设计需要因地制宜，深入了解城中村的特殊社会形态和菜市场的空间特征与空间属性。

（2）更新价值观

如今的城市发展仅仅追求功能化、利益化，在住宅区的建设上千篇一律，整洁、分区明确、交通顺畅，对城市旧街区的改造也停留在表面工作；局限性的建筑美学思想，使城市的建设失去了地域性、人文色彩，表面上破败、脏乱的老街区和菜市场成了城市规划蓝图里亟须改造的区域，人们对城市多样性、多元化的包容力在降低，统一的建筑美学忽略了社会、个人的生活需求，仅仅停留在视觉美的层面，而未思考更深层次的人居美学。卡尔维诺在《看不见的城市》中塑造出了众多的乌托邦城市，其对于城市碎片般的描述是回忆，是反思，也是讽刺。在对城市、建筑、空间的认识上我们应跳脱出固有的思维，打破一成不变的空间秩序和传统的建筑伦理学。

2. 城中村与菜市场的重塑、激活

城中村与菜市场的更新改造不仅是空间意义上的重塑、激活，更是时间维度、社会层面上的重构；人与社会、人与空间、交往与空间是菜市场更新设计所探讨的内容，物质空间与精神活动的重塑，人居美学与社会伦理的构建，是城中村活力提升的意义所在。

四、深圳市龙岗区中心围村菜市场现状分析与更新思路

图5 中心围村区位分析及现场照片（来源：自绘）

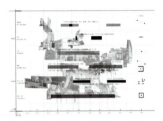

图6 人群活动行为（来源：自绘）

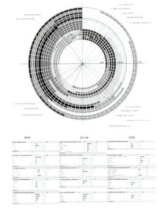

图7 调查问卷分析（来源：自绘）

（一）中心围村菜市场的现状概况

1. 环境概况

外部环境：中心围村位于深圳龙岗区，是龙岗区四百多个城中村之一，也是龙岗区十多个重点改造的城中村之一，中心围村相邻有禾坪岗村，周边有华为园区、天安云谷等众多办公区产业园；村内多数居民为外来人口。中心围村菜市场位于中心围村内部，是村内唯一的菜市场，菜市场名为荣鹏肉菜市场，由两座主体建筑构成（图5）。菜市场周边交通混乱，车行道、停车区部分，道路狭窄；周边多十层内老旧居民楼，少量绿化；商业种类繁多，多餐饮、生活日用相关独立的临街店面，众多小摊小贩；菜市场周边基础设施老旧，标识不清，地形平缓，步行无明显高差。

内部环境：主体两栋建筑为框架结构，高两层，9米；相邻一栋临街商业建筑三层；建筑表皮破败，基础设施老旧；主要功能分区为：菜市场、内部商业街、外部临街门面；商业业态相对单一，多餐饮门面和日用百货、五金、药房等门面，内有一家小型超市；街内冷清，客流量少，多数门面关闭。菜市场面积占整体建筑面积约十分之一，内有水产区2家、鲜肉区2家、干杂区3家、蔬菜区4家，相邻门面蔬菜批发两家，干货两家；体量较小，售卖品种相对较少。

2. 使用人群状况

消费者：菜市场内部客流量较少，随时间变化人流量和人群分布不同；时间维度上，7点至11点、17点至19点菜市场客流量大，且早晚消费群体不同；中午、下午商业内与商业门面人流量相对较大；从空间维度上看，消费者停留的场所多涉及购物、休闲且多分布在室内、半室内、半公共空间等可遮阳避雨通风的场所。

经营者：菜市场与周边门面的经营者活动相对单一，且活动面积小，除售卖与工作活动外，并无太多其他的休闲活动。

管理者：作者采访并观察菜市场内保安及管理工作人员，发现其工作内容单一，多为巡视、观察、开放停车闸等。且管理者对商户的管理方式不确定，无硬性制度标准，若非特殊情况，日常并未以标准条例检查。

3. 空间使用状况

菜市场主要由生鲜市场与相邻的商业门面构成，由于商业街人流量少，商业种类单一，二楼的通道也相对隐蔽，以至于菜市场的商业利用率低，空间使用呈现两极分化的情况，在菜市场入口、停车场、菜市场售卖区等空间都拥挤凌乱。而在上下楼梯通道、商业街内部门面通道、二层通道等空间无人问津，荒乱破旧。原作为通道的空间由于商业门面的冷清以至于失去了送货、人来人往的便利性，且原作为通道的众多楼梯口、架空通道也由于二层空间的废弃被阻断通行。通过现场考察，空间使用率巨大的差异化，是由于功能布局和人流线、车流线的混乱造成的。在接下来的设计中将重新梳理场地布局，并对场地内的架空空间、楼梯、走廊通道等进行更新设计，结合"交往与空间"中所提到的柔性边界对人们的行为进行分析，以提高场地的空间使用率，增加人们在菜市场与商业街的停留时间（图6）。

4. 场地梳理总结

笔者通过问卷调查、实地观察、跟踪观察等调研方法整理了（图7）；可从问卷调查中得出消费者与经营者对菜市场的多方面需求；而其中买菜需求途径与消费者的年龄相关，对空间的功能需求也多种多样。普遍层面上大众对现阶段的菜市场无太大的不满，但可通过部分问题看出新型的消费模式和消费理念已经对传统菜市场的售卖模式产生了很大的冲击。

（二）中心围村菜市场的现状需求与更新思路

1. 现状需求

场地需求：宏观层面，中心围村菜市场需要配合整个中心围村进行以点带面的更新；微观层面，需要落实场地基础设施的翻新改建，优化物质空间环境，提高管理水平。通过提高环境质量为社会性和娱乐性活动创造出适合的物质条件，激发出潜在的需求。

居民需求：从消费需求到公共服务，从饮食玩乐到运动教育等多层面功能需求，在解决基本买菜卖菜的基础上，提供更多的可能性，提高居民物质和精神生活水平。

2. 更新思路

外部优化：从街道街巷环境至菜市场与周边建筑进行基础设施更新改造，达到菜市场的卫生安全标准化。

内部优化：改善售卖设施、售卖空间环境；优化空间布局，并且运用"三角效益"理论，创造条件，激活公共空间；通过对零星空间、剩余空间、凹进去的空间和空间的尽头等菜市场内部的存量空间改造，创造更多引人驻留的空间。

同时，从消费者、经营者的需求出发，提供多功能空间，将卖卖空间优化升级，以打造具有城中村特色的人性化菜市场。

其他层面：菜市场应突破传统的买卖模式，创造多种活动，激活并带动城中村老市场、旧店铺的升级，并打造地方品牌，将菜市场赋予地方特色与烟火气。

五、重塑与激活：深圳市龙岗区中心围村菜市场更新设计的探索与实践

（一）菜市场空间功能布局的重塑

1. 菜市场空间的功能分区

中心围村菜市场的整体功能根据原有的业态以及居民需求将围绕着购物、餐饮、休闲三个方面进行组织。由于城中村规划布局的特殊性，菜市场和商业街以及居民楼没有很好的分区，菜市场近邻周边居民楼，承担着生活买菜餐饮等必要功能，更成了社区的客厅与活动中心；且交往与空间中提到建筑的布局与社会关系相互作用，不同的物质环境特征会在不同程度影响居民的社会状态，因此在菜市场的功能规划上不仅限于买菜与吃饭这两大功能，还将商业购物、运动休闲加入，从人群活动的行为方式与可能发生的消费活动进行扩展分析，重塑场地的功能，为城中村居民提供了社会交往场所。

菜市场的一层空间为全天候运营的商铺，和周边的一层商铺共同将地面的商业价值最大化，营造出了浓厚的商业氛围，菜市场与市集置于二层，且与阶梯广场紧邻，方便通行。同时增加就餐区与食材加工区，再将购菜、做菜、吃饭等活动串联，增加场所的多功能性。将三层原本浪费的顶层空间利用，为城中村高密度居住区增设运动步道、健身房等功能。（图8）

2. 菜市场交通流线的组织

扬·盖尔曾在墨尔本街头研究中发现人们在户外停留的时间越长，他们的邂逅频率就越高，交谈也就越多。而物质环境的好坏影响着人们在户外停留时间的长短，对于非必要性活动来说，户外空间质量与停留时间成正比，对于必要性活动来说，空间质量与停留时间的关系不大。买菜这一行为从客观角度看属于必要性活动，然而在人们进行买菜这一行为时也产生了社交行为，由于菜市场自由议价的特性促使了买卖双方发生交流；在重组菜市场内的交通流线时，特意将买菜这一必要性行为活动安排在二层空间，促使人们的活动流线增长，且在增长动线的同时也于各个流线节点安排了休闲空间，可供休息停留，使人们在菜市场的逗留时间增长。增长买菜的动线，增加居民的逗留空间，同时也重新规划了售卖者的运输流线，将运输通道与购菜通道分开，提高运输效率和卫生与安全。

一层多样性的商铺全天候营业，在提高商业空间价值的同时，也吸引了过往的人群，提高了人流量。二层的菜市场主入口设计了阶梯广场，直面相邻的沿河景观，使进入的流线菜市场更加宽敞便利；设置的公共就餐区、加工区，在非就餐时间也成为人们休闲交谈的场所，可供遮阳、避雨、停留。三层的流线主要由运动休闲步道构成，此流线可以是自发性社交活动的散步流线，也可以是运动跑道流线。

在两栋相邻的三层建筑里原本的四个普通楼梯通道现增加了阶梯广场的通行方式、外挂楼梯的形式、儿童游乐的滑梯形式，丰富了场地的立体交通。

图 8 场地的功能布局及流线组织（来源：自绘）

图 9 空间的重塑与激活（来源：自绘）

3. 菜市场空间活动的重塑

将菜市场功能布局、交通流线进行空间维度上的重塑重组后，我们通过对空间的使用率分析，发现凌晨、傍晚不同时间不同的空间使用率各不相同。因此，在不同的时间段菜市场活力中心也随之变化，设计重塑的不仅限于空间，也包含人和活动。

在早市与晚市的时间段，菜市场是最具活力的中心，买菜的居民可以在广场休息，也可以带着儿童玩乐，还可以在加工区做饭；晚上，下班的居民可以在就餐区吃饭，二楼的餐饮区是最忙碌的时刻，做菜加工、吃饭休息，与高科技的办公楼不同，菜市场在此刻是最具烟火气的存在。周末的夜晚，烧烤夜宵、集市成为附近居民的休闲场所；凌晨，停车场内是卸货的卖菜商贩。菜市场的 24 小时承载着人们家长里短、人生百味与社会人情。美国社会学家莎伦·佐金说过："城市空间的社会特征在不断被塑造和再造着，回归城市原真性的关键在于城市的社会特征，而不仅仅是建筑的物理结构。"菜市场的重塑是社会意识层面的空间而不仅仅是物理结构的空间。（图 9）

（二）城中村菜市场公共空间的激活

1. 存量空间的再利用

针对菜市场的架空层和边角空间，结合邻街的商铺并将口袋花园与休闲座椅置入其中；怀特在《小城市空间的社会生活》中谈道，人们往往更倾向于与背靠柱子墙面等地方，在这些空间的边界处比开阔的广场更吸引人停留，扬·盖尔也曾提出柔性边界的概念，室内外连接处更能吸引人们逗留。在设计中，菜市场的二层空间多为通透的半室外空间，方便人们的视线与外界互动，同时在一层的架空层设计了儿童游乐场所与休闲空间，成为吸引人们停留的柔性边界。

2. 三角效应的运转与激活

格莱泽在《城市的胜利》一书中从经济学与社会学的角度指出：高密度的城市生活，不仅有利于保护自然生态，还能刺激创新。高密度都市中面对面的人际交流、多元文化的碰撞，自古以来就是人类进步的引擎。[11] 城中村多元的文化共生共存、交融创新使城中村本身就具有独特的活力，在菜市场的功能上除了商业与运动还增设了展览与种植区，引入艺术活动以及园艺种植等社会活动，以促使人们发生交流，自发性地产生一系列活动。同时在菜市场的景观设计中，还设计了喷泉广场，位于阶梯广场的正前方，喷泉本身便可吸引孩子们的嬉戏玩乐，同时还处于整个菜市场广场的中心，是人们视线汇集的地方，阶梯广场、廊道、菜市场、商铺都可以看到，聚焦视线的同时也促进了人们的交流，是人们继而交往的媒介。三角效应的产生并不拘泥于物质性的载体，景观装置、社会活动都可以促使人与人的交流，在空间的设计上，场地内设置了儿童游乐、阶梯广场、艺术廊道等，在运营组织上，菜市场内可组织园艺社团、健身比赛、艺术展览、集市小吃等活动，超越三角效应，引发更多的社会交往活动，激发社区活力改善社会关系。

参考文献

[1]. 广东深圳出台全国首个农贸市场升级改造建设与管理地方标准 [J]. 中国食品，2021(03):58-59.
[2] 吴洁琳，陈宇琳. 东亚大城市菜市场发展经验及其借鉴——以中国香港、中国台湾和新加坡为例 [J]. 国际城市规划.2017(06):91-98.
[3] 刘伯霞，刘杰，程婷，王田，何强. 中国城市更新的理论与实践 [J]. 中国名城，2021(07):1-10.
[4] 易志勇，城市更新效益评价与合作治理研究 [D]. 重庆：重庆大学，2018(04).
[5] 陶希东. 城市更新：一个基础理论体系的尝试性建构 [J]. 创新，2017(04):16-26.
[6] 扬·盖尔. 交往与空间 [M]. 北京：中国建筑工业出版社，2002:41.
[7] 威廉·怀特. 小城市空间的社会生活 [M]. 上海：译文出版社，2016.
[8] 李景磊. 城中村文化价值及更新策略研究——以深圳市为例 [J]. 小城镇建设，2018(11):97-104.
[9] 曾吴丹，徐梅. "农改超"前景分析与农贸市场的发展趋势研究 [J]. 经济研究导刊，2018(13):16-17.
[10] 邢诚. 传统菜市场在城市复兴中的作用 [D]. 合肥：合肥工业大学，2012(07).
[11] 爱德华·格莱泽. 城市的胜利 [M]. 上海：上海社会科学院出版社，2012.

学生感想：

从九月怀揣期待来到深圳，至今第二年三月底，时间飞逝，多月的深圳行，所见、所学、所感都历历在目，仿佛如同昨日。

非常有幸能在水平线跟随琚宾老师学习，公司轻松且严谨、活力且稳重的工作氛围，以及琚宾老师的设计理念都感染着我，让我重新思考人、空间、设计。

我们十多位同学在此期间也紧跟时间计划做着自己的课题，有幸能在开题、中期以及后续的线上汇报中得到众多高校与企业老师的指点，不断地挑战与磨炼自己。另外在站期间，还参与了企业导师讲堂，参观了国内最顶端的设计公司，同样学校也在此期间邀请了老师们前往深圳进行讲座。老师们在百忙之中抽出时间为同学们准备讲堂，分享自己宝贵的从业经验与设计理念，真心相待我们每位同学，感动万分。

深圳学习的这段经历，教我认识了多彩的事物、多元的世界，这些经历背后的轨迹，轨迹重叠后的逻辑拓宽了我认识世界的方式，无论是讲堂还是实习，更加多维的思考方式和更加全面的认识，赋予了我全新的思想。在设计的学习道路上，将认知、想象、逻辑运用于实践，将理论数据运用于方法论，讲方法论体现在实践当中。就如同米尔斯所说的社会学的技艺在于转译和赋权，狭隘的经验研究和科学主义并不是社会学。产教融合的教育模式不仅影响着我当下对于设计的认知，还触动着我内心对于设计的所思所感，未来的路很长，我很幸运能在人生的这个阶段有着此段经历。

最后非常感恩能成为潘老师的研究生，也非常感谢有此次机会进入工作站，感谢琚宾老师在此期间对我的帮助与指导，也感谢众多企业老师、川美老师、工作站负责人对我们深圳站这十四位同学的指导与照顾！也祝此行顺利！圆满！

愿有"感"且有所"思"，有"思"且有所"得"，有"得"且有之"用"。

校内导师潘召南评语：

田雨阳同学于2021年9月在进入深圳校企联合培养研究生工作站学习期间，认真勤勉，师从知名设计师琚宾老师，学习期间积极向企业导师求教，并主动向学校导师汇报学习进展情况。通过接触城中村旧改的实际项目研究和设计实践锻炼，明确了自我学习的方向，也弥补了自己在相关知识的不足。在理论与实践的磨炼中很好地完成了每个阶段的研究任务，综合能力得到了明显的提升。论文《重塑与激活：城中村菜市场更新设计研究——以深圳市龙岗区中心围村菜市场为例》，选题明确，以特殊的视角看待城市旧改，并结合设计实践探索城市更新中的保护与改造的方法，体现了专业硕士应有的理论研究与实践创新能力，为后续的毕业论文和毕业设计打下了良好的基础。

指导教师：四川美术学院 潘召南教授

2022年3月22日

再启
产学融合研究生培养探索与实践

Reboot
Exploration and Practice of Graduate Education Integrated with Industry and Learning

高科技园区非正式交流空间设计策略及应用研究

Research on Design Strategy and Application of Informal Communication Space in High-tech Park

入选"为中国而设计"第九届全国环境艺术设计大展专业组
"四川美术学院第十七届研究生作品年展优秀奖"
入选第八届重庆美展
第五届中建杯西部"5+2"环境艺术设计双年展铜奖
参展"中国社区美育行动计划展"
主持校级创新科研项目《基于生态文明建设的重庆城市滨江艺术景观设计研究——以重庆市九龙半岛滨江区为例》

陈雪梅（深圳工作站）

学校：四川美术学院
专业：环境设计
校内导师：黄红春
企业导师：张青
企业名称：深圳市凸凹空间设计有限公司

摘 要

改革开放以来，高科技园作为城市创新空间的重要组成部分，在我国飞速发展，园区建设也得到了重视。高品质的园区环境有利于园区高科技人才激发灵感、促进交流、释放工作压力。目前我国的高科技园区建设没有重视人的需求，园区环境质量较低，缺少交流、休闲、放松的空间。本文通过研究高科技园非正式交流空间设计策略与应用，以达到提高园区空间环境质量、促进园区交流氛围、满足高科技人才休闲放松需求的目的，并为今后的高科技园非正式交流空间设计提供可行的设计方法参考。

本文以高科技园区非正式交流空间为研究对象，对其基本概念、空间特征、设计准则进行了基本阐述与分析；并以深圳市科兴科学园为例，实地考察总结出高科技园区非正式交流空间的现状及问题；最后，以广东省东莞市凤岗产业园的设计实践提出了高科技园非正式交流空间的具体设计方法，结合"构建步行友好的慢行空间""整合创新交流的庭院空间""营造乐享自然的花园景观"的设计策略，打造生态自然、高质量空间环境的非正式交流空间。

关键词：高科技园；非正式交流；非正式交流空间设计

一、绪论

（一）研究背景

20世纪50年代，美国科技迅速发展，创建了世界上第一个高科技园区——"斯坦福工业园"，又被称为硅谷。此后在世界各地都兴建了不同类型的科技园。20世纪80年代，随着改革开放的发展，中国特色的科技园区开始在我国建立，并得到快速发展，其中最具代表的是北京中关村高科技园。至2020年，我国建立了169家国家高科技新园区，经过了30多年的高速发展，已经成为我国实施创新驱动发展战略的重要载体。

高科技园作为一种特定的社会发展阶段，具有独特的文化内涵和精神特质，体现了一种新的生活方式。这必将需要有新的景观结构和形态设计与之适应。[1]高科技园区对创新品质有着较高需求，而人作为园区的创新主体，是园区环境建设需要重点考虑的对象。高科技园区的非正式交流空间，提供了交流和放松的场所，促进了人与人之间的交流、信息的交换，缓解了人们的工作压力，对于园区的发展具有积极作用。

（二）研究目的与意义

1. 研究目的

本研究从景观设计的角度对高科技园的非正式交流空间展开研究。首先，以高科技园区中创新主体——创新人才为出发点，通过问卷调查、实地访谈等方式求证园区中的非正式交流空间是否对他们有重要作用？总结出园区内部人员对于非正式交流空间的具体需求。其次，通过文献搜集、实地考察的方法对国内高科技园非正式交流空间的现状、形式、要素等进行总结，并提出高科技园非正式交流空间设计的原则和策略。最后，通过广东省东莞市凤岗产业园的设计实践提出具体的设计方法，以期为国内高科技园区非正式交流空间设计的研究进行一定的补充。为园区科技人员营造可以发挥创新潜力的自然、舒适的园区环境，达到促进高科技园区发展的目的。

2. 研究意义

高科技园区从早期单一的产业聚集发展成为功能复合的园区，已经成为融工作、生活、娱乐、交流为一体的综合功能体，外部物质环境对高科技园的发展也占据了重要意义。本文对于高科技园区非正式交流空间设计的研究，从园区科技人员的需求出发，营造更符合时代要求和人类需求的园区环境，有以下几点意义：

（1）营造了高品质的非正式交流环境，促进了科技人员之间的交流，更有利于思维的交换、想法的碰撞，形成良好的创新氛围。对高科技园区的长远发展具有现实意义。

（2）舒适的外部环境、良好的非正式交流空间，有利于高压的工作人员释放压力、放松心情。符合人性需求，具有社会意义。

（3）对国内高科技园区非正式交流空间的理论与实践研究进行补充，为高科技园的规划建设、景观设计提供新思路。

（三）文献综述

1. 高科技园区研究综述

关于高科技园的建设，国内外学者都对此进行了不同角度的深入研究。高科技园区兴起于20世纪50年代的美国，在国外相关研究中，美国对高科技园区的文献研究最多，集中于高科技园区发展动力机制、文化精神特质研究。M. 卡斯特尔和 P. 霍尔在《世界高新技术园区——21世纪产业综合体的形成》中，作者从城市发展的角度出发，研究了高科技园区的形成原因与过程，提出21世纪的高科技园区将是集生产、生活和娱乐为一体的综合园区。[2]

我国高科技园区的建设开始于20世纪80年代，相较国外时间较晚。国内学者针对高科技园区的研究侧重在经济、政治领域，但在高科技园区的空间布局、规划设计等方面也做了深入研究。魏新镇、王辑慈在《新的产业空间——高技术产业开发区的发展与布局》（北京大学出版社，1993）中，运用经济学、地理学理论，从总体上概况了高技术产业开发区发展的基本趋向、经验教训，以及应该采用的措施和政策。俞孔坚在《高技术中心设计的场所性》中认为高技术中心的设计应该具有场所性，建筑的布局与空间设计需要对场所特征做出回应；俞孔坚（2001）在《高科技园区景观设计：从硅谷到中关村》中，从景观设计的角度对高科技园区进行了研究，总结了现代高科技园的景观设计方法。

2. 非正式交流空间研究综述

国内学者对于非正式交流空间也进行了相关研究，集中在经济、教育、建筑、景观等领域。丁玉东《图书馆读者的非正式交流及其空间支撑》中肯定了非正式交流空间的意义，并对如何在图书馆中设立非正式交流空间进行了论述。付军、王燕在《高科技园区非正式交流空间景观设计初探》中指出高科技园区非正式交流空间对园区创新环境发展具有重要意义，并总结了相应的景观设计方法。张晋艳在《高科技园区非正式交流空间设计学研究》中，认为非正式交流是高科技园区的创新源泉，非正式交流空间在高科技园景观设计中具有重要性。除此之外，俞孔坚在《高科技园区景观设计：从硅谷到中关村》中将对于高技术人才之间交流具有重要意义的场所分为了：区域性的非正式交流场所、区域性的正式交流场所、园区内部的非正式交流场所、企业园内部的正式交流场所，并肯定了非正式交流对硅谷带来的重要意义，但是对此展开的详细论述较少。

国内目前针对非正式交流空间的研究相对较少，针对高科技园的非正式交流空间虽然有一定的理论研究，但并未形成具体的设计策略与深入研究。非正式交流空间对于高科技园区有不可替代的重要性，所以本文在前人的研究基础上，从景观设计的角度对高科技园区非正式交流空间展开研究，并提出相应的设计策略与方法。

（四）研究方法与框架

1. 研究方法

（1）文献研究法。对国内外与本研究相关的文献资料进行收集、归纳，整理出文献综述，为本研究提供理论支撑。

（2）问卷考察法。在前期的调研过程中，选取了深圳市的科兴科学园进行问卷调研，并针对问卷调查结果进行分析、总结。

（3）实地考察法。对深圳市科兴科学园进行实地考察，总结园区内非正式交流空间的形式、元素、问题，为后面的设计实践做参考。

2. 研究框架（图1）

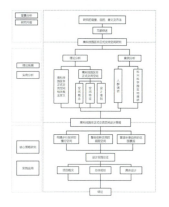

图1 研究框架

二、高科技园区非正式交流空间研究

（一）相关概念界定

1. 高科技园区

高科技园区在各国都有各自的定义与名称，美国称之为 Research Park，英国称为 Science Park。而在我国也有很多类似的概念，如高新产业园、高科技园、高新技术产业开发区等，但实际上功能和概念都是类似的，因此本文将其统称为高科技园区。

参考搜集的文献，将高科技园区定义为在生产型聚集区范畴内将具备创新能力与研发能力的高科技公司或企业集团作为园区核新，与所在城市区域协调发展，并为高新技术的研发实践提供平台的创新区域。

2. 非正式交流

"交流"在《现代汉语词典》中的解释是："彼此把有的供给对方"，是一种交换的过程。"非正式"是指"不合乎一般公认标准的"。非正式交流与正式的、标准的交流相反是更加自由、随意的一种交流方式。Michael S.Dahl Christian R. Pedersen(2003) 将非正式交流定义为同一集聚区内不同企业的工程师具有的社会关系。

3.非正式交流空间

非正式交流空间是非正式交流的物质承载，是交流活动频率较高、对创新环境具有促进作用的区域和设施。[3] 正式交流场所如会议室、多功能厅，空间类型正式、模式固定，与之相比非正式交流空间的形态更加自由、类型更加丰富。非正式交流空间包括室内室外，由于研究条件与方向限制，本文仅研究非正式交流空间的室外场所。

（二）高科技园非正式交流空间基础研究

1.高科技园非正式交流特点

非正式交流的概念是基于正式交流的概念提出，具有自发产生、自由随意的特征。在高科技园这一创新氛围浓厚、创新人才集聚的地方，非正式交流又具有了新的特点。

（1）形成良好的创新氛围

高科技园区科技人员工作的特殊性，皆从事同一行业或相关行业。人们很容易在这种非正式交流中传递信息，以得到共鸣，并讲发出新的灵感与想法。硅谷浓厚的创新氛围也得益于其内部的这种非正式交流方式。

（2）自我的需求

园区科技人员以年轻群体为主，对社交有一定的需求。非正式交流的形式有助于拉近同事之间的距离，满足交流的需求。园区人员以高技术的创新人才为主，高压工作下会通过非正式交流释放工作的压力。

2.高科技园非正式交流空间特征

（1）区位特征：非正式交流空间一般分布在交通易达处，园区主要工作区域附近以及步行易到达范围，如办公楼下的林下休憩空间、林荫道等。

（2）环境特征：非正式交流空间应该是让人感到轻松、自由的。环境感知的研究表明，充满自然气息的环境更具有亲和性，会让人感到平静、舒适，更让人放松。因此，非正式交流空间应该是生态自然的环境。

（3）空间特征：非正式交流空间所包含的范围较广，空间类型也多样。由于交流方式的不同与园区内使用者流线的动态特点，非正式交流空间在园区内形成交错的网络形态，分为点、线、面三种空间类型。

点型空间是指非正式交流空间网络中的节点空间，属于小尺度的非正式交流空间。如各类小型交流平台，通常沿着交流流线布置，适用于2~7人的小群体。满足工作小组的讨论、同事间小型的聚会交流等功能。

线型空间一般是园区内承载人员流动的交通空间，包括园区内部休闲步道、沿湖走廊等。交流的内容深度相比点型空间较浅，适用于1~3人的交流，往往是在散步的过程中交流。

面型空间是园区信息传递与非正式交流行为大量聚集的场所，尺度较大。适用于人群较多的户外非正式交流，一般布置在园区核心位置，比如一些广场空间、中心花园等。

（三）高科技园非正式交流空间设计准则

高科技园区中的非正式交流空间，更应该体现创新网络与以人为本，这是区别于传统的城市景观的根本之处。[4]创造更多的交流机会与良好的空间环境质量是主要的设计准则。

1. 创造交流机会

（1）形成以步行为主的园区内部交通

用步行交通串联小范围的功能空间，避免大尺度的车行道将内部活动空间切割，慢行空间创造了安全、轻松的环境，产生了更多的交流机会。

（2）形成紧凑的空间体系

将商业、办公、住宅、休闲场所等空间结合，形成功能多样、紧凑的空间体系。

（3）位置便于到达

将空间节点选在园区使用者易于到达并容易看到的位置。在高科技园区中，距离以不超过 200 米左右为宜。使用频率高的空间应分布在办公区、商业区附近，使用频率低的空间可分布在稍远的地方。[4]

2. 良好的空间环境质量

（1）打造生态自然的环境

自然不受过多约束，绿树鲜花的生长状态具有变化。人们在自然环境中能够感受到多样的生命韵律，能缓解人的压力，使人感到平和，更能促进人的交往。构成自然环境的景观元素也成了场所的特征，更能增加人们对工作场所的认同感。

（2）打造具有多样性的空间

园区科研人员从事的都是研发、创新工作，工作时间长、压力大。他们需要有富于变化的感受来打破平淡，缓解疲劳、减轻压力。他们更追求具有参与性、体验性的活动，更喜欢多样、具有变化性的空间。通过景观手法营造不同尺度、不同体验、不同功能的空间。

（四）高科技园区非正式交流空间现状

国内高科技园区发展迅速，沿海地区依托地理、政治优势发展了一批有特色的高科技园。根据本文的研究重点对广东省深圳市科兴科学园进行考察并进行人群调研，研究高科技园区非正式交流空间现状。

1. 深圳市科兴科学园实地考察

（1）项目概况

科兴科学园位于深圳市南山区，园区入驻了包括腾讯在内的上市公司 50 多家上市公司，71% 为互联网科技企业。整个园区由四个单元的超高层建筑围合、中央绿地景观组成。

（2）非正式交流空间现状及分析

①空间质量

绿化是产业园景观构成的重要组成部分。科兴科学园的绿化主要采用人工修剪的植物与大树，起到了一定的美化与形象作用；绿化隔离带使户外行人与建筑拉开一定的距离，作为办公空间到户外空间的过渡；同时，通过绿植隔离出一些比较私密的空间——方便看别人而不被别人看到的户外空间，形成良好的休闲空间。

水景会在视觉上给人带来特殊的体验，静态、动态的水都会在不同程度上调节人的情绪，这在产业园的景观中是不可或缺的一部分。科学园共有两处水景，一是在入口处回形的小型喷泉，在视线上起到一定的美化作用；二是在靠近古建筑的小水沟，与铺底的鹅卵石、散放的景观石、点缀的植物形成自然的景观。

科兴科学园内部建有部分构筑物，设置在一层平台与底层商业街连通的中庭，顶部以三角形为基本形组合而成，具有一定的形式美感。多个同元素的构筑物在视觉上形成了一个主题元素。构筑物为下部空间遮阳避雨，在其下方形成了相应的休息空间。

②非正式交流空间形式

将园区内的非正式交流空间分为创新交流的空间和放松愉悦的空间。

创新交流的空间是指为户外工作、同事交流等提供的场所。科兴科学园内部的户外咖啡厅、餐厅依托自身产品，延伸外摆空间，同时依靠绿篱的围合、遮挡在树荫下形成了较隐秘的空间。园区的员工可以在工作间隙或工作结束后到这些咖啡厅喝咖啡、与同事交流，形成良好的创新交流氛围。在办公楼下分布了退台休息空间，在通行楼梯两方加上木色座椅，形成了良好的休息与交流空间。

放松愉悦的空间分布在园区休闲步道旁，在弯曲的休闲步道里形成了一些停留空间，在树荫下放置遮阳伞与座椅就形成了绝佳的户外交流场所。在办公楼高压工作的间隙可以来到相对自然舒适、安静的区域休息，与同事交流、放松心情。

③步行系统

产业园内部步行道是连接了各办公楼之间、办公楼与餐饮场所、停车场之间的便捷通道，遵循最近距离、快速易达的原则。

该产业园的内部步行道分为两条：一条步道是连接各办公楼的步道，在建筑屋檐下方形成了一条下沉步道。各楼栋之间可以快捷到达，并具有遮风避雨、遮阳的功能；另一条步道是将各办公楼与餐饮场所、底层商业街连接起来，是一层平台主要的步行流线，便于员工快速到达园区内的各节点空间。

产业园内部的休闲步道是为在高科技企业紧张工作的人提供放松状态的一个途径。园区的人在享有散步道的同时，得到了不同的景观体验。该园区休闲步道较少，在景观的生态与美的体验感上有所欠缺。

（3）小结

本调研从园区空间质量、非正式交流空间形式、园区步行系统三个方面对科兴科学园进行分析。从中得出，科兴科学园拥有一定的绿化景观，但在视觉美感、景观创意、生态自然方面有所欠缺，只满足了员工遮风避雨、交流、休憩等基本需求。

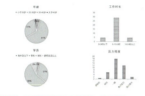

图 2 人群调研 1（来源：自绘）

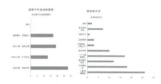

图 3 人群调研 2（来源：自绘）

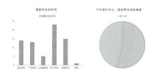

图 4 人群调研 3（来源：自绘）

园区商业配套完善，提供了非正式交流场所，形成了较好的创新交往氛围。但是园区人数过多，户外空间面积较小，在高峰期显得很拥挤，人群密度大。园区内部非正式空间可达性强，都分布在办公区域楼下或道路旁，因此使用率高。但是空间类型单一，员工可参与的活动单一。总体来说，科兴科学园非正式交流空间使用率高，但是空间质量还需要提升。

2. 人群调研

实地考察后，在科兴科学园内发放了调查问卷对人群进行调研。填写问卷的人群都从事高新技术相关工作，如：程序员、手机研发、无人机研发。（图 2）

（1）人群基本情况

从调查结果中可知，高科技园人群特点为年轻化、学历高，工作情况为工作时间长、工作压力较大。

（2）户外活动情况

在选择户外活动原因的调研中，36% 的人是为了欣赏风景、感受自然，25% 的人是为了放松心情、激发灵感，22% 的人是为了强身健体，最后的 17% 是为了与他人交流、扩大社交。在放松方式的调研结果中，27% 的人选择小睡、养精蓄锐，18% 的人选择了与同事交流，17% 的人选择了一个人静坐放松，12% 的人选择了参加娱乐活动，10% 的人选择了散步休闲。

（3）户外活动空间认识情况

根据调研结果可以看出，54% 的人愿意到户外进行办公、演讲等活动。对于偏爱的活动空间调研中，32% 的人选择了林下空间，21% 的人选择了开敞空间，20% 的人选择了滨水空间，18% 的人选择了广场空间。

（4）人群调研小结

通过以上的调研结果，可以总结出以下几点人群对非正式交流空间的需求（图 3、图 4）：

①高科技园的人群都从事研发、创新等工作，工作时间长、工作压力大，需要自然生态、优美的环境来放松。

②高科技园区研发人员的人群特征为：学历高、年轻化。他们对园区户外空间质量有更高的要求，喜欢多样的户外空间与活动。交流活动是他们缓解压力采取的主要方式，并愿意通过交流进行社交，促进彼此之间信息的交换。他们对各种形式的交流空间有极大的需求。

三、高科技园区非正式交流空间设计策略

通过前文对高科技园区非正式交流空间的分析，可以看出非正式交流空间对园区建设的重要性。结合园区人群需求与园区建设需求，提出了"构建步行友好的慢行空间""整合创新交流的庭院空间""营造乐享自然的花园景观"的设计策略。

（一）构建步行友好的慢行空间

慢行空间以通行为主要目的，兼顾舒适、自由等需求，本身就是一种非正式交流发生的场所。慢行空间重视人的主体性，可以将人和环境连成一个整体。在这种舒适的慢环境中，人与人之间的交流更加容易产生。通过曲直形态结合的慢行路径与人工自然结合的慢行景观构建步行友好的慢行空间。

1. 曲直形态结合的慢行路径

直线型的慢行路径指向性明确，空间结构清晰、整齐，利于园区工作人员快速、便捷通行。而曲线形态的路径具有生机、趣味性和游走体验感，与直线形态的路径相比更具有探索性。曲线形态的路径会使人放慢脚步，更拉近人与人之间的距离，在慢行过程中产生交流交往行为。

慢行路径首要满足的还是园区办公人员通行的需求，在园区慢行空间的构建中将曲线、直线两种形态的路径结合。园区内部办公区域采用直线型的慢行路径，选取办公建筑之间、办公区域与其他区域之间最短路径，便于园区办公人员上下班通勤。在其他休闲区域采用曲线、直线结合的慢行路径，尽可能利用园区的带状绿地、片状林地等形成绿道空间，在园区中打造成休闲性的慢行路径。在沿线设置相应的休闲座椅、遮阳设施等，更便于非正式交流的发生。同时漫步道可以结合园区实际环境进行设计，如利用山地形成山地生态步道、利用湖泊形成环湖休闲步道等。

2. 人工自然结合的慢行景观

慢行景观沿着慢行路径分布，主要为步行途中提供可看性，满足园区办公人员舒适慢行、自由慢行的需求。自然的景观富有生机，生长的植被、流动的水体都具有吸引人目光的特质；人工的景观满足人的审美需求，艺术的雕塑小品、构筑等都具有形式的美感。将人工与自然的景观结合，既具有自然的生长性又具备人工的形式美感，增添了慢行景观的丰富性与吸引力。

自然的景观包括了植被、水体等自然要素，可以通过合理增加绿量、配置自然野趣的植物等手法营造。综合考虑慢行景观、道路与慢行设施的设计，提升慢行景观的质量，促进园区办公人员慢行过程中对环境的感知。

（二）整合创新交流的庭院空间

在高科技园区中创新交流活动很容易发生，创新交流的氛围是非正式交流空间最主要的特征，非正式交流空间与园区办公区域需要"近距离"分布。庭院空间具有围合、中心、界面虚化等特征，从空间形式上进行了区域限定，适宜成为交流的场所。同时庭院空间一般是指建筑单体内部的围合场所、单体建筑与柔性边界围合场所、相邻两个单体建筑或多建筑间的围合场所。[5]将办公建筑间的庭院空间进行整合，采用景观手法利用办公建筑围合的内庭院、办公景观围合的外庭院形成利于创新、交流的庭院空间。

1.办公建筑围合的内庭院

办公建筑是科研办公主要区域，有效利用建筑之间围合形成的庭院空间，为科研办公人员就近提供了户外交流办公的场所。内庭院空间由底面的铺装与建筑的立面构成，顶部开敞打破了全封闭的围合，将自然的空间引入庭院。合理利用内庭院空间，注重人性化的尺度、空间构成与元素造型的艺术美感、色彩的和谐、材料的多样化以及交流活动的设施配备等。

2.办公景观围合的外庭院

在办公建筑的周围形成办公景观，利用景观元素围合形成外庭院空间。外庭院的垂直面虚化，采用绿篱、镂空隔墙等进行围合，更具开敞性。外庭院空间与外部环境的联系更为紧密，既形成了相对封闭的交流场所，又不遮挡视线，便于其他人加入一起交流。从高科技园区人群调研中可以看出，园区办公人员更偏爱自然的空间，尤其是林下空间。外庭院空间的设计更应该注重自然的引入，考虑多样植物的搭配与高大树木的栽种，从立面、顶面的围合形成高品质的非正式交流空间。

（三）营造乐享自然的花园景观

花园是解除压力、放松心灵、与自然对话的场所，也是人们的心灵栖所。[6]从高科技园区人群调研的情况中可以看出，园区办公人群缺少与自然的接触、缺少与自己的对话交流，花园景观不仅为园区的办公人员提供了一个接触自然的交流场所，也为他们提供一个安静舒适、与自己对话交流、放松冥想的心灵栖所。通过生态自然的植物群落、全感官享受的空间体验营造乐享自然的花园景观。

1.生态自然的植物群落

相关研究显示，在人的视野中如果绿色占据了25%，能消除眼睛与心理的疲劳。[7]在景观的营造上需要提高绿视率，同时依据当地的气候条件，考虑植物的生长周期、色彩、花叶形态、生长习性等特色，选择能让人放松、舒缓情绪的植物。比如薰衣草、天竺葵等芳香性植物会释放植物精素，从生理层面让人舒缓降压；彩叶植物能通过不同色彩的搭配在视觉层面影响人的心情，蓝紫色系、白色系和粉色系的植物群落搭配能使人的情绪舒缓。[8]通过不同季相、不同色彩、不同功能的植物搭配，形成花相优美、层次丰富、生态自然的植物群落。

2.全感官享受的空间体验

视觉、嗅觉、触觉、听觉全感官的享受能让园区的办公人员增强自我感知、全身心地沉浸在环境之中。视觉感官的享受除了色彩的搭配也包括具有形式美感、变化性的景观形态。听觉的享受通过运用自然元素实现，如喷泉、叠水等水景流动的水声；风吹动树叶的声音。应用不同的景观材料带来不同的触感，石头的粗糙感、木材的粗滑感、金属的平滑等都能让人得到不同的真实感受。利用景观空间的设计引导人们去触摸不同材质、体验不同触感带来的心理感受。具有芳香的植物可以让园区的办公人员得到嗅觉上的享受，如栀子、丁香的气味会让人心情舒畅，荷花的香味淡雅让人心情愉悦，不同的植物气味会带来不同的感受。全感官的空间体验让园区工作人员沉浸在花园之中，与自然接触、与自己对话。

四、广东省东莞市凤岗产业园设计实践

（一）项目概况

1. 区位分析

凤岗产业园位于广东省东莞市凤岗镇，东、南、西三面与深圳市龙岗区接壤，深入深圳腹地，地理位置优越。随着大深圳都市圈战略的实施，深圳东部成为城市发展的重点方向之一，凤岗产业园与深圳发展核心区无缝对接，发展潜力巨大。

2. 场地现状

（1）地形特征

场地西侧濒临雁鸣湖，东侧是山体林地。场地用地性质为M0，总用地面积为458120平方米。南北长度约为1.9公里，东西宽度约530米。场地范围内主要为低丘缓坡及水域，内部地形高差较大，总体呈东高西低之势。最低处为临湖地带，高程为45米，最高处高程为101米。

（2）生态现状

场地生态环境优越，山体、水域、森林资源丰富。场地内主要水系——雁鸣湖水资源丰富，场地入口处湖面汇水面积最大，湖水清澈，具有良好的观景效果。局部水域已形成湿地，大量白鹭栖息。场地内部植物种类丰富，驳岸有多种水生植物，山体部分种植的密林以桉树和相思为主。

（二）总体设计

1. 总体规划

凤岗产业园定位为全新第六代智慧产业大城，将全面入驻智慧、信息产业，依托粤港澳大湾区，营造可持续发展生态园区。园区功能复合，将办公、商业、休闲、住宅功能集为一体，规划建设总部办公楼、人才公寓、配套商业等。产业园建筑规划占地面积457779.2平方米，在已有的建筑规划中科研办公占40%。

2. 功能分区与景观轴线分析

园区依托原始场地地势形成了"七板块两轴"的整体景观规划，内部根据功能分为七大板块：产业集群板块、活力工作板块、文化创意板块、乐享人才板块、科技创新板块、明星企业板块、滨水空间板块，各功能板块层层嵌套。园区整体布局形式，以贯穿滨水空间的滨水休闲轴和串联办公板块的漫步生态轴为两天主要的景观轴线，沿着景观轴线分布节点。

（三）分区设计

根据本文研究重点，选择项目中的产业集群板块进行重点设计，探索产业园非正式交流空间的具体设计方法。该板块以办公功能为主，休闲、商业功能为辅。规划设计中该区域位于园区入口处，紧临主干道，可达性强。该区域靠山临水，处于雁鸣湖最好的观景面，办公人群聚集，具备形成非正式交流空间的条件。

图5 分区平面（来源：自绘）

图6 办公区域入口效果图（来源：自绘）

图7 半山水景台效果图（来源：自绘）

图8 滨水生态步道效果图（来源：自绘）

1. 分区布置（图5）

2. 交通流线分析

该区域靠近园区主干道，交通便利。在区域两个入口处设置地库，该区域内部以步行交通为主。根据建筑规划，沿办公建筑外部形成主要步行道路。沿滨水区域的滨水休闲轴形成滨湖漫步道，成为主要的游览休闲路线。在中心山丘部分形成山地休闲步道，贯穿山地、建筑、滨水区域。该区域内部最终形成了将通行与游览相结合的步行交通流线。

3. 功能分区

根据区域功能与场地地形，将产业集群板块分为三个区域：全时办公区、山地休闲区、滨水生活区。

4. 分区节点设计

（1）全时办公区节点设计

全时办公区是产业集群板块主要的功能区，以办公功能为主。区域内以建筑为主，为3～4层企业办公楼。全时办公区也是人群最集聚的区域，创新交流氛围浓厚，是非正式交流空间主要分布区域。该区域的景观设计富有自然性、变化性，为园区高科技人才提供了一个自然舒适、放松、激发灵感的环境。

办公区域入口空间（图6）采用线型的阶梯，连接办公区域与道路空间。植物种植选择了有色彩变化的灌木，在入口处营造了具有变化性的绿地景观。

（2）休闲生活区节点设计

产业园除了提供工作环境，还赋予了工作外的另外一种生活场景，使园区工作的高技术人员感到轻松、愉悦、亲切。休闲生活区融合了生活休闲、商业的功能，顺应高差地形错台分布，与两边建筑通过走廊相连，形成竖向丰富的台地花园。该区域种植季节性的开花乔木，搭配灌木、草本植物，营造生态自然的植物群落。

半山水景台（图7）贯穿一层、二层平台，利用地形高差形成瀑布景观，在瀑布下方形成可玩耍的水池，流动的水景更具变化性。水景两边是以卵形为单位错台组合的景墙，采用有图案变换的穿孔铝板，在视觉上更具美感与变化性。在上下部景墙凸出处种植植物，让产业园内的科技人员体验不同视角的花园景观。

（3）滨水生态区节点设计

滨水生态区是围绕雁鸣湖自然形态分布，在原有生态条件下融入景观性质，保留自然生态环境的同时又为产业园区增加了滨水活动空间。该区域沿湖布置线型空间,沿湖步道提供了一个曲折、延长的景观动线,为园区办公人员提供了休闲、交流、驻足、观景、放松的空间。滨水生态步道(图8)总宽度为7米,包括了跑步道与自行车道,满足了园区内办公人员运动的需求。步道沿湖区域种植了水生植物、多样季节性观赏植物,具有较好的景观观赏性。

五、展望与总结

高科技园区非正式交流空间的设计是高科技园区景观设计观念上的转变,将人的真实需求作为园区环境考虑的因素。本研究以高科技园区为研究对象,以促进高科技园区办公人员创新交流、缓解压力等需求为目标,探索园区非正式交流空间的设计策略与方法。首先将高科技园区非正式交流空间相关概念、基础理论进行研究,并进行实地调研总结问题与方法;其次提出了"构建步行友好的慢行空间""整合创新交流的庭院空间""营造乐享自然的花园景观"三点非正式交流空间设计策略;最后通过设计实践广东省东莞市凤岗产业园景观设计对设计成果进行印证。

本文主要分析并提出了高科技园区非正式交流空间的设计策略,部分观点还存在着局限性与不足,还需要对园区办公人员的需求、行为与非正式交流空间特质进行更深层次的探索。后续希望还能有更深层次的研究成果来支撑本课题。

参考文献

[1] 俞孔坚. 高科技园区景观设计——从硅谷到中关村 [M]. 北京:中国建筑工业出版社,2001.

[2] 斯特利斯. 世界的高技术园区 [M]. 北京:北京理工大学出版社,1998.

[3] 张晋艳. 高科技园区非正式交流空间的设计学研究 [J]. 建筑,2014(17):56-58.

[4] 付军,王燕. 高科技园区非正式交流空间景观设计初探 [J]. 河北林果研究,2003(02):173-176.

[5] 刘志轶. 高科技园区非正式交流空间庭院式环境设计研究 [D]. 武汉:华中科技大学,2016.

[6] 蒙小英,邹欲波. 心灵栖所——景观设计师托弗尔·德莱尼的花园设计 [J]. 中国园林,2005(01):32-39.

[7] 张文英,巫盈盈,肖大威. 设计结合医疗——医疗花园和康复景观 [J]. 中国园林,2009,25(08):7-11.

[8] 朱玲,王睿. 健康城市背景下的新自然主义生态种植疗愈功能框架研究 [J]. 西部人居环境学刊,2021,36(02):29-35.

高科技园区非正式交流空间设计策略及应用研究 / 陈雪梅
Research on Design Strategy and Application of
Informal Communication Space in High-tech Park / Chen Xuemei

学生感想：

几个月的深圳之行，为我的研究生生涯增添了浓墨重彩的一笔。不仅从专业上学习到了很多，也看到了一线城市的设计、一线城市的生活与工作到底是什么样的，这一段深圳工作站之行让我收获良多。

9月的深圳很炎热，时隔两年再一次来到这座设计之都，对接下来几个月的生活都充满了期待。在广田集团的工作站开站仪式上，成功和我的小伙伴李佩瑜会师，在深圳的日子里我们同吃同住，一起工作、学习。记得第一天到公司的时候，张老师就让我们俩做了一个计划表，希望在工作站的学习是有目标、有计划的。于是我们制定了包括工作站任务、锻炼、练习英语、看书、逛展览、参与设计项目等目标，并根据具体的时间制定了表格。在深圳，我开启了一段时间的晨跑活动，和公司的几个小伙伴一起每天早上7点半在大沙河生态长廊进行晨跑，骑着自行车一路到深圳湾看了日出。并在张老师的安排下，和公司来自澳大利亚的建筑设计师以设计为主题进行英语交流。在周末和工作站的朋友一起去看了安藤忠雄的展览，去考察了南头古城、欢乐港湾、人才公园、泰华梧桐岛等项目。在深圳工作站的意义除了看不完的展览、逛不完的公园，还有可以接触到公司真正做设计是什么样的。在工作站的日子跟着公司参与了部分实际项目，并在张老师的带领下参与了一个产业园项目的竞标全过程。这是我第一次参与实际的竞标项目，和同事们一起头脑风暴，一起完成了最终的文本。在这个过程中收获了许多，让我感受到了在公司实际的项目竞标是怎么去完成的，同时也根据这个实际项目形成了我的工作站课题。每次的导师讲堂也是我最期待的环节，可以到每个工作站导师的公司进行参观，并听导师们分享自己的设计理念、公司的设计项目。这让我们近距离感受到了深圳一线的设计公司是什么样的、设计项目是什么样的、设计师是什么样的。每一次的导师讲堂都会点燃我的设计师梦想，几乎每个导师都会告诉我们：在设计行业需要十年的时间来沉淀。

在深圳的几个月过得飞快，到了快离开时大家都十分不舍。在留给公司同事的明信片上，我和佩瑜一起写下了：山高水长，我们江湖再见。因为工作站，我有了认真感受深圳这座城市的机会，深入思考了未来自己的设计之路，以及认识了许多来自不同学校的朋友，得到了各位学识渊博的导师的指点。非常感谢学校提供了工作站的平台，也感谢张青老师在深圳为我提供了各方面的帮助，感谢我的导师黄红春老师对我工作站课题的指导，感谢所有导师的帮助。深圳是一座年轻、拼搏、有魅力的城市，有机会希望还能江湖再见！

校内导师黄红春评语：

论文结合在作者深圳研究生工作站的设计实践项目，针对高科技园区设计，展开了高科技园非正式交流空间设计策略与应用研究。难能可贵的是作者在实践和研究过程中得到了企业导师张青老师的悉心指导，并通过扎实的实地调研总结出高科技园区的人群需求，创新地提出了高科技园非正式交流空间设计策略与应用研究。为高科技园非正式交流空间设计提供自己的思路，同时也为以后的设计研究打下了基础。论文论述逻辑清晰，行文符合学术规范。

再启
产学融合研究生培养探索与实践

Reboot
Exploration and Practice of Graduate Education Integrated with Industry and Learning

场景视域下的连锁品牌体验空间设计研究——以杭州 RARA 为例

Design of Chain Brand Experience Space from the Perspective of Scene — A Case Study of Hangzhou RARA

2017 年第十二届江苏省室内装饰大赛 三等奖
2021 年 ICAD 国际当代青年美术设计大赛 银奖
2021 香港青年设计奖 三等奖、优秀奖
2021 年第十六届江苏省室内装饰大赛 三等奖、优秀奖

陈紫泉（深圳工作站）

学校：南京艺术学院
专业：展示设计
校内导师：朱飞
企业导师：黄志达
企业名称：RWD 设计师有限公司

摘 要

在社会迅速发展的背景下，人们的消费模式发生了巨大变化，也让消费者对于商业空间的体验性需求要求更高，这迫切要求商业空间在空间组织和环境营造等方面做出创新，强化品牌概念，对概念做出精准定位和合理规划。本文以品牌设计规划下的体验式消费空间为研究实例，分析介绍了在品牌设计的影响下，体验式消费空间的空间特征、功能组织、环境营造等多种空间属性，品牌空间统一与门店个性体现新模式。

关键词：场景理论；环境营造；商业空间；体验式空间；SI 设计

一、绪论

（一）研究背景

在新的时代，许多城市已经从最初的制造功能转变为面向服务的功能。近年来，一方面，消费体验产业与国内服务业发展相融合，进入了一个新的发展阶段；另一方面，随着消费社会的逐步进入和消费文化的全球化，消费的内涵从商品的简单使用功能转向消费体验，消费心理和心理转向新模式，情感需求的比例有所增加，消费目的已转变为产品特征与自我概念的结合，消费者对标准化商品逐渐失去兴趣。目前，越来越多的品牌推出个性化和"私人定制"产品，强调产品的差异性，以适应消费者的消费观念。

大多数实体产业与虚拟网络产业的区别在于，通过体验与消费的结合，它已经成为一种在创意氛围中的体验消费，给人们带来了一种全新的消费模式。如今，家居行业的快速发展为体验式消费提供了展示空间。许多家居行业通过展示和销售相结合的方式宣传和展示品牌商品，而销售空间的比例越来越小，越来越多的功能领域似乎与直接销售无关，在这种消费体验行为中，人们可以满足自己的需求，这是更高层次的需求。

家具行业现在种类繁多，销售模式主要是家具商场。据不完全调查统计，中国有 2500 多家家具流通场所面积超过 5000 平方米，900 多家家具流通场所面积超过 10000 平方米。其销售形式如下：一，大型家具商场，制造商租地销售，经销商租用场地经营；二，经销商建立或租赁自己的销售场所，并以自购的形式经营；三是专卖店，一般由独立品牌自营；四，百货公司开辟了经营家具的空间。目前，我国家具市场还不成熟，家具经销商队伍尚未形成并处于成长过程中。

（二）研究的目的和意义

1. 研究目的

社会经济的快速发展催生了体验型消费经济。简单的销售空间和简单的购买行为已经不能满足人们的生活需求。尽管许多行业和品牌为了适应社会发展进行了转型和全面的空间转型，但许多品牌的定位仍然模糊不清，尤其是在国内市场。内部空间缺乏人性化的功能，对新业态的设计、形式和形式存在误解。同时，由于内部品牌众多，整体空间显得杂乱无章，各种因素导致品牌无法吸引消费者，形成经济效益，支持产业发展。

本文在借鉴国内外成功案例和成果的基础上，以杭州瑞拉（RARA）品牌旗舰店的 SI 设计为实际案例，针对消费空间现状，通过 SI 系统设计和基于场景的理论，解决品牌空间功能布局、氛围营造等实际问题，从而展现出具有代表性的消费空间。希望本文能对未来体验式消费与 SI 系统设计的结合起到借鉴和指导作用，形成该消费空间的初步设计理念，为新一年新消费的建设提供新的参考。

2. 研究意义

（1）理论意义

首先，家具行业是一个传统行业。随着时代的发展，需要一种新的方式来满足人们的消费行为和消费心理。体验式消费空间设计是一种关注消费者需求的新的设计思路和模式。它考虑消费者在消费前对产品的材料和技术的感受，以及消费中的服务体验，强调人们在特定空间的体验。其次，SI 设计和场景理论特别适用于类似于本研究实际案例的连锁店。体验空间与品牌经营的 SI 设计相结合，有利于品牌形象的强化和管理。设计和施工的快速标准化有助于为商业空间注入新的思维和体验模式，促进体验设计理论的发展。对杭州 RARA 品牌旗舰店体验式消费空间的研究，有助于整合现有的建筑升级、环境心理学、营销学、体验经济、消费心理学等理论。

（2）现实意义

在当今，品牌要想立于不败之地，就必须与时俱进，找到当代消费者的内在需求。通过系统规划和体验式设计，本土品牌得以复兴。由于家居行业主要集中在家居商场，品牌种类繁多，大、小店和自营独立店纷纷涌现，需要合理规划品牌空间，为客户带来新的体验和认可；同时，后面的连锁店需要一个直观的参考标准，因此 SI 设计应运而生，以满足节省时间、良性互动、容量转换和营造氛围的要求。

二、体验式消费空间的设计背景

（一）家具行业和体验空间总体调查

房地产既有消费属性又有投资属性，而家居产品主要是消费属性。作为一个相对新兴的市场，我国居民消费与房地产也表现出较强的相关性和滞后效应。目前，预计中国家庭消费的增长中心在 10% 左右，房地产周期的波动可能会给家具消费带来约 5% 的波动。由于家具消费具有独立于房地产周期的更新需求和结构性消费升级趋势，其增长不会与房地产趋同。

个性、参与和互动性的文化活动受到人们的广泛欢迎，体验经济应运而生。体验消费具有个性定制、互动参与、跨媒体多感官体验等特点。人们通过探索完成的独特体验是这部作品最重要的部分。在体验消费中，消费者是空间不可或缺的一部分，充分发挥了消费者的主观能动性。独特作品的背后是独特的体验。因此，体验式文化消费具有独特性、当下性和不可复制性。此外，体验消费的互动过程综合运用 VR、AR 等多媒体数字技术，提供跨媒体的多感官体验，如温度、质感、振动等难以体验的综合感官效果，为叙事和美学提供更多维度的体验。

（二）品牌概念和定位

成功品牌一个特点是用统一的形式将品牌功能与消费者心理联系，并以此方式向消费者准确传达品牌定位信息。品牌概念是定位的第一步。没有概念，就无法进行定位，也无法将信息转化为形式并传达给消费者。

良好的品牌定位的意义在于：

1. 创造品牌的核心价值。

2. 与消费者建立长期稳定的关系。

3. 指导企业产品开发和营销计划的方向。

4. 顾客记住信息。

5. 理论基础。

6. 营销产品。

一般来说，品牌要求自己处于满足消费者位置，并通过沟通获得有利地位，必须先行考虑目标消费者的需求。通过观众行为调查，我们可以了解目标对象的生活状态、预期或心理水平。这一切都是为了找到符合消费者需求的品牌利益，思考的重点应该从产品属性转移到消费者利益上来，这是消费者对品牌期望的价值满意度。因此，定位利益点还包括心理利益和象征利益，使产品成为品牌。可以说，定位和品牌实际上是一个方面和两个方面。

（三）将"体验"融入品牌空间的重要性

从"体验"的角度，我们可以重新审视商业消费空间的环节，添加"体验"元素，作为商业空间设计的新起点。第一个是提供消费体验，目的是将"人"引入使用空间，让"人"参与体验空间的设计过程。

在当代经济社会的前提下，如何吸引消费者是一个非常重要的问题。确定目标人群的产出和品牌价值，使消费者更认同品牌。事实上，保存和改变并不是对立的，因为毫无保留的改变就是破坏，不改变是故步自封，这也是对品牌和空间的一种破坏。因此，在此前提下对体验式消费空间的研究，必然会使商业空间和品牌更符合时代发展，更具吸引力，更贴近人们，实现经济、文化、社会和艺术的完美平衡。

家具品牌作为一种"物质+情感"的消费品，其品牌价值的最终确认需要回归消费，并在情感、文化和价值上与消费者产生共鸣。近年来，家具营销环境已从渠道导向逐步进入消费者导向时代。为了实现情感、文化和价值的共鸣，需要在消费或展示空间传达一些信息，强化品牌概念和定位，缩小消费者的认同感，如反映消费者自己的生活方式或情感。

随着经济的逐年发展，消费水平不断提高，大量消费者对体验充满渴望。在城市之间的竞争下，作为一个国际大都市，

从产品到体验的经济形态区分

经济提供物	产品	商品	服务	体验
经济	农业	工业	服务	体验
经济功能	采掘提炼	制造	传递	展示
提供物的性质	可替换的	有型的	无形的	难忘的
关键属性	自然的	标准化的	定制的	个性化的
供给方法	大批储存	生产后储藏	按需传递	在一段时期后披露
卖方	贸易商	制造商	提供者	展示者
买方	市场	用户	客户	客人
需求要素	特点	特色	利益	突出感受

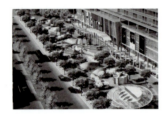

图 1 从产品到体验经济形态的区分（来源：约瑟夫·派恩，詹姆斯·吉尔摩，《体验经济》，机械工业出版社，2002，5）

图 2 无锡商业街景观设计（来源：网络）

我们不仅要有生动丰富的创意和创意阶层，还要把自己打造成一个消费和体验创意的城市。

与过去以产品为主要经济内容、现在以服务为经济舞台、以商品为道具的体验经济相比，消费者可以获得体验带来的消费记忆。根据体验经济的特点，商品是物质的，体验是无形的，但它会带来难忘的精神感受。这就是体验经济的魅力所在。

商业品牌与体验经济的结合，当消费者经历一段时间的体验时，他们会得到“创意”所赋予的美好感觉。运营商可以将这一过程转化为经济效益，因为消费者愿意为他们的“体验”买单，“整个过程”的新奇和美丽是不可替代的。（图 1）

三、结合情景理论对体验消费空间进行分析

（一）体验空间的构成特征

体验场所的形成与其发展模式和空间组合密切相关。根据调查，目前体验商务的空间组合大致可以分为三种空间模式：“集中”“内街”和“街区”。（图 2）

“集中式”空间模型基于组织各部分的功能空间。建筑体量集中，中庭作为其主导空间，“集中”空间模式是由于土地面积不足而普遍采用的紧凑布局模式。根据核心空间的数量，它可以分为单核和多核。例如，德国柏林的拉斐特购物中心就是一个多核心购物中心。根据核心空间的位置，可分为中庭式和空心大堂式。

“内街”空间开发模式是指利用一条或多条内街将各种空间连接在一起的空间模式。它是现代购物中心最主流的形式，内部街道空间与节点空间的结合形成了丰富的空间形态。

根据内街空间的空间形态，“内街”购物中心可分为以下几类：

（1）线性内街道空间；

（2）点线结合的内部街道空间；

（3）三维内部街道空间。

目前，体验式商业模式发展的成功经验表明，为了获得预期的满足感和惊喜，我们理想的娱乐街区应该是 9 ~ 15 米宽的曲线。此外，如果街道长度超过 60 米，则应改变空间比例，以避免视觉单调。转弯可以增强行人的体验和好奇心。同时为了充分营造商业步行街的氛围，应在每个交叉口的裙房内设置天桥，这不仅可以使行人更加

方便、安全，同时加强了人流的良性互动。

在体验式商业空间方面，广场的特征主要来自环境的塑造。环境可以为游客创造一种场所感，为商人创造一种存在感，为顾客创造一种温暖的归属感。

购物中心的空间元素大致可以分为以下四种类型：界面元素、景观元素、光与色元素和媒体元素。它们是创造体验场所的重要元素，在营造环境和促进体验方面发挥着积极作用。在购物中心的体验式设计过程中，必须整合各种元素，围绕同一特定主题创造一个体验场所。

商业标识系统的特色设计也对体现购物中心主题起到了积极作用，给消费者带来了审美体验，传递更加直观、清晰、具有感染力，在创造个性化体验方面发挥着重要作用。例如，豪放电子的秋冬可以改变。

（二）实体店转型场景建设模式

在基于场景的营销理念中，它强调"销售就是场景"，通过制造场景来重构零售业的人、商品和市场。在场景选择方面，场景构建的第一步是筛选细分市场，针对不同群体构建不同场景，真实挖掘现实场景，根据客户需求找到真正能触发客户购买欲望的元素，重新审视场景资源和功能，提升场景效果，从而带来新的场景价值。

从消费者体验出发，线上线下联动，通过社区、线上线下社交网络、内容等场景相结合的立体营销场景，与消费者建立真正的沟通，基于互联网的人气优势，情景营销将各种生活场景"触发"为"营销场景"，实现与消费者的空间和时间全覆盖，将消费者置于贴近用户的真实生活场景中，深化产品或服务体验。

在构建的营销场景中，将产品品牌整合到场景中，"让广告不同于广告，让营销隐形"，使营销场景生动，可以"润物无声"传播品牌信息，从而促进消费者的消费行为。例如，商场或超市在春节期间通过窗户和摊位的布局营造节日气氛。每一种商品都有不同的场景，与周边事物和购物环境密切相关。一般而言，实体店应结合自身线下体验服务的优势和用户群体的特点，构建有效、差异化的线上线下零售新模式。因此，有必要构建一种以场景、IP、社区和传播为主线的新营销模式。以商品为中心、以价格为主要手段的实体店营销方式需要彻底改变。未来的主要营销路线是：体验 – 场景 –IP– 社区 – 互动交流 – 个性化定制。

零售的本质是体验。许多能够触发用户沉浸式体验或愿意长期停留的应用程序将产生巨大的价值。场景应用是互联网时代传统企业转型的关键。商店与消费者和产品产生共鸣，吸引消费者体验和购买产品或服务，从销售商品到销售服务。App 和 Applet 是场景的载体。一个包含内容、社交、生活等方面的场景可以承载场景的垂直细化方案，如沐浴、健身、美容、出租车、旅游等小程序。正是通过塑造用户喜欢的许多精心设计的"场景"，比如墨迹天气、携程等。

社会化、新零售和私人交通都离不开线上和线下的共同融合。但在具体属性对接方面，要做好情景，找准用户需求，挖掘利润点，为用户提供优质服务和产品。这也是一种方便的场景，可以围绕不同社区的需求，建立幼儿园和餐厅等当地企业的跨境联盟。实体店大多使用应用程序构建场景。关注消费者的需求和体验，注重实景建设和社区生态建设。

（三）品牌体验空间的系统设计思路

品牌设计是一种系统设计，品牌形象设计就是其中之一。品牌设计分为概念阶段、文本阶段、符号阶段和系统阶段，分别对应企业的品牌概念、品牌名称、品牌标识和品牌系统应用；它们之间有一个逐渐可视化的过程，所以在设计品牌形象时，首先要有策略，然后是创意引爆。最后，从视觉设计、空间设计、材料设计、菜单设计等方面提出这些策略。

SI 规划与传统室内设计在方法和逻辑上都有很大不同。过去，连锁店的装潢设计只针对一定的固定规模，以后的店铺将照搬原来的店铺。然而，应该知道，每家商店的条件是不同的。因此，当第二家店的条件不一致时，设计会被修改，等等。说到第 20 家店，它可能会变形，此外，施工单位也会因区域不同而被更换，这大大增加了设计方案走样的可能性。SI 规则适用于所有可能的情况。除少数物体尺寸固定外，均采用比例原则或弹性规定。在设计品牌体系时，要注意共性与个性的协调。

四、体验式消费空间环境建设——以杭州 RARA 为例

（一）体验式消费空间的主题环境

1. 场景主题定位

在体验式消费下，空间场景被赋予了独特的主题，可以运用情境化的场所生产转化为语境传达给消费者，从而创造出具有艺术感染力的场景空间。商业建筑的景观可以通过历史文化、自然生态、地域文化、个性化服务和顾客生活方式来实现。

消费者心理特征元素来解读不同的主题定位，然后结合空间规划、环境塑造、形象视觉、配套设施等方面对场景主题进行一致的表现，表达主题元素。

2. 空间场景构建

（1）历史场景的再现

历史是文化的继承和发展，是人类文明的轨迹。它可以作为人们了解过去和未来行动的参考。场景作为城市发展的标志，是人们集体记忆的承载，能够唤起消费者的记忆和共情。在设计中，这些场景作为建设的主线，以场景的形式在场景空间中再现，激发消费者深层次的情感认同。一些商业建筑本身就在历史街区内，借助这些街区丰富信息，创造出独特的景观氛围。

（2）地域文化的延续

为了传承地域文化，吴良镛先生提出要从传统形象中提取最具特色的部分，通过抽象和改进，将其作为主题应用到当前的设计和创作中。它是公民互动的"生活聚集中心"，是社会行为活动的聚集地，是塑造地方精神、诱发情感体验的重要因素。因此，在体验消费的语境下，新商业空间的形成应深入挖掘地域文化，形成"抽象传承"，诱导人们的情感认同。在设计中，对传统的地域空间、生活方式、习俗和文化传统进行提炼，将抽象隐喻与现代美学相结合，实现地域文化的再现。

（二）项目背景概述

本项目是 RARA 在杭州的门店设计。RARA 是意大利的一个本土品牌，在意大利有许多商店。家庭风格主要是意大利

和现代风格。RARA 继承了意大利极简主义的理念，用艺术设计语言表达了对生活的真挚热爱和对美的不断探索。在材料、造型、技术和工艺方面，RARA 还延续了意大利精湛的理念。RARA 以理性全面的思维、细腻专注的耐心，精心雕琢每一道工序、每一件材料、每一个细节，用简单精致的作品表达对美好生活的终极热爱。RARA 还定位了自己的品牌。杭州店是该品牌的旗舰店。在设计过程中，要注意店与店之间统一的品牌信息传递和个性化，体现地域与品牌的关系，诱导人们的情感认同。

（三）设计策略

杭州这家 RARA 旗舰店的设计分为品牌研究、品牌分析、品牌识别和应用、材料色调、标准案例、形象标准、景观标准、基础装饰规范和产品模块规范。

该项目位于杭州红星美凯龙家具城一层、二层。一楼有广场入口和商场入口，二楼也有商场入口，可以很好地引入开放空间，渲染景观区的氛围，从而促进整个空间的系统化设计，井然有序，体现品牌的色调。

在设计阶段，通过改变态度和方法，积极参与和沟通公众，提高行政规划设计团队的自我协调和运营管理能力，不仅可以促进城市公共开放空间的建设和发展，还可以提高公共资源运营管理的效率，促进公共文化艺术的发展。开放空间的景观搭配具有一定的象征意义，该顺序是内部的、完整的，并根据功能形成。它体现在点、线、面形式中。象征主义需要不断地突破和创新，才能形成更高的内在和外在艺术形式。该设计的开放空间采用了该品牌的沙漠元素。为了符合这个想法，绿色植物在沙漠中很常见。

商业场景是一个与区域人口结构、消费结构、文化构成、街区形态和发展阶段密切相关的变量。它必须根据自身的各种特征、多重内涵和多种组合加以区分和引导，形成具有不同感知体验的场景供给，通过舒适对象的叠加和组合形成多重场景体验。在传统消费和服务形式的基础上，将娱乐、知识消费等元素叠加，形成多元化的场景体验。"场景"指"场合＋场景"。科技进步给现场带来了新的触发点，构建了人与物之间的新互联网，通过搭建智能平台和应用智能设施刺激了多维感知，增加了智能场景的互动性，与其他功能的叠加和集成，增加了人群体验的多样性。例如，日本的共生社区创造了代际共生的生活场景。日本的金泽等共生社区将养老院、幼儿园、养老院和医院连接起来，促进老人、儿童和患者等混合群体的交流与互助，以增进他们之间的理解和尊重。

在杭州"公园城市"背景下，通过消费、服务、智慧、生活等场景的营造，结合周边公园绿地和开放空间类型，营造"消费＋公园""智慧＋公园""生活＋公园"等社区特色场景。同时，全面引进全球前沿科技进步成果，拓展社区特色场景的新应用，实现科技创新。在启用的同时，我们需要考虑商店的更新。

同时，搭建品牌共享平台，为人们的共生和共享提供物质空间基础，促进人们的沟通和关爱。通过创建共享厨房、共享洗衣房、共享图书馆、共享娱乐室等共享空间，可以提高人与人之间的碰撞概率，在碰撞中融合，在融合中共生，促进不同人群之间的互动关怀。

强化感知体验，增强互动体验感，提升社区特色场景的沉浸体验，借助听觉、触觉和嗅觉提升感官享受。在社区公共空间建设中，通过音乐的运用，整合各种感官体验，加强触觉和嗅觉，提高体验的沉浸感。让参与者脱离真实环境，沉浸在特定情境中，从而产生持续的现场愉悦感，最终实现沉浸式的小说体验。同时，创造不同的主题场景，在同一品牌基调的前提下解决门店个性化不足的问题。

在设计过程中，由于各种因素的影响，不可避免地会产生一定的尖锐性和绝对性，从而导致建筑内外的某些矛盾，使建筑设计过于单一和固化。然而，世界上的一切事物都有中性因素的存在。灰色空间在设计中起着过渡的关键作用。它可以使建筑的内外空间、私人空间与公共空间、建筑内部空间与建筑外部空间、建筑与自然之间产生一定的连续性。

现代社会，半封闭的建筑空间使视觉上的相互借鉴成为可能。在这种情况下，建筑室内外空间的连接不再局限于对自然光的需求，在应用灰色空间的过程中，建筑艺术设计应更加重视景观因素的重要作用。在视觉环境设计过程中，应适当合理地增加灰色空间的视觉关注点，弥补灰色空间的单调性。

参考文献

[1] 基于体验式消费的创意会所商业空间设计研究——以福州青年会为例 [D]. 厦门：华侨大学，2014.

[2] 体验式消费下商业建筑的空间组合与设计研究 [D]. 长沙：湖南大学，2017.

[3] 陈珊珊. 论体验式商业的空间模式 [J]. 建材与装饰，2014（03）.

[4] 徐洁帆. 基于体验式消费下对上海购物中心商业建筑空间研究 [D]. 上海：上海交通大学，2016.

学生感想：

为期半年的校企合作结束了，在此过程中我收获颇多，经历了很多，感受到了讲堂上所没有接触到的知识，视野被打开，也发现了自己还存在很多不足。设计不是一个简简单单的词语，专心去体会，可以探索到很多奇妙的事物，以下是我从本次产学合作深圳工作站中所总结的感想和体会。

刚到达深圳，在 RWD 负责人的带领下到达了工作站学习，黄志达老师是香港著名设计师，RWD 设计也与其他设计公司不同，所涉猎项目有商业中心、酒店、高档会所、餐饮娱乐空间，也有不少名门望族的私人豪宅，项目范围更是遍布我国香港、北京、上海、广州、深圳、杭州、西安以及东南亚等二十多个城市。这些成功之作也为他赢得了国际室内设计、APIDA

Awards、亚洲最具影响力设计等众多的国内外大奖。同时，在与工作人员和黄志达老师的谈话中，我发现这是一家重视团队精神、注意对年轻学生培养的公司。在深圳学习期间，我更为全面地认识了实践对于设计的重要性。对于我的疑问，黄老师和工作站的老师们也耐心为我解答。作为一名设计专业的学生，我更加切身体会到要在每一行干下去，首先要耐得住寂寞，吃得了苦。

在RWD的短短几个月里，深圳工作站对我的影响很大，黄老师也指出了我的不足，指出虽然有想法但是过于腼腆，想要的东西很多，但是要善于把自己的想法说出来。对于设计，唯一的一个要求就是你要无微不至地去思考里面的所有使用置换角色，角色置换唯一不变的维度。我们都知道，我们人类当中就是你看我我看你，但是在一个空间里面，你的思维被盖住的情况，哪怕你是透明的玻璃他都会有感应是你自己的使命，怎么运用，怎么将每个材料和空间的使命完成得最好，这就是设计该做的工作。

在深圳学习期间，我了解了工艺、材料、沟通等方面的知识，如不锈钢和航空铝的运用，干作业和大理石抛光，以及挑选材料和与材料商接洽等，使我学习到了不少在学校和课堂学习不到的知识。在研究生的学习过程中，不能"本本主义"，产学合作使我有一次可以向最先锋的设计公司学习的机会，同时在深圳的几个月时间开拓自己的眼界。设计是一门综合类学科，包含了科学技术和人文思想的一门交叉性学科，同时在最终的表达上能够体现设计师本人的主观意志和思想情绪，所以更应该强调高校与企业的结合，在企业学习期间快速调转自身的身份，学习到更为实际和前沿的知识。

在学习过程中，黄老师也和我们强调早早地进入一些实践型的工作，做装修，工程怎么做的，看似毫无关系，但事实上花费这些时间和精力去研究，去分析它，或者你去琢磨它，对你以后的设计之路，是一个很好的帮助，我们不能没有实践，不然没有办法去解决问题，那只能是纸上谈兵，做的设计也是一个空头支票。

通过本次校企合作深圳工作站的学习，让我知道了老师和社会为我们的未来，为了让我们更快、更好地成长，创造了这么多机会，我不能辜负老师和自己，更不能辜负这份资源。

校内导师朱飞评语：

此次学生在工作站学习期间，企业导师、学校导师都积极参与了研究生工作站的教学过程，它是集"项目"模式、"订单式"模式、"顶岗实习"模式和"引企入校"模式等互相融合的综合模式，很好地针对高校的设计学科研究生培养与社会脱节、没有实践经验的问题。设计首先是要为人服务的，在学生学习期间，可以很好地了解当前的社会需求，脱离学校，站在大众和实际的角度了解怎样站在生活的前沿，怎样去讲好一个故事。本次工作站，对于研究生的学习和高校教师培养改革方面，集"项目"模式、"订单式"模式、"顶岗实习"模式和"引企入校"模式等互相融合的综合模式，实现了贴近社会、行业、市场，推动了设计教育与行业的接轨，探索了设计教育的另一种可能。

再启
产学融合研究生培养探索与实践

Reboot
Exploration and Practice of Graduate Education Integrated with Industry and Learning

广府文化在度假酒店空间设计中的演绎
——以珠海悦榕庄酒店设计为例

Interpretation of Guangfu Culture in Space Design of Resort Hotel
—Take The Design of Banyan Tree Hotel Zhuhai as an Example

陈彦德（深圳工作站）

学校：四川美术学院
专业：环境艺术设计
校内导师：潘召南
企业导师：杨邦胜
企业名称：YANG 设计集团

广府文化在度假酒店空间设计中的演绎——以珠海悦格庄酒店设计为例 / 陈彦德
Interpretation of Guangfu Culture in Space Design of Resort Hotel
—Take The Design of Banyan Tree Hotel Zhuhai as an Example / Chen Yande

摘 要

全球的度假酒店都在努力找到自己独特的属性，塑造自身卓而不凡的气质，在这样的时代背景下，我们需要给予酒店业注入差异化的活力和独特的优势，为竞争打下基础，创下有利条件。地域文化作为全球化进程中的独特体现，其不仅是地区物理层面环境地理条件的缩影，还是精神层面历史进程的当今复现。地域文化的重提，是对历史的尊重和城市变迁痕迹的保留，是艺术和人文的延续，彰显度假酒店存在的价值。

论文主体分为"阐释"—"解读"—"表达"三个部分。

对地域文化的阐释与分析以地域文化中广府文化为研究立足点，从地域到广府，以广府传统地域元素作为研究探讨方向，论述传统广府文化向现代化转换的可能性和与度假酒店结合的方式。再通过诺伯格·舒尔茨的"场所精神"理论作为演绎的基础，是演绎的方法指导思想。该理论以建筑现象学为基础，并扩展至建筑学和哲学的领域。舒尔茨将场所这一概念分为了场所结构和场所精神两个层面进行相应的论述。场所结构中的"空间"和"特质"分别对应了地域文化研究中地域地理层面的相关内容和地域人文文化层面的相关内容。而场所精神的表述则是地域人们生活方式与痕迹的保留。"解读"部分以案例为线索，讨论场所精神的演绎对地域文化的三层具现。总结了相应的设计原则和演绎策略，分别为确定场所"空间"——挖掘地域特征、表达场所"特性"——注重知觉感知和强化场所"精神"——引入民俗生活三个层面。最后，通过设计原则与策略来指导最后设计部分珠海悦格庄酒店设计的"表达"。通过地域文化理论和场所精神理论引入到度假酒店设计当中，期望打破原有一味负责旅游层面度假酒店的限制，提升度假酒店与地域形式和场所精神的联系。

关键词：地域文化；广府文化；度假酒店；场所精神

一、绪论

（一）研究背景

在全球化的今天，在标准统一化品牌管理的基础上，越来越多的酒店逐渐趋同化和模块化，该现象甚至已经不止为酒店界的"千店一面"，这一份共生共存的现象在全球也逐渐显现，所以设计场地中地域文化的挖掘和场所精神的呈现就显得尤为重要。各酒店唯有形成自我的特色和找到竞争优势，方能在竞争中取胜和脱颖而出，也方能满足现在多样化的客群对旅游猎奇和探索的欲望。

地域文化作为全球化进程中的独特体现，一方面它是民族符号的缩影，并且在社会日益变换的时期，地域文化的研究不仅是对历史的尊重和人们生活痕迹的保留，还是城市的艺术和文学的延续，城市的吸引力不在乎于经济价值何许，而真正影响吸引力的是城市的人气与历史，是城市中能唤起人们记忆的那部分存在；另一方面各地域环境与人群生活状态的差异性，是地域文化得以长久发展的前提，而各地域文化多元共存、互溶互通、差异互补、和而不同，这也是地域文化发展的新式路径。广府文化也是中华民族璀璨的地域文化分支之一，同时也从属于岭南文化。

（二）研究目的

本文的研究目的是对这一地域文化和场所精神进行研究，给酒店注入了差异化活力，形成了酒店的地域特色属性，并且帮助其提升竞争优势。对于酒店而言，客群是他们应聚焦的重点。不仅酒店是追求特色的，客人也是追求特色的。从客群角度而言，地域文化的相应处理能使经营空间更接地气，能让当地人有认同感，外来人有新奇感。客群往往是抱着一份好奇心去旅游，酒店则需要满足客群的体验感。所以，作为酒店层面而言不仅仅要考虑经济方面的问题，也应研究如何打造地域的场景布置，运用独特的地域材料，营造意境的空间美学和建立科学的功能业态。

（三）研究意义

对于度假酒店而言，全球的度假酒店都旨在努力找到自己独特的属性，塑造自身卓而不凡的气质。在这样的背景下，我们需要给酒店业注入新的活力和特别的优势，给竞争打下基础，创下有利条件，同时改变客群的旅行意义。传统文化地域文化对于经营空间的作用，能使经营空间更接地气，能让当地人有认同感、外来人有新奇感，这便是其存在的理由并能获得可供经营的经济价值。设计既要兼顾其本身的文化价值，也要考虑经济的元素，并且酒店的主旨是服务型和体验型的。从市场竞争而言，需要有差异化的产品展现各酒店的自身特色。从管理上而言，需要有独特的管理方法进行各类员工的统筹管理。从住店客人需求而言，需要满足客人特殊的体验。本文希望将地域文化理论和场所精神理论引入酒店研究领域，并细化至广府文化，打破原有的一味负责旅游层面酒店的限制，提升酒店与"民族形式"和"场所精神"的联系。并通过挖掘酒店顾客的异质性特征，从无形因素和有形因素的方面切入，旨在为不同各类客群提供地域文化和特色新奇的体验。

"场所精神"是特定的建成环境，能够借以说明自身并获得"存在"的"特性"，并且地域文化可以通过这一份场所的"存在"和"特性"体现出来。面对当代城市与建筑乃至度假酒店所呈现的全球化、趋同化、复杂化的趋势，地域文化和场所精神便有必要重提与复现。因此，本文通过参加校企联合工作站的实际项目出发，通过分析、调研与总结这三个过程得出实践经验，并运用场所精神理论对项目进行地域化的研究和演绎，从中寻求度假酒店对于地域文化的表达和场所精神的演绎的关键点，并为今后度假酒店设计研究提供参考。

（四）国内外研究综述

关于地域性场所的研究最早可以回溯到20世纪20年代，但是真正趋于成熟是在20年代中末期，在该时期才更广泛地进入人们的视野中，甚至对后现代主义的各类设计都产生了影响。伯纳德·鲁道夫斯基在纽约现代艺术博物馆举办了一场展览，展览名为《没有建筑师的建筑》。这一场展览的成果出版了相关书目《没有建筑师的建筑》，在那个年代独具一格，引领了另一种时代之风。从此以后，地域文化和乡土文萃才更广泛地进入人们的视野，甚至对后现代主义的各类设计都产生了影响。在诺伯格·舒尔茨的《场所精神——迈向建筑现象学》中，将场所一词定义为"关于环境的一个具体描述"。这一场所的界定包含了地域特征的相应内涵，他认为理解场所的相应特征是做设计的前提。所以对于地域性的研究，在建筑领域上是首当其冲的。而在美国建筑家阿摩斯·拉普卜特的《文化特性与建筑设计》一书中，提出了文化、建筑与设计三者的闭环关系，强调了文化对建筑与设计的重要性和不可缺性。地域文化在建筑上应用实为本土文化时间轴上的延续，随着各类研究的深入，地域性这一特点也逐渐扩散到了酒店设计当中。

而在国内，地域性这一词也被许多学者所研究，吴良镛先生在《人居环境科学导论》中对"地域性"给出了相应的定义："地域性指最终产品的生产与产品的使用一般都在消费的地垫上进行，房屋一经建造就不能移动，形成相对稳定的居住环境，这一环境又具有渐变和发展的特征"。而广府文化也是地域文化中的一部分，在20世纪80年代陆元鼎、魏彦钧先生编写的《广东民居》收录了广东各地区的民居类型，在第三章"广府民居"中介绍了各种类型的广府民居，还详细介绍了建筑风貌、建筑布局、建筑结构乃至宅居庭园。与国外相同地域文化最早相应用于建筑上，随后地域文化一词在酒店业也频频出现，唐英在《地域性文化在现代酒店室内设计中的应用研究》（2010）一文中提出酒店室内理应结合时代背景与社会环境，关注地域性与自然环境的结合，并结合了设计案例进行相应说明。而详细至广府文化与酒店设计相结合的设计案例很多，但是相应文章研究则较少，前文所提国内外对地域文化与广府文化的研究，为本文理论层面打下了研究基础。

二、相关概念解析

（一）场所精神理论

本文将诺伯格·舒尔茨的"场所精神"理论作为演绎的基础，是演绎方法的指导思想。该理论以建筑现象学为基础，并扩展至建筑学和哲学领域。舒尔茨在胡塞尔建筑现象学的理论背景下，吸收了其中现象的概念，打破唯心论和唯物论的界限，呈现了包括抽象观点在内的一切意识形态的内容。在此基础上舒尔茨还引用了海德格尔和梅洛·庞蒂的观点，对场所精神做了更聚焦的定义，并将古罗马的"场所精神"引入当代建筑理论的讨论当中。

1. 场所精神的基础

在诺伯格·舒尔茨的著作《场所精神——迈向建筑现象学》一书中，他对于场所做了如下定义：场所不是抽象的地点，而是生活发生的地方，是由具体事物包括物质的本质、形态、质感及颜色共同组成的整体，事物的集合决定了场所的"环境特征"，也就是场所的本质。在此基础上，舒尔茨认为人的参与是场所精神体现中十分重要的一环，因为人与空间发生了活动与关系，空间的概念才能从抽象中被感知，并且这种感知分为了两个层次。第一个感知层次为被感知的是由实体要素限定出的空间形态，第二个感知层次为由空间形态所传达的空间的内在属性，即空巧秩序。人与空间的关系，因为通过空间的设计和营造，使人对抽象的空间有所感受，产生了方向信息和认知信息，这一些信息组合起来从而形成了场所精神。

在书中，舒尔茨还将场所这一概念分为了场所结构和场所精神两个层面进行相应的论述。对于场所结构而言又分为了景观和聚落两个层面，而这两个层面可以分别用"空间"和"特性"来进行表述，场所的"空间"是某一设计区域或某一地域的自然条件和地理条件，而场所的"特性"则是某一地域与周边普遍的氛围体现。笔者认为其中的"空间"与"特性"两个词语也可以对应到地域文化中，"空间"则是地域地理层面的相关内容，"特性"则是地域人文文化层面的相关内容。综上通过对某一设计场地的地理要素、自然要素和人文历史要素的分析并从设计造型、材料用料、颜色引用和声光电的引用等方面出发，运用相关的设计手法，从而演绎出该设计场地的场所结构，使得使用者对设计产生归属感和认同感。

专注于场所精神层面，场所精神这一概念出自于古罗马时期，古罗马人对每个"存在"都认为其有相应精神。这种精神赋予人与场所以生命，并伴随着人与场所的整个生命旅程。舒尔茨在书中对场所精神的相应论述为古时人们所体验到的生活环境是有特征的，尤其是生活的地方其精神具有十分重要的存在意义。在舒尔茨的概念中，无论任何时期，人所经历和体验的生活环境都是有其相应特征的，尤其是生活的痕迹与生活的场地十分具有"存在"意义。场所精神的表述承载了某一地域生活的痕迹与历史，无论是当下还是将来，场所精神的营造都成为地域文化研究中不可或缺的一部分。所以，场所精神的体现在地域文化中是演绎的内容，演绎则是为了呈现其过去的价值，把传统历史反映到今天的生活当中来，是历史价值在今天的再利用。

2. 场所精神的产生

诺伯格·舒尔茨对于场所精神的产生做了以下阐述："建筑是场所精神具体化的产物，场所精神的形成是利用建筑物给场所的特质，并使这些特质和人产生亲密的关系。"从舒尔茨的观点中可以看出，场所精神的产生有两个不可或缺的元素，即"建筑产生的场所特质"和"参与的关系"。

建筑这一载体是场所精神表达的关键所在，建筑场所精神的表达是根据建筑所处地域位置所决定的，这一位置引发出了一些设计思考，建筑如何与设计场地自然环境产生对话。而建筑自身空间和场所的特性也十分重要，通过舒尔茨对场所结构与场所精神的表达，笔者认为场所精神的产生可以从地域生态层面、人文历史层面、生活方式层面三个层面进行分析与表达。

在地域生态层面，首先最被关注的则是场所与特定地域环境的关系。建筑所处的地域环境不同，建筑所蕴含的场所特质也会不同。比如在重峦叠嶂的山地环境中，建筑则需要专注高差的处理与景观视野的选择；在源清流洁的水体环境中，建筑需要专注与水体的交互和水的动势等。综上所述，地域生态则是影响场所精神的产生因素之一，也对应了上文场所"空间"的探索。

在人文历史层面，场所精神的产生不仅流于地域自然方面的元素，把时间轴纵向展开，同一地理位置经历了各类的历史时期。从建筑角度出发，当地的建筑随着历史的发展也进行了更新转替。建筑设计不应仅关注当下潮流和追求最新的视觉形象，潮流和时尚在时代长河中很快就会被人遗忘。建筑设计应立足于当地人文历史之中与历史文脉对话，创造和演绎出历史文化的当代表现，这便是场所精神对应上文场所"特性"的体现。

在生活方式层面，古代时人们追求风水、星象和天人合一的理学思想，对自己的建筑房屋结构结合这些理念来进行相应的建造，所以形成了像"四水归堂"、注重对称的建筑格局。舒尔茨认为一直以来人们的生活体验与生活痕迹是有特征的，尤其是生活的地方十分具有存在属性的意义，因此场所精神随着这一份存在意义随即产生。现在场所精神的营造和演绎即为历史价值的今天再利用与复现。

3. 场所精神的价值

舒尔茨将我们的注意力从对于建筑自身空间的创造与变化之上吸引到了对建筑环境意义、历史意义和生活意义的探寻上来。建筑从来都不是个体的取胜，而是一种具有多重意义并且无法脱离自然环境而生的存在物。舒尔茨场所精神的概念提出本身就是具有意义的，他将建筑现象学这一哲学的层面转变到建筑学中，使得人们看待建筑设计的角度发生了转变，也逐渐扩散至景观设计和室内设计等。在探索建筑现象学和海德格尔"存在主义"维度的过程中，"场所精神"理论追求的是场所的"景观"和"聚落"结构价值以及代表其意义的"场所精神"的精神价值。场所精神还可以作为世界的独特的呈现和地方性的表达，这就是场所精神的理论价值。场所精神理论对度假酒店也有着特别的价值。场所结构、特质和精神的挖掘可以给度假酒店创建地域优势并且注入新的活力，正因为这一份新的活力便可以赋予旅客新的旅行意义，能让当地旅客有归属感和认同感，让外地旅客有猎奇感和新奇感，便能提高度假酒店辨识度与口碑，提高经济效应，这就是场所精神经济价值的体现。

（二）地域文化的概述

1. 地域文化的概念

地域文化指的是相应设计区域其最具特色或是某些文化传承，当然也包括场地原有的地形地貌特点和自然环境特色等。将"地域文化"拆分解释，"文化"是人类特定生活要素的统称，包括了衣食住行等，是人类生活与社会发展的产物。"地域"是指一个地域空间，是人文文化与自然环境相互作用、相互影响形成的综合体。文化形成的地理背景是地域，地域的范围没有规定，可大可小，不同的地域背景产生不同的文化。地域文化的形成是一个漫长的过程，地域文化是在不断发展、变化的。

2. 地域文化的特征

首先，地域文化是具有区域性特点的，是属于特定区域和场所上的文化。区域性是在一定的区域范围里经过长时间的发展演变而来的，从自然景观到历史景观都带有浓厚的地域特色。我们国家占地面积大，区域内自然环境复杂，孕育了许多独特的地域文化。

其次，地域文化是具有传承性的，并不是一成不变的，同一个地区内不同的时间范围内也有所不同。地域文化会随着朝代更替、社会变迁和自然环境的改变不断发展改变。任何文化都不能与其所在地的早期文化分割开来[18]。自然环境的不同和社会文化的差异形成了不同的地域文化，这些文化不断传承发展，凸显了地域文化的传承性。

最后，地域文化还具有时代性是经过历史的发展，不同地域文化之间互相交流的。在历史的长河中，人们累积的文化体系、经济体系和精神文化经历长久的沉淀，形成了地域文化，这体现了地域文化的时代性。地域文化中包含的宗教文化、习俗等都有时代性，并且在某种程度上改变着人们的世界观和价值观。时代性不仅影响着地域文化的传承，同时影响着地域文化的发展历程，只有把握地域文化时代性的特点，才能研究提炼出地域文化的精粹。

（三）广府文化的特点与聚焦

1. 广府的区域与文化特点

"广府"一词来源于一个历史地名，与旧时的行政规划划分时分配的名称有关。时间回溯导汉武帝时期，该时期平南越后并提出"初开粤地、广布恩信"，为该地取名为"广信"，而"广信"后来便成为最早的广州首府、岭南古都。广府区域原先地处南陲，远离中原，背山面海，北有五岭与内地隔绝，是一个相对封闭的区域，为当时人们发展海洋文化提供了自然的先决条件。

广府文化也是岭南文化中的一部分，并且是以广州为核心以珠江三角洲为覆盖范围的粤语文化，并且在岭南文化中是其中个性鲜明和底蕴深厚的代表。广府文化发展过程中，在充分保留自身特色的同时，还与中原文化和西方文化发生了交流与碰撞，便形成了现拥有个性、交融、包容和开拓等人文特点的广府文化。不仅如此还形成了中西结合的广府建筑、舶来文化的艺术品和繁华昌盛的航运文化等。

2. 广府的地域性差异

由于历史、地理和文化的差异，广府地区、江南地区和北方地区的建筑体系存在差异性，这种差异最根本的原因在于地域环境的差异。而地域环境则如同上文地域性撰写一般，受自然环境和人文环境的影响。地域层面自然环境的特点分为气候、地理、地形等层面的特点。

江南地区常为亚热带季风气候，夏季高温多雨，冬季低温少雨，河网丰富，并以丘陵地形为主，地形较破碎。由于该地区的气候特征，常年潮湿，导致江南地区建筑都要注意通风与防雨。对于江南的建筑而言，雕刻装饰虽多，但色彩常常为白色调为主，较少彩画，有着粉墙黛瓦的氛围。

北方地区常为温带大陆性气候，较少地区为高原气候，该地区常远离海洋，湿润气流难到达，形成夏季常温热，冬季常冰冷，全年温差大的气候特点。所以，北方地区的建筑通常墙体较厚，窗户较小，注重防寒，北方地区的冬季降雪较多，斜顶的房屋可以防止雨雪的堆积。

广府地区也常为亚热带季风气候，气候较炎热，并伴随多雨，所以潮湿是该地区要首先考虑的问题。所以，广府地区的建筑首先要考虑的则是防潮、通风与隔热。并且广府地区所属地段外沿各大海岸线，所以海洋文化是广府文化的一大特色文化，有着与其他地区不同的外交和开放程度，并且有着自然性，开放性和亲水性的特点并且形成了广府地区的人文特点，即为开放、务实、兼容并蓄等。

3. 广府的民居建筑特点——以陈家祠为例

前文所述，广府地区最大的气候条件特点为潮湿与温热。所以，广府的民居建筑对其也有着相应的解决办法，有着独到的见解。根据当地的地形地貌和自然气候条件形成了广府民居通风性墙、隔热性好的特点，并充分考虑遮阳和避雨的功能。

并且因为其特有的自然性、开放性和亲水性特点的海洋文化，导致广府地区的建筑常与西方建筑相结合，有着开放和兼容性强的特点，本文将以陈家祠建筑作为案例拆解与分析。

由于广府地区多大风的原因，陈家祠建筑主要采用青砖堆砌的方式堆作围墙，利于防风和抗风。目光随墙而上，便看到广府地区的传统建筑当中最具特色的灰塑和陶塑。屋脊等位置多以灰塑装饰，少数采用灰塑和陶塑结合的方式装饰，比如由灰塑悬鱼装饰的镬耳墙或者木星式山墙，能衬托出建筑物的高大与气势恢宏。向内而行，陈家祠平面十分具有广府式建筑的特点。陈家祠建筑的厅堂、院落与廊道甚至天井之间相互纵横于交错。正因为这种交错式布局，导致陈家祠中通风性和散热性能较好，并且还具有合理的步行交通和防雨防风的特点（图1）。

从大门而进，便能体会到不同的装饰手法，有传统木梁上附带有传统木雕，也有由江南的木月梁转变而来的石弓梁，原有木驼峰斗栱则转变为石狮顶花或石花篮顶花等装饰，还有运用双面镂雕和嵌入广府特色材质彩色玻璃的手法进行装饰。不仅是装饰手法有特别之处，装饰内容上也种类繁多，常以吉祥富贵的图案为主如牡丹、清竹、龙凤、蝙蝠等，通过这一类图案表达美好愿景。并在题材方面常引用历史文化和民间故事，或展示当地风景山水和珍奇花卉，比如木雕上的"渔舟唱晚""韩信点兵"和"三阳开泰"等。

陈家祠的连廊也是其一大特色，连廊的基础功能为通行作用，在此基础功能上还起到了划分建筑空间的作用，并且还对园林景观中起到框景的作用，对景观藏与露起到了组织作用。陈家祠建筑内廊笔直秀美，采用了出卷棚式廊，并且出檐深有利于遮阳，使得廊内空间时常保持阴凉。连廊还起到了两个面空间连接线的作用，成为空间联系和划分的一部分。

陈家祠的院落空间基本为矩形空间，以简洁的院落形制衬托复杂的建筑与廊道造型，有着典型的主从格式。庭院中运用植物的配置、山石的布置等造景手法来营造山水自然、清新淡雅的氛围。庭院四周则布置了特色的景观开窗，沿途的框景从未重复，增添了庭院空间的细部和艺术氛围，丰富了整体空间层次。

三、基于"场所精神"理论的空间设计解读

（一）场所精神与空间设计

1. "场所"里的空间

舒尔茨对空间的认知为空间不仅是抽象意义的空间，是能被感知的，需要人们在其中发生活动时，空间便会被感知。但这一种感知分为了两个层次，第一个层次为由实体要素限定出的空间形态，第二个层次为空间形态所传达的空间的内在属性。通过舒尔茨对空间的双层次分析，对空间形态与秩序进行相应的设计和营造，使得场所精神有所营造，让使用者在设计空间中产生归属感和方向感。舒尔茨的场所精神理论中，对于时间和空间的概念也有所提及，时间则是自然短暂的韵律，是恒常与变迁的向度，它使得空间成为生活事实的一部分，在任何时刻中使得生活事实成为一个特殊的场所。场所随着时间而改变，

图1 陈家祠调研照片（来源：自摄）

图2 苏州博物馆照片设计（来源：作者自摄影与苏州博物馆官网）

跟随着时间的变换整理与演奏出一个完整的空间序列与空间秩序。

2. 场所精神在空间中的营造手法

将场所精神融入空间设计是本文的研究目标之一，在此将结合案例从空间形态处理、地域材料的运用、色彩处理和光影介入四个方向进行分析。在空间形态处理方面，希望通过分析各地民居或标志性建筑的空间布局和处理方式，提取出其具有代表性的那一份生活方式，来引出该区域的场所的"精神"。在地域材料的运用方面，希望通过当地材料的运用，给设计场地的空间中多一份地域性表达，来打造该区域的场所"空间"。在色彩处理和光影介入两个方面，希望通过当地地域性物间色彩的提取和镂空与篆刻的处理，在空间设计中打造一份地域光感和色感的氛围，来演绎该区域的场所"特质"。而这一份场所的"空间"、场所的"特质"和场所的"精神"共同组成和营造了设计空间的场所精神。下文将以"苏州博物馆"来进行相应的阐述与分析。

（二）创新与传承——苏州博物馆

苏州博物馆是十分能代表场所精神的一个设计，贝聿铭采用的是"中而新，苏而新"的设计理念来设计这座苏州博物馆。它不仅传统且与当代相结合，并且在历史层面是中国博物馆空间的创新。苏州博物馆的建造产生了许多现实意义，首先是对地域文化与传统精神的尊重；其次是营造了一种认同感，体现了中国人对于江南文化的认同。在苏州博物馆整体设计当中，贝聿铭充分思考与设计了苏州博物馆与周边各园林的关系，即拙政园和周边自然环境。苏州博物馆承载了苏州园林建筑粉墙黛瓦的特点的同时，还富于现代性的表达，与周边园林与建筑相互统一但又有不同，塑造了独具一格的现代苏州博物馆（图2）。

在空间形态处理和组织方面，苏州博物馆运用了具有庭院风格的空间组织方式。正因为这一份苏州园林的空间组织，使得苏州博物馆整体建筑以廊道为串联，连接整体建筑室内与室外的关系，并且十分注重游客视野视线设计。在苏州博物馆景观层面处理上主庭院分为了东、西、南三面且与博物馆新馆相围而成，北面则与拙政园相邻。主庭院部分是基于中国古典园林而设计的，摆置了贝聿铭式的现代山水园，由曲直结合的步桥、八角凉亭、片石假山、摆满置石的池塘等元素构成，既有别于传统的苏州原因，又未脱离中国古典园林的神韵和气氛，展现出了当时人们的生活游园方式，引出了苏州这一江南城市的场所"精神"。

在室内空间的组织处理中，最具特色的为收缩升起的采光天顶，使得大厅和走廊空间显得既传统又现代，顶层所安置的木制遮光板控制进光量，并且采光栅格式天井随着时间的变化有着不同的光影介入，形成光影斑驳、变化自然的走廊。这一处理在保证走廊光照的同时，还满足了功能上的切实需要，又通过艺术上的处理，丰富了走廊的概念，使廊道结合光影、生动自然，充满了盎然生机。这一处理演绎出了苏州博物馆这一区域的场所"特质"，给予游客一份独特的观展感受。

在色彩处理和地域性材料的运用上，苏州博物馆新馆色调沿用了苏州传统园林粉墙黛瓦的味道，白色则是苏州博物馆的主色调，其余则多为灰色花岗岩补尽的辅色。更具特色的则是贝聿铭独创的片石假山，其并没有采用传统古典园林中的太湖石，而采用了独创的片石处理，片石所组成的轮廓剪影，构成一幅以白壁为纸，以片石为画的特色"墙绘"。并且在建筑与围墙交界处的灰色青瓦片和各式门窗框也融入了白色的主色调中。前者强调"体块"的构成与拼贴，后者描述了"线"的审美。这一色彩和材料的运用，打造了苏州博物馆的场所的"空间"。

四、广府文化通过场所精神在度假酒店中的演绎

（一）度假酒店空间设计的聚焦与定位

1. 度假酒店空间组织

本文对于酒店空间组织的界定即为功能分区、空间流线和空间序列组织。

功能分区是指运用系统观点按酒店总体规划具体布置时，尽可能结合酒店自身特色与周边环境特征合理分区突出其特点。还需要满足不同旅客需求和酒店管理需要，将不同的功能安排在酒店设计红线区域内空间中的方法。旨在各区之间在空间上相互关联，功能上相互补充，使酒店整体空间系统形成一个有机整体。酒店空间的流线设计也是酒店空间设计中十分重要的一部分，酒店空间的流线设计与布局往往与酒店功能分区有着很强的关联性。空间序列是由酒店内各具特色而又互相关联的空间所形成的序列，旨在通过空间序列的组织，调和酒店空间中高差、体量、明暗、色彩等自有属性，并赋予起承转合的节奏与韵律，激发客群的感受造成联想。

2. 度假酒店空间肌理

肌理的释义是指材料表皮的纹理、形态和组织结构等形成的一种表皮材质的效果。肌理还是室内空间设计的一个重要构成元素以及强化室内空间性质的重要因素。室内空间设计与肌理有着千丝万缕的联系，室内空间作为肌理表达的一个载体，包括了色彩、材料、工艺、结构等。空间肌理正是体现空间形态的一份设计代码，是酒店室内空间设计形态的基础。本文将专注于酒店室内结构设计、酒店肌理材料及色彩和艺术品装置在酒店空间中的体现。

3. 度假酒店空间意境

意境在诗人王昌龄的《诗格》中有所提及，他还把意境分类为"物境、情境、意境"这三层含义。而对于受众而言，如朱良志先生所言，意境在范畴层面中所属审美范畴，访者在理解体验艺术空间后所感知的心灵境界，包含着意中之境和意外之境。而前文提到来到酒店的客群，他们是抱着一份探索和好奇的心境来到酒店，酒店则需要满足客群的体验感和猎奇心，所以如何营造意境的空间美学就显得尤为重要。而本文将主要聚焦于酒店空间内关于地域性意境的生成，希望给予客群一份差异化的地域体验。

（二）设计原则

1. 因地制宜尊重自然

前文所述度假酒店常常是以接待度假游客为主，为度假旅游者提供多种服务的酒店。其大多建在地域自然条件丰富或地域人文气息浓厚的地区，例如山地、森林、海滨、山崖等，度假酒店向旅客们传达着不同的自然景观、历史文化、民族风情等。而因地制宜和尊重自然的设计原则与观念自古以来都是设计中重要的一部分。并且在设计前期工作时也应充分了解设计场地地域的生态气候特征，充分考虑设计场地光照、温度、降水、风向等气候条件因素，这类因素将对度假酒店的空间感受和室内环境甚至使用功能方面产生影响。随着挖掘的深入会触及各式各样的地域特征，可能是气候特征方面潮湿或温热，也可能是地理位置方面临山或靠海等。例如，岭南广府一带的度假酒店应充分考虑潮湿温热的问题，北方一带的度假酒店则应考虑防寒保湿的问题。因此，应根据不同的自然环境与地形地貌来选择不同的设计策略，期望能形成自然与酒店宛如一体浑然天成的设计效果。

2. 立足传统融入创新

立足传统的设计原则对于体现地域文化类的度假酒店设计而言，是将传统地域文化作为设计线索来引领整体酒店设计，将度假酒店空间布局、室内色彩处理和地域化材料运用等各种方向的设计通过地域文化这一主题结合起来，融合设计思路和设计手法，将地域文化融入设计风格。但是不应仅将传统的元素做可视化的呈现，不能只专注于立足传统的这第一步，在立足传统的基础上还应融入创新。本文则是融入了度假酒店场所精神的体现，不止于地域生态条件场所空间的第一步，还深入与地域人文场所的特性和生活方式之场所的精神体现。场所精神的挖掘对于设计场地而言，是具有传承和历史价值的，期望能表达设计场地横向和纵向历史，是历史今日复现。

3. 借宜造景整体统一

借景设计源自于对自然场域、人文资源的充分了解，巧妙地借用现有场地资源的地形地貌和山水植被甚至人文历史进项相应设计的营造，以达到强调生态资源和人文历史资源的作用，保持一份生态环保、得景巧妙的传承。而整体统一是从整体的角度出发考虑设计的问题，需要考虑环境和室内的关系、地域和空间的关系，历史与时代的关系甚至酒店服务与功能分区的关系等。理清各层面的设计关系的同时，力求统一中包含变化，变化中不脱离统一。并且应注重其所最具标志的内容，并且对于酒店建筑与室内设计而言不是孤立地驻立于某一场地的存在，而是希望酒店建筑能与场所产生对话与共鸣，让作为旅客的使用者在度假酒店居住或游玩的时候能感受到这一份场所"空间"的特点。

4. 重塑知觉增强体验

度假酒店对于旅游者而言是参与的载体。通过各种感官知觉刺激可以加深参与感和记忆感，并且旅客可以通过体验与参与主动挖掘度假酒店设计的精妙之处，满足其猎奇感和体验欲。与此同时，场所的精神层面亦是关于生活方式的内容，生活方式的最佳体现则是参与者的亲身体验。生活中所遇到的不同场景会带给人们不同的感受，从而形成不同的记忆。记忆通常指大脑积累经验的功能，那么记忆中包含体验过的情绪、情感为内容被称之为情绪记忆。度假酒店体验感的营造对于来酒店的外地游客可以塑造一份体验的记忆，自身参与其中的新奇记忆可以做更久的停留。而对于当地游客而言是一种本身记忆的重提与共鸣，可以给其带来依附感和归属感。动可步移景异，静观为赏，奇在步入如画风景并且可行、可居、可望、可游、可赏的度假酒店。

（三）广府文化的演绎策略

1. 确定场所"空间"——挖掘地域特征

在度假酒店当中想要表达地域文化和场所精神，作者认为首先需要做的是确定该度假酒店的场所"空间"是什么。如同上文所述建筑所处的地域环境不同，建筑所蕴含的场所的"空间"也会不同。与一般酒店相比，度假酒店从受众来讲是面向度假、休闲人群的酒店建筑类型。其大多建在地域自然条件丰富或地域人文气息浓厚的地区，例如山地、森林、海滨、山崖等，度假酒店通常有其特有的自然景观、风土人情、历史文化等。因此，度假酒店场所的"空间"条件和内容丰富，所以挖掘相应的地域特征则成为设计的重要前期构成。

前文所述，广府地区属于典型亚热带气候区，湿热多雨。这一地域的气候特征导致广府民居普遍采用廊房结合的平面结构，既可以避免过多的太阳辐射，还能增加通风效果，并且满足通风遮雨的功能。就广府传统建筑来讲，由于广府地区在中国所处地理位置的特殊性，形成了这一地区与其他地区在自然气候环境的差异，也使得这里的传统建筑显现出不同的特色。

在广府地区一些酒店或餐厅的设计也因此做出了相应的地域性设计。比如，在深圳的 Ensue 餐厅希望自然纯粹地融合美学以设计细节来重新定义高级餐厅。该主入口空间的背景墙面是由当地艺术家根据岭南广府层层水墨画雅韵天成，采用倾斜的瓦片来装饰顶棚表达广府建筑的传统内涵。吊灯则融合现代的手法、技术与当代艺术，与天井中树枝与花自然元素相呼应，独具匠心。

又因为广府地区临海，许多海洋生物资源也被用作建筑材料。就比如十分具有广府特色的蚝壳墙，该墙面运用生蚝壳混粘上糯米层层堆砌。比如在 CCD 设计的佛山罗浮宫索菲特酒店中，入口空间的景观石墙则是运用了蚝壳墙这一广府元素，使得景墙石墙很有纹理感和雕塑感，体现了度假酒店空间中广府地区的场所"空间"特点。

2. 表达场所"特性"——注重知觉感知

在确定相应场所的"空间"后，其次希望能表达与其相应的场所"特性"。场所"特性"的产生不再流于地理位置或气候特征方面的表层元素，把该区域的时间轴纵向展开，同一区域则经历了多种历史时期。度假酒店建筑应通过某种方式、联系或叙事主题等方式来表达这一区域场所的历史过程与人文经验，这都属于场所"特性"的一部分。当然除了历史与人文层面的"特性"，光影水气等别于表层元素，也是一种"氛围"的表达。不同的空间经过不同的处理手法，也会有不同的"特性"产生。

零筑设计的一同山居对于这一束光影"特性"的表达就做得恰到好处。其设计理念讲道：光是希望，是幸福，是空间戏剧化的重要元素。从一同山居的室内庭院部分便能看出这一处理（图3）。零筑设计以朴素和常见的自然物作装饰，用光线作引，拉近了室内空间与室外空间，模糊了室内外的边界。人、庭院、自然与整个空间都形成一个由光线联系上的系统，空间为载体，光为介质，而人与自然则是其中的实质。如同素心见本，神游天地，俯仰之间，悟道自然。人观自然与被观形成一种特有的空间氛围，在光影的配合下有序、丰富、松弛、层次分明。

3. 强化场所"精神"——引入民俗生活

通过舒尔茨对场所的描述，他认为古人的生活体验是特征的、画面性的，具有一定的场域意义。而度假酒店作为一经营场所和提供服务的一方，提供的是体验经济的一部分，因此度假酒店空间体验的设置则成了重要的一环。比如重现该区域曾经最为经典的建筑室内布局或引入带有地域化的空间交互体验等。空间体验若做得合适得当，它不仅可以与度假酒店本身相融合，还可以汇集某种特定情景作为历史经验的当代表达，使得酒店建筑超越自身功能的本身，变得更具有地域文化式的生活体验意义。

比如CCD香港郑中设计事务所设计的东莞洲际酒店，其大堂设计采用可园"高有阁，中有楼，低有房"的布局特色。引用"千两黄金万担谷，夜夜笙歌镬耳屋"，镬耳屋是广府民居的特色，大堂背景墙采用镬耳式，此起彼伏，蔚为壮观，为空间增添了广府文化的形式感。全日餐厅的设计灵感则来自于可园中的"擎红小榭"，把可园当中青石铺地和黛瓦青砖的韵味转化为纹理分明的大理石板地，再从广府建筑中提炼出窗花、格栅等元素，其镂空线条维持了空间通透，独特的形态与寓意运用在设计元素中，为全日餐厅的内部空间里再添一份意趣。该酒店从广府文化的地域性特色出发，提取了东莞可园中的生活场景，并将其运用到酒店设计中，使得游客在酒店中时仿佛身处现代式的东莞可园。

五、方案及设计实践

（一）项目概述

1. 项目区位

本次设计项目位于广东省珠海市情侣路（图4），并且从区位分析图中得出，珠海悦榕庄酒店选址北邻两条主干道，南靠一整条海岸线，并近可观山景，远可赏岛屿榕树洲。珠海是毗邻港澳的南方城市，自20世纪80年代以来，珠海从一个小渔村发展成为中国最负盛名的度假胜地之一。珠海依山傍海，岛屿、海湾星罗棋布，拥有丰厚的地理和人文资源。并且广府文化是以珠江三角洲为覆盖范围的粤语文化，并且是岭南文化中个性鲜明的代表，珠海也处于珠江三角洲之中。珠海与广府文化相互碰撞和发展的过程中，充分吸收结合了西方文化和中原文化，形成了个性、交融、包容和开拓等城市特征。

2. 区位的场所特性

从本次项目的鸟瞰出发，可以看出该设计区位东面靠山，南邻大浪湾海区，地理位置优越，环境清幽，拥有着得天独厚的山水资源和生态环境。从场所精神的视野出发来巡视这一块设计场地，有别于一般的酒店，珠海悦榕庄酒店背拥层叠山景，前眺无穷海色，山川海屿尽收眼底，这一份山与海都属于设计场地之场所的空间层面。

珠海地域属于典型亚热带气候区，湿热多雨。这一地域气候特征导致珠海市的民居普遍采用廊房结合的平面结构，既可以避免过多的太阳辐射，又能增加通风效果，并且满足了通风遮雨的功能。这些由于场所的空间带来的建筑特点，形成了这一地区建筑与其他地区建筑的差异，显现出不同的特色。在设计方给到的建筑鸟瞰图上可以看出，对于珠海悦榕庄建筑空间的设计不仅限于满足珠海广府式的建筑形制。该度假酒店的建筑并不是孤立与自然环境的存在，而是存在于一定的自然环境之中。对东侧面的山体建筑设计方采取的为依山势而建的策略，而南侧面的海景与沙滩则采取了层级式递进的建筑形制，保证了相应度假的游玩感和观景感。

（二）设计理念与实践方向

1. 探索广府文化的地域性特征

在导师杨邦胜杨老师的提议下，课题研究方向定位于偏向地域文化的研究。地域文化指从空间分布上审视文化，不同的地域环境造就的文化，必然会体现出各不相同的地域特色。并且随着校企联合交换实践项目的推进，设计项目也随之选定为珠海悦榕庄酒店设计。伴随着课题研究方向和设计实践项目的敲定，也决定了作者本次地域文化的研究则为广府文化的地域性特征的探索。广府文化在前文已有了相应的阐述，广府文化的人文定调有着个性、交融和开拓等特点，广府文化的建筑也有着府邸宅院和园林意趣的韵味。因此，本次课题实践项目研究将以广府文化的视角探寻地域文化在度假酒店空间设计中如何运用，并通过前期调研比如广府民居建筑风貌的相关调研——广州陈家祠和酒店与地域文化相结合的相关调研——深圳国际会展中心希尔顿酒店，总结出其地域文化与酒店的设计原则，并结合现代的设计手法运用至珠海悦榕庄酒店设计项目中。

2. 演绎广府韵味的场所精神

进行广府文化的相应研究之后，发现许多的度假酒店设计依然仅流于相应地域性文化的表象层面设计。所以，本实践项目课题便引入了诺伯格·舒尔茨的场所精神理论作为演绎的指导理论。旨在从三个方面进行提炼与分析广府文化，首先为确定场所的空间，即为理清珠海悦榕庄酒店设计场地珠海市的自然环境、地理地貌、气候特征和人文历史等特点，从而进行相

图 3 左侧：一同山居；右侧：东莞洲际酒店（来源：古德设计网 https://www.gooood.cn/）

图 4 左侧：区位与鸟瞰图（来源：YANG 设计集团）

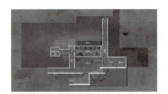

图 5 设计总平面图（来源：自绘）

图 6 入口空间效果图（来源：自绘）

应的设计处理；其次为表达场所的特性，有了表象场所的空间元素提取，接下来则需考虑悦榕庄酒店度假氛围的烘托，如何设计何处的酒店像何处的建筑，不要使得建筑与室内环境与外界自然环境格格不入，不应是独立的存在；最后则为强化场所的精神，设计完地域感的表达和气氛感的烘托，则还需考虑旅客体验感的营造，场所的精神即珠海与珠海人生活方式的体现。无论是过去还是当下，生活方式的设计体现都是很重要的，因为其能让当地旅客存在依附感和归属感，还能真正满足外地游客的探索欲和猎奇心。作者将从上述三个层面应用场所精神理论于相应设计实践当中，期望塑造要给能营造一份广府式场所精神，并与自然和谐统一，传统又不失创新的体验式度假酒店。

3. 方案及设计成果

前文所述以工作站个人经历与实践作引出，因此期望以入口空间及大堂吧空间整体串联关系出发，再以前文所述三个层面场所精神演绎逻辑来进行本次的方案及设计成果展现。

首先在整体平面图（图5）设计的部分，从上文所示航拍鸟瞰图和建筑鸟瞰图可以得知，该酒店地理位置优越，山石海体资源丰富，所以本次的室内部分置入了许多置石摆件和大量的水体设计。总体平面设计参考了广府文化中广府园林的一定特点。期望旅客进入酒店室内空间观赏时有两层观赏逻辑，即为动观和静观。动观为游，妙在步移景异；静观为赏，奇在风景如画。期望塑造一个可行、可居、可望、可游、可赏的度假酒店。

因此，在整体室内流线设计上也相应处理。从酒店流线安排而言，从主路口落客区落客之后，暂且不能立马看清酒店空间的整体风貌，需通过一段景观步行空间再举步左转方可进入。右行进入酒店礼仪厅后随着广府式的廊道可行至大堂与接待大厅，而左侧则为景观连廊与大堂吧的另一入口和酒店入住电梯厅的位置。该酒店的各布局使用空间相互联系与渗透，内外皆成一景，整体步行游览有着广府园林般的张弛有度，期望旅客在这回转曲折中寻找空间的趣味性和文化的传承性，同时还起到了分散人流的作用，实现了更多旅客同时进行参观与游玩。酒店室内空间还设置了虚墙与实墙，实墙在设计中起到了围挡的作用，虚墙则为透景墙，在设计中起到了框景、漏景的作用。在广府园林当中漏与藏不仅要专注于漏的巧妙，藏的应用也十分重要。首先在入口空间做了一个实墙和照壁相结合的挡的处理，期望勾起游客的好奇心，也给酒店营造了

广府文化在度假酒店空间设计中的演绎——以珠海悦榕庄酒店设计为例 / 陈彦德
Interpretation of Guangfu Culture in Space Design of Resort Hotel
—Take The Design of Banyan Tree Hotel Zhuhai as an Example / Chen Yande

一种神秘和深邃的气氛。从正门而入，由小见大、豁然开朗，礼仪厅空间为了引导旅客走入大堂空间，做了右大左小的空间处理，右侧宽大开朗且有水景置石，期望旅客右转进入大堂登记与入住。而大堂吧空间和景观长廊则多设虚墙，给予旅客更好的观赏和游玩体验。

具体设计部分则遵循了前文所述三个层面场所精神的演绎。首先为确定场所的"空间"——挖掘地域特征。本次设计位于珠海市的大浪湾海区的海边山地上，关于地理环境和自然气候的提取，我选择了海与山石，便如酒店附名中山石为引那一部分所言。珠海市的山水资源是十分丰富的，市靠南海还有外伶仃岛这样著名的景观资源。为了展现该设计场地场所的空间特征，在本次设计中许多地方都采用了石墙和置石的处理，并且整体室内空间由水来做连接。就如落客区铭牌墙和外置景墙的设计（图6）。悦榕庄酒店铭牌墙整体采用了整石作墙的处理，并且在外置景墙中将不同大小的景观石放置于浅水渠中。

从酒店正门而入可以看到礼仪厅空间为整面石墙作的天井处理，并且在水池和游廊步道上都放置有景观石块，甚至嵌入行廊步道。期望加强这一份地域中场所空间的体验感，给予游客一种野奢的趣味。

其次为表达场所的"特性"——注重知觉感知。这一份场所的"特性"亦可以称为场所氛围的营造，是对历史的尊重和人们生活痕迹的保留，还是城市的艺术和文学的延续，场所氛围的吸引力不在乎于经济价值何许，而真正影响吸引力的是其人文与历史，是一座城市中能唤起人们记忆的那部分存在。而对于珠海悦榕庄这一设计场地，广府人文属性的氛围感体现则显得尤为重要。

本次设计首先从前文所述广府民居建筑风貌中提取出相应符号化的元素。这些元素可能来自于广府民居建筑的隔墙、窗花、灰塑、泥塑、甚至顶棚与地纹等。再将传统的建筑装饰符号，提取与解构其特点，再传统的基础上作现代的处理。本次酒店设计室内部分各个结构细节处增添了广府的符号化元素，该元素运用于木制行廊、照壁开窗和大堂吧外摆格门处等，甚至前文所述入口水景置石装置，其喷流装置也是由广府建筑外立面特有的镬耳墙转译而来，期望增添一份具有符号元素的广府氛围。

最后则是强化场所"精神"——引入民俗生活。这一份场所精神的演绎，则是关于广府地区人民生活方式与痕迹的表达。本次设计中整体环线都已广府民居建筑形制作为相应的参考，在酒店中游行仿佛行走于现代式广府的院落之中。在入口部分除了酒店应有的铭牌设计，还遵循了广府民居照壁空间的处理。该照壁空间希望加强游客游的体验，正中间是作者以当代的手法结合广府园林梁园中框景手法设计的照壁，希望给予一种藏与漏的韵味。

进入酒店大门后，可以看到根据广府民居所改制的整石天井和步行游廊礼仪厅设计，做了一份天井与游廊空间的结合，中置水池也放置了景观石，在石墙一角还开了一框，引出墙后大堂吧的空间设置（图7）。

大堂吧空间设计而言，在顶棚吊顶设计上，采用了广府式的建筑室内结构，并且在大堂吧酒柜展示墙空间上，可以看到由广府建筑群落肌理和建筑立面肌理提取设计的大堂吧台景墙（图8）。并且室内室外的挡门也采用了广府经典满洲窗的设计应用，光从栅格与隔窗引入，光斑萦绕惬意舒适。家具应用上采用了较矮的家具配套，期望给予一种坐式或躺坐的休闲感。在大堂吧外摆设置中，给予了亲水的设计处理，并且与之伴随的景观树与沙石期望营造一种度假感和亲切感。

图 7 酒店礼仪厅设计效果图（来源：自绘）

图 8 大堂吧设计（来源：自绘）

六、结语

  酒店设计中地域文化的挖掘对于设计师而言，不仅是一份设计责任，还是中华传统文明和地域文化的传承。将地域文化作为起点和立足点，以一位继承者的身份来书写文化的序章。整体空间的塑造要在满足设计基本要求的同时，考虑地形地貌、自然气候、人文历史等因素的影响，从而营造一个不仅满足功能需求还富有烟火气的酒店，让本地游客产生归属感和认同感，让外地游客产生新奇感和猎奇感。并且这一份地域文化的表达是对城市历史的尊重和城市居民生活痕迹的保留，延续了城市的艺术和文脉，彰显酒店设计真正的价值。正如荷尔德林所说：在空间内，使身体和心灵以最"舒适"的方式打开，生活中的诗意就会显现，那就是设计的"美"。

参考文献

[1] 宗白华. 美学散步 [M]. 上海：上海人民出版社, 1981.
[2] 唐孝祥. 岭南近代建筑文化与美学 [M]. 北京：中国建筑工业出版社, 2010.
[3] 夏昌世. 园林述要 [M]. 广州：华南理工大学出版社, 1995.
[4] 陆琦. 岭南造园与审美 [M]. 北京：中国建筑工业出版社, 2005.
[5] 李泽厚. 美的历程 [M]. 北京：文物出版社, 1981.
[6] 诺伯舒茨. 场所精神——迈向建筑现象学 [M]. 施植明, 译. 武汉：华中科技大学出版社, 2010.
[7] B·约瑟夫·派因. 体验经济 [M]. 夏业良, 鲁炜, 译. 成都：机械工业出版社, 2008.
[8] 陈一峰. 精品度假酒店规划与设计 [M]. 北京：清华大学出版社, 2019.
[9] 沈克宁. 建筑现象学 [M]. 北京：中国建筑工业出版社, 2007.
[10] 黄思昕. 广府庭园建筑类型与营造特征研究 [D]. 广州：华南理工大学, 2015.
[11] 梁明捷. 岭南古典园林风格研究 [D]. 广州：华南理工大学, 2013.
[12] 公晓莺. 广府地区传统建筑色彩研究 [D]. 广州：华南理工大学, 2013.
[13] 刘静. 地域文化在度假酒店中的应用研究 [D]. 济南：山东建筑大学, 2011.
[14] 张莎玮. 广府地区传统村落空间模式研究 [D]. 广州：华南理工大学, 2018.
[15] 冯颖男. 广府地区传统建筑门窗装饰艺术研究 [D]. 广州：华南理工大学, 2020.
[16] 徐芸. 地域文化元素在度假酒店设计中的应用研究 [D]. 济南：山东建筑大学, 2014.
[17] 陈高森. 广府地区传统建筑灰塑装饰的地域性研究 [D]. 广州：华南理工大学, 2018.
[18] 李海波. 广府地区民居三间两廊形制研究 [D]. 广州：华南理工大学, 2013.

学生感想：

非常感谢能获得这个非常难得的交换机会，让我加入校企联合培养项目，从学校交换至企业，是理论与实践的结合，是心境与角色的转换。从研究生这身份转换为职业设计师，需要融入实际项目和设计团队中。非常幸运这次交换能来到深圳 YANG 设计集团，首先幸运的是能回到我土生土长的城市交换，是带着一份熟悉感和归乡感来参加这次联合培养的，其次是能交换至 YANG 设计集团这样一个初于酒店又不止于酒店，拥有完善的组织架构和质量管理体系，科学的团队管理和专业分工，有热情、有梦想、有追求的设计集团。最幸运的是碰到杨邦胜杨老师作为自己的企业导师，他是 YANG 设计集团的创始人和首席设计师。杨邦胜老师坚持"自然造物"的设计哲学，善于挖掘东方美学的独特意境和地域文化的表达，融历史、文化、艺术于空间之中，执着追求设计的完美境界。

再启
产学融合研究生培养探索与实践

Reboot
Exploration and Practice of Graduate Education Integrated with Industry and Learning

进入公司后,杨老师把我们安排至了研发部进行学习,在做好身份转变的同时,还应投身于实际项目当中,感受公司组织构架和设计流程。与杨老师多次会议交流过后,他不仅教我们如何分析案例介入设计,与我们讲述如何从建筑出发、地域出发、需求出发来理解为何设计和如何设计,还教会了我们如何做一个有热情、有担当的设计师。在公司前期阶段,根据一个正确的设计分析流程,在公司资料库中学习与总结了许多优秀酒店的设计项目,如大理满江精品酒店、南京金鹰世界G酒店、中山威斯汀酒店、重庆沙磁公馆、成都悦榕庄酒店等项目,开阔了视野,提高了审美,还现场调研了深圳国际会展中心希尔顿酒店、希尔顿花园酒店和深圳回酒店。并在公司经常能参与真实项目的头脑风暴,比如珠海悦榕庄、襄阳南湖宾馆、深圳小梅沙美高梅钓鱼台等优秀的酒店招投标项目,在头脑风暴会议中,都能与杨老师一同参加,能亲身观摩和学习到一位酒店设计大家亲自设计,真是人生中一大幸事。

经过了真实案例的学习与调研和几次会议的商讨,与杨老师定下本次联合培养的研究方向为关于地域文化挖掘与酒店设计的结合,随后便加入了珠海悦榕庄设计项目组,最后将选题确定为广府文化在度假酒店空间设计中的演绎。从地域文化到广府文化,以广府传统地域元素作为研究探讨方向,结合实际度假酒店珠海悦榕庄酒店设计项目,论述传统广府文化向现代化转换的可能性和与度假酒店结合的方式。通过四个月企业时光的研究与学习,从最初设计的迷茫到最终找到广府演绎元素,还得到了论文基本大纲的梳理和前期设计调研的相关整理。最重要的是学会了如何进行成果汇报,如何厘清汇报图面表达和讲述逻辑,因为成果汇报也是我们这一专业层面十分重要的一部分。

企业交换时光结束之后,返于校内,也没有停下学习的脚步。返校后,校内导师潘召南潘老师对原有论文方向和大框架也十分认可,并对我的论文框架细节展开与梳理、关键词的定位和设计理论的应用进行的悉心指导,让我找到了论文相应的理论支持,即诺伯格·舒尔茨的"场所精神"理论作为演绎的基础,是本次联合培养设计演绎的方法指导思想。潘老师的专业指导和宝贵建议让我面对个人首篇长篇幅的论文显得更加从容不迫,按时按量完成了论文与设计任务。

最后,再次感谢四川美术学院、各校导师和各位企业导师创办了本次校企联合培养项目,通过各位老师的指导与帮助,这段时间收获颇丰,在将来的时光中,希望依旧不忘初心,逐梦远行!

企业导师杨邦胜评语:

四个月,流光瞬息,有幸又再一次见证一位设计后起之秀的进步与成长。彦德是我带的第10位研究生。在教学相长的道路上,每一次交流、每一次讨论,我从同学们眼里的光,看到这个行业的未来和希望。

和所有来到企业的研究生一样,我在进站之初,给彦德两个主要任务,一是以一个观察者、旁观者的身份,看到真实的设计师从业现状,了解一家设计企业的运作,尽快熟悉真实项目的设计流程,从研究生的角度转换为职业设计师的认知,思考如何组织和开展项目,并融入设计团队;二是参与公司的真实案例,深入其中,发现问题和研究方向,他需要从理论出发,并结合实际的设计工作进行思考与学习。

广府文化在度假酒店空间设计中的演绎——以珠海悦榕庄酒店设计为例 / 陈彦德
Interpretation of Guangfu Culture in Space Design of Resort Hotel
—Take The Design of Banyan Tree Hotel Zhuhai as an Example / Chen Yande

我还记得我们的第一次交流和碰撞，我引导他从建筑设计最初的角度出发，思考为何这般设计，思考如何定位并且如何产生与之相配的设计成果。那时候的他或许还有些迷茫，但经过进入公司研发部学习，和到项目所在地实地考察、调研，他很快发现了兴趣点所在，即为关于地域文化与酒店设计方面的相关研究。他发现对于全球的度假酒店而言，都旨在找到自己独特的属性，塑造自身卓而不凡的气质，地域文化的研究可以给予酒店注入差异化的活力，并形成酒店的地域特色属性，提升竞争优势，同时还能改变客群的旅行意义。

挖掘地域文化，让设计唤醒即将消失的城市记忆，是我和我的团队一直在做的事。很高兴彦德正好对此有研究的兴趣。我把他安排至珠海悦榕庄酒店项目组，希望跟随项目组的设计进度，进行本次的课题与项目研究。悦榕庄是全球具有代表性的奢华酒店度假品牌，我希望彦德能从悦榕庄品牌标准和特色、文化设计主题的探讨和设计模型建造和效果的角度出发，结合现实案例设计工作，找到设计的感觉。并将工作站选题定为广府文化在度假酒店空间设计中的演绎，希望他以当代的手段，传承东方韵味，营造浪漫、休闲和高雅的空间意蕴。

说实话，广府文化用当代设计方法的表达是比较困难的，广府文化如何定性和如何演绎很重要，要突出其神韵，并且从空洞的理论知识，通过调查与研究，运用于设计实践中，这个学习的过程十分重要。

彦德从最初讨论设计的茫然，到后来找到广府文化的设计表达元素，其中最大亮点为整体化思考的能力，彦德感受到当地的设计线索与特点，运用山石的元素把场地串联起来。从入口空间设计到大堂吧和廊道的设计，整体空间的衔接为本次课题的亮点。希望后续设计中能从地域文化更深层的韵味出发。

广府文化与日照、温度和大海有关，更应注重气韵的传递，不宜有过多符号化的表达，希望彦德能从这方面再做深入的思考。论文部分通过校内潘老师的指导，使得论文框架更加清晰明了，关键词定位准确，论文内容也更加完善和饱满。目前看来，通过四个月的校企交换与学习，彦德进步显而易见，他把这两项任务都完成得很好，值得祝贺。希望完成学业之后，彦德能坚持走在设计的道路上，继续加油。世界的舞台很大，希望能有远大的未来。

校内导师潘召南评语：

陈彦德同学于 2021 年 9 月在进入深圳校企联合培养研究生工作站学习期间，认真勤勉，师从知名设计师杨邦胜老师，积极向企业导师求教，并主动向学校导师汇报学习进展情况。通过进入导师的以珠海悦榕庄酒店设计项目，展开了较为系统性的地域文化结合世界品牌度假酒店环境及空间设计，并由此拟定了《广府文化在度假酒店空间设计中的演绎——以珠海悦榕庄酒店设计为例》的论文选题，论文选题明确，对地域文化的挖掘与采集较为充分，在实际项目研究和设计实践锻炼中，明确了自我学习的方向，也弥补了自己在相关知识层面的不足。彦德同学的综合能力得到了明显的提升，体现了专业硕士应有的理论研究与实践创新能力，为后续的毕业论文和毕业设计打下良好的基础。

指导教师：四川美术学院 潘召南教授　　2022 年 3 月 22 日

再启
产学融合研究生培养探索与实践

Reboot
Exploration and Practice of Graduate Education Integrated with Industry and Learning

触媒理论下有机垃圾处理中心公共空间设计研究

Research on Public Space Design of Organic Waste Treatment Center Based on Catalyst Theory

傅慧雪（北京工作站）

学校：西安美术学院
专业：环境艺术设计
学校导师：周维娜
企业导师：韩居峰
企业名称：北京侨信装饰工程设计院有限公司

摘 要

随着中国城市化进程快速推进、人们环境意识日益觉醒，人们对城市公共环境设施的要求也日益提高，但单一功能的垃圾处理中心无法在城市发展中完整传播价值意义。本文针对这一社会现象，从触媒视角出发进行相关思考与研究，在不彻底改变场地自身属性的前提下引入新的触媒元素，随后从空间、功能、文化等角度进行触媒媒介塑造，最终起到公共空间品质提升、活化厂区的作用，并在城市经济、文化以及环境层面传播触媒价值。本文结合《北京通州有机垃圾资源化处理中心公共空间设计》这一课题，探索出触媒理论下有机垃圾处理中心公共空间设计的研究新思路，从而推动城市文化的传播，实现城市的可持续发展。

关键词：触媒理论；垃圾处理；公共空间；品质提升

一、绪论

（一）研究背景及意义

随着社会的不断进步和工业技术的高度发展，我国资源耗费与环境污染的压力与日俱增，进而引发了许多社会问题。建设有机垃圾处理中心不但可以无害化地将垃圾转化为可利用资源，还可以推动该地区的建设、增强周边土地的价值。但有机垃圾处理中心公共空间吸引力低，很少受到人们的关注，究其原因，是因为其公共空间活力不足，空间品质需要提升。

本研究针对有机垃圾处理中心公共空间的现存问题，以触媒角度出发分析、解决问题，通过对触媒元素的塑造，增强厂区内公共空间各要素之间的衔接，改善工业厂区公共空间以往单一无序的状况，打造出多层次的公共空间设计。希望充分利用有机垃圾处理中心公共空间活化后所产生的触媒效应，在城市传播中体现城市功能设施的价值意义。

（二）研究思路与方法

通过对研究对象有机垃圾处理中心公共空间的研究与解读后，将"触媒理论"作为研究手段进行引入，以厂区面向目标人群的行为模式为落脚点，探索不同人群对公共空间需求的共性，结合触媒效应的运作机制，将置入、塑造、扩散、发展作为有机垃圾处理中心公共空间设计发展流程，最终分析其活化原因并加以总结，提出触媒视角下有机垃圾处理中心公共空间设计研究策略，提出对我国相关实践的启示。

二、基础理论阐述

（一）有机垃圾处理中心相关概念

随着城市建设事业的不断发展，生产生活垃圾已成为新的污染源。[1]城市生活垃圾从收集到最终处置，是一项十分复杂、耗资巨大的系统工程。有机垃圾也称湿垃圾，是由纸、纤维、竹木、厨房菜渣等含有有机物成分的废弃物组成的，其总量占城市垃圾的一半以上。而有机垃圾处理中心是集餐饮垃圾废物、厨余垃圾、动物固废、粪污处理、生物柴油制备及沼气发电于一体的综合厂区。

连接厂区内各建筑之间的公共空间是人在园区中构成认知地图的重要节点，具有烘托园区氛围、强化园区文化主题、统一园区风格的作用。而公共空间作为对外交流的平台，承载着交流互动、休闲娱乐的作用。对园区公共空间进行塑造可以为其增添活力，从而引起人们的精神共鸣。

（二）触媒理论相关概念

1. 触媒理论的概念及内涵

"触媒"一词在《辞海》中原为化学概念，是催化剂的旧称。其特性是在发展变化过程中仅提升发生反应的速率，被反应的物质不做出改变。[2] 触媒反应是指其发展变化的过程，而触媒效应是指被催化的环境与事物。

城市触媒是在此化学概念基础上的延伸，由美国建筑师韦恩·奥图与唐·洛干在其著作《美国都市建筑——城市设计的触媒》中首次提出。[3] 城市触媒是触媒反应作用于城市的结果。在城市中置入提取到的原始触媒点，对触媒元素加以塑造并激活后便会引发触媒反应，随后以此为基点产生更多的触媒元素、带动周边环境变化发展，形成联动反应，进而促进更高层面的城市结构转型。（图1）

相对于反应发生后产生的结果，触媒理论更关注置入触媒点后，城市发展的过程性。在不影响场地原有特质的前提下，从过程出发，利用城市新旧要素之间的互动，实现内部机制的协调，进而形成联动效应，达成城市形态变化的连续性。

2. 触媒理论的基本原理

城市触媒是一个自下而上的设计理论，在城市原有状态下，通过将触媒新元素局部置入于适当的片区。在新旧元素的相互作用中促进周边区域局部更新，而后会继续指引、激发和控制新入的城市元素的特征和形式，来激发更大规模的城市更新。它不像其他城市设计理论一样会直接产生城市设计的"终极蓝图"，而是强调设计本身就是一个城市发展的触媒。[4]

3. 触媒理论的类型与表现形式

触媒的类型从属性形态上可以分为物质形态与非物质形态。物质形态的触媒是具象的实体，譬如建筑物、构筑物、公共空间甚至是建筑群；非物质形态的触媒是抽象的、没有固定形态的，可以是规范制度、法律法规，也可以是主题活动、城市事件等。因触媒作用在不同场地形成的差异，从表现形式上分为点触媒、线触媒、面触媒。点触媒是指具有节点性质的空间，发挥着小中见大的作用；线触媒是指空间形态上各种线性空间，也可以由多个点空间组合成的线性区域，譬如交通慢行系统等各种具有导向型的空间；面触媒是由多个点触媒与线触媒连接而形成的空间形态，比如开放空间、公共绿地等。这三种形态的触媒在不同的概念下互相包含、互相作用、互相转换，就像绘画概念里的点、线、面关系，你中有我，我中有你，但不同的是触媒概念下的点、线、面不仅是形式上的共存，而且是会发生催化反应的共存。

三、触媒理论下的有机垃圾处理中心公共空间设计分析

（一）有机垃圾处理中心公共空间现存问题

随着时代发展和科技进步，垃圾处理方式逐渐多样化，但人们对垃圾处理厂区了解有限，甚至思想还停留在记忆中的"老、破、旧"阶段。这些问题并不局限于物质层面，往往是社会、经济、文化、环境等方面的问题。由于城市公共环境设施是城市发展不可缺少的一部分，垃圾处理产业的文化特性应该受到人们的关注，并向城市传播其价值意义。

但在这种快节奏发展的背景下，模式化的厂区设计中出现了以下几种问题待解决：在文化层面上缺乏对于工业园区公共空间特色的挖掘、对城市文化的体现；在空间结构上垃圾处理厂区内部空间组织缺乏整体性与连贯性，整体呈现出一种断层状态；在人群分析上缺乏对厂区中使用者行为模式的探索，空间内部适用人群的行为模式与公共空间设置不协调。

（二）触媒理论应用的目的与运作机制

1. 应用目的

在有机垃圾处理中心公共空间中引入触媒理论可以将厂区特有的空间氛围和工业建筑的各种元素作为整个场地最突出的特质，在维持场地原有特色的基础上植入新功能，并引入城市文化，通过艺术化手法对厂区公共空间进行塑造，使其形成独特风格，最终成为整个厂区空间构成中不可或缺的一部分。厂区内的各类型空间与构成元素相互联系，塑造出一个符合自身属性且具有独特文化价值的有机垃圾处理中心公共空间。

2. 运作机制

触媒理论的运作机制具有策略性，具体可以分为三步：触媒元素选取、塑造触媒媒介和触媒效应引导。触媒元素选取是整个运行机制中较为关键的一步，首先选取满足特定条件的场地元素作为"原始触媒点"，在基于现状文化资源、空间资源等因素的分析后选取有潜力的触媒载体，在载体上置入提取到具有潜质的触媒元素；在触媒载体与触媒元素确定后，通过个性化的空间设计手法使触媒效应得到发挥并作用于周边空间，产生联动效应并激发空间活力，拓展影响范围；在完成触媒媒介的塑造后，通过策略性事件引导、政策引导，逐步推动公共空间的活化，从而产生持久影响。（图2）

（三）有机垃圾处理中心公共空间触媒角度的选取

通过对有机垃圾处理中心公共空间中的各要素等进行梳理，分析其触媒价值，选取其中触媒价值高的元素进行更新设计，可以达到有效激活厂区触媒载体的目的。触媒元素的提取可以通过厂区的区位可达性、建筑外观美观性、节点标志性、空间结构丰富性等方面进行触媒价值评估，随后从"物质形态"和"非物质形态"两个层面进行分类挖掘。（图3）

1. 物质形态的触媒要素

物质形态的触媒要素主要从厂区内的建筑物空间形态、开放空间、交通空间和灰空间等角度选取。

厂区内建筑物作为物质触媒中的重要组成部分，大致可以分为工业生产建筑类与办公生活类建筑。工业建筑主要用于生产、

图1 触媒理论的运作机制（来源：自绘）

图2 触媒角度的选取（来源：自绘）

图3 与触媒模式相对应的公共空间类型（来源：自绘）

储存和运输，办公生活类建筑则主要用于办公与管理。而前者的特殊建筑外观形态以及所蕴含的工业文化积淀是其作为触媒元素被改造利用的首要特质。因厂区内大多面积都由工业建筑所占据，并受生产性、实用性的影响，开放空间在厂区的整体空间肌理中呈现出空间序列的不完整性，但正因如此才有别于普通城市的开放空间，突出了厂区空间界面的多样性。与开放空间相同的是，交通空间受机械运输需求的影响，在空间形态与尺度上也往往有别于城市普通道路。因此在触媒元素的选择和设计中，应充分把握这种特殊性，发挥出工业感召力。厂区内灰空间产生在建筑架空层、底层空间、柱廊和中庭内，对灰空间的有效设计可以烘托厂区氛围，从细节处入手，使物质实体与工厂文化形成更紧密的联系。

2. 非物质形态的触媒要素

非物质形态的触媒虽是抽象概念且没有固定形态，但其仍需作用在物质载体上才可以更好地表现。因此，选取了区位潜力、城市文化、工厂文化作为非物质触媒元素切入点，作用于有机垃圾处理中心公共空间这一物质载体上。

区位的潜力表现在所处片区的文化资源、经济资源、交通资源以及常住人口消费能力与参与度上。区位是衡量城市能否繁荣发展的部分先决因素，决定了城市的发展方向与格局，因此良好的区位潜力是有机垃圾处理中心能够产生"城市触媒"效应的其中一个关键因素。城市文化主要是指城市的历史文化、政治文化、宗教习俗及风土人情等在城市形态上的具体体现。城市文化可以通过触媒反应以多种形式自发地融入厂区空间以及人们活动的空间，[5] 并赋予空间以城市文明的意义。工业文化所发挥的触媒效应不仅是工业文明的精神体现，也是工业建筑的美学表达，通过艺术化手法表达向外界传递出工业空间文化性。

（四）塑造触媒媒介

1. 以空间塑造为导向

有机垃圾处理中心的空间布局受其生产性质的影响，形成各不相同的空间模式。根据选取的物质形态触媒要素——建筑物外观形态、厂区开放空间、交通空间、厂区灰空间，分别采取建筑物外观重塑、开放空间艺术化重塑、交通空间重塑、灰空间重塑的方式进行提升设计。

厂区建筑物的外观形态蕴含着工业文化特质，是激起目标人群兴趣点、增强场所精神、形成触媒效应的重要空间节点。大多数人对传统工业厂区的基本印象，停留在空旷、单调的空间结构以及黑白灰的色彩关系上，因此在建筑物外观重塑的过程中，本设计采用契合厂区主题与功能的色彩体系丰富建筑表现形式，增强空间感染力与视觉冲击力，提升厂区氛围感。而对厂区开放空间的塑造，离不开空间的主体——"人"，将目标人群的各种活动融入公共空间，并置入线触媒元素。通过对漫游系统的设计，采用明确、便捷的交通路线将厂区中的建筑物、公共空间、厂区灰空间相连，形成一个完整的空间序列。结合厂区空间结构，塑造出别具一格的空间类型，将人的交往活动与工业生产融合，激发人们在场地中开展不同类型的活动方式，以艺术的形式在原本重复紧张的环境中营造出一种轻松休闲的空间氛围。厂区灰空间这类型点触媒空间大多存在于建筑物与工业设备之间的间隙中，而对其进行改造再利用可以提高厂区空间利用率，并且极大程度上丰富了空间的视觉体验，打破了传统园区的固有印象，使目标人群从中感受工业之美，以此扩散触媒效应。

2. 以功能触媒为导向

传统厂区功能单一，仅仅只是为解决城市垃圾而存在，缺乏对空间资源的有效组织和优化。从触媒角度出发，可以将垃圾无害化处理作为独特的亮点放大，在厂区原有生产功能基础上，于公共空间中增加旅游观光功能、教育科普功能、休闲空间功能、商业、文化艺术等功能。将不同的触媒塑造手法相融合，调节各植入功能占比，实现利于厂区的最佳组合模式，从而形成高效率的功能性触媒。

譬如在场地中置入教育科普功能触媒，是将厂区活化为城市中不常见的实景互动式教育参观学习基地，这样不仅可以为厂区带来额外的经济收益，而且可以为厂区增加人气与活力，产生良好的社会、文化效应。而场地中融入休闲空间功能触媒，可以丰富厂区公共空间，为原本生硬的工业空间注入活力，让园区焕发生机。设计需满足不同年龄人群的使用需求，并丰富其活动形式，集休憩、游憩、交流于一体，与片区内各功能区产生有效互动，从而引发连锁的触媒反应。

3. 以文化触媒为导向

城市文化是城市空间设计的物质元素与精神源泉，将其作为触媒点，可以激活城市相关片区、展示城市特质。垃圾处理文化从原始文明时期的随手丢弃发展到如今生态文明时期的无害化处理，可谓历史悠久，而有机垃圾处理中心公共空间作为该文化的载体，可以将无害化处理原则作为切入点，通过对厂区展示空间等重要节点进行塑造，使人们驻足停留，感受环保理念，使有机垃圾处理中心成为感悟城市文化的新场所，最终在城市传播中体现其价值意义。

（五）后续引导与支持

触媒效应是一个渐进式的反应过程，需要一步步地引导，使其逐渐发挥作用，最终达到预期目的。有机垃圾处理中心公共空间的触媒后续引导主要分为事件引导和建设引导两大类。事件引导主要是以非物质形态触媒元素为主导，通过举行一系列城市文化活动来强化厂区主题，吸引更多市民体验特色的有机垃圾处理中心的公共空间，以此传播工业文化。城市活动是公共空间产生活力的源泉，对于公共空间触媒作用的发挥有着关键的影响，在公共空间中举办有城市活动，就可能会引起人们的关注和聚集，从而自然而然地通过人这一媒介，将触媒反应不断持续下去。[6]建设引导是对厂区周边的环境进行整合，在选取具有触媒潜力的环境资源后,开启新一轮相对宏观层面的触媒反应运作机制,从而逐步扩大触媒效应的范围,推动周边片区的发展。

四、基于触媒理论的有机垃圾处理中心公共空间设计实践

(一)项目概况

1. 区位条件

有机垃圾资源化综合处理中心位于北京市通州区永乐店镇采林路,旁为生活垃圾焚烧厂,地理优势明显,地处北京、天津、河北三省交界处。基地周边与通州城区之间的交通体系十分完善,京津城际铁路途径镇域腹地,厂区与京津塘高速公路出入口仅两公里距离。基地东侧则为城市主干道和次干道,从而有利地疏导了周边的交通状况。厂区周边公共交通便捷,四周均设立公交站点。

2. 现状分析

基地面积9.47公顷,地段东西长166.9米,南北长616.1米,成不规整的长方形。项目周边地段多为大面积空置绿地,整体布局相对简单,仅基地西侧是从事循环经济、可再生能源产业的固废垃圾处理中心。基地内部空间肌理单一,建筑密度相对较低。受垃圾处理流程的影响,其功能布局更具有秩序性,厂区内多为框架结构的建筑厂房,外观形态简洁,体块感非常明显。

3. 公共空间设计需求

由于垃圾处理产业属于邻避设施,不受居民欢迎,导致该地段活力严重不足。并且基地内部工业生产建筑类与办公生活类建筑分布情况错综复杂,使厂区内公共空间呈碎片状分布。正如前文所述,该地段区位优势明显,土地资源丰富,经济潜力明显,但受种种原因影响,没有发挥出应有的区位效应。因此,需要有效的公共空间设计方案,以此提高厂区整体活力。

(二)触媒视角下的北京通州有机垃圾资源化处理中心公共空间设计分析

1. 触媒理论影响下的设计理念

有机垃圾资源化处理中心与普通的垃圾处理站相比,最大的优势就是利用生物科技对城市垃圾进行无害化处理。在处理过程中,"酶"作为具有催化作用的有机物发挥了很大作用,在厂区内将垃圾转化为水、燃油、肥料的过程催化处理。进而催化产生厂区最重要的非物质形态触媒元素——厂区文化,并且由触媒元素形成的触媒效应也同样具有催化功能。此次设计的对象——有机垃圾处理中心公共空间,也起到"酶"作为催化剂催化厂区活力,提升空间品质的作用。因此,园区以"酶"为设计主题,寓意通过有机垃圾处理中心公共空间的设计可以加快城市发展层面价值传播的目的。

2. 与触媒模式相对应的公共空间类型

从空间程度划分，将厂区公共空间作为触媒对象可以分为点、线、面三个层级："点触媒"是触媒反应的基础出发点，是触发触媒效应的重要空间要素，为厂区活化提供动力，形式上是通过点状发射对周边场地产生效力，催化周边目标各要素加速改变，物质形态的点触媒具体体现在建筑物、构筑物及各个空间节点上，而非物质形态的点触媒表现在场地中置入的新功能上；"线"触媒是引发触媒反应的线性空间载体，形式上是通过线性延伸对目标空间产生影响，物质形态的线触媒大多体现在片区内部的交通流线中，而非物质形态的线触媒可以是人们在厂区活动的路径，也可以是连接文化与产业的信息纽带；"面触媒"是一种利用大面积空间作为媒介，从而引发触媒反应的作用形式，与前两者不同的是，面触媒更偏向于使用空间聚合的向心力来活化场地，从表现形式上来说，物质形态的面触媒可以是厂区内的公共空间，非物质形态的面触媒是点与线相连接、共同营造出的人文关怀体验构架。（图4）

（三）触媒理论在有机垃圾处理中心公共空间的应用

1. 确定触媒点

基于对厂区公共空间这一触媒载体的综合分析，根据其触媒价值选取片区内部合适的触媒点：物质形态的触媒元素选择：建筑外表皮、工业构筑物、开放空间、交通空间以及厂区内灰空间。非物质形态的触媒元素选择北京通州的城市文化、垃圾处理厂的工厂文化以及厂区内部的场所精神。将提取到的触媒元素进行再设计，并重新置入于场地，以扩散的形式向外扩展，逐步对周边片区产生影响。

2. 塑造媒介

在触媒点确定之后，根据基地特征设计"一轴四场景多节点"的空间结构。将触媒反应的塑造过程解构为文化引导、功能引导和空间引导三部分。

在文化引导层面，着重强调工厂文化与城市文化，整个厂区游览路径可视为一条文化输出中轴线，在精神角度上对吸引目标人群，使其产生共鸣，进而生出认同。在功能引导层面，呈现在参观者面前的除了厂区生产场景外，结合厂区布局形成一条多元化场景中轴线，轴线从南到北依次为休闲空间场景、教育科普场景、旅游观光场景、文化艺术场景。进而在空间引导层面，将丰富空间节点置入于基地内部四个场景中。在塑造空间节点时尊重原始厂区的空间肌理，用多种建筑表现形式对原有肌理进行重构，需要在兼具艺术性的同时保证厂区空间特质。场地主入口处的综合建筑容纳着游客接待、教育科普等功能，因此需要设计开放节点以聚集人流，并利用具有方向性的线性表现形式暗示目标人群的行为动线；厂区内工业生产建筑群分布零散，故需设计连廊连接，使其变成相互联系的有机整体；建筑架空层的灰空间则是用艺术手法表达出厂区特色文化。营造"一轴四场景多节点"的空间结构既是对触媒元素的塑造，是发挥作用的重要手段，也是发挥触媒作用的重要手段。

3. 后续引导与支持

与常规性空间设计相比，触媒理论引导下的空间设计更注重"进行时"，而非"完成时"。在完成对设计对象的触媒塑造后，需要进行后续的引导与支持，通过渐进式发展模式对周边地区产生正向触媒影响，从而使触媒反应一直延续，不断发展。

公共空间的后续引导也分为事件引导和建设引导两个方面。事件引导主要为在厂区举办的各种城市文化活动，可以活跃空间氛围，对触媒反应的活力维持起到很大作用，并引起进一步的连锁反应。建设引导主要是指对厂区周边环境进行相应整合优化，通过建设相应交通设施、便民设施以及服务设施来拓展更大面积的触媒空间活化。

图4 空间节点（来源：自绘）

（四）通州有机垃圾资源化处理中心公共空间的触媒效应

触媒理论是一种自下而上的设计理论，应用在有机垃圾处理中心公共空间中产生的触媒效应是多方面的。经济方面触媒效应体现在区域产业带动与经济复兴。在原本单一属性的工业厂区中融入新的产业功能，运用厂区内工业文化与生产设备，建设以知识科普为主、旅游参观为辅的教育基地，从而起到了提升地价和吸引投资的作用。在环境发展层面，由于人们对于垃圾处理厂的固有环境印象不佳，而在触媒理论指导下塑造的厂区公共空间将打破原本认知，将脏、乱、臭的空间形象转变为无味、整洁、开敞……甚至是有趣的、人们愿意参与的公共空间良好形象。

而在社会文化层面，厂区内部的工业文化与工业艺术相融合，用技术与艺术相结合的手段塑造出特色公共空间，进而形成情景式体验氛围，使受众群体不但能感受到工业文化，也能被场所内的独特氛围所吸引。

五、结论与展望

本文通过对研究对象有机垃圾处理中心公共空间现存问题的分析，以及对研究手段触媒理论作用原理的了解，着重分析了触媒理论的运作机制，并从其运作步骤：确定原始触媒点、塑造触媒媒介和塑造触媒效应入手，挖掘其"触媒化"的特质条件与深层内涵，提出了触媒理论下有机垃圾资源化处理中心公共空间的设计原则和预定目标，并以北京通州有机垃圾资源化处理中心公共空间的设计项目作为具体案例加以辅证。

通过对厂区公共空间的研究，提出触媒理论应用至工业空间中的设计原则，并根据第三章所构建的具体策略逐步对厂内与触媒模式相对应的公共空间类型进行筛选，并以点空间、线空间、面空间为落脚点解析触媒系统的构建过程，预估在设计之后项目所发挥的经济、社会、文化、环境效应将证明触媒理论应用在有机垃圾处理中心公共空间的可行性和合理性。在宏观层面,垃圾处理中心自身也可作为一个触媒点,推动周边环境资源进行整合,产生触媒效应,进而推动城市发展,在提升自身价值的同时,实现周边片区经济的有效振兴,提升社会活力,推动城市文化的传播。

参考文献

[1] 毕琳. 我国城市化发展研究 [D]. 哈尔滨:哈尔滨工程大学, 2005.

[2] 张目. 城市触媒理论浅议——以上海"新天地"项目为例 [J]. 理论月刊, 2005.

[3] 韦恩·奥图,唐·洛干. 美国都市建筑——城市设计的触媒 [M]. 王劭方,译. 台北:台北创兴出版社.

[4] 李旭旭. 基于城市触媒理论的城市旧工业地段更新研究 [D]. 重庆:重庆大学, 2015.

[5] 苏锐. 基于"城市触媒"的工业遗产更新策略研究 [D]. 重庆:重庆大学, 2014.

[6] 纪少华. 基于城市触媒的轨道交通枢纽综合体公共空间设计研究 [D]. 北京:北京建筑大学, 2015.

学生感想:

就在 2021 年的夏天快要结束的时候,很荣幸得知可以参与北京工作站校企联合培养项目的机会,怀着半分憧憬半分紧张的心情,我坐上了开往北京的高铁。

抵达北京时虽已是傍晚,但从出租车窗向外望时,我仍旧感受到了这座城市厚重的文化感与生活气息,这使我原本复杂的心情平静了许多,想到即将要在这座城市生活、学习半年,我不禁开始期待起来。在北京的第一天,我的企业导师韩居峰老师便做起了最风趣的"导游",开车载着我和同导师的同学游览了北京城的中轴线、长安街,从人文历史讲到城市建设,从思维逻辑讲到空间设计,深入浅出地开启了第一节"产教融合小课堂"。

随后的日子便开启了在工作站的学习。学校的生活环境和社会的工作环境大不相同,前者更倾向于学术能力及专业知识的培养,后者则更侧重实践能力与思维表达。而在工作站的学习需要将这两者结合,把理性的思考模式带入实际项目中验证,最终做到教学相长。"我们应该更加去探究事物的'因',用'因'为先导的思维,创造自己的方法与模式,"韩老师这句话使我受益匪浅。在工作站学习期间，我最大的收获就是思维模式的转变，从"结果导向"的设计思维变为"过程导向"的设计思维。不再将重心单纯地停留在最终呈现的效果上，而是更关注推导的过程与思路，最终用合适的设计语言将其中逻辑性表现出来，形成属于自己的工作方法。在公司学习的日子很充实，无论是工作上还是生活上，同事们都帮助了我许多，一起画图、一起为项目努力，让实践能力不足的我飞速成长。虽然目前能力可以做的东西很有限，但在集体中，共同拼搏的那份热血我会一直牢记。

在工作时间外，和来自不同学校的工作站小伙伴们一起玩在北京，学在北京。第一次相约，我们在清华校园相聚，恰逢雨后天晴，意外又惊喜地体会到两种意境下的清华园。之后的日子里，一起畅游首钢园，感受工业遗存改造后的华丽转变；一起看安藤忠雄、梁思成的展览，体会大师对设计的思考、对材料的把握……

在北京的这段时间，对我来说似乎是一个加速成长的过程，在经历了一系列课题进度汇报后，我的专业能力和心理素质都有了很大提升，这离不开很多老师不求回报的点评。这次课题的研究就像检测试纸，检验我能否将理论知识应用至设计实践。

最后，感谢帮助过我的各位老师、同事，感谢陪伴彼此、共同成长的小伙伴。

校内导师周维娜评语：

城市化进程中，我国目前正处于加速进程时期，城市建设取得了瞩目的成就，城市规模不断扩大、数量不断增加、以城市人口增长为标志的城市化率稳步提高。然而，在此进程中，我国的城市建设也出现了诸多问题，如，公共环境管理问题、资源短缺问题、产业结构问题等；尤其在城市快速更迭中，出现了"城市中空化"，和"城市特征危机"现象，千城一面，已成普遍状态。

傅慧雪同学的论文，在此背景下展开思考，选题具有较准确的针对性。文章从"触媒理论"研究出发，以城市建设中的有机垃圾处理中心公共空间设计研究为切入点，旨在强调城市化进程中有机垃圾处理的重要价值同时，从专业视角思考如何将城市功能设施的价值意义在城市传播中得以显现。文章中"触媒理论"的导入，既从宏观层面审视了城市发展中的"特征危机"问题，同时又通过设计实践研究，梳理了以有机垃圾处理中心公共空间为代表的新的城市建设发展路径，具有一定的研究价值和应用价值。

在此感谢韩居峰老师对傅慧雪同学在进站学习过程中的悉心指导，希望傅慧雪同学在以后的工作学习中，能够继续保持良好状态，为我国城市发展建设做出贡献。

度假酒店空间复合化研究
——以无梦度假酒店设计为例

Study on Spatial Complexity of Resort Hotel
—— A Case Study of Dreamless Resort Hotel Design

2019（第十届）四川省高校环境设计大展"环境设计学年奖"全场大奖
2021 第五届中建西部"5+2"环境艺术设计双年展综合组金奖

樊可（深圳工作站）

学校：四川大学
专业：环境艺术设计
校内导师：段禹农
企业导师：张峰
企业名称：深圳市广田建筑装饰设计研究院

再启
产学融合研究生培养探索与实践

Reboot
Exploration and Practice of Graduate Education Integrated with Industry and Learning

摘 要

随着中国旅游业的发展和城市生活品质的提升，现代酒店内部空间的功能与价值取向日趋多样与复杂。酒店建筑已发展形成高度复合化、综合化的现代建筑体系，其内部空间也将趋于高度复合，形成复合型的空间结构。复合空间有助于打破单一功能空间的空间壁垒，串联酒店的各种空间界面，从而增强空间设计的应用性与叙事性。它在实现了其所承载的各种功能的同时，还通过不同空间的协同作用，产生更高效的聚合效应。通过强调酒店空间的可读性，丰富游客居住体验，让人们更好地了解酒店文化，使度假酒店成为真正的度假休闲目的地。本文通过对复合空间的理论研究，并以无梦度假酒店为实践研究对象，分析了复合空间设计在酒店建筑中的成因和意义。在方案中，将酒店复合空间设计方法的成果应用到无梦度假酒店项目具体的规划布局和景观设计中，对酒店的定位、总体布局、建筑单体、室内外空间等进行设计。本文重点研究了酒店大堂、廊道、院落等典型复合空间的设计手法，旨在为之后的酒店建筑复合空间设计提供思路，促进酒店设计的发展，实现酒店自身的不断提升，使其实现与城市生活更加紧密的联系。

关键词：复合空间；度假酒店建筑；酒店设计

一、绪论

（一）研究背景

改革开放以来，我国酒店业开始起步，酒店数量迅速增加，类型也呈现出多样化趋势。一方面，高端豪华星级酒店以其高端的设施和服务牢牢控制着高消费者群体；另一方面，经济型连锁酒店的快速扩张，以其便捷、实惠的优势吸引了广大中小消费群体。进入21世纪以后，在体验经济的影响下，人们的消费心理和消费文化逐渐产生转变，人们在追求物质享受之时，更注重精神放松、精神体验和体验过程中的享受，因此，对自然和文化景观的向往越来越强烈。这一转变使我国的酒店类型逐渐向旅游度假酒店和目的地度假酒店发展，各地纷纷凭借其旅游资源的特点打造各具特色的度假酒店。

与此同时，部分度假酒店的选址大多都位于地理自然环境、历史人文环境等条件相对良好的场所中，在有限的设计空间里，综合社会经济基础、区域制度政策、地方环境与文化生态技术等诸多的复杂因素，通过创造丰富多元的人文体验功能空间，有效迎合了广大游客的消费与心理需求，这就为本文的主要探究对象——空间复合化，提供了良好的研究素材。因此，笔者从广义复合空间的角度，将研究范围界定为：介于度假酒店建筑室内功能空间与室外地域环境之间的多样复合空间，以反映建筑内部空间与空间、空间与环境、空间与人文之间的渗透关系。

（二）研究现状

1. 国内研究现状

国内学术界有关度假酒店设计的相关研究起步于2001年，目前已有不少相对成熟的理论成果。从中国知网以度假酒店为主要研究方向的文献量化分析来看，关于度假酒店的研究在2001～2013年呈快速发展趋势，2013年达到高峰时期，之后逐年下降，直到2018年再次受到关注，至今依旧在国内研讨方向上保持着一定的热度。

这些学术研究主要集中于度假酒店的空间关系、地域文化、生态性、场所营造这几个方面，且更多着眼于建筑本身，但是从复合空间等角度探讨度假酒店设计的较少。通过查阅文献整理总结，近几年高校学者陆续发表的一些与复合空间相关的学术论文，其研究多数集中在公共空间建筑领域之中，虽并不完全针对酒店建筑，但依旧对本文的研究有一定的参考价值。

由此可见，在当下的硕士论文中仍有部分群体对建筑复合空间有着研究兴趣，并尝试在设计方法上进行持续探索。但由于现存的理论研究缺乏一定成果，研究的层面也仅停留于学术论文上，因此目前针对本文所指的度假酒店建筑空间复合化相关研究仍相对较少，理论成果在未来还有着更广阔的研究空间。

2. 国外研究现状

国外度假酒店兴起于20世纪90年代，发展相对国内较早，故在设计方面的有关研究也比较丰富。国外的学者们通过多年的实践总结出了较为系统的设计方法及思路，在酒店的前期策划、平面布局和建筑造型设计方面也积累了大量的经验，其内部各个空间的功能及界面均经过合理的推敲，相关的理论和实践在广度和深度上都比我国更加深入。

除了理论性的专著外，著作更多为实际案例的作品集，其中较为经典的著作《酒店设计：发展与规划》在国内也早已翻译出版。在这本由瓦尔特·A.鲁茨等人编著的书中，作者提出度假酒店需充分考虑各种类型的消费群体，针对其所处区位消费群体特征赋予酒店恰当的定位。总结酒店中各空间的具体设计方法，强调体现当地的人文与环境特征。由霍华德·沃森于2007年编著的《酒店设计革命》介绍了大量世界著名设计师的作品，书中首次归纳了新型酒店的设计理念，对酒店设计的多元化提出了自己独特的见解。这对后续从空间复合化视角研究度假酒店建筑设计有重要的启发和指导作用。

在现有的国外研究体系中，以度假酒店复合空间为切入点的理论研究内容相对较少，有关的理论研究成果有荷兰结构主义大师范·艾克所提出"中介空间"概念、扬·盖尔在《交往与空间》中提出的"柔性边界"概念以及黑川纪章提出的"灰空间"理论，它们均强调一种"亦内亦外"的空间形态。魏春雨教授于2009年在其博士论文《地域建筑复合界面类型研究》中提出的"复合界面"概念与上述略有不同，该研究将建筑中的复合界面定义为由多个元素组成的界面，它是各种界面的有机复合，是界面空间的连接体或综合条件的总体。

以上理论强调的是建筑实体与外界环境相互交融和渗透的空间介质层面，而本文研究的空间复合化观点注重建筑内部功能空间之间的复合和建筑边界与外部环境的过渡性，使建筑内外空间与行为体验达到平衡。因此，以空间复合化为理论指导探究度假酒店设计要素和设计策略可以在一定程度上打破度假酒店设计千篇一律的局面，从空间本质出发去研究各种功能组团结合的各种可能性。

(三) 研究目的及意义

1. 研究目的

单一功能的空间在一些公共类型建筑中已不能满足使用者的不同需求,其中酒店建筑作为综合性建筑之一,包含着多种不同的功能空间。随着经济、社会生活需求的发展,酒店建筑的功能构成和职能还在不断扩展。酒店建筑内部不同的功能复合基于何种组织模式,界面之间的设计有哪些原则和方法,如何在有限的空间内将不同的功能空间有机组合。本文旨在通过研究,对酒店建筑中所包含的复合空间特性和设计方法进行分析和总结,以此建立度假酒店对其复合化功能空间设计的理论框架,为进一步研究提供了一定的基础。

2. 研究意义

酒店建筑作为功能多样化的建筑类型,包含住宿、餐饮、休闲娱乐、会议等诸多功能空间,对其复合化空间的研究也有着产生的意图。本文对旅游城市度假酒店的复合化设计研究主要有以下两个层面的意义:

（1）理论意义

近年来在建筑复合化研究方面还仅停留对其自身造型及构建模式的本位分析与探索,对阐述的建筑类型并没有明确界定范围,属于宏观层面上的理论研究,因此探究酒店建筑方面的复合空间表达还是一个比较新的尝试。通过此次研究,对酒店空间设计理论将进行重新认识,空间复合化归根究底是对单一功能空间的重新整合。因此,针对复合空间的探索,首先需要的是对单一空间的再一次研究,明确其空间特性后进而可为相关理论提供素材,同时也为今后酒店中复合界面或公共空间的设计提供一些思路和方向,进一步完善相关设计方法。

（2）实践意义

随着城市建设与社会经济的高速发展,度假旅游逐渐成为人们放松休闲的重要方式之一,在追求高质量消费的同时,人们也越发重视参与体验的过程,而度假酒店在游客对于酒店类型的选择上,因其丰富多样的功能体验空间和场地周边得天独厚的自然环境、浓郁的历史人文更受消费者所青睐。故本文将研究的重点聚焦于此,作为具有综合功能的建筑类型,多样的体验空间与酒店建筑内部功能相互复合,且建筑主体位于自然环境之中,在一个相对较为复杂的小型社会群体当中,实现了在较小的空间范围内从私密到公共的多重生活场景的转换,更加契合人的行为心理需求。可以使游客在体验环节感受到更多的享乐体验价值,感受到相应的愉悦感、审美感和舒适感。

二、相关理论研究综述

(一) 度假酒店

1. 度假酒店的定义

度假酒店，顾名思义就是人们在其中享受假期的场所，其衍生于旅游活动的停留需求。作为度假景区旅游市场的综合性目的地公共建筑，既要满足普通酒店的基本功能和设施条件，又要考虑不同度假环境区位的地理特征和旅游者的需求。度假酒店也因环境、文化、功能等因素的不同而产生不同的类型，具有地域性、适应性、多样性等特点。

度假酒店是一个相对独立的建筑类型，其概念也随着旅游业的发展而逐渐变化。本文所指的度假酒店范围不局限于仅以"度假酒店"命名的酒店，而是以休闲度假旅游为目的、具有一站式全面服务、游客停留时间较长且具有一定独特文化主题的度假酒店。

2. 度假酒店的分类

目前市场投入运营的度假酒店主要有两类，一类是以良好的环境和自身功能要素为基础的具有独立性、综合性特点的自然资源型度假酒店；另一类是由多个酒店组成的度假酒店群组，每个酒店既相互独立，又有一定的主题文化资源互补，形成具有度假景区性质的人文资源式的度假酒店。

（1）自然资源式的度假酒店

① 滨水式度假酒店：水文环境因其自身的温和舒适，成为人们度假的一个重要选择，其重要性在度假酒店建设中不容忽视。例如，海滨度假酒店、湖滨度假酒店等均是以"水资源"作为主要自然资源类型酒店，其建筑的设计与使用也处处与水产生联系，因此成为重要的度假酒店类型。

② 山地式度假酒店：随着旅游业的兴盛，得益于世界各地自然山脉的复杂性、自然性和静谧幽深的自然环境，山地式度假酒店应运而生，并成为当今人们度假的首选之一。

③ "极地"式度假酒店：丰富的自然环境是度假酒店择地的先决条件，同时极致的风景也是人们欣赏的重要内容，例如沙漠、戈壁滩、冰川等特殊类型的风景，这一类型的度假酒店风格往往与极致的环境相呼应，属于"极地"式度假酒店。

（2）人文资源式的度假酒店

① 古镇式度假酒店：古镇旅游是当前旅游开发的热点话题，同时也是文化旅游必不可少的组成部分。古镇文化底蕴深厚，民风淳朴，深受人们所喜爱，度假酒店也因此沉浸其历史文化中，成为人们热衷的酒店类型。

② 主题式度假酒店：主题式度假酒店是一种现代式的年轻度假方式，也是为了满足城市人口能够在短时间内体验度假生活而产生的度假酒店，例如以独特历史文化、音乐、养生、运动等主题类型的酒店等。这种以某种主题为主要体验方式的度假酒店，因为自然带有历史和文化等诸多信息，形成"博物馆酒店"，故会使游客感受到其独有的主题特色。

（二）空间复合化

1. 概念解析

（1）空间

构成空间的基本要素包括了实体和空间，这一定义与经典物理学中对其的解释最为接近，可以理解为"宇宙中物质实体

图1 复合空间包含关系图（来源：自绘）

以外的部分称为空间"。在建筑学中，实体是指建筑的表面，而建筑内部的"空"即真正被人们所使用的空间。著名思想家老子在《道德经》第十一章中解释道："埏埴以为器，当其无，有器之用；凿户牖以为室，当其无，有室之用。故有之以为利，无之以为用。"认为有了门窗四壁内的空虚部分，房屋才会起到相应的作用。即"有"给人以便利，而"无"发挥了它的作用。

同理，在建筑学中，空间是指建筑要素和形式为满足生产和生活需要而人为应用所形成的外部空间的统称，它是建筑最基本的单元，并以功能划分。本文的度假酒店即空间的实体，在有形的架构中有序组织着内部无形的功能，因此空间构思在酒店建筑设计中有着至关重要的作用。

（2）复合

复合是指物体由于某种原因而相互结合，合并到一起。其中"复"即"许多的，不单一的"意思，"合"则是聚集、聚合。"复合"简单来说就是将不同性质的事物结合在一起，形成一个新的有机整体。复合后的新事物除了包含原有组成事物的属性之外，还产生了新的"聚合效应"。在建筑学的层面上复合是指建筑功能空间相互交融的状态，是空间之间的相互包含关系，其具体构成可如图（图1）所示。

（3）空间复合化

复合空间是建筑功能空间相互交融时所产生的腔体空间，除了将多种功能形态进行整合，其复合化的形式也消融了各个功能空间的边界，并在"腔体"内部产生了自然环境、人的活动、历史文化、集体记忆以及场所感等精神产物。正如海德格尔所说："边界不是某种东西的停止，而是某种东西在此开始出现。"在《人性场所》中，克莱尔·库珀·马库斯总结道："人们普遍喜欢坐在空间的边缘而不是中间"。从心理学的角度可以解释为这种空间特性既能满足人们对外部世界观察同时也可以满足对庇护所的需求及自身内心心理安全的需要。而这种渴求安全感的状态促使人们向复合空间靠拢，使得交往得以发生。因此，在天井、中庭、露台等不同复合空间的边界处，通常均有各种社交活动的产生，这些空间强烈的可识别性强和场所精神吸引着人们在此聚集。本文所研究的空间复合化就是指不同功能的空间单元通过一定的方式整合成一个新的界面，在这个空间内各种功能相互作用，共存并渗透，以达到空间复合化的理想模式。

2. 界定范围

区别于当下文献将其定义为建筑内部与外部环境之间具有过渡性的、"中介空间"角度，本文对于空间复合化的界定范畴具体包含了以下几个方面的复合：

（1）界面的复合。两个相邻但又不同质空间之间的交界面，在建筑中指建筑内部空间、复合界面空间与外部环境之间的交界面，一般指建筑门厅、廊道等。界面通过不同形态之间的组合、连接与建筑主体穿插在一起，相互复合。

（2）空间的复合。内部空间由建筑的各种主要要素和形式所构成的复合，空间是相互开放的，不再封闭单一，融合为一个大的建筑空间。

（3）功能的复合。空间的划分取决于功能，空间的复合化即是将不同的功能集中在一起，在履行各种基本功能的同时，产生聚合和协同效应，从而提高空间的利用效率。

（4）活动的复合。空间的复合化伴随的是其自带的公共性与互动性特征，建筑内部不同功能空间的统一并置满足了人们不同的使用需求，各类人群在此交叉产生活动，包括发生过的、已发生的或将要发生的人文活动。

（三）酒店建筑复合化空间必要性分析

1. 建筑功能复合化

建筑复合界面空间是具有很强复合性的建筑公共空间，它通过开放界面、流动空间的方式为建筑创造出了介于建筑内部空间和外部空间的复合空间。对于建筑而言，它的复合性是指建筑空间中复合了城市功能、历史文脉与生态环境，故称之为一个多元的复合化空间。随着网络时代的来临，城市多样化的社会生活使得满足单一集中功能状态的建筑使用率下降，它们对市场的不适应性让越来越多的公共建筑开始转变策略，逐步向多元化、复合化的功能空间方向发展，而这变化正与城市人们的快节奏的生活方式相吻合。人们对于公共建筑的体验性需求加强、更加偏爱便捷、高效、集中的多功能建筑空间，而功能的多样化是酒店类建筑的显著特征，各种体验性功能，例如餐饮、娱乐、展示等多元化的功能在酒店建筑中不断丰富，使酒店呈复合化的趋势发展。复合化的功能界面作为进入建筑的第一层次空间，具有交通组织、流线引导、休憩娱乐、体验休闲等多种功能。这些功能的复加叠合让空间的活动形式更加多样，服务的人群更加广泛。它们彼此联系的同时也相互制约，同时当关联紧密的几个空间通过某些设计手法聚集到一起时，又会相互激发，形成"整体大于部分之和"的集聚、协同效应，这也是空间复合化和建筑复合化最大的价值所在。

2. 导向性与公共性的需求

酒店建筑活动的多元化特点需要游客及酒店服务人员穿梭于不同的功能分区之间，因此酒店建筑还需满足对各个功能空间的交通组织与流线引导，让使用者方便快捷地到达目的地。通过运用复合化的功能界面，可以将酒店中的客房、会议、餐饮、康养等空间合理串联，加强各个空间之间的联系，更方便使用者的到达，从而让整个空间产生更高的使用效率。

同时，对于客房、办公、后勤以及部分康养空间，就需要一个相对独立的环境来保证质量。但在酒店内不同的人群交叉汇集的公共空间中，则需要充分提升该空间内的互动性，让这些不同需求的客人在实现各自需求的同时又在其中产生交集，让空间发挥出更大的效应，这些空间就需要复合化设计。

三、度假酒店复合化空间的建构方式

通过前文针对复合空间及度假酒店概念的解析及界定，深入讨论了度假酒店空间复合化的必要性，对其有了初步的认识。在本章节中，尝试总结度假酒店空间复合化空间的建构方式，并提出相关的设计原则与设计策略。

（一）复合化空间设计原则

1. 多元性

虽然从功能出发考虑建筑，会抹掉空间的真实性、复杂性和偶然性，导致空间的机械化，但是功能作为空间设计的重要参数，界定了空间的服务性质，预判了空间活动发生的类型，设计时可以从整体上对空间的活动进行限定。对于度假酒店来说，主要功能定义了空间的主要活动类型，也因此定义了空间的氛围。多数度假酒店都设定了丰富多彩的空间功能，这些功能可以分为餐饮功能、文化娱乐功能以及康养功能，由于其定义了度假的活动，也因此拉开了和日常生活的距离，将日常空间转化为度假的空间。

2. 整体性

整体性原则是强调事物之间的相互关联，从而达到事物之间和谐、平衡的状态。因此，在进行度假酒店建筑空间设计时，不能只考虑局部空间功能，而应把其作为酒店整体空间系统的一部分，从空间结构、功能关系、游走动线和地域文脉等多方面统筹处理，从而形成平衡的、多层级复合化的空间序列体系，建立与建筑空间、其他外部空间的有机联系，将不同的构成元素整合于一体，即营造一个具有整体性的度假酒店空间环境。

3. 体验性

空间体验性是一种他人无法替代的个性化体验，它需要通过自己的体验与环境空间相联系，感受空间给人的不同感受。倘若空间关系和谐，那么体验就是愉快而难忘的；反之则平淡乏味。空间体验不仅是空间场所的记忆，更是空间精神和空间的情感升华，是人与地方之间最重要的纽带，它能产生愉快的心理感受和深刻的情感记忆。近些年来，一些高端度假酒店开始更加注重人们的精神感受，酒店管理者和设计者也逐渐意识到空间体验的重要性，酒店建筑设计也因此逐渐摒弃了传统的奢华模式，开始回归简约风格，注重创造艺术感染力的空间体验，使得空间体验逐步成为度假酒店发展和吸引顾客的重要因素。

（二）复合化空间设计策略

1. 功能复合多样

功能的设计给空间预设了发生的某种活动，规定了活动的类型，界定了空间的主要服务性质。度假酒店的主要功能定义了其活动空间的类型，配套功能的多样丰富了游客的空间体验感。倘若功能的繁复对应了使用者的不同需求，那么功能的复合则在满足其需求外增加了使用的效率。例如，廊道空间除了承担基础的交通功能外，还满足游客等候、休憩与交流的功能；

露台空间既是观景的好去处，也是容纳游客进行餐饮、运动等休闲活动的场所。因此，各种功能的复合可以给予休闲度假行为的发生更多可能性，让游客更主动地进行度假活动。

2. 空间过渡多样

空间之间的过渡包含了建筑室内空间与外部环境之间的过渡，以及室内各个功能空间的衔接与嵌套。度假酒店的过渡空间主要由入口、大堂、庭院及廊道共四类空间构成，是物理空间中由度假酒店建筑到自然环境的一种过渡方式。空间带来的变换也时刻影响着游客的心理状态，故度假酒店建筑中空间的转换需要从进入场地的同时加以构建，并在主要建筑的入口区域得到强化并形成一定的空间序列。

3. 功能复合多样

在度假酒店的建筑设计中，集约化设计是指在有限的空间内将功能的价值或者效益最大化。即在同一功能空间的经济范围内，通过提高酒店空间要素的质量，优化功能链接序列，从而达到提高度假酒店空间经营效益的目的。集约化设计主要分为"集中"和"节约"两部分，集中主要是指功能的集中复合，减少不必要的交通空间，但简单的功能堆砌却无法实现度假酒店集中效益的最大化，而应该是放大产生经营效益的地方，减少出现无经营价值的空间，尽量不设计无美学效用或者经营效率的室内外空间，从而真正达到度假酒店地域文化与适宜性技术相复合的空间设计。

4. 界面渗透复合

利用空间界面的渗透复合，可以极大增强空间的深远感，使空间显得更加复杂神秘、充满韵味。对于某一物体来说，直接观察和隔着一重层次观察其距离是不尽相同的，倘若透过许多重层次去看，尽管物理距离保持恒定，但给人的感觉似乎要远得多。因此，利用界面之间的渗透性，可以让度假酒店室内空间产生丰富的层次变化，引发游客在其中游走与探索。具体可以通过空间的分割和联系实现。由于大空间分割划分后产生的层次变化，通过空间形态和材质的变换，将空间适当得连接起来，形成渗透关系，让游客的视线从一个空间穿透至另一空间，从而使两个空间互相渗透，空间的层次变化得以展现。

5. 文化韵味在地

在酒店趋向同质化的今天，一些优秀的度假酒店为了吸引游客，纷纷打造属于自身的独特建筑风格和空间特色，即对建筑地域性的表达，鲜明的地域文化特征能让游客产生难忘的度假回忆。因此，度假酒店设计应挖掘酒店所在地具有特色的文化特征、文化元素，借助当地材料及营造手法，将其复合于酒店建筑与周边环境之中，空间力求对外开放，趋向自然。

四、无梦度假酒店复合化空间研究

（一）项目概况

婺女洲徽艺文旅特色小镇项目位于江西省上饶市婺源县，在鄱阳湖以东，与安徽、浙江两省交界。婺源曾是古徽州一府六县之一，其建县的历史有1200多年，它的文化风俗、房屋建筑、饮食居住和古徽州其他各县大体相同，属徽文化的组成部分。婺源县是中国文化生态旅游名县，旅游经济发展中心立志弘扬徽派文化，将全县打造成为"徽文化大观园"，努力把婺源建设成国际生态乡村旅游目的地，打造美丽江西的"婺源样板"。婺女洲徽艺文旅特色小镇以旅游地产为特色，辅以酒店、商业等产业，集度假、养生、休闲、温泉、游乐等元素，打造中国徽艺文旅度假小镇和城市旅游综合体。项目占地约700亩，总建筑面积约为16万平方米。笔者本次所参与研究的是整个婺女洲项目中无梦度假酒店这部分的方案设计。根据甲方要求，要结合当地的风貌和文化特色，将该酒店打造成一个大气、古朴、文化底蕴浓厚的徽剧"目的地"酒店。

（二）项目综合要素分析

1. 基地位置及交通分析

婺女洲徽艺文旅特色小镇项目位于婺源县域北部，景婺黄高速公路以南。东临文工北路，西临星江河，南侧和北侧均为规划道路。婺源的交通网络相当发达，截至目前已形成高铁、高速、国省干线、县乡村四位一体的立体交通格局。毗邻机场有景德镇机场、黄山屯溪机场、衢州机场和南昌机场。长途汽车可直接开往苏州、上海、宁波、温州、深圳、广州、南昌等市。不同交通工具1～3小时可到达的范围极大地为项目扩大了客源范围。

2. 用地现状

婺女洲项目场地总体趋势东高西低，自然水系由南向北贯穿基地，制高点位于场地中部，即无梦酒店所在的博物馆酒店群岛雪鼓岛内，整体地势大部分为0°～5°坡向范围内，主要大坡向场地以现状水系周边居多。场地坡向以平面、西北、东南、西向为主。基地整体现状高程变化不大。

（三）规划设计方案

1. 规划理念

此次参与研究的无梦酒店地块位于整个项目基地中北部的博物馆酒店群岛雪鼓岛内，西邻茶文化博物馆酒店区，南与芳烟岛隔湖相望，坐拥景区优质的景观廊道，滨水轴贯穿基地南北向，且通廊垂直于汶公北路打造，地理位置十分优越。

无梦酒店坐拥景区内核心景观，如何借助场地平地借势造景，且满足酒店建筑的需求，是设计中需要考虑的问题。规划理念将徽派风貌与乡土气息相结合，地形上通过山水再造，实现核心景观价值最大化，借助高差及水景形成丰富的空间。风貌上通过徽派演绎，呈现徽州村落的叠错唯美，并实现展示空间与酒店结合的伟大创举——可参观、可参与、可带走的街区游线。

2. 结构功能

婺女洲景区基地北面是整个项目所规划的博物馆酒店群岛区，其中酒店占整个业态的74.67%，相关配套的文化博物馆占13.69%，商业占比11.64%。无梦酒店是岛内的一级主酒店，规划将无梦酒店的公共部分布置在博物馆酒店群岛的中心位置，使其会议、康养、餐饮区与外部的商业区及文化业态更好地衔接，可以让酒店产生优质的效益。商业区在岛内所占的比重不大，整体偏向静谧闲适的酒店氛围，将无梦酒店南区的主要客房邻湖分布，可发挥景观面的最大优势；北区开口面朝岛内，一个区域位于北区的一、二层主要用作接待、厨房、设备用房和行政办公；另一个区域则单作为一个建筑体块用于酒店客房，与南区通过廊道与水体景观紧密相连，南北区建筑围合的中央场地形成庭院景观，廊道将各功能区的建筑相互串联，营造出徽艺园林一般的场景效果。

（四）建筑单体设计

1. 建筑平面布局

酒店建筑群由南区、北区集中客房区以及散落在其西侧的独栋客房区两个建筑群组成，中间以院落和廊道作为连接。虽然建筑之间通过廊道相互联系，但均有着各自清晰、明确的功能分区。北区的主楼一层为大堂公区、行政办公和设备用房。其公区电梯通往二层的全日餐厅，餐厅内又通过备餐间及传菜梯与一层厨房形成闭环，在实现分区合理的同时也满足了送餐流线的需求。主楼的三、四层均为客房区，在符合酒店基本要求的前提下，尽可能保证了功能的完整性。总的来说，出于对用地规模、建筑高度和形式等方面的考虑，无梦北区主要起着休息接待、连接酒店其他区域和引导人流的作用。

无梦南区客房楼的东西各有一个出入口可分别通往北区主楼和酒店外部的街巷，为不同方向出行的客人提供了便利。在建筑围合的中央设有一个无边水池，成为景观中心，同时也加强了客房区之间的联系（图2）。

图2 无梦酒店建筑群布局关系（来源：自绘）

2. 建筑平面构成

无梦酒店建筑布局构成追求平面与立面造型的韵律感，不刻意强调空间上的等级关系，但讲究围合感与向心性。以无梦北区公区为例，其平面布局具有典型的中轴对称关系，柱网与轴线关系的序列化与模数化配置，使得大堂接待、戏台均布置于整个建筑群的中央。其在大堂布局中，以中轴为核心、左右对称或两相平衡，但不追求绝对均衡，以开合的形式寻求平面的变化及与环境的契合。无梦酒店建筑两侧功能用房以"Y"字形展开，酒店二层依据地形变化及规模配置，去掉了中央部分体量，引入无边水池，平面上形成开合之势，但不破坏中轴的均衡感。在平面上复合了传统徽州地区中央为尊，中轴对称的形态关系。同时，开合的姿态将建筑与酒店空间相融合，将游人通过景观环境引入酒店建筑围合的开放院落，使酒店建筑打破了传统徽州高宅封闭式院落的建造习惯。中轴与开合的空间界面，使无梦建筑既保留了传统徽州地域建筑的形构特征，同时又将酒店空间及往来游客的活动相关联，形成具有多重因素的复合界面。

3. 建筑造型设计

由于婺女洲景区项目位于紫阳古镇婺源县境内，依托的是古镇旅游资源效应，因此在景区酒店的外观和建筑设计上与徽州建筑风貌相结合，可以更好地融入城市天际线。故无梦酒店建筑外形以当地传统徽派建筑为原型，在构件上沿用了马头墙、白石灰粉刷的外墙、小青瓦盖的坡屋顶。无梦酒店建筑的外墙以深色边条叠置模式建造，叠置模式最常用的部分是马头墙及其墙脊界面。马头墙层层叠落，与墙脊原型进行相应的类型转换，即特定的元素重复使用，使建筑界面形成有节奏的韵律美。在无梦酒店建筑群中，叠置模式模拟了徽州聚落、建筑界面的高低、周边复合地域环境要素以及屋顶界面色彩的颜色。在充分营造传统风格的同时，局部穿插现代建筑风格的手法，如在全日餐厅采用玻璃幕墙，院落空间植入极具现代感的无边水池等。

（五）空间复合化设计方法应用

1. 入口空间与景观环境

无梦酒店入口的门头外檐出挑处高约 4.2 米，长约 24.8 米，进深 2.6 米，外挑形成檐下空间的距离限定了酒店入口空间的深度，室外与室内的空间衔接得到自然缓冲。入口的檐下空间是无梦酒店建筑与外部环境相复合共生的腔体界面，外部景观可以自然而连续地过渡到室内。无梦酒店建筑将传统的檐下空间进一步衍生进行变体转换，更加关注人、建筑与环境之间的关系。门楼的类型演化复合了酒店建筑入口最常采用的雨篷空间形式，在造型设计上适当保留传统徽派建筑构建原型的同时也适宜进行简化，在一定程度上区别了仿古建筑，避免了生搬硬套。景观环境作为入口空间，划分入口与外部的气候边界。从心理学上来说，生硬的入口空间容易使人们产生抗拒情感。故无梦酒店在设计时将入口界面柔化，在内外边界中采用了通透的虚质材料——玻璃，以打破与外界环境强烈的对立感，增强内外空间的渗透性。其入口景观设计主要利用水体与徽派园林景观烘托主入口环境，玻璃、石材与木材粗糙而自然地隐射于水面，现代与古朴的空间氛围在此交相辉映、相互复合，加强了酒店入口空间的亲和力，提升室外空间品质，起到空间复合化的效果。

2. 酒店大堂空间

大堂空间是度假酒店交通体系的核心，酒店内包含的众多功能空间或多或少地会与大堂发生联系，因此如何组织大堂内部的功能空间，合理安排人流动线是设计中必不可少的因素。

（1）空间布局

无梦酒店大堂空间建筑面积为 308 平方米，其平面布局遵循了新徽派建筑中厅堂造型的基本特征：以酒店入口中央为轴线对称分布，大堂吧、总台、休息区、电梯等区域均匀分布在左右两边。其中休息区包括两部分：一处设在前台附近，有利于顾客入住或离开时的临时等待；另一处则设在大堂吧与候梯厅之间，便于其他顾客的需求（图 3）。大堂吧采用开敞的视线处理手法，设在休息区和电梯厅附近，各个空间功能相互开放，均与大堂入口保持了较好的视觉联系。整体空间布局方正且层次分明，减少了游客来到大堂获得各种需求的移动距离。

图 3 无梦酒店大堂平面图（来源：自绘）

图 4 无梦酒店大堂空间（来源：自绘）

图 5 无梦酒店大堂戏台空间（来源：自绘）

图 6 无梦酒店建筑大堂剖面图（来源：自绘）

图 7 无边水池（来源：自绘）

（2）功能复合

无梦酒店是以徽剧为主题的度假酒店，区别了繁复奢华的酒店设计，戏剧文化的注入是无梦酒店独特且点睛之笔（图 4）。设计方案将戏台设置在客人们从大堂通往客房或是二层全日餐厅的必经之路上，在起到分流导向作用的同时也达到了文化传播的目的。其置入打破了原本规则的空间功能边界，各个小组团中的单一活动相互复合，增加了多种行为与活动产生的可能性。戏台作为整个大堂区域中最具有灵活性的空间要素，一天之内在戏台上活动表演的内容、规模、层次均有所变化，即使游客于不同的时间段身处大堂的不同区域，也因大堂空间独特的复合性与公共性聚合于此，增加了场所的互动性与体验感，使大堂显得生动而活跃。

大堂色调及光线均以柔和的暖色构成，其空间界面由红木材质为主，构架出了极具徽派民居艺术特色的空间形态，徽剧戏台的巧妙搭建演绎了历经千年风雨的几尺方台所唱念的戏剧氛围，无梦酒店大堂空间也因此变为复合了休息、观戏、导向等多种功能体验的酒店博物馆（图 5）。

（3）剖面渗透

酒店主楼一层大堂借助扶手电梯与二层全日餐厅相连，餐厅使用了大面积的玻璃幕墙将自然光引入室内，一方面增强了空间白天的采光效果，另一方面使室内外空间环境具有一定的渗透性。大堂至二层全日餐厅的扶手电梯宽度较宽，可与中空的一层书吧产生视觉上的互动与交流，让原本孤立的上下层产生联系，成为垂直的复合空间。垂直的竖向交通将餐厅位于大堂关联起来，使其与休息区、接待区、戏台、大堂吧充分融合在整个功能组团空间中，实现了酒店室内建筑空间的复合和高效利用。从剖面高度分析，大堂主厅面宽 24.8 米、进深约为 15 米，酒店大堂净高 8.8 米，戏台净高 4.8 米，穿过戏台的书吧及电梯厅的中空空间净高则为 7.1 米（图 6）。酒店室内在不同的空间采用不同的空间高度，不仅提高了空间的使用效率，也因此丰富了空间层次感，起到了空间限定的作用，增强了各个功能空间的联系性与渗透性。

3. 院落空间与廊道空间

（1）亲水院落

在徽州古聚落中，院落空间是为关系较为密切的人提供的交流、休憩的空间，以满足人们的心理与生理需要。无梦酒店院落空间在设计中采用了四面围合的形式，由具有内聚性、内向型的酒店建筑群围合而成，受外界的影响较小，吸引着游客在此聚集和活动。院落中打造的特色无边水池，结合"U"字形酒店建筑围合的布局，形成了建筑内院的主题，实现院落亲水、观水的丰富体验（图7）。同时无边水池也很容易地将人们的视线透过廊道引向建筑群外部的环境空间，"廊道"开放性的界面特点设计使得这种接触具有空间动态的转换，从而将内院的景观无限的延伸与扩大。院落内绿树成荫、四季分明的植物营造了独特的空间体验，漫步其中，犹如置身湖光山色之中。无梦酒店院落四面围合的形式并不完全规整，廊道的置入增加了围合界面的层次感，建筑的退让也使得围合界面凹凸有致，使其既有一定的围合，同时又是封闭的，具有一定的开放性与渗透性。建筑与墙体之间的空间留有开敞，同时玻璃幕墙增加界面的"透气"感，将院落空间"抖散"，让酒店建筑的室内、室外等空间关系变得松散，但并没有完全相互脱离且改变基本的空间构成与组合关系，但却使院落中央的空间产生变化：空间不仅被建筑内部客房的立面所包围，建筑外部的房间、植物、水体、廊桥等虚实之物也共同起着围合的作用。其设计复合了徽州传统院落场所精神的原型，具有安静、私密、方便交流等特征，通过对水体、植物、石头、对景、侧墙及休憩设施等来营造场所精神。

（2）廊道

廊道是度假酒店中联系公区部分功能空间以及客房层中每个房间的交通空间，具体包括各种通道、走廊和连廊等。廊道空间在无梦酒店建筑中与厅堂共同承担着功能组织以及通道的作用，同时也复合了游客散步、放松和观赏风景的活动场所，从某种意义上说，它是对大堂空间的延伸，是联系室内外环境的媒介。作为无梦酒店建筑单体之间的连接空间，廊道将酒店北区与南区的空间功能有序地串联起来，将分散的单体建筑群有机连接。廊道在此承担着游客通行时交通路径的功能，延伸了酒店建筑的空间界面，与周围自然环境相互复合。同时，它还串联了无梦酒店建筑南区的屋顶平面，通过垂直空间将水体景色与屋顶景观空间复合为一体，与无边水池的边缘地带形成了一种半公共空间，人们在此可以品茶、读书、聊天，欣赏岛外的景色和室内来来往往的游人，从而在功能上形成可观景、可休息、可交往的复合空间。

设计师在剖面上对"院落空间"进行了尺度上的改善从而获得了跟传统空间尺度一样的空间感受，当人们行走在其中时，可感受由建筑底部意蕴古朴的大堂空间带来的暂时性的情感抑制，再到二层竖向空间室内外豁然开朗时的心境转换过程。无梦酒店从入口过渡到大堂空间的功能复合，院落与廊道，让酒店建筑周围的功能组团有机地复合起来，形成了私密、亲切、紧凑等空间特质。最终使得无梦酒店建筑群之中的各个功能空间相互渗透联系，使其表现出与周围环境相互交流的复合功能。

参考文献

[1] 陈从周. 说园 [M]. 上海：同济大学出版社, 2007.
[2] 楼宇烈. 老子道德经注校释 [M]. 北京：中华书局, 2008.
[3] Heidegger, op, cit. p. 154. "Presence is the old word for being."
[4] 雷尼. 复合空间 [M]. 北京：中国计划出版社，2005：14-27.

[5] 霍华德·沃森.酒店设计革命[M].李德新，甄岳超，译.北京：高等教育出版社，2007.
[6] 瓦尔特·A.鲁茨.酒店设计：发展与规划[M].温泉，译.沈阳：江宁科技出版社，2002.
[7] (丹麦)扬·盖尔.交往与空间[M].何人可，译.北京：中国建筑工业出版社，2012.
[8] (挪)诺伯舒茨.场所精神——迈向建筑现象学[M].施植明，译.武汉：华中科技大学出版社，2010.
[9] (日)黑川纪章.黑川纪章城市设计的思想与手法[M].覃力，黄衍顺，徐慧，吴再兴，译.北京：中国建筑设计出版社，2004.
[10] 魏春雨.地域界面类型实践[J].建筑学报，2010(02)：62–67.
[11] 单德启，李小妹.徽派建筑和新徽派的探索[J].中国勘察设计，2008(03)：30–33.
[12] 徐雅琨.我国酒店展业发展的现状与未来趋势[J].商场现代化，2010(10)：146–147.
[13] 杜松.度假酒店的发展与类型[J].建筑创作，2011(05).
[14] 魏春雨.地域建筑的复合界面类型研究[D].南京：东南大学．2011（12）．
[15] 孙韬.度假酒店建筑公共空间设计研究[D].长沙，湖南大学，2005：58 — 63.
[16] 郭睿.酒店建筑复合空间设计研究：以建水"西门古镇"特色酒店设计为例[D].昆明：昆明理工大学，2016.
[17] 郭倩.园林式度假酒店院落空间层次的空间句法分析[D].重庆：重庆大学，2013.
[18] 周力.建筑复合界面的地域性表达[D].长沙：湖南大学，2017.
[19] 彭一刚.建筑空间组合论[M]．北京：中国建筑工业出版社，1998.

学生感想：

此时当我置身于成都，再回想这半年的时光，感觉一切都那么不可思议，深圳是个矛盾的城市，喜忧参半，城市生活的多面性让在这里的人们以不一样的生活方式谋生，成长大概就是摒弃了非黑即白的评判方式，人的一切活动均是为了更好地生活。

看到了各种事物发生背后的规律和原因，这是深圳教会我的道理。下班后行走在回家的街道上，你可以看到与你同样疲惫的人们，甚至是滞留于地铁的流浪汉，这时我会感叹生活的无情和残忍；而每当太阳升起，那些清扫地面的环卫工人，值守于路口的交警，大清早出摊的摊贩，甚至是我自己……每个人都在努力地生活。抛开不切实际的幻想，生活就是一地鸡毛，贫富差距的背后，还有人们对现实生活的对抗，那是一种不懈的精神。

人终究是群居动物，这是工作站带给我最深的感触。很庆幸在广田的四个伙伴都住在了一起，原本以为会丧失独处的时间，但实际上，我们每个人都充当着分享者的角色：原本的世界里只有"我"，是更多"我"的加入打破了个体的局限性，我们都潜移默化地影响着对方,分享彼此阅读的书籍与学到的事物。即便第二天要早起,也依旧在夜晚聊得不亦乐乎,这是属于我们小群体的休闲时光。

而当小群体融合进工作站这个大群体中时,我们也有幸通过讲座这个载体认识到知识渊博的各位学者老师与设计师们。每一场讲座讲述的是他们几十年的求知与探索。导师们的经历虽各不相同,但是总能在他们真诚的言语中流露出对设计这一行业的热爱。设计的同时却力图隐蔽设计的痕迹,竭尽所能地将人刚刚离去的信息融入空间当中……设计这一体系糅杂了关于建筑学、心理学、文学、美学等学科知识,不同感官与文化共同在这一维度里相互交织与重叠,因此仍需要我不断且全面地去学习,用更广博的心去接触世界多样的文化。通过对职业的态度,建立理论体系,制定时间规划、完善自我,学习体系内相关的书籍后再进行扩散,终生学习,培养文学和艺术的修养,或许比仅了解单一的专业维度更能求存于世。

也深刻明白企业实践和在校内学习有本质上的区别,但企业中快速的设计流程与工程规范性在这短短半年的时间我们并不能很好地融入,依旧在一定程度上会按照课堂的学习惯性完成项目……但这是一个必经的过程,艺术只是形式,而思维影响方式,所有的美都需要建立在"专业"的基础之上,即:做好我所能及的一切小事情。

工作站的学习更多的收获是开拓了自身的眼界,让我可以借助这一平台看到专业上人们的高度与广度,优秀是不断积累与实践的结果,吸收与输出可能不是发生在同一时刻,而是三年、五年甚至十年的沉淀造就了最终的自己。这也是工作站为什么会在深圳的原因吧,赖以生存的吃饭技能和可以吃更多饭的可能性均并置于此。深圳的多面性时刻提醒着人们务必保持自身的信念,初来乍到面对消费主义或是拜金主义的城市文化冲击时,意识到人们都虚荣,但并不愚蠢。一味抱怨社会的不平等,却甘比被现实桎梏……所以千万不要被一座城市禁锢了你的脚步,也不要因此定义一座城市。

感恩工作站这个平台与机会,让更多人得以在此相遇,感恩在这里结识的良师与益友,各异的处事风格与人格魅力令我感触颇深。在深圳,我们所看到的人的成功除了搭上了时代红利的班车,也千万别忽略了其自身的努力,机会是靠自己的努力所争取的。在经历和感受后,我也明白,我需要更加勤奋,学会管理自己的心态和梦想,不安于现状,大概这是对抗无聊而又吸引人的世界最好的法宝。思考得越多越发觉到了自己的无知,无知之知的过程是令人痛苦的,不知未来是否可以超越这种痛苦,达到豁然呢。加油吧,学无止境。

校内导师段禹农评语:

樊可同学参加四川美院搭建的校企研究生联合培养工作站的研学课程,在校企联手、校内导师与企业设计名师携手、理论与实践紧密结合的学术平台上,樊可同学收获明显,成绩显著。其论文《度假酒店建筑空间复合化研究——以无梦度假酒店设计为例》真实反映了该生在实践中得到企业导师张峰先生辛勤教导、悉心规范设计管理思维、耐心传授项目设计实践经验等方面,无不体现在樊可自身变化及成果中。无论是专业论文还是项目设计方案,均呈现专业学术性和实操落地性。这些都是学院常规教学中的难点,体现出工作站平台的优势与成效。欣慰之余,衷心感谢四川美术学院领导和企业领导给予樊可和我一次优良的学习交流机会!希望工作站越办越强,并愿借此平台向广田张峰老师再次表示敬意与致谢!

城中村低层住宅室内光影设计初探
——以深圳市坪洲宝城花园 3 栋为例

Preliminary Study on Interior Lighting Design of Low-rise Residential Buildings in Urban Village
—Take Building 3, Baocheng Garden, Pingzhou, Shenzhen City as an Example

高佳会（深圳工作站）

学校：四川美术学院
专业：环境设计
校内导师：谭晖
企业导师：严肃
企业名称：深圳广田集团股份有限公司设计院

摘 要

城中村是我国独有的流动人口聚集区，在我国的城中村问题中，深圳地区是比较典型的，本文基于深圳城中村产生的背景，以深圳市坪洲宝城花园3号公寓为研究对象，针对室内光环境进行住宅重建设计策略探讨，通过文献资料查阅法了解城中村住宅的演变、人工照明在室内中的应用理论，利用田野调查法发现室内光环境现存问题，使用实例分析法以及比较分析法结合实际案例学习研究构成空间光影的设计手法，进行方案探讨提出设计策略，以达到解决部分城中村低层住宅的光环境问题，力求在有限的空间内通过自然光线的引入以及利用人工照明的方式营造出理想化的生活居所，同时，也为其他城市城中村低层住宅室内光环境建设提供参考。

关键词：城中村低层住宅；深圳地区；室内空间；光影设计策略

一、绪论

（一）研究综述

1. 研究背景

2018年当房价再次暴涨时，深圳市设定了住房改革计划，根据政府的计划，在2018～2035年不到17年的时间里，要筹建100万套公共住房，住房建设最关键的就是土地，城市规划里包含工业用地和生态用地，留给建设用地的只有少部分，这里面还包括了公共配套设施的用地。那么，建设住房只能在存量土地上想办法，比如老旧住宅区以及城中村，通过拆旧建新来增加住房的容积率，这也说明了城中村住宅的建设任重道远，探索城中村住宅将成为重要的命题。

2. 研究课题的提出

对于城中村低层住宅建设的关注源于学校的校企联合培养硕士研究生工作站项目，最初对城中村的概念略于模糊，此次参加学校工作站的出租房位于罗湖区——向西村，出租房五楼临街噪声十分大，包括吵架声、空调外机声、交通声音等，白天室内整体光线昏暗，采光面被其他建筑物阻挡，采光面较小、居住的体验感非常差，既然没有办法过度干预，那么有什么办法可以将室内光环境改善到人感到舒服的状态，有什么方式可以有效缓解不适感，也正是因此次独特的体验，故尝试设想策略进行设计。

（二）研究目的与意义

1. 研究目的

随着中心区建设用地不断扩张，城市的郊区化也不断发展，一部分村庄被城市发展而改变为新城区，未改变的村庄被城市包围和分割形成后来的城中村，而城市积聚效应带来的大量流动人口对于低端廉价租房的需求使得城中村出租屋长期有了市场，致使村民违建房屋，个人私欲膨胀在有限的地块抢建乱建，随之导致的是室内采光受阻。本文研究目的从以下两方面进行说明：

（1）在设计初始时即对与室内天然光环境相关的各种因素给予充分考虑，为了从更全面、更人性化的角度理解城中村低层住宅建筑自然光环境所带来的主观舒适度问题，提出可以融入建筑设计整体的室内光环境设计理念，形成一种综合的设计方法，为提供一种方法论，为其他设计师在建造过程中提供设计策略支持。

（2）通过设计提高社会各界对城中村居民心理健康的关注度，因城市的发展致使城中村的出现，因需求致使握手楼的出现，不得已生活在城中村的居民居住在光线昏暗的环境中产生的心理影响是无时无刻的，设计是通过合理的规划，以各种方式表达一个想法的过程，也是社会用来创造物体，让物体反映社会目的和价值的语言，希望通过整合设计策略提高居住在城中村人们的生活质量以及心理健康。

2. 研究意义

（1）讨论光在城中村低层住宅空间里的处理手法和实施效果，将自然光通过设计的手段引入室内、利用人工光源补充室内采光，达到提高室内采光率的作用。

（2）具有艺术效果的光影对人们心理和情感产生有利影响。利用光的强度、色温、照射的方式以及照射方向，结合空间中的实体要素得到空间感、尺度感、层次感的不同意境的空间，满足人们对于光的艺术性、功能性需求。

（3）希望通过研究以及得出的结论能够为光影在室内空间设计的应用提供设计的视角、原则和设计手法，将光影和空间进行双向设计，做到符合实际情况的最优设计。

（三）城中村低层住宅的价值

1. 社会价值

因住房租金较为低廉，城中村作为外来人口首选的落脚点，城中村住宅为城市中工作的大量低收入流动人口提供居住空间，保障基本的居住权，降低生活成本。这里的租赁体系已成为一条完整的租赁链，房东与中介公司签订合同。中介公司在实体门店进行招贴广告、相关软件上挂出房源主动寻找租客或等待租客进行联系；房东将房产委托二房东，双方达成协议二房东管理房屋，后续交接都由二房东负责。这两种租赁方式直接解决了一部分人的就业问题。

2. 经济价值

商业空间、服务空间、居住空间混用的业态可以满足绝大多数在城中村居民生活的基本需求。在白天，大家外出工作，晚上回到房间休息，深圳的城中村即使在凌晨也是车水马龙、灯火通明，居住在城中村的人群多种多样，有白领、厨师、外卖员、快递员、餐饮老板、理发师等，城中村是一个系统功能齐全的大型城市社区，不间断地滋养着附近生活的居民，它所产生的经济价值也是不可估量的。

（四）研究方法

1. 文献研究法

利用网络查找研究对象所在地区的官网、社区公众号、文章、文献等方式查阅资料，建立研究对象的一般印象，了解气候、地域特征，从而全面成熟地了解所要研究对象信息。

2. 实例分析法

通过对国内外相关案例调研、查阅，对国内外相关案例的设计元素、设计理念、设计手法等几个方面进行分析研究，获得启示应用于本项目的设计中，研究案例中如何处理光影空间，研究案例中如何将建筑与当地独特的地理环境相融合，研究案例项目如何解决采光以及通风问题学习加以改善应用在方案中。

3. 比较分析法

通过查找、筛选合适的国内外住宅案例，把相似的两个相互联系的案例进行比较分析，限定"采光"条件，分析自然光引入手法、室内光环境营造等几个方面进行学习，根据地理区位环境进行建模实验以及平面布局方式进行测试对比从而做出客观的评价。

4. 田野调查法

根据本项目研究对象制作调研表格，获得真实、全面的第一手资料，通过观察调研梳理资料获得启发，发现普遍问题与特殊问题，调研过程中切实的体会感受空间，可以获得新的发现，加深对项目的理解后对项目进行思考。

（五）研究内容

针对目前城中村低层住宅以及室内光环境空间存在的诸多问题进行探讨提出设计策略，明确深圳市城中村低层住宅的发展现状、发展特点以及设计现状，在此基础上展开低层住宅室内光环境设计研究。通过书籍学习和文献查阅，明确住宅室内设计的相关设计建造规范和特点，确定研究对象及其影响因素，选取具有典型特征的空间针对空间布局、使用情况、室内光环境、建筑外观等情况进行梳理与分析。通过调研梳理发现新的问题，查找影响问题的所在原因并制定相关计划策略达到缓解问题现象或解决问题的程度。

（六）研究框架（图1）

二、概念界定及理论支撑

（一）城中村低层住宅概念界定

1. 城中村概念

在城市快速发展的过程中，大部分农村土地征用，但落后于时代发展的地块仍然停留在初始发展状态，在此基础上自发建设形成的村落被称为城中村，在形式上形成

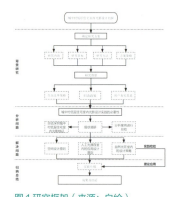

图1 研究框架（来源：自绘）

城市包围乡村的局面，在土地所有权、户籍和行政管理制度中仍然保持着农村模式。城中村按照发展可划分为两种类型。

（1）成熟型城中村

成熟型城中村的相关配套设施完善，居住者多为外来流动人员，人口密度较大，村民的主要收入来源是物业及租金，房屋租金收入在村民的总收入中的占比趋于稳定，区位价值高的村落是当前城市发展的主要问题，政府改造城中村的需求迫在眉睫。

（2）发展型城中村

发展型城中村的租金收入逐渐成为村民重要收入的来源，且占比有增加的态势。相对成熟型城中村，成长型城中村的区位价值较低，但随着城市快速发展城中村也会跟随进行更新。

2. 低层住宅概念

试行的《民用建筑设计通则》中对民用建筑高度与层数的设计作了规定，指出 1～3 层为低层住宅；4～6 层为多层住宅；7～9 层为中高层住宅；10 层以上为高层住宅，本项目为低层住宅设计。

（二）光影的概念界定

光在传播过程中被阻挡，部分光被投射后形成的较暗区域称为影。光线、不透明或半透明的着色对象、显示阴影的区域共同形成影子。没有这两种情况，就没有影子形成。遮挡物的透明程度、颜色、形状影响影子的颜色、亮暗、形状。

（三）光与影的关系

光与影相互影响。光越强，影子越重；光越弱，影子相对也会变弱。发光点距离物体越近，影子的边缘越强；发光点距离物体越远，影子的边缘越虚。阴影的大小取决于物体和光源之间的距离，发光点距离进行物体越远，影子规模越大；发光点越接近物体，阴影就越小。

（四）光的类型

1. 太阳光

当太阳在地平线以上时，阳光是显而易见的，通过地球大气层过滤到地球表面，太阳辐射则被称为阳光。

2. 人工光源

物理光源与电光源又称为人工光源，物理光源主要从直立人人工取火开始，人类生活用火的历史发展可能要追溯到 170 万年前，在世界各地的古人类遗址里都发现了使用过的燃料，在较长的一段时间内，油脂都作为灯的主要燃料使用，将油装在一个固定的容器中，加入灯芯点燃就成为油灯的前一个版本。公元前 3 世纪，人们用蜂蜡做成的蜡烛出现了，到了 18 世纪，用石蜡替代蜂蜡制作蜡烛，并且通过使用智能机器量产。19 世纪中叶，人们发明了煤气灯，在人类照明技术上迈出了一大步，1879 年 10 月 21 日，爱迪生发明了电灯，电灯慢慢地进入了普通人的家里，之后荧光灯诞生与白光 LED 灯诞生，成为我们常用的照明工具。

（五）自然光对人体的影响

1. 自然光对人的重要性

自然界中的阳光、水和空气是人类生产和生活的重要资源，如果光消失，世界将陷入黑暗，即使人工光源可以模拟光亮，但长期照射下会导致人产生视觉紧张、机体易于疲劳等多种症状。自然光对人的心理教育活动、情绪等有直接影响。光可以照亮世界、带来光明，同时还有疗愈心灵、治愈疾病的作用。照射阳光可以促进体内的血液循环，调整人体中枢神经，人体内的肾上腺素、甲状腺素，以及体内的毛孔伸缩排汗的功能都会得到一定的提高，让人的身心感觉愉悦。

2. 生理需求

（1）自然光调节生物钟

松果体是产生褪黑素的器官，褪黑素激素被分泌出后将进入人体的血液、尿液等作用于人，褪黑素经科学实验证明可以有效延长睡眠时间、延长深度睡眠时长、缩短入睡所用时间等。与此同时，褪黑素的分泌与光照的照度和持续时间密切相关，并且暴露在阳光下分泌越多，褪黑素分泌含量越低，反之受到黑夜影响越长，褪黑素分泌含量就相对变多，长期待在白天光线较弱的室内空间褪黑素分泌过多会导致昏昏沉沉的状态。

（2）日光对人体的作用

明亮的阳光可以提高人们的认知效率，一定量的日光照射，可以增加红细胞和血红素，增加唾液和胃酸，促进食欲，提高自身机体免疫力和对疾病的抵抗力，起到强健身体的重要作用。维生素 D 是人体不可或缺的元素之一，可以帮助身体从饮食中吸收钙和磷酸盐，促进骨钙化和生长，阳光中包含人体所需的维生素 D。

3. 精神需求

人的心理健康受自然光影响，光照强度和光照时间和人的情绪呈正相关，光照时间越长，人的抑郁情绪会越少。光照度较为适宜时，人的情绪状态相对最好，过暗或者过亮的光强度都会损害情绪体验，在高纬度地区类似冰岛、挪威等冬季太阳光照不足，接近极圈的地域，极昼夜现象明显，光照节律不同于正常自然节律，致使部分人会患有季节性精神疾病。因此，科学的室内光环境设计可以作为情绪调节的有效手段。

（六）人工光源对人体的影响

在人造光源未出现时人们根据自然变化规律日出而作、日入而息，随着时间的变化，火的出现带来了光明与热量，随后出现的灯具大大改善了生活质量，灯具不仅仅拥有照明的单一作用，还作于美化、烘托氛围、提示、标记等应用于生活中，伴随科技的不断发展，灯具根据人的需求设计出更加人性化的产品，讲究实用的同时具备环保节能、造型美观，以及能够营造特效的灯具，室内外灯光照明的设置、电子设备的使用，人造光始终围绕在人们左右，即使在夜晚依旧灯火通明。

长期暴露在人工光源下会危害人的身体健康，首先是对眼睛的危害，荧光灯会产生频闪，眼睛在光强不断变化的频闪光源下活动，将使瞳孔括约肌因过度使用，长期在这样的条件下用眼，对眼睛产生刺激性，对青少年的危害更甚，长期暴露在人造光源下不仅会对视觉产生影响也会对精神产生相应作用，心情会变得糟糕、易怒，光源会产生蓝光，且蓝光较为容易增加抑郁的风险，这也是人工光源不能替代自然光的原因。

（七）光影对空间的作用

1. 营造空间

原始人类为遮风避雨、躲避猛兽的袭击居住在树上或山洞中为满足基本的生理需求与安全需求。经过不断发展，古人开始建造房屋、封地建国，满足自我归属需求与尊重需求。改革开放以来，我国经济水平大幅提升，人们从基本的生理需求层次跨到了自我实现需求层次，更加注重精神性。那么，回归到居住空间，一个场所从最初解决基本功能后所要呈现出视觉上、精神上的意境，达到思想、情感共鸣，除材料的运用、空间的处理，"光"成为营造、传递精神性的重要手段。光代表着黑暗结束、光明来临，是希望，象征生命，光孕育着空间，光的出现带来了场所的界限，以丰富变化的流动光线带给建筑富有生机、丰富的艺术美。

2. 修饰空间

（1）限定空间

光具有连接和延伸空间的功能，墙体在视觉与知觉上将空间进行划分，光在视觉上围合出虚拟空间。在小户型设计中利用光的延续性在视觉上可以扩大空间感知范围，弱化户型缺点。与此同时，光也具有分割空间的作用，在视觉上限定空间，通过光线的颜色、范围、虚实变化赋予空间角色。

（2）美化空间

设计师以光为连接空间的媒介，用光作画、让光来渲染、营造空间特质，在光影与建筑的配合下，空间形成不同的光影形态，虚与实相交产生独特的光影效果，时光交替、季节轮回、冷光与暖光的照射从暗到亮、从亮到暗，产生不同质感的空间，幽静肃穆的、洁白活泼的、神圣沉思的，以增加不同时间对空间的记忆点，借用自然的、动态的软材料带给人不同的情绪体验，使人的心理活动随之发生变化。

（八）小结

本章节对城中村低层住宅概念以及光影概念进行阐释，分别对城中村概念以及低层住宅概念进行界定，阐述了光的两种类型，说明自然光以及人工光源对人体的作用和影响、光影对其空间的作用。

三、深圳城中村低层住宅室内光影特征及现状调研

（一）深圳市自然环境概况

1. 地理环境介绍

图 2 场地现状（来源：自摄）

图 3 案例图片（来源：自摄）

深圳位于北回归线南部，东经 113° 46′ ~ 114° 37′，北纬 22° 27′ ~ 22° 52′。地处中国深圳市西北部、珠江口东岸，是穗深港现代经济社会发展轴黄金走廊的重要信息节点，联系粤港的桥梁，辐射带动内地的重要工作通道。该地区占地面积 724.6 平方公里，海岸线占地面积 30.62 平方公里。

2. 气候特点分析

深圳市宝安区地处低纬度地区，属亚热带季风气候，夏季时间长，冬季时间短暂，适用于中原地区的四季天文分区不符合深圳夏长冬短的特点，以气候寒暖为具体指标的气候学季节划分方法能够较好地反映深圳的气候状况。深圳春天应为 2 月 6 日 ~ 4 月 20 日，寒冷和温暖的空气交替导致春季天气的变化；夏天应为 4 月 21 日 ~ 11 月 2 日，夏季高温多雨；秋天 11 月 3 日 ~ 1 月 12 日，气候少雨干燥、秋高气爽；冬天 1 月 13 日 ~ 2 月 5 日，降水稀少、天气干燥。

深圳各区气温呈现"西高东低"分布，高温、寒冷日数呈现"东、西部地区沿海少，北部内陆多"的特征，主要部分原因是中国深圳发展东部多山，森林资源覆盖率高，东、西部沿海经调节作用明显。

宝安区平均气温相对较高，各地区年降水量和暴雨日一般"东多西少"，主要受地形等因素的影响，各区年最大日雨量主要出现在 8 月 19 日，受台风"海高斯"的影响，由于降水局地性强，各区排名规律性不明显。

3. 日照特点分析

深圳属亚热带季风影响气候，主要内容分布在南北纬 22° ~35° 的亚热带大陆东岸，它是中国热带国家海洋污染气团和极地大陆气团交替进行控制和互相竞争角逐交绥的地带，晴天多，日照长。2020 年，日照时数为 1954 小时，比平时多出 116.4 小时（1837.6 小时）除 8 月、10 月较少，9 月明显较少外，其余月份日照时数波动或在正常范围内较多，其中 6 月异常日照时数大于 57 小时。

（二）调研分析

针对课题类型，就深圳市城中村低层住宅用户进行随机问卷抽样调查，分别对用户自身情况以及住宅套型的问题进行调研。（图 2、图 3）

随机问卷小结问卷：

（1）收集问卷 19 份。（2）有效问卷 19 份。（3）男性占比略大。（4）29 岁以下占42.1%。（5）29岁以上占57.9%。（6）家庭结构分布较为平均，夫妻情侣双方占比略大。（7）采光较差，占比63.16%。（8）在客厅、卧室的时间较多。（9）多数人愿意扩大客厅的面积。（10）更多的人认为建筑间隔过近会受到影响。

（三）案例分析

1. 国内城中村低层住宅设计案例研究

项目位置：深圳市宝城花园小区轻铁东五巷1栋

项目概况：

外观及共公共区域借鉴点：

（1）对建筑外观的改动较小，仅仅进行颜色粉刷，与周边建筑既联系又有区别。（2）整体环境打造舒适、温馨之感，在公共区域放置小物加以美化。（3）考虑到在外工作租户的心理感受，营造家的氛围。

缺点：

（1）设计美感略差，灯光仅有照明作用，致使原因可能与造价有关。（2）个别角落的设施、卫生处理欠佳。

室内设计借鉴点：

窗户的形状进行了设计，且光照效果明亮，基础设施设备齐全，使用功能空间完善。

缺点：

（1）家具尺度掌握不到位，空间中出现不合适的尺寸。（2）设计无创新、但可以满足使用基本功能。

2. 国外日光住宅设计案例研究

项目位置：英国

设计公司：Russell Jones

使用材料：石灰石、钢、砖石、玻璃

项目背景：位于伦敦4A Garway Road的空地上，基地北面的台地和南面的晚期格鲁吉亚风格住宅将这片空地夹在中间。设计师将现代建筑融入历史保护街区，以三间公寓呈现。

项目内容：

最底层公寓留出部分可活动的采光区域，设置最大化的采光玻璃门，在地下室也可以获得充足的采光，室内外贯通的设计可以减轻使用者在室内的压迫感，带来轻松、愉悦的感受。

玻璃都采用了最大尺度的设计，保证尽可能多的阳光进入室内，开窗的位置也做了相应的调整，设计阳光进入室内的光线角度的同时避免阳光大面积的直射，在空间中创造出有趣的光与影的相互作用，在过廊内设置小的窗户，光线投射到砖墙上，将立面墙体纹理展现得淋漓尽致。

借鉴点：

使狭长的空间获得采光，在立面墙体开窗，调整窗户的大小以及高度调整阳光的照射面积及入射角，光、影子、砖体共同营造神秘的空间环境。

项目位置：加拿大

设计公司：Jean Verville architectes

使用材料：金属、穿孔板、混凝土、玻璃、金属面板

项目背景：此项目由设计师与业主夫妇共同配合进行设计，设计师将建筑、空间、光、戏剧融合打造出具有神秘效果的室内环境。

主要内容：

光透过穿孔金属投射出大量的阴影，形成灵活的边界，斑驳的光影随着时间不断变化，宛如动态的舞蹈一般，投射在单色的墙面画布上。此住宅的室内设计既精致又富有表现力，通过空间的组合，通过光影的塑造将整个场所笼罩在一种神秘的氛围中，创造出一种实验性和体验性的空间效果。

设计师既满足了基本生活需求又保持了空间的清爽简洁设计，为业主提供了居住和工作的双重用途空间，小的休闲节点串联整个空间，将乏味的功能提升趣味性，点缀的镂空铁板设计将光线引入室内，产生错综的光影交织效果，使空间活灵活现起来。

借鉴点：

设计师应用尺寸不同的钢网，在空间中产生不同形状的光影来塑造空间，赋予空间动态的、持续的、富有生机的、神秘的色彩，演绎从太阳初升再到太阳逐渐下山，然后第二天太阳再次升起的24小时的丰富光之美。

将光与材料结合进行光影创造，形成虚与实的对比，简洁的墙面映衬无形的光影边界，在有形的边界中感受无形的光。

（四）小结

本章对深圳地区的气候、区位基本状况及特性加以说明，对宝成花园住户进行随机访问，根据选题制定调查问卷，分析数据得出结论，以此来佐证方案设计对国内外相关案例进行分析，说明总结借鉴点辅助方案设计。

四、宝城花园项目设计实践

（一）项目概况

项目位于深圳市宝安区海城路153号宝城花园小区轻铁东二巷3-1栋，占地面积约319平方米，建筑面积约1119.4平方米。

1. 设计任务

（1）楼层共三层半。（2）总楼层高12米，第一层高度在3.8～4米。（3）一层共三个商铺，原住民商铺使用面

积是占地面积的一半（一间房带洗手间小厨房、卧室，二楼四房两厅一厨两卫）。（4）三楼共六户（每户两室两厅一卫）。（5）设计两个楼梯通行。（6）设计风格不限且经济适用。

2. 现状

（1）场地建筑外立面现存问题——建筑外观

①按建筑类型划分为20世纪80年代的现代瓷砖面城中村住房，地域特色不明显，建筑整体风格无设计感。②设备设施裸露在外。③建筑周边杂物堆放情况严重。④阳台护栏影响美观。

（2）场地建筑外立面现存问题——感官体验

①建筑间距过近，两侧采光受阻——视觉效果呈现较差，窗户高度为1.2米，较小——影响采光。②建筑间距过近，通风隔音性差——空间感官体验较差，个人隐私受到侵扰。③两侧建筑距离过近通风受到影响——体感舒适度较差。

（3）场地室内现存问题

1）场地室内现存问题——两室一厅一卫一厨

①室内自然采光差——房间整体昏暗、视觉效果呈现较差，人工照明照度与灯具数量不够。②没有收纳空间，物品只能随意堆放。③基础环境一般、基础生活设施简陋。④房间通风有待提高，房间存在异味。

2）场地室内现存问题——楼梯间、公共区域

①室内自然采光差——房间整体昏暗、视觉效果呈现较差，人工照明照度与灯具数量不够。②没有收纳空间，物品只能随意堆放。③基础环境一般，基础生活设施简陋。④房间通风有待提高，房间存在异味。

3）场地室内现存问题——单间一

①室内采光差——房间整体昏暗、视觉效果呈现较差。②没有收纳空间，物品随意堆放。③基础环境一般、基础生活设施简陋。④房间通风有待提高，房间存在异味。

4）场地室内现存问题——单间二

①室内采光十分微弱——房间整体十分昏暗。②没有收纳空间，物品无处堆放。③基础环境一般、基础生活设施简陋。

（二）设计目标

1. 自然之光成为实用之光

城中村住宅存在相互遮挡、建筑间隔过近等现象，导致采光受阻，室内在晴朗的白天则需使用灯具补充照明，增加耗电量，根据现象提出解决方案，提出三种类型的窗户。一种是透明窗户，将阳光直接引入室内，扩大窗户采光面积以及增加窗户数量，引入更多的阳光进入室内；另一种窗户是类似可开启的墙面，阻挡阳光和热量的同时，让风可以吹入，控制室内空气清新度，调节温度；第三种窗户是将风阻挡在外，将阳光引入室内，在建筑顶部开窗，以及设置贯穿二层与三层的采光井调节建筑内

部较为昏暗的空间。

2. 兼具成本效益与环境友好的建筑

公寓主要的服务人群是在外工作的低收入群体，公寓性质为营利性住房，建筑建设资金投入有所限制，在用材以及形式上所耗资金需有所考量。宝城花园住房与深圳城中村建筑有相似的建造风格，重建住房需与周围环境相契合，融入环境。根据条件考虑设计，外观上使用不超过三种材料使用。利用红线倾斜角度生成外立面，增加建筑可能性寻找建筑语言。根据光的朝向进行建筑考量，以减少低能耗为目标之一。

（三）空间设计原则

1. 统筹原则

统筹原则概括地讲是指将研究对象组成的各个部分先作为一个整体进行考虑后，再根据各个部分所占侧重比进行再次思考的方式。各个部分相互影响，只有统筹思考、找到重难点，才有可能从全局发现和选取解决主要矛盾与关键的方法。将统筹原则应用在此次住宅设计中，获取空间使用者的类型，定义需求，根据需求重点权衡各个功能之间的关系进行统筹安排，在设计的过程中将室内与室外进行关共同设计。

2. 因地制宜原则

因地制宜原则是指根据环境的客观性采取适宜的措施的思想。也可以用精准施策进行说明，根据当地的特殊情况，这里包含地理区位、气候、人文、交通等等影响因素制定对应的策略。在本次设计中主要针对深圳坪洲宝城花园城中村的地理位置、气候、人文、使用者需求等相关因素制定相适宜的建造计划。

3. 以人为本原则

设计源于为人服务，人类通过劳动改造世界，利用思想进行造物行动来满足使用。"住宅是居住的机器"出自1923年柯布现代主义建筑宣言——《走向新建筑》一书中柯布西耶建筑大师所提出，那么设计首先的基础是满足功能性的前提，在此之上以美感结束，这样才会体现出"设计为人"的观念，现代设计更应强调人性化设计，在满足基本的人类安全需求与生理需求之后更应强调注重精神需求的设计。

4. 空间复合利用原则

（1）保证空间基本的使用功能，压紧中部交通面积使整个套型使用空间得到控制，同时协调套型内各个功能空间的比例面积，不过于强调与削弱某一部分空间，注意整体平衡。

（2）多功能空间

在满足基本空间功能的需求上，使空间成为多功能房，成为兼备棋牌室、茶室、小卧室的功能形空间。空间隔墙尽可能在日后成为可拆隔墙，方便住户自行调整设计使用。

（3）储物空间随房型而设，不为储物设置固定空间实使用，利用空间死角设置储物柜，在生活阳台、服务阳台、过道都可承担部分储藏功能。

（四）人工光源在室内的应用设计原则

1. 满足基本的照度要求的同时创造舒适的光环境

项目为公寓居住属性，居住空间的灯光氛围应营造温暖、舒适的环境。室内的光环境控制得当会产生正面的作用，反之使用者在空间中则感到眼睛与身体的不适。无眩光的灯光可以有效减少疲劳感，在选择灯具时着重控制色温、照度以及显色性，注重品质感。环境光与作业光的照度值小于三倍搭配使用。科学地使用灯具，灯具分区布置有效合理可以打造一个良好的居住空间。

2. 营造良好的艺术氛围

灯光是烘托氛围的有效手段，灯具的形式可以展现设计形式美，为空间增添趣味性，灯光与陈设构成小的场景，给使用者意外的遐想，灯光的直接照明带来明亮的、紧凑的感觉；灯光的间接照明照度弱、光线柔和，具有温暖、安静的感觉；灯光的半间接照明以及漫射照明产生朦胧、梦幻的效果、舒适的环境，带来轻松、愉悦之感。

3. 环保节能原则

在灯具的使用选择上主要考虑亮度大、耗能低、寿命长的 LED 灯，更加适用于租赁的使用者。LED 灯的能耗更小，仅为节能灯的 1/4；LED 灯的发光率更高且不易损坏，使用寿命更长。

（五）应用自然光在室内的设计策略

1. 窗户形式设计

窗户是影响室内采光的重要环节，设计中采用六种不同形式的开窗方式：落地窗、天窗、天井、高窗、转角窗、普通窗。可开启的落地窗将顶棚与地板相连，在墙体立面设置与室外连接的窗户，仿佛开启了动态的画幅；天窗的设置有效增加了室内采光，采光不足的室内可以直接获得光亮；天井分别贯穿室内的三层与四层、二层与三层，为昏暗的空间补充光亮；高窗开启于墙面较高的地方，阳光从上方洒落到地面、空间，保留墙面空间的同时还可以避开对面住户视线的直接交流，提高室内信息的隐蔽性；开启转角窗可以获得更多宽阔的视线与采光，增加通透的空间感。

2. 窗户朝向设计

深圳的日光充沛，能够充分利用太阳的光照，建筑的窗户朝向首要设置在重要采光面，最大程度将阳光引入室内，增加采光；其次在建筑的侧面设置窗户，使微弱的光线可以进入室内，窗户的设置能够使房间内的空气进行有效的流通，保证室内新鲜的空气。

3. 窗户尺寸设计

原建筑窗户尺寸为 1 米 ×1.5 米，尺寸较小，墙体阻挡采光。此次设计将增加窗户采光面积，因室内空间较为狭小，故以室内墙体边缘为窗框固定点，窗户上方1000米，且与室外植物阳台进行设计关联，遮挡室内使用者的部分行为且不影响通风与光照。

4. 天井引光设计

考虑建筑内部空间存在光线部分不足的问题，将在建筑内部二层与三层之间、三层与四层之间设置贯通采光井，通过透光玻璃的作用获得光亮；在三层与四层顶部考虑空间光线需要程度分别设置采光天窗，光影随时间变化而在室内产生移动，富有动态美。（图4）

（六）光与材质的结合

木材带给人朴实、温暖、亲近的感受；石材具有深厚、粗犷、庄严之感；材料的使用影响着室内的整体感受，在这里将应用大量具有通透、轻盈之感的玻璃，加入有色玻璃作为点缀，将打破宁静的室内环境带来一丝灵动。除卫生间和厨房墙体立面为瓷砖外，其他室内均为涂料粉刷，一是完成面较瓷砖面薄；二是涂料具有柔和的反射效果。光线照射在室内涂料墙体时使用者的视觉感受将会感到十分舒适。

（七）光之色彩设计

红色使人兴奋、激动；灰色是低彩度及中等名度的色彩。它能给人以高雅、耐人寻味的感觉；室内墙面将采用白色、镜面色、玻璃透明色，白色是光明色的象征，白色明亮、干净、雅洁。浅色较深色反射效果更加强烈，十分适用于较暗的室内。

（八）光影空间营造方式

1. 艺术性

光线照射物体突出质感，在光线的见证之下，材质、物体、形态和色彩等种种空间要素都将参与到空间营造中，光与影的搭配致使空间效果具有多种变化，富有变化特性的光线与建筑结合形成光影亮暗、交错、形状不一的空间光影效果。顺序排列的光影效果具有秩序感、尺寸不一的光影效果具有生动性，光影交错，沿着时间变化，组成撩动人心的细腻语言。

2. 精神性

建筑光与影的营造构成了建筑艺术物质与精神的表现特征。一座建筑，如其他生灵一般存在于自然之中时，当建筑有了光影的陪伴，便有了灵魂；因为光的存在，世界从暗淡的颜色变得丰富多彩，万物复苏变得生机盎然，植物向着阳光的方向努力生长。同样，人也具有向光性，物质上的光塑造人精神上的光明，当我们试图用确认一个物质的方式去确认精神的时候，可以用时空定位一个物品的时候，却无法用时空去定位一种精神。精神的向光性从某一个时空里如夺目的神剑一般脱颖而出，又伴随着复杂难辨的时空穿插和交织过程不断繁衍和创造。

（九）住宅外观光影设计

住宅的楼梯间分别位于建筑两侧，将楼梯间外墙体设置为镂空形式既能获得采光又能很好地通风与确定建筑范围。外墙体由模块搭建而成，模块的镂空形式可以更好地接受阳光，阳光穿过采光模块影子散落在墙体，形成有秩序的序列。在夜晚时，建筑内部加以灯光美化照亮，在外部观看时形成独特的观看体验。（图5~图7）

图4 策略分析图（来源：自绘）

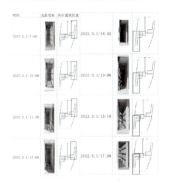

图5 楼梯光影效果变化图（来源：自绘）

图6 左：原楼梯间现状；右：效果图（来源：自绘）

图7 楼梯间夜晚效果图（来源：自绘）

（十）室内热效能解决策略

通过调整窗户的尺寸来控制室内的采光必然会提高室内的热环境，为了提高人体的热舒适性，可利用以下几种方式对室内热环境进行调节。窗户玻璃选择低辐射款以及在天窗处使用遮光板直接有效地防止夏季太阳辐射导致室内过热；本设计在室内窗户小平台种植具有疗养效果的植物，在疗愈心理的同时利用植物本身的蒸腾作用和光合作用，消耗一定量的太阳能，通过垂直绿化可以达到对墙面遮阳的目的，从而对室内环境温度起到调节作用。

（十一）小结

本章节为项目实践部分，室内的光影效果、住宅外观光影作为设计对象。对项目概况及设计目标进行了简要概括说明，主要总结了四种空间设计原则，三种人工光源在室内的应用设计原则，五种自然光在室内的设计策略，两种光影空间营造方式中重光与材质、光与色彩的结合，对因采光面增加导致的室内热环境问题提出解决方案。

五、总结与未来展望

（一）总结

深圳的城中村虽然多数位于城市核心区，但是由于空间权力问题，在城市规划中通常都是留白区域。村民争相抢建，形成房屋林立、道路狭窄的街道现象。随之而来的是室内采光受阻现象的产生。光时刻影响着身心健康，人们的生活从量到质的变化包含心理健康。根据调研现象做出相应设计策略，针对深圳城中村低层住宅室内光线昏暗现象，根据地域气候、建筑形式利用人工光源与自然光进行光影设计，形成一种综合的应对设计策略作为本文的创造性结果。

（二）不足

公寓整层的面积较小，但户型设置较多，每户主要受光面有限，分配采光面的设计过程中主要根据问卷结果着重权衡空间的使用感受进行划分。在空间视觉上与其他户型存在差异性。

（三）展望

本文讨论光影效果在城中村低层住宅空间中的处理手法和实施效果，将自然光通过设计的手段引入室内、利用人工光源补充室内采光，提高空间的采光率。希望通过研究以及得出的结论能够为光影在室内空间设计的应用提供设计的视角、原则和设计手法,将光影和空间双向进行设计,做到最优化的设计。希望通过对城中村光影设计策略探讨可以为在外的工作者改善居住环境,最大限度地提升居住品质,打造理想化的生活居所。

参考文献

[1] 罗诗勇. 基于城中村视角下的青年群体长租公寓改造设计研究 [D]. 深圳:深圳大学, 2017.

[2] 张滨. 北京地区城市住宅天然光环境优化设计研究 [D]. 哈尔滨:哈尔滨工业大学, 2010.

[3] 赵文夫. 光·影——浅析建筑空间中的光影设计 [D]. 沈阳:鲁迅美术学院, 2014.

[4] 李景磊. 深圳城中村空间价值及更新研究 [D]. 广州:华南理工大学, 2018.

[5] 罗静芝. 灯饰设计中光影的设计关怀研究 [D]. 长沙:湖南工业大学, 2012.

[6] 姚晶淇. 当代建筑空间中自然光运用的情感表达 [D]. 北京:中国矿业大学, 2017.

[7] 王伟, 刘红. 光对人生理心理的影响和幽闭环境中的光策略 [J]. 载人航天, 2018,24(03):418-426.DOI:10.16329/j.cnki.zrht.2018.03.022.

[8] 廖倩南. 光影艺术在展示设计中的表达 [D]. 石家庄:河北师范大学, 2018.

[9] 翟夏冈. 光影效果在室内设计中的应用 [D]. 大连:大连工业大学, 2014.

[10] 杨少云. 建筑设计中自然光设计手法的思考 [J]. 建材与装饰, 2018(22):110.

[11] 邵伟. 建筑设计中的自然光设计初探 [J]. 建材与装饰, 2016(52):106-107.

[12] 柴雨生. 宜居视角下连云港地区农村住宅设计研究与实践 [D]. 长春:长春工程学院, 2020.DOI:10.27834/d.cnki.ggccc.2020.000060.

[13] 瞿博. 室内空间光影形态设计研究 [D]. 成都:西南科技大学, 2020.DOI:10.27415/d.cnki.gxngc.2020.001042.

学生感想:

四个月的实习时间飞快,好像才开始憧憬就离开了深圳,离开时的心情十分复杂,不舍又憧憬。通过此次实习,让我学到了很多课堂上学不到的东西,每天都有看得见的成长,成长当然也是痛苦的! 每一天都会思考很多问题,懂得了做人做事的道理,也懂得了学习的意义、时间的宝贵、人生的真谛、明确了职业规划、看清了自己的人生方向,也让我认识到了作为设计师应有的职业素养。

城中村低层住宅室内光影设计初探——以深圳市坪洲宝城花园 3 栋为例 / 高佳会
Preliminary Study on Interior Lighting Design of Low-rise Residential Buildings in Urban Village
—Take Building 3, Baocheng Garden, Pingzhou, Shenzhen City as an Example/ Gao Jiahui

在这段实习期间里,我第一次真正地融入了社会,在实践中了解社会、掌握了一些与人交往的技能,并且在此期间,学会如何和同事相处、一起配合工作,在了解过程中发现每个人身上都存在闪光点,而且是独一无二的,每天都可以在同事身上学到很多知识点;我注意观察了前辈是怎样与上级交往,怎样处理之间的关系。利用这次难得的机会,也打开了视野,增长了见识,为我们以后进一步走向社会打下了坚实的基础;在生活方面,与同学们相互帮助、相互鼓励,从陌生到并肩作战。我与合租的小伙伴,每天一起做饭、做卫生,相互帮助,深刻认识到了勤俭节约的重要性,这也是我第一次一边工作一边自己在外生活,十分刻骨铭心,仿佛世界的所有声音都被放大,夸赞的声音、批评的声音、交通嘈杂的声音、努力的声音,深圳的图像也是加速被放大,每天接收的信息非常多,有惊讶、有兴奋、有不敢、有期待、有失望,这使我应接不暇。

感谢学校给了我们这次难得的实习机会,感谢我的两位导师对我无微不至的关怀与教导,感谢公司同事对我的耐心与关照,感谢在深圳一起生活、一起吃苦的小伙伴!此次深圳之行是十分难忘的经历,这些经历将是我最难忘、最宝贵的记忆,我会把这次实习作为我人生的起点,在以后的工作学习中不断要求自己、完善自己,让自己做得更好!

企业导师严肃评语:

能够以切身的体验关注城中村不理想的居住状态,引发系列思考,并由此而产生了设计行为这是很好的一个视角,是很多"大"设计师关注不到或不愿关注的社会实际状况。光、空气是人们最基本的生存必须,能够通过自身所学建造或改造建筑空间,使城中村现状更宜居,使居住其间的人更大限度的轻松、不至过于因空间狭小而窘迫,甚至通过有趣的光影变化而产生愉悦的心情,这是一个设计师最欣慰的成就。

因项目地地域的关系,除引进日光以外,根据朝向及周围环境可综合考虑居住空间一定的遮阳需要。我们社会不缺少华丽的文章,更需要朴实真情的表达。

校内导师谭晖评语:

1. 选题有一定的社会研究价值,现场资料掌握较好。选题关注城市中的低收入人群,并为他们现实的生活、居住问题寻找对应解决路径和策略方法,具有较好的可推广价值。

2. 论文文献掌握程度较好,体现了一定的学术研究能力。在文献梳理以及理论探讨部分,能够反映出一定的基础理论和专业知识。

3. 论文目的明确,思路较为清晰,结构较为合理,研究方法得当,写作逻辑较为严谨,语言较为流畅,从问题到路径的研究分析较为清晰。

再启
产学融合研究生培养探索与实践

Reboot
Exploration and Practice of Graduate Education Integrated with Industry and Learning

城市化变迁背景下改善型住宅空间规划及影响因素研究
——以佛山市顺德区合院住宅设计为例

Research on Spatial Planning and Influencing Factors of Improved Housing under the Background of Urbanization Change
—A Case Study of Courtyard House Design in Shunde District, Foshan City

作品《回回——兰州创意文化产业园旧厂房再生文化空间探究设计》曾获第六届"包豪斯奖"国际设计大赛学生组金奖，第七届"学院派奖"全国艺术与设计大赛一等奖。2021年CBDA装饰设计大赛文化建筑、古建筑组银奖，第五届中建杯西部"5+2"环境艺术设计双年展室内组银奖，2020发展中国家建筑设计大赛获得铜奖，第八届立邦"未来之星"青年设计师大赛"最佳设计影响力"单项奖，以及2021包豪斯全球设计大赛年度未来之星奖。作品《藤·脉——美丽乡村视域下的互惠共生模式探究设计》曾获2021"园冶杯"课程设计类三等奖，第七届人居环境设计学年景观设计组优秀奖。

洪佳琦（深圳工作站）

学校：西安美术学院
专业：环境艺术设计
校内导师：周维娜
企业导师：颜政
企业名称：深圳市梓人环境设计有限公司

城市化变迁背景下改善型住宅空间规划及影响因素研究——以佛山市顺德区合院住宅设计为例 / 洪佳琦
Research on Spatial Planning and Influencing Factors of Improved Housing under the Background of Urbanization Change
— A Case Study of Courtyard House Design in Shunde District, Foshan City / Hong Jiaqi

摘 要

基于城市化变迁背景下，探究改善型住宅的空间规划及其影响因素。通过研究国内当代住宅空间的发展现状及相关文献研究，进而归纳出影响住宅空间规划的因素：住房需求、功能需求、地域文化和科学技术，针对各个影响因素进行较为详细的论述。以佛山市顺德区合院住宅设计为例，解析改善型住宅空间设计的策略和途径。分析总结出这一设计流程实际是以社会学理论知识与地域性常识构建知识框架为基础，在此基础上通过对城市化变迁特征的认知，从而生成符合当下社会环境的住宅作品。结合研究结果，提出大湾区未来城市住宅空间规划理念的发展趋势，未来将更加注重城市化变迁特征在空间规划的多维度体现，强调其空间的可持续发展，加强住宅空间人居内涵的塑造，以空间情感的代入式体验来表现城市居住文化。

关键词：城市化变迁；改善型住宅；空间规划；影响因素；住宅设计

一、绪论

（一）研究背景

城市化变迁推动了社会、经济、文化、生态环境的变革，伴随着城市化发展的加快，人口逐渐聚集，城市住宅也逐步扩张，中国当代住宅以惊人的速度增长。近年来住房制度的变更进一步明确了住房属性，促使房产市场加快改革。为缓解用地紧张问题，需注重土地的高效利用，传统住宅空间的标准化形式面临转型，改善型住宅产品的开发成为房产市场的新方向。

国民财富的积累以及生活水平的提高同样促使着人居环境品质的提升，而当今住宅空间更多是以标准化模式的产品形式而出现，设计师往往将已有的成熟设计理念方法奉为圭臬，忽略了住宅所处的时代背景和地域特征，许多住宅空间规划出现了千篇一律的均质化模式。统一的参数，传统的模式，而其在基于高速发展的社会背景下就略显呆板滞后，忽视了城市化变迁所带来的改变和影响。

（二）研究目的和意义

1. 研究目的

国家政策的调控，住宅地产的成熟，客户置业的理性，住宅的设计理念从常规的"拥有化"逐步转向"合理化"，以发展的眼光看待观念的转变，为住宅空间规划带来新的思考。将个性与共性有机结合，对住宅空间规划发展起着重要的推动作用，使具有地域文化的住宅空间达到理想的美学标准和拥有合理的空间规划。本文的研究目的是在新的时代、科学技术以及文化背景下对当代住宅空间规划设计进行深入剖析，归纳总结影响住宅空间规划的因素，建立其与设计成果之间的因果联系，以丰富现有住宅空间规划设计的理论和方法，并结合佛山市顺德区合院住宅设计实践，进一步阐释地域文化在住宅空间规划中的设计策略和途径。

2. 研究意义

通过剖析住宅空间规划理论存在和发展的基础，以城市化变迁特征和空间实践为研究方向，寻找其内在的本质，找到传统与现代、标准化与创新性之间的平衡交点，探寻当代住宅空间规划的方法，开发适应当代住宅空间规划合理的产品。以可持续发展的理念，积极拓展住宅空间与居住需求、地域文化及适宜技术的内在结合，归纳总结出住宅空间规划的人居核心表达的新理论，开拓新思路，有助于进一步完善和发展当代住宅空间设计方法，为后续理论研究或设计提供参考依据，探索大湾区人居生活新模式，为该地区未来住宅设计提供借鉴和启示。

（三）国内外相关研究综述

1. 国外相关研究

西方各国早期为加快二战之后的经济恢复，采用标准化的工业生产方式进行大规模的住宅建设，现代建筑的代表柯布西耶也在该时期提出"功能主义"等理论。宣告着住宅建筑进入普遍建造阶段。丹麦最先推行住宅商品标准化和通用化体系，运用模块化理论来实现住宅的多样性。荷兰研究的"SI体系"及"EH体系"使得住宅产品在发展上更加多样化并广泛应用在住宅产业的发展中。1990年以后，日本研究开发了"KSI住宅体系"并于2003年在全国推广使用，使住宅体系的建设更加完善。芦原义信在《外部空间设计》中注重分析介绍关于外部空间的定义及其设计，提出了积极空间、消极空间、加法空间、减法空间等一系列新的空间概念。日本与西方国家的住宅产业遵循着体系全面发展，能够满足居住需求在住宅品质提升方面实践经验丰富对我国在住宅行业的发展提供了借鉴。

2. 国内相关研究

许坯财在《CSI住宅的可变性研究》提出，社会的发展推动了国民生活水平的提高从而带来住宅需求的多样化，进一步暴露了中国的CSI住宅体系的不完善，实践经验的缺乏等问题，认为住宅产业化有待提高需要各产业链协同发展。

李德新在《城市低层紧凑型居住形态研究》中，针对当前的中国城市土地规划制度和建设用地供应制度从而直接影响到城市住房形态，提出了一些具体可行的政策修改意见，使对低层和紧凑型商品住房用地的指标限定和要求更为科学合理。

王澍等在《"中国式住宅"的可能性——王澍和他的研究生们的对话》，探讨分析了"中国式"住宅的存在形式，多数是应用于别墅等单体、群体建筑，就如何"中国式"在建筑空间、院落形式以及园林小品的组合样式中充分表现而展开，肯定了"中国式"的住宅建筑中庭院出现存在的必然性。

孙磊等人在《合院原型在当代住宅组团中的类型分异研究》中提出合院原型在集合住宅和别墅建筑类型中有很强的应用价值和较大发展潜力。在城市土地资源紧缺的情况下既满足居住需求又满足人居环境的保证，为住宅设计提供了多元选择。

逯薇在《小家，越住越大2》中结合居家生活方式对住宅内各功能空间布局的方法进行论述，并延伸至户型空间优化设计。

（四）研究方法与框架

1. 研究方法

图 1 研究框架

住宅类型	容积率	住宅面积	内部空间设置	优点
高层住宅	2.4～3.2	90 ㎡以上	单元式和走廊式，两梯三户等	节约土地，增加住房和居住人口
大平层	1～2	130 ㎡以上	空间开阔，尺度适宜，一梯一户式	面积大，功能完善
叠拼别墅	0.5～1	200 ㎡以上	户型大，房间多，独门独院	采光通风好人居品质最优

图 2 改善型住宅类型（来源：作者自绘）

时间	住宅空间规划	主要家庭结构	功能空间布局特点
20 世纪 50-70 年代	走道式合住型	主干家庭，人口众多	无客厅，餐寝空间共用，卫生间及厨房为公共区域
20 世纪 70-90 年代	起居型出现，出现独门独户住宅空间	由主干型家庭转向结构小型化家庭	有餐厅空间，卧室空间为主要功能区域，卫生间，厨房入户
1998-2005 年	安居型模式，功能空间区分明确	核心家庭为主，家庭人口逐步减少	客厅功能明确，卧室私密性增强，无障碍卫生间设计，厨房面积逐步扩大
2006 年以后	舒适型，功能空间划分更加细化	家庭结构多样化	客厅成为主要空间区域，卧室增加了衣帽间，卫生间实现干湿分离，开放式厨房出现

图 3 住宅空间各时期布局规划一览表（来源：作者自绘）

本文以理论实践相结合的方法进行归纳整合、具体分析。拟采用文献研究法、比较法、实地调研法，多学科交叉整合法，以佛山市顺德区合院住宅空间为例进行相关研究和设计分析，完成论文的研究工作。

2. 研究框架（图 1）

二、 相关概念论述及住宅空间规划的研究基础

（一） 相关概念论述

1. 改善型住宅及其类型表现

改善型住宅的出现是基于当下购房政策的变革，改善性住宅相比于普通住宅，其户型设计及居住环境更加优越。客户需求多为使用面积大，房间数量多，足够匹配多样的家庭结构同时满足对房间使用的需求。改善型住宅的产品形式主要为高层、大平层以及叠拼别墅，其中大平层的产品形式市场需求量大，也更受客户青睐。[1] 叠拼别墅作为改善型住宅的高端产品，其拥有独立的私密性，空间功能性更强，园林景观更适配，同时满足采光和空间感两大优势。（图 2）

2. 合院住宅的产生及特征

合院是中国传统的住宅空间模式，在面临当下人口剧增与城市用地紧张的情况，合院原型被广泛应用于住宅建筑设计。其不仅满足住房需求，拥有适宜的空间尺度，也因其合理、高效的用地特征和灵活多变的功能布局长期适用于城市的更新改造。同时，通过精密、准确的建筑形体技术分析与调控，运用合院原型的住宅能具有较好的节能、节地效应。[2] 在集合住宅及别墅建筑类型中，合院住宅已经广泛出现。中心围合式布局形成明确的限定性向心式共享空间，有利于社会交往性。

（二） 住宅空间规划的变迁

1. 住宅空间设计的重要性

住宅作为解决人们基础生存需求的功能空间，是人们在社会生存的重要场所，家庭作为社会构成的核心单位要素，住宅则成为维系家庭的外在表征，是传统文化影响下重要的外在因素。人们对生活品质的期许重视，促使住宅需要回归人本为主的居住属性，住宅空间代表着人们对美好生活的诉求与愿景，因此人们对住宅设计的要求也越高。

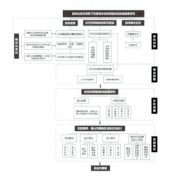

图4 人均可支配收入与住房需求之间的关系（来源：自绘）

图5 马洛斯需求层次与住户需求层次对应表（来源：自绘）

　　根据不同城市不同地段，住宅产品开发在前期需要明确的定位，多方位综合了解供需关系，决定住宅产品的最终形式。住宅具有多重属性，其价格昂贵，住户购入成本高，为高消费产品。同时住户购置后其可定义为不动产，使用年限久，性价比高。由于住户使用时间长，住宅本身的耐用性和创新性都是考量的标准，因此住宅的空间设计便显得尤为重要。

2. 住宅空间各时期的布局规划

　　住宅空间的布局是根据人们的生活经验实践规制，不同时期下住宅空间的布局也呈现不同的形制。家庭结构、生产生活、国家政策等都是影响住宅空间布局的因素。随着生活品质的提升，人们对住宅空间的功能需求也越多，住宅的形式也从20世纪50年代初的集合住宅到20世纪90年代的经济适用房、商品房再到如今的叠拼别墅。[3] 当下的改善型住宅弥补了传统普通型住宅房间少面积小的缺点，空间布局规划设计得更加合理宜居。（图3、图4）

（三）住宅规划中的现存问题

1. 住宅空间规划中人文关怀的缺失

　　住宅空间规划是基于实用主义，依据功能需求对住宅空间进行划分。功能需求以人为基准，住宅空间则服务于住户，通过了解住户的需求来提供相对应的产品，改善人们的生活。住宅需要根据人们的需求来规划合理的空间，人物角色法可通过调研户信息得出用户目标，对于满足不同家庭成员的居住需求，要充分考虑到不同成员的个性需求和集体的共性需求。

　　住宅空间规划需要考虑不同家庭成员在日常居家生活中将会进行的活动形式从而产生怎样的功能空间，不同的功能空间都需要适配的空间尺度以供住户需求。住宅开发商过分关注住宅的外立面形态特征，却忽视了内部空间体验、尺度合理，脱离了与住户相关的需求背景，这也成为现住宅规划缺失特色的重要原因之一。住宅开发商需要在前期进行定量的用户调研，深度考虑住户需求这是必要的人文关怀。住宅并不是普通且易耗的商品，开发商应更有前瞻性。（图5）

2. 住宅空间规划标准体系的后滞化

　　秉承着标准化体系的住宅空间，模式化的参数在城市化变迁背景下已出现后滞现象，根据2018年11月万科地产进行的《中国东南地区居民居住生活方式调研》结果表明，现阶段许多居住住宅空间尺度规划不合理，导致住宅内收纳空间紧缺，严重影响住户的生活舒适度。[4]同时，住宅功能空间的规划尽量按照每个住户居家的基本生活动线来加以科学合理地布局，以最终达到住宅空间布局最优化。考虑到随着现代智能家居一体化技术在家装市场中日益广泛应用，应与时俱进地根据实际情况和与用户市场情况相匹配进行合理调整，使居住空间规模和整体家具模数达到相互协调。

三、住宅空间规划的影响因素分析

城市化变迁背景下，国家政策改革、城镇化发展以及房地产市场的调控都对住宅空间规划产生直接影响，作为住宅的使用人群，人们的居住需求、地域性因素以及科学技术也影响着住宅空间的规划设计。

（一）住房需求因素

1. 家庭结构

家庭作为社会发展的基础单位，是个体和社会集体的连接点。家庭变迁是社会转型的基点，城市化变迁中社会、人口、经济、政治和文化要素都共同作用于家庭结构、关系、功能和价值取向。[5]近年来，家庭变迁主要体现为家庭规模缩小、代数趋简，家庭模式趋于稳定。而家庭变迁会影响家庭本身的生产与消费行为，进而影响市场供需关系。了解当下家庭的变化形式，根据不同家庭的生命周期及家庭结构，在住宅空间规划前期，把握住户的居住需求以及户型的合理配比都起着至关重要的作用。

2. 经济收入

经济基础决定上层建筑，住宅作为消费产品，其定位模式也与消费者的经济水平逐级分层。不同的经济收入决定消费者潜意识中的消费观念及消费形式，即住房需求与人均可支配收入相互牵制影响。消费者根据自身经济能力决定所匹配的住宅类型，不同类型的住宅在空间规划上呈不同布局，产品差异带来舒适度的参差。不同户型在满足基本功能空间的基础上，改善型住宅相比于传统普通型住宅，功能空间会更加优化，以提高住户的居住舒适度。

（二）功能需求因素

1. 住户需求层次

住户对于住宅空间的需求基于居家的生活方式，根据马洛斯的需求层次理论来对应住户需求，可将不同层级的住宅在限定资源下实现最优化表现。[7]通过考虑住户需求，设计师给予相对应的住宅空间设计，以提升住户的居住体验。住户的需求层次决定住宅产品的形式，进一步影响住宅空间的内部规划设计。

2. 家庭功能使用

家庭功能的复合型及时反映了住户需求的多元化，家庭功能涉及多个维度，大致可划分为社会交往、工作学习、家政家务、生活休养、文化娱乐几类。住户在住宅中的行为模式与居住空间形成联动关系，二者相互影响。家庭功能的偏向性直接会导

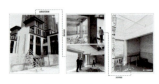

图 6 项目现状（来源：自绘）

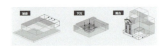

图 7 住宅体量拆改过程分析（来源：自绘）

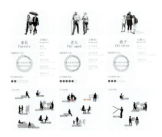

图 8 住户行为模式分析（来源：作者自绘）

流线类型	设计要点
家务流线	以厨房空间流线为例，在设计时应当注意厨房设备及布品设施的位置安排应按照烹饪的操作顺序来规划，减少走动，方便操作。
住户流线	住户流线主要存在于卧室、卫生间、书房、家用起居室等领域性较强的空间，该流线设计要充分考虑住户的生活格调，并满足居住者的生活习惯。
访客流线	访客流线为由入口进入会客厅区域的行动路线，访客流线不应与家人流线和家务流线重合，以免在客人拜访的时候影响其他家人的居家活动。

图 9 不同活动流线分析表（来源：自绘）

致不同功能的空间在住宅空间中的占比。受社会发展影响家庭功能相较于传统时期，其存在表现及实践活动也有了新的变化。了解当代家庭的功能使用，及时更新住宅空间的规划设计，为住户提供多样化住宅空间，满足不同家庭的个性需求。

（三）地域文化因素

1. 地域环境

不同地区的住宅产品，在落实到具体区位时会根据当地的地域环境决定产品的整体格局，区域性住宅在一定程度上具有当地的地域性特征。由于住宅的物理环境受不同地区的气候差异影响，在住宅开发前期，会根据当地的地域环境对住宅空间进行合理的规划设计。比如北方气候偏干冷，南方气候偏湿热，南北方地区对于住宅空间规划的侧重点就不同。北方地区会更重视采光度，南方地区会重视空间的通风。北方地区一般选择封闭式阳台，更偏向保暖功能。南方地区在住宅内会营造开放式阳台以及景观天井等功能空间，使住宅内部空气流动性更强，便于散热通风。

2. 社会习俗

地域性住宅同时带有文化属性，其中当地居民的生活习惯及生活方式是典型的地域属性。对于家庭所带有的社会交往功能，当地的社会习俗往往成为交往形式的主要表现。住宅在承担社会交往功能的同时，人们的行为模式也决定其空间的功能划分。例如一些茶文化盛行的地区，茶室成为人们所青睐的空间，人们往往将其作为住宅中情感联络与沟通交流的主要空间。住宅产品迎合当地主流文化与人文环境相适配，比如，当地居民的价值观念，充分反映地产商在前期考虑了当地市场及使用人群并设计应用于住宅空间规划。

（四）科学技术因素

1. 建造技术

不同的建筑营建技术和技术体系直接影响到建筑结构以及空间形态构成。建造技术的发展决定着建筑的形体走向，促使建筑形体由单一性逐步发展为多样性。建筑形态的改变影响着容积率及空间尺度关系，在解决当下城市用地紧张的问题中，如何平衡住宅用地紧缩与住宅空间尺度适宜之间的关系，建造技术成为突破建筑形体局限的关键。

2. 智能技术

智能化已经逐渐成为房屋设计建造的重要组成部分，完整的智能化设备在家居生活中被人选择的倾向提升。[8]智能化技术在住宅中的使用增加，得以实现建筑物与部品构件、人与物、物与物之间的信息交互，进一步促进住户居家生活的高效性。智能化住宅以可靠的智能系统为基础，构建住户与设施相联系的智能管理居住场所。

四、大湾区改善型住宅空间规划实践案例——佛山市顺德区合院住宅设计分析

（一）大良凤语潮鸣项目分析

1. 项目简介

项目地处佛山市顺德区大良，位于顺德新城水轴片。项目周边为省重点规划旅游风景区，有利于带动当地旅游文化业的发展，该区位交通便利，环境宜人，邻近顺峰山公园、桂畔湖，社区可眺望顺峰山景区景色（图5）。项目总占地面积5.33万平方米，总面积23.35万平方米，住宅产品为新中式叠拼别墅，采用了"一轴三园四院"的规划设计，体现传统的岭南建筑礼制，利于打造大良人居生活居住标杆。

2. 方案分析

该项目属于典型的拼叠式合院住宅，建筑外立面含有岭南传统文化元素，住宅一共有六层，分别为地上四层和地下两层，为中低层高密度建筑。如何将地下两层空间进行合理布局成为本次设计的重点和难点。根据对项目现场的实际调研（图6），首先对住宅本身进行空间加减，通过加设功能空间以及营造内院、天井等方式，使得建筑形态、空间更加灵活，将功能空间进行分散式布局，优化空间利用。对于项目本身发挥景观绿化的最大化优势，打造城市中的园林住宅（图7）。

（二）住宅功能空间规划的设计理念

1. 基于人居需求的设计理念

住宅以人为本，为解决人居需求，以此作为出发点，功能空间规划也将更加合理。根据该项目主要目标客群，进行人物角色的代入来考虑住宅的空间功能规划。合院住宅满足于三代人的家庭结构，老人、家长和孩子不同的行为模式决定所需功能空间各不相同（图8）。例如，家长在住宅中需要进行社会交往活动，供于人际交谈的功能空间会客厅的存在便显得尤为重要，同样餐厅作为辅助空间也占有一定的需求度。老人在住宅中的行为相对于中青年存在一定的规律性，家庭式养老的普遍性也让老人成为居家的高频率群体。孩子作为青少年群体对于功能空间的多样化需求更高，娱乐活动空间和独立作业空间为主要选择。

2. 基于居家生活动线的设计理念

根据住户在住宅中可进行的居家活动，结合动线分析，以人体工程学理论为标尺，在满足家具类品功能模块组合的基础上得出各功能空间最适宜的尺度规划。流线作为功能分区的分隔线，各空间的主次关系通过动线的组织与规划，强调空间内

的关键节点。家务、住户、访客流线为住宅中主要的活动流线，功能空间联系紧密，使用频率高，人群活动聚集密切，是住宅空间规划的重要参考。（图9）

（三）住宅空间的多样化设计

1. 功能多样化

如今的住宅已经不仅仅满足于居住这一基础功能属性，住宅户型不断发展更新，功能划分更加多样化，住宅的场所内涵也越加丰富。办公学习、娱乐休养成为主流的居家活动，复合型功能性住宅成为住宅商品新的发展趋势。拥有富足空间使用面积的住宅，可按照住户喜好、生活习惯增加使用功能空间，如健身区、茶室等（图10）。

2. 平面多样化

住宅的平面布局设计在多年的发展背景下已拥有标准化的模式，随着社会发展，住宅户型与家具类品的组合模式也不断更新，住户可按照自身意愿决定功能空间的平面布局。传统客厅在平面上主要分为休息区与餐饮区，而现代家庭会根据自身需求增加设置新的功能区域，带有住户生活属性特征形成的平面布局原型。

3. 空间多样化

为解决当下土地使用紧缺的难题，住宅商品在开发建设时，可运用改变住宅形态布局，重视地下空间的利用等手段。合院住宅的宅院空间形式布局更加灵活多变，形成更多的公共、私密、半私密空间，空间形式的过渡性更强，满足了不同家庭成员对于使用空间的不同需求。地下空间与现代住宅的有机结合，就我国目前情况而言，住宅地下空间资源的开发利用形式相对单一、功能相对简单，多作为车库使用。对于地下空间的使用，同样可以赋予文化娱乐等功能，增加绿化景观提高住宅整体的绿化率。[9]

在了解住宅内部构造的基础上，可对住宅进行拆改，进行空间优化设计。居住空间的优化体现在功能设施的配置、空间风格的营造设计，不同年龄段的住户对居住空间的需求存在差异性，空间设计也呈现多样化发展。[10]

（四）绿色住宅的景观设计表现

1. 景观布局及结构

住宅建筑内的景观区域主要分布于入户花园、空中露台、天井区域。中高层的合院住宅，在景观功能的布局上占有很大的优势。通过合理利用景观来美化空间，弥补

图10 健身及茶室区域效果图（来源：深圳梓人环境有限公司）

图11 住宅景观布局及地下空间的利用（来源：作者自绘）

图12 健身及茶室区域效果图（来源：深圳梓人环境有限公司）

图13 景观植物选用表（来源：自绘）

住宅自身存在的空间劣势。对于采光度低且通风性能差的地下空间，首先考虑如何使空间通透的问题，通过营造下沉庭院和增加景观天井的方法，产生水平高低的错落感以及庭院的对景关系，使建筑、室内、景观、结构整体达到一致性（图11）。

2. 主要空间区域的景观设计

关于住宅中主要空间区域的景观营造，前期设计概念可充分考虑相适的有机元素来进行规划安排，赋予水、木、花、石等景观元素一定的象征意义，综合考虑建筑内外空间的整体环境，根据场地条件来进行景观设计，可以为居住者营造一个宜居的环境。[11] 入户花园、景观露台、下沉庭院以及景观天井为合院住宅绿化的高覆盖率区域，不同的区域也采用了不同的景观元素，营造绿色生态的住宅空间（图12）。

3. 主要景观植物的选用

植物是景观绿化的核心要素，选择适宜的植物才能实现景观绿化的最大效益。影响植物选择的因素有以下几点：（1）气候环境因素。不同地区的气候决定了植物长势情况以及存活率，住宅朝向、阳光的照射覆盖面在选择植物时按其喜性来配置生长。（2）植物生理特性。选择植物要考虑其生长周期，同时植物季节性的变化给住户带来的观感也是极其重要的。（3）装置构造影响。装置形制决定植物生长根系介入的深浅，直接影响其根系养分的吸收，继而影响植物的生长态势。[12]（图13）

位于沿海地区的城市，为典型的亚热带气候，温度高、降水充沛，普通的住宅景观植物多选择垂吊型绿植及观赏性花卉。露天阳台上的景观棚架以及窗沿旁多选用常绿木质藤本植物，是立体绿化的主要表现手法。[13] 处于地下空间的景观绿化区域多选用阴生植物，即使在弱光条件下依旧长势良好。

五、 总结与展望

住宅是人们生存的基础保障，社会发展也让人们对于居住空间的期望不断提高。人们需要更适宜的住宅空间，更人居的生活环境，住宅产品不断改进以满足人们的居住需求。在可持续发展的角度下，得出事物改变的本身是众多因素作用影响下的结果，为不断更新、完善产品，提高竞争力，需要结合当下发展的背景环境，做出及时的调整与规划，住宅回归人本的出发点是符合未来住宅理念的发展。

本文对于当下住宅空间规划存在的"人文关怀的缺失"与"标准体系的后滞化"等问题进行探讨说明，从住房需求、功能需求、地域文化三要素具体分析影响住宅空间规划的条件，结合佛山市顺德区合院住宅的空间设计具体项目案例所含的设计理念与要点，致力于多样化的设计形式营造出不同的功能空间，将住宅的实用性、人居属性托出，成为以大湾区为代表的新型改善型住宅典范。关注人居需求是对抗住宅空间模式趋同的必要手段，在科学、技术、政治的理性下探索住宅文化的感性。对于住宅空间规划设计需要一种整体的观念看待，这既是对当下住宅发展的总结也是对未来人居生活的展望。

参考文献

[1] 陈明丽，李鹏举，苦子伟，邓怀凤.四线城市改善型住宅产品策略研究——以眉山市为例[J].企业科技与发展，2021(09)：180-182.

[2] 孙磊，周凌，黄华青.合院原型在当代住宅组团中的类型分异研究——以 1978 年以来沿海经济发达地区住宅发展为例[J].建筑学报，2020(06)：106-112.

[3] 张易纯.基于空间模式心理预期的居住空间设计研究——以佛山地区为例[D].北京：北京交通大学，2019.

[4] 罗丁豪.精装住宅空间与柜类家具的协调模数研究[D].长沙：中南林业科技大学，2020.

[5] 杨菊华，何炤华.社会转型过程中家庭的变迁与延续[J].人口研究，2014(02)：36-51.

[6] 张冲.中国人口结构对住房需求的影响：理论与实证检验[D].成都：西南财经大学，2014.

[7] 王淡秋.基于住户需求的住宅产品标准化研究——以万科为例[D].南京：南京大学，2016.

[8] 翟飞.论当代中国住宅建筑设计中的多样化发展[J].居舍，2021(07)：78-79.

[9] 张运涛，祁文博.城市空间正义视角下城市地下空间的开发利用探讨[J].门窗，2014(09)：425-427.

[10] 李攀.南京市中等户型住宅居住空间优化设计研究[D].南京：南京工业大学，2018.

[11] [美] 查尔斯·G·伍德.绿色住宅设计方法与实例[M].北京：中国电力出版社，2005.9.

[12] 唐瑭.广州地区居住建筑垂直绿化技术应用研究[D].广州：广州大学，2017.

[13] 梁咏.佛山市住宅阳台花园布置式景观研究[D].广州：华南理工大学，2016.

学生感想：

本人受西安美术学院环艺系导师周维娜教授的推荐于 2021 年 9 月有幸加入四川美术学院校企联合培养深圳工作站。时至今日，依然很感谢我的导师能够给予我这次宝贵的机会，让我为期三年的硕士学习生涯中，有在前沿设计企业实践的经历。可以将学术与实践相结合，加深对自身专业的领悟与理解。

初来工作站，面对全新的学习环境，内心既紧张又激动。我的工作站导师颜政老师，是位极其优雅的设计师，同时又充满活力。在她的身上，我更多的是看到她作为设计师对于设计的热爱以及满腔的热情。"你热爱设计吗？"这也是她见面问我的第一个问题。从与她的交谈中，我逐渐明白作为一个合格的设计师、一位公司的领导者，需要足够的格局，有宽阔的视野以及强大的社会责任感，而梓人环境也就在颜老师的带领下逐步发展成长。颜老师将她的设计热情渗透进工作的环境里，使每一位设计师在她的影响下感知领悟设计所带来的美好。在公司实习的过程中，也遇到了友善的同事们，带领我深入设计行业，了解设计动态，让我对职业规划有所明确。

在这次工作站的学习中弥足珍贵的是能够接触本专业领域的优秀设计师们，与他们面对面交流，直观了解他们的设计理念。每一位企业导师的讲座分享都是独一无二的，在每一次的交谈中，他们都在消除与同学们之间的隔阂，与大家畅谈关于设计的种种，解答同学们的疑惑，足以感受到他们的真切。或许在成为设计师的道路上困难重重，但他们也由衷地希望大家能够在这条路上坚定地走下去。工作站创办的意义就是能够让更多学生了解并且热爱设计行业，为设计界贡献新的力量，这其中包含着导师对学生们的期许。

为期四个月的深圳工作站在 2022 年 1 月落下了帷幕，回想起这段时间在深圳的学习生活，能够遇到了一群志同道合的小伙伴，大家虽然来自不同的学校，但是同样怀揣着对专业的热爱。感谢这次机会使我们相聚，能够让我们一起探讨学习，也让原本紧张的实习生活多了一丝轻松愉快。感谢每一位老师不辞辛苦奔赴深圳参加我们的课题汇报，并给予我们意见，指导我们能够顺利推进课题研究。

工作站的结束并不意味着终点，它是一个新的延伸点。意味着同学们将在原来的基础继续铺垫人生中新的道路，打造新的平台，进入新的层次，并将这段实践经历用于今后的学习和工作中，继续努力前进。

校内导师周维娜评语：

20 世纪 90 年代初，诺贝尔经济学奖获得者约瑟夫·E. 斯蒂格利茨教授曾表示，中国的城市化进程将成为 21 世纪最具影响力的两大力量之一。到 2020 年，中国城镇人口已达到 63.9%，以前所未有的速度增长，而 1980 年仅为 19.4%；预计到 2050 年将上升到 80.0%。在此发展的近 30 年间，我国房地产业经历了飞速发展阶段，居民对住房的需求发生了翻天覆地的变化；住宅空间设计观念也从满足居民基本功能需求发展到以满足情感体验需求为目的的设计转换，设计师对居住空间设计内涵的认知也在不断地更迭观念中发生着转变。

洪佳琦同学的研究选题，能够紧密结合当今时代大背景，通过调查研究，发现和解决中国在深度城市化进程中以大湾区为代表的新型改善型住宅设计的可行性。文章通过解析改善型住宅的研究途径及影响因素，进而探究相应的空间设计策略和规划，并推导提出大湾区未来住宅空间规划的发展趋势，具有一定的探索性和研究价值。

在此感谢颜政老师对洪佳琦同学的开题引导和研究过程中的悉心指导，希望洪佳琦同学再接再厉，学以致用，在未来的工作学习中积极发挥自己的能量。

再启
产学融合研究生培养探索与实践

Reboot
Exploration and Practice of Graduate Education Integrated with Industry and Learning

设计项目管理在深圳室内设计公司中的执行与应用

Implementation and Application of Design Project Management in Shenzhen Interior Design Company

金琰（深圳工作站）

学校：四川美术学院

专业：设计学

校内导师：谢亚平

企业导师：彭海浪、石立达

企业名称：深圳市广田建筑装饰设计研究院

摘 要

设计项目管理是以设计为中心,与相关职能协调,通过跨职能的组织和管理形式完成特定设计任务的一种管理形式。本文以设计管理、项目管理的理论为基础,以实际运用为目的,以深圳市广田建筑装饰设计研究院设计团队的项目为例,并分析设计团队在以往的项目实践经验中总结的设计流程,探寻设计项目管理中运用的设计方法与设计策略,找到传承与发展之间的关系,探讨未来室内设计的方向与出路。

关键词:设计项目管理;室内设计;设计方法

一、设计项目管理

(一)设计管理

设计管理是设计与管理两个领域之间的新兴交叉学科。设计管理的概念由20世纪60年代英国设计师米歇尔·法雷(Michacl Farry)提出。在界定设计问题时,尽可能使合适的设计师在既定预算内及时解决设计问题。既对产品等具体的设计工作进行管理,又对企业品牌经营角度的设计进行管理。但自从米歇尔对"设计管理"下定义以来,各个国家的学者们对其定义都秉持着不同的观点与看法。

美国学者彼德·劳伦斯(Peter Lawrence)在1981年提出:"设计管理包含两层含义,一是与设计公司或设计部门有关的管理、组织、结构、资金等问题;二是和非设计部门的沟通以及他们对设计的理解。"设计管理是通过组织运转的规划管理过程。伦敦工商学院教授彼德·乔伯(Peter Grob)指出:"从管理的角度来说,把设计当作达到公司产品目标以及为达到目标所需信息的一种规划。"他也强调了"设计项目管理"与"设计管理组织"这两个方面对设计管理的意义。其中,设计项目管理是设计管理的核心问题。涉及如何在创造活动和实现组织目标之间进行有效控制的问题。中国学者刘丽娴将设计管理的发展进程划分为五个阶段,分别为:19世纪中叶~20世纪初设计管理萌芽阶段、20世纪初~20世纪50年代企业化的设计管理阶段、20世纪60~70年代系统化的设计管理阶段、20世纪80~90年代战略资产设计管理阶段以及21世纪后知识社会设计管理阶段。但现有的关于设计管理的研究相对于项目管理较为稀少,仍属于待开发的学术领域。

广义的设计管理包括设计管理、设计运营和设计研发;狭义的设计管理包括流程管理、方法管理和品质管理,主要指设计工作里的日常管理行为,是偏实践层面的设计管理。设计管理的范围与内容整体上分为两个层面:具体操作与顶层设计,即围绕具体设计项目所开展的管理工作与公司管理方面的相关工作,如制定设计战略、设计战术、扶持、把控等。设计政策管理有几个层次:建立设计目标、制定设计策略、维持设计标准、进行设计检查、组织设计活动、评价设计结果。设计项目管理层次有:计划、预算和管理设计项目,招聘设计师和其他相关专家,管理设计项目小组,参与设计涉及法律的有关活动,评估每个完成的涉及项目。

（二）项目管理

为了满足不同项目的要求或解决项目问题，创造独特的产品、服务或成果，项目管理需要合理运用与系统整合知识、技能、工具、技术、资源等各种技能、方法与工具。在限定时间、空间、成本的约束下，从项目的投资决策开始，到项目落地有效地开展、推进、结束。一般情况下，促成项目创建的因素有新技术、竞争力、材料问题、政治变革、市场需求、经济变革、客户要求、相关需求、法律要求、业务过程改进、战略机会或业务需求、社会需要、环境考虑等。项目管理具有普遍性、目的性、特殊性、集成性、创新性、临时性。内容涉及项目整合、项目范围、项目进度、项目成本、项目质量、项目资源、项目沟通、项目风险、项目采购、项目相关方。有效的项目管理在个人层面能帮助个人或群体达成业务目标，满足相关方的需求；在项目层面，能够提高项目的可预测性、把控时间节点、分析项目制约因素、优化配置设计资源、对于风险未雨绸缪；在组织层面，能够更有力地在设计市场中竞争，可以通过适当调整设计团队的计划以应对减小商业环境的改变给项目带来的影响。低效或缺乏项目管理经验可能会导致超过时限、资源超支、质量低劣、返工、项目范围扩大受控、组织声誉受损、相关方不满意、正在实施的项目无法达成预期目标。

（三）设计项目管理

设计项目管理，作为设计管理与项目管理的交叉学科存在，是以设计为中心，与相关职能协调，通过跨职能的组织和管理形式完成特定设计任务的一种管理形式。从实际设计项目的执行来看，设计项目管理主要包含两个方面。设计项目的流程管理，也叫实际业务管理，整个流程包括：提出设计概念，评价设计概念，对设计项目进行立项、规划、设计调研、设计定位等，目的确保设计项目在推进深化过程中把握设计策略目标和方向的准确性，一方面它的内容包括正确地规划并执行设计程序、确定项目团队组织结构、配置设计资源；另一方面是针对具体设计项目进行充分领导和控制，即执行设计项目，包括设计的评估及控制设计进度、质量和成本等，两者相互交织、相互联系。

设计项目管理越来越多地被研究人员所关注。本课题研究设计项目管理对室内设计项目进行管理，在于探索、归纳、解决高效的项目流程推进工作问题，以便更好地促进商业室内设计的良性发展。

目前，设计项目管理在空间设计领域研究较少，执行层面设计项目管理则更少涉及。

二、室内设计项目管理流程分析

室内设计是根据建筑物的使用性质、所处环境和相应标准，运用物质技术手段和建筑设计原理，创造功能合理、满足人们物质和精神生活需要的室内环境。笔者在深圳市广田建筑装饰设计研究院（以下简称广田设计）实习。以下将以接触参与的办公建筑室内设计与商业建筑室内设计为例进行详细阐释。

（一）项目管理的主流程

笔者所在的设计团队的方案设计流程经过长期实践经验已总结出一个相对固定、完善的方案设计流程，细分为资料收集、现场勘察、方案阶段、深化阶段、现场勘察、现场配合、复盘归档。

首先，在资料收集阶段，涉及的内容有图纸（包括建筑图、结构图、幕墙图、暖通图、给排水、强弱电、消防图纸等）；设计任务书（客户项目的标准化手册、各空间的造价要求、设计范围、设计成果的深度要求、进度计划、空间面积配比规划）；项目定位报告（甲方客户定位、项目推广主题、大体调性、竞品分析、功能规划）；背景资料（年龄、职业、性格、爱好、置业用途）；其他资料（企业文化、使用部门要求、企业 CI 和 VI）等。

现场勘察阶段需要做到建筑图纸会审、消防设备的布置、核对建筑结构与图纸的关系、大开间尺寸与层高、复核现场情况与图纸对比、现场按方法拍摄（东南西北外力面与环境）、现场机电设备的情况、现场要求与问题汇总答疑、现场给排水位置。

在方案阶段，需要做概念方案册、平面方案与概念确定、深化方案册。在概念方案册中，需要做前期优劣分析，包括定位、建筑、人群、竞品、交通组织、空间关系、空间配比、企业文化体现问题、运营管控、设计思想问题、经济性问题。还需要针对人文地域文化、空间规划、设计亮点做设计策略。根据起点、元素的运用确定设计主题。用平面布局、SU 草模、概念方向给出设计表现，最后做智能化、导视系统、软装概念等的专项分析。而在深化方案册中，则需要 SU 结合多种形式示意效果图方案，深化配合平面扩初、地材彩色平面图、彩色布局立面、异形及主背景的亮点展示、标准化设计展示（包括空间中的顶棚、墙面、地面，和局部的柱子、服务台等），根据效果图调整概念页面、对主材、经济指标、装配划和标准化、转装、导视系统进行专项分析，这涉及效果图修改。

而在深化阶段，需要完善所有空间方案、进行灯光照度计算、声学测试，与深化沟通（包括平面深化、平面立面尺度、材料规格、灯具点位、给排水点位、消防点位、空调点位、电器点位、弱点点位、造型、材料、工艺成本等），与物料沟通（包括家具、主材、洁具、灯具、五金、窗帘地毯、设备、物料手册），并进行施工审图、物料审图、软装审图、软装沟通。

现场配合需要进行现场交底，水电风设备核对，家具选型，材料选型，图纸答疑，方案变更（增、补、改），软装物料打板确认，协调机电专业问题。

复盘归档阶段主要是文件整理，包括甲方提供的文件、往来图纸文件、方案概念文件、方案深化文件、施工图、机电图纸、软装成果、物料选型、完工照片、执行节点等。

（二）深化设计流程

深化设计流程包括项目考察、项目分析、方案阶段配合、设计方案分析以及交底、图纸深化、文件整理、审图、蓝图、施工交底、施工配合、竣工验收、资料归档几个阶段。

项目考察需要进行现场勘测、复核甲方要求和成本要求确定的尺寸、现场要求对业主及其他专业要求和设计对现场的要求进行交底，勘察人员进行方案深化。

项目分析需要对业主性质（国企、地产或私人）、团队组成（业主、施工、设计、监理）、成本造价（关系到材料档次、工艺做法选择）、合同要求（提交内容、提交时间、文件份数）、风险评估，项目性质（办公建筑室内设计、商业建筑室内设计等）进行提问及分析。其中，风险评估需要详细评估，包括业主引起的风险，如业主提供资料不规范不完善、业主要求涉及做的前期工作、业主提出的过分不合规要求、业主对涉及干预、业主不遵循设计规律、速度要快、效果要好、造价要低等。与质量、进度、费用等专业分包风险和设计自身引起的风险，如设计质量、设计进度、对接人员变动。

方案阶段配合主要是消防要求核对，包括平面布置、防火防烟分区、防火分隔、安全疏散、装修材料等级、消防设施，以及消防对应的方案调整，如防火门、防火墙、挡烟垂壁、防火卷帘、材料燃烧等级、排烟口位置、消防栓、喷淋、烟雾感应器、疏散标识等。

设计方案分析以及交底包括设计理念（效果图、手稿、参考图片等文件、细节做法、补全方案），软装配合，材料配合，各空间材料分析（材料种类分布、材料面积、工艺做法统一），声学设计，灯光设计（灯具种类、参数、型号）。

图纸深化包括空间尺度确定、与建筑结构关系、各功能空间设备应用、深化时间计划。空间尺度确定需做各空间顶棚高度确定，需做顶棚转换层空间。与建筑结构关系包括结构特点，变形缝处理，梁与顶棚的关系，玻璃幕墙与墙体、顶棚关系，包括柱类做法。各功能空间设备应用一方面是由甲方提供产品参数，如洁具、电器等，另一方面是后期选购时由方案设计师提供参数，包括智能化设备、空调设备以及其他电器。深化时间安排根据招标图、深化图和内部审图时间，需要确定机电专业点位，确定装饰图纸，平面图、立面图以及大样图。平面图包括原始平面图、平面布置图、墙体放线图、顶棚造型尺寸布置图、顶棚灯具定位尺寸图、综合顶棚图、地面材料铺装图、强弱电点位图、灯具开关连线图、给排水点位图、立面索引图、家具尺寸图。大样图包括踢脚、包柱、窗边等通用大样图和顶棚、地面、墙面大样图，固定柜子大样图以及门表做法。

文件整理包括整套施工图CAD和PDF，以及主材、五金、洁具、灯具等材料清单，效果图册，灯光分析文件和声学分析文件。

审图指业主审图意见、第三方审图意见和消防报审配合，以协助后续的图纸调整。

蓝图包括图纸数量、装饰蓝图、机电蓝图、物料（白皮书和物料样板）。

施工交底需要做方案讲解、图纸问题答疑、重要节点做法交底、各种主材统一做法交底、材料实物样板确认。

施工配合包括因方案或现场实际情况变更，或其他专业影响变更的记录、变更函，以及后续装饰机电处理方案。还包括签字盖章文件，如工程质量保证书、锚固件抗拉拔检测方案、水电检测方案、室内装饰绿建节能设计专篇、灯光照度分析、声学设计、工程联系单和其他文件。施工配合还包括主材、五金、洁具、灯具等材料配合和软装专业配合。

最后，进行资料归档，包括最终版图纸、所有变更图纸、蓝图、物料清单、软装清单、灯光声学文件，为设计复盘做基础。

三、设计项目管理中的设计方法与命题作文下的博弈

笔者在广田实习观察发现设计公司在推进设计项目时使用了类型学的设计方法，项目按照据经验总结的步骤推进，而类型学是与形态学密切相关的分类学下的分支研究形式，本身就可视为建筑生产的理论与工具。当对设计流程进行分析时，每个阶段似乎自然而然地归类区分，如项目考察、方案阶段配合等，但这是在实践经验中总结归纳出的，并不是先验存在的。而且类型学的方法并不完美，仍有缺陷。理论上类型学的方法缺少承前启后的问题，往往排除时间和空间因素，使用时需充分注意其中存在的风险。流程在实践操作中被总结，再上升为类型学的理论，这是因为设计成果是集体设计的结晶。大公司内部的设计团队最终设计出的作品不属于个人，而是集体成就。固定的、相对标准化的流程使得擅长不同设计的设计师在不同阶段分工配合。

模块化的设计流程。室内设计师是在有限的空间、时间、成本、物料等具有特定目的和用途的室内条件下解决问题创造价值的特殊职业群体，这是经过几个世纪的劳动力分工、职业专门化、工业发展以及社会更加复杂的结果。室内设计的设计流程需要系统、协调、最优化，相对于创造新意，更看重室内设计师的综合能力。在设计流程中，设计公司内部擅长不同领域的设计师们要在项目推进中、在限定时间中合作发挥规划构思能力，在一系列先决条件和制约因素中生发灵感、想象力、直觉，这需要相对固定但不死板的设计流程。已有的设计流程看似模式化，实则模块化。在项目中总结得出的方案设计流程具有普遍性，可以运用在大部分室内设计项目中，但毫无疑问的是在不同项目中流程需要变动，这是模块化的设计流程，不是模式化。"模式化"是把问题抽象化，在把不重要的细节忽略后发现问题并找到解决问题的方案。室内设计是需要设计师与客户保持构图注重细节的特殊职业，需要实用、美观、达到预期目的，细节的忽视无疑对整体设计带来了严重的负面影响。且设计师从事创意工作，已经在限制的条件下做感性的设计，更不能用死板的管理方式，因此模块化的设计流程更利于推进创意生成、项目落地。

时间、空间、主题、造价、科技、工艺、风格等条件限定的项目涉及不同的利益关联体，设计师与客户之间、不同职责的设计师之间都存在着博弈。有限成本下生发设计创意、规定风格下进行思维发散、项目的方案规划过于天马行空或在深化设计时发现难以落地，仅流水线式设计产出的成果或平平无奇，室内设计师们并不是完完全全的自由职业，也不能是完全由外力因素控制下的产图机器。项目如同命题作文，利益相关方或利益关联体在此博弈。以"四川省岷江犍为航电枢纽营地酒店设计"概念方案册为例，客户根据方案册的内容从前往后对设计团队提出建议或进行讨论，涉及风格、造价、后期维护、建筑外立面改造等。风格调性上的博弈如酒店整体色调风格方面，设计团队根据本营地酒店的调性从商务品质多类型社交空间、当地人文特色生态型度假、平凡温暖品质体验三个方面给出三个酒店室内设计参考项目供客户选择，在可控范围内给一定的选项，最终客户答复是其中某酒店整体色调风格与本案较为符合，尤其地面深色石材，用不同表面处理体现肌理光泽及大小拼块的做法，统一中又有变化。选项中的某酒店则整体品质感不足，偏年轻个性化，考虑到本案商务接待较多，对应客群年

龄层对设计师风格酒店接受度较低，不建议参考。设计方结合已有对营地酒店进行的客群分析，加上客户建议，最终确定以商务接待、企业接待为主，散客为辅，后续风格、功能分区等做相应考虑。结合客群分析的风格产生变化，不再使用过于精致复杂的材料，偏向生态休闲风格的原木、藤编等材质的使用占比减少，使用深浅不一色系的简约型材质，同时设计师团队还从后期维护上考虑，减少藤编材质不仅仅是因为风格不同，还因为藤编对于运营管理、保洁有一定要求，考虑到后期运营维护成本，所以方案最终做了减法，减少使用生态休闲风格的物料。平面功能布局上的博弈在是否增添泳池上有所体现，客户方同意尽量整合利用营地的资源，尤其是游船及亲水平台，但出于工期及造价，原则上尽可能对营地进行小改造。设计团队是否在原有泳池基础上做无边泳池需要再商讨，因为乐山当地去酒店使用泳池的群体以有儿童的亲子家庭为主，考虑到实际使用中商务旅客使用次数较少，亲子玩水的可能性更高，且地面容易湿滑，需要频繁清洁，无边泳池作为营地酒店锦上添花的功能分区，不应对其花费太多后期维护成本。博弈在细节方面也有体现，在一些细节方面设计团队与客户之间有稍许不同意见，本案营地酒店的外立面略为简陋，需要和经过系统设计的室内统一风格，为此需要整改。同样出于工期及造价的考虑，客户则认为尽量不改造外立面，只将窗户造型作为建议后续再做考虑，但可根据具体功能做局部的优化，比如大门门头及二楼不上人屋面改为露台。客户方对于整体调性及平面功能布局基本满意，设计团队在后续的方案深化中，需要注意在会议中沟通探讨的问题，把控风格、色调、材质、造价。虽然在设计中存在博弈，但毫无疑问，在客户方的要求下，当地人文环境、材质、预算、风格中设计师的灵感以命题作文式规划，设计团队的灵感与创意更容易落地。

四、有效控制下的室内设计师灵感

　　"设计项目管理"与"设计管理组织"对设计管理意义重大，其中"设计项目管理"涉及如何在创造活动和实现组织目标之间进行有效控制的问题。在实际操作的项目中，笔者所在的设计团队较为严格地遵循已总结出的方案设计流程及深化设计流程来推进项目，虽说组织规模较小，但是信息传递相当有效。流程模块偏向机械式组织的工作方式，时间、条件、相关人员分配清晰，但实际工作更偏向有机式组织，水平清晰的沟通交流，在相对稳定的环境中各司其职分工协作。需要注意一点，理论上来说设计项目组织类型的两个极端是机械式组织与有机式组织，大多数组织介于二者之间。机械式组织是一种稳定的、僵硬的结构形式，追求稳定运行中的效率，是基于职能的高度专门化、职务权限僵化，是基于职业权力，信息向高层集中，垂直的指挥与信息传递的组织。有机式组织则是一种松散、灵活具有高度适应性的结构形式，追求动态适应中的创新。是基于知识与经验的专门化、是柔性的职务与权限，是基于专业知识的权力，水平的沟通与信息传递。但在实际项目运行中，为了做到设计成果的水平相对稳定且时间控制得当，设计流程会无可避免地逐渐固定，这需要思考在不同的项目中，在不同制约条件中，如何进行设计构思，如何在更好的设计方案与一系列的制约条件之间博弈，如何在相对固定的流程中充分发挥设计师们的灵感和构思，这就体现了项目经理进行有效控制的重要性。

项目经理在领导设计团队达成项目目标方面发挥着至关重要的作用，领导设计团队实现项目目标。大多数项目经理在项目启动前就参与项目评估与分析，包括管理层领导的想法等，以推进项目战略定位的实现、提高设计团队的绩效、满足客户需求、创造设计价值。能够对设计团队成员清晰说明设计项目的战略、战术、目标、运营、市场、竞争等。部分项目经理还会跟进项目后续，以达到项目的商业效益最大化。项目经理不仅仅是管理者，也是设计团队的成员，要从整体的角度宏观把控项目，需要对结果负责，审查项目推进中合适且满足客户需求的设计创意能最终落地，并且时刻与团队客户保持沟通，以免增加不必要的沉没成本，有时还需擅长解决团队成员之间的冲突。一位优秀的项目经理不需要承担项目中的每个角色，但是，项目管理知识、技术知识、实践经验必不可少。有时通过书面的形式，有时通过线上线下会议以口头形式与设计团队进行沟通、协调、领导，以充分利用资源，进行清晰有效的信息交流，平衡相互竞争的项目制约因素。超凡的人际关系、沟通技巧、积极的态度对项目经理来说是个加分点。为了对项目进行有效控制，项目经理需要采用管理与领导力两种方式，针对各种情况采取有效措施，对项目进行整合管理。整合管理包括资源的分配、竞争性需求的平衡、备选方法的研究等，需要使用可视化管理工具，采用混合型方法。项目不同、制约条件不同，项目经理需要把控的设计流程也发生相应变化，所以笔者所在的设计团队中有运用到模糊理论，来把控目标导向，整合设计资源，确保项目满足客户需求，顺利落地。

五、结语

优秀的室内设计项目的成功落地离不开优秀的设计项目管理。在经济飞速发展的当下，流程化的方案设计更利于稳定团队设计水平，推进设计创意的落地，这要求宏观把控设计战略，制定合适的设计战术，合理配置组织资源，有效控制推进流程节点，评估项目风险。但由于时间与经验不足，对设计企业的调研并不特别充分，只能在设计流程中反推设计方法，总结其中蕴含的设计理论，所以未来会针对多类项目的具体过程进行深入探究，为设计项目管理理论发展贡献力量，探讨未来室内设计发展方向及出路。

参考文献

[1] 刘丽娴. 设计管理思想的萌蘖：历史视角的案例解读 [M]. 北京：化学工业出版社，2021，1.

[2] 美国项目管理协会. 项目管理知识体系指南（PMBOK 指南）（第六版）[M]. 北京：电子工业出版社，2018，5.

[3]（荷）代尔夫特理工大学工业设计工程学院. 设计方法与策略：代尔夫特设计指南 [M]. 倪裕伟，译. 武汉：华中科技大学出版社，2014，7.

[4] 何清华. 项目管理 [M]. 上海：同济大学出版社，2019，8.

[5] 高烽. 设计师系统的链式管理 [M]. 北京：电子工业出版社，2011，1.

[6]（英）约翰·A.沃克，（英）朱迪·阿特菲尔德. 设计史与设计的历史 [M]. 周丹丹，易菲，译. 南京：江苏凤凰美术出版社，2017，4.

[7]（美）德鲁克（Drucke,P.F.）. 管理（原书修订版）（上册）[M]. 辛弘，译. 北京：机械工业出版社，2010，1.

[8] 李艳. 十三五：普通高等教育规划教材设计管理（第二版）[M]. 北京：中国电力出版社，2020，7.

[9] 美国项目管理协会. 项目管理知识体系指南（第 6 版）疑难解答 [M]. 高屹，译. 北京：电子工业出版社，2019，1.

[10] 杨侃. 项目设计与范围管理 .[M] 北京：电子工业出版社，2013，8.

[11]（美）唐纳德·A.诺曼. 设计心理学 2：与复杂共处（修订版）[M]. 张磊，译. 北京：中信出版社，2015，6.

学生感想：

2021 年有幸参加了学校组织的校企联合培养硕士研究生工作站。在深圳进站学习的这半年来，学习、工作、生活充实难忘。三次工作站课题答辩、十多次导师讲堂和企业导师的多次线下讨论小会，使作为设计学专业学生参与环境设计专业工作站的我，跨专业学习受益匪浅。不论是理论知识的应用，还是实践经验的增长，抑或对未来发展方向职业生涯规划都收获颇丰。

刚进站时其实相对于异地学习、陌生的同学、跨专业的学习压力，我更紧张于参与项目实践。虽然我对环境设计专业有一定的了解，也非常想参与真实的项目，但太缺少室内设计的相关实践经验。总发怵，总担心思考角度不同，或者专业能力没法发挥，或者亦步亦趋被动完成工作站的任务。过度的自我怀疑使我拘泥于理论，想用专业所学找到一种合适的理论去解释和印证深圳室内设计，这个中国设计发展最前线的城市设计。为此，在最初定课题时，反复斟酌了一个月，课题能顺利定下要非常感谢企业导师彭海浪老师、石立达老师和校内导师谢亚平老师的指导。一次次的小会中课题积极地、密切地探讨沟通，一场场的阶段性总结汇报，跟着彭老师去见客户、方案竞标，在石老师那里整合梳理思考课题内外的逻辑框架，与谢老师线上讨论课题的方向、内容、大纲，向设计团队核心范苏丹姐姐请教项目流程具体推进工作。缺乏自信的我，从迷茫到坚定信心，从项目推进不知所云到发挥能力去解构分析，课题方向从中国近现代室内设计史、当代深圳室内设计师、项目管理、设计管理、企业管理、设计师的管理、最终聚焦到可以写清楚并能更好地发挥本科设计策划与管理专业所学的室内设计的设计项目管理。

课题内容也从具体的、正在推进的商业项目出发，从设计流程出发，探寻作为一个观察者观察到的真实设计项目中运用的设计方法与设计策略，分析目前的设计项目管理中如何探索最优解，在发挥设计师们创意的同时有效控制使创意满足需求、解决问题、创造价值并落地。进站这半年，工作日在公司参与真实的商业项目钻研课题，周末则出门大开眼界。深圳市按月更新的设计展艺术展、CBD无人驾驶的街道设计、国内外著名设计师的建筑杰作等，用闲暇时间来游览充实自己。能来参加工作站我感到非常幸运，感谢恩师谢亚平老师让我来挑战、磨炼自己，衷心希望工作站越办越好，进站学习的每位同学都前程似锦。

校内导师谢亚平评语：

金琰以深圳市广田建筑装饰设计研究院设计团队的项目为个案，从以往的项目实践经验中总结设计流程，探寻设计项目管理中运用的设计方法与设计策略，找到传承与发展之间的关系，是一个立足于设计的真实经验的有价值的选题。她从设计项目流程管理入手，整理了系统的设计方法，分析了设计中利益相关者的不同诉求，并回归到设计管理中"有效控制"的本质。感谢广田的导师彭海浪老师、石立达老师无微不至的帮助，让她在真实的设计案例中能深入设计研究，并不断突破自我认知的边界。

企业导师彭海浪评语：

金琰同学在深圳工作站学习期间，表现出较强的求知欲，能够将学校中所学理论知识运用到具体的商业项目实践中。她善于以基础性的工作为立足点，观察设计方法与设计策略，分析归纳设计管理的方法。在见习与客户谈判、参加竞标汇报等工作中，锻炼了她从具体项目入手捋顺设计的底层逻辑，分析设计中诸多相关利益者的不同诉求，并回归到设计管理中"有效控制"的本质，从而找到她力所能及的、有突破性和研究价值的选题。

企业导师石立达评语：

室内设计项目管理，作为一门专门的学科，在学术界鲜有专门的著述出版。作为设计公司主要管理者，多年来一直用项目管理的理念，结合公司设计业务的实践在摸索中前行。金琰同学，选择这一课题，从现实的设计业务出发，完整系统的研究项目实践过程，同时结合管理学、项目管理知识及室内设计所涉及的上下游专业知识，对室内设计项目的管理，做出了初步的探究，这一点是值得肯定的。希望论文中所言及的管理理念和管理要点，能够对仍在探讨中诸多的室内设计管理团队有所裨益。

再启
产学融合研究生培养探索与实践

Reboot
Exploration and Practice of Graduate Education Integrated with Industry and Learning

复杂性科学介入办公空间边界模糊性的设计探究

Complexity Science is Involved in the Design of Fuzziness of Office Space Boundaries

李蕾（深圳工作站）

学校：四川美术学院

专业：环境艺术设计

校内导师：刘蔓

企业导师：彭海浪

企业名称：深圳市广田建筑装饰设计研究院

摘 要

办公室生活并非是现代专属的景象，人们被锁定在办公桌前的历史由来已久。在办公空间的发展中，各种因素影响着办公的形态。进入21世纪以后的数字信息化时代，计算机技术为办公带来了效率、便捷与多元的办公形式，但也为办公空间的设计带来了挑战。今天的办公室出现了身份危机，住所、咖啡厅和图书馆已经能够提供舒适的办公环境；现有的远程办公技术在新冠肺炎疫情的严峻考验中越发成熟。办公空间的边界逐渐消融，呈现出边界模糊性的特征。

复杂的现象进一步影响了办公空间的设计，设计思维需要从简单性转变到复杂性。20世纪60年代的复杂性科学兴起，催生了复杂性的世界观，在这个背景下，复杂性的思维方法被运用于各个学科，在建筑学中也引起了关于简单性到复杂性转变的研究探讨。办公空间由边界明确的简单性系统发展为边界模糊性的复杂性系统，复杂性世界观也将对为办公空间设计带来新的哲学角度的设计思辨。

通过对办公空间发展历程的梳理，从现象及原理层面分别探讨复杂性思维在建筑学中应用的现状和特征，并针办公空间设计的边界模糊性，以复杂性思维的角度做出阐释。

关键词：复杂性科学；边界；模糊性；办公空间

一、绪论

（一）课题研究背景

21世纪的数字信息化时代，边界设计对办公空间的各项办公活动及办公效率具有重要的影响。从办公空间设计的发展历史来看，办公空间的形式已经发生了巨大的变化，但人们对于办公空间边界设计的重视程度严重不足，很多办公空间依然采用封闭或单一的边界设计，已经无法适应当下办公空间的灵活性与新变化。造成这种情形的主要原因是设计师设计办公空间时，忽略了高科技的办公设备与灵活的办公方式对空间需求的转变，各种复杂性的需求打破了原有的空间边界，呈现出空间边界的模糊性。复杂性科学作为一门新兴的交叉学科，提供了一种人与空间关系的复杂性视角，在设计师进行办公空间设计时，为办公空间营造出适应新变化、新需求的模糊性空间边界。

（二）课题研究现状

目前针对复杂性科学介入建筑空间设计、建筑空间设计的边界模糊性都有了一定的研究成果，但针对办公空间的边界模糊性设计研究较少。建筑学界对于复杂性科学的探讨主要集中在空间的构成与建筑表皮的外观设计方面，从复杂性科学影响设计思维的角度探讨相关问题的文献较少。

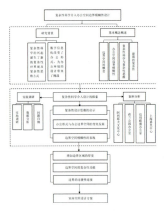

图1 论文框架（来源：笔者自绘）

（三）课题研究的意义

本文探讨边界空间模糊性在办公空间中的表现与应用，进行理论上的梳理总结，从复杂性科学的角度出发为办公空间设计提供一种新的视角与路径。复杂性思维诞生于科学领域，蔓延至哲学、社会学、经济学等领域，进而又影响了建筑空间设计。分析办公空间边界模糊性的因素与构建方式，运用复杂性的设计思维使办公空间的设计更符合当下数字信息时代的特征和需求。

（四）论文框架（图1）

二、办公空间边界模糊性的基础研究

（一）办公空间的发展与定义

1. 信息与空间形态

办公空间是现代生活最重要的场所之一，人们花费大量的时间在办公空间内工作，办公桌是办公生活最重要的部分。办公室生活并非现代现象，事实上坐在桌前工作的历史久远。古代的抄写员们在宫殿或庙宇中的房间内工作，桌上堆放着大量卷轴，这些卷轴不但记录着诗歌和文学作品，也记录了各类合约、命令、公告等，信息的处理是办公空间内的核心内容，也是塑造办公空间形态的重要因素。

1729年，东印度公司建成了一栋专门用于办公的大楼，标志着现代办公空间的诞生。东印度公司的成立对于办公空间发展具有重大的历史意义，除了建造了一座专项功能的建筑外，更重要的是它创造了一个庞大而复杂的系统管理机构。这个机构需要处理大量的信息，并向数千公里以外的事务传达决策。东印度公司的远程管理产生了超大规模的文书，随着船只入港带来了货物和信件，办公人员也随之忙碌起来，为了督促员工提高工作效率，东印度公司规定出一套严格的考勤制度确保每个员工每时每刻坐在办公桌前卖力地工作。

2. 效率与空间规模

20世纪初期弗兰克·泰勒最早提出以科学的方法运用于办公空间管理，强调工作效率最大化以及严格的办公室布局，即"泰勒制"（Taylorism）。"泰勒制"所兴起的开放办公室的模式沿用至今，开放办公区的员工办公桌面一览无余，经理室环绕在周围以便观察到员工的举动（图2）。

图 2 泰勒制（来源：网络）

图 3 景观办公室（来源：网络）

抄写员的小房间是如何逐渐演变为一栋栋摩天大楼的？办公空间的规模与信息流通速度有关，当信息的传播速度越来越快时，需要越来越多的人员处理不断涌入的信息。20 世纪 30 年代摩天大楼在城市中崛起，建筑的纵向延伸为人们拓展出更多的室内空间，办公空间的面积因此变得宽敞。办公空间的功能也随之丰富起来，私人办公室和开放办公区混合在一起，许多办公楼拥有专门的员工厨房和食堂。

3. 人性化设计与布局变革

办公空间的发展过程始终围绕着高效管理的目的，20 世纪 60 年代初出现了人性化设计，办公空间采用更具社会民主性的布局，工作场所真正开始发生变化，空间布局更倾向于鼓励员工积极互动与交流。一种被称为 Burolandschaft 的设计风格，最初来自德国的一个概念，翻译为"景观办公室"。围合型的布局将团队凝聚在一起，不同管理级别的员工坐在一起工作，利用植物创造了一种有机的界限（图 3）。随后，一种被称为 Action Office（行动办公室）的新形式开始出现，模块化的隔板办公家具设计降低了家具造价，为办公人员提供了更大的工作空间、充分的隐私和灵活性。

在当下最多的办公空间形式是受"泰勒制"影响的开放办公区；另一种则是变了味的 Action Office，模块化的隔板家具组成了密集的格子间。

(二) 边界模糊性的定义

1. 边界

边界是对空间进行围合与划分的界限，边界的存在是为了对物体和空间进行有效地分割。通常边界表现为线性的闭合结构，一个领域可以因为边界的存在而完整，也可以因为边界的消失而消失。边界是建筑结构中极为重要的一部分，空间的组建都离不开边界的围合与划分。

在日常生活中，公共空间的边界可以分为有形的物理边界和无形的心理边界。物理边界由建成环境中可以起到界线划分作用的物质实体构成，而心理边界则依赖于人的空间意识来限定空间界限，起到辅助补充作用。

2. 边界空间

模糊的意思是轮廓不清晰，模糊性的边界则意味着边界的存在是含糊的、不明显的。

凯文·林奇认为，城市中的人们头脑中都保留着一套相应的心理图像，其中边界是影响人们对城市的心理体验的五个要素之一。他又指出边界空间是两个区域之间的界限，边界空间作为一道屏障将两个区域相隔但又有一定的渗透性，具有连接不同区域的作用又具有模糊性、渗透性和融合性的特点。凯文·林奇提出的边界空间是一种具有模糊性的边界，既对两个不同的区域具有分割的作用，又留有一些空间使区域之间能够部分连通和过渡。

3. 边界的模糊性

边界的模糊性在建筑的实践与理论中有各种各样的探讨和具体表现。理查德·桑内特提出了"气孔空间"，中世纪的手工艺人在临街的窗户上安装一块窗台板，在窗台板上出售自己的产品，桑内特认为气孔空间透过封闭的石墙连通了市场与庭院；扬·盖尔提出了"柔性边界"的概念，与之相对的概念是代表"刚性边界"的封闭的墙体，柔性边界具有边界的模糊性，使空间既非完全的封闭又不是彻底开敞的环境；黑川纪章提出"灰空间"，即建筑与外部环境之间的过渡空间，以达到室内外融合的目的，如房屋的柱廊、檐下，或是建筑周围的广场、绿地等。

（三）办公空间的边界模糊性

1. 技术革新挑战边界

每一次的办公空间变革都源于技术的革新，如工业革命带来的高效生产而促使了"泰勒制"；工业技术的成熟使得廉价的模块化隔断家具成为办公空间的主流；在当下数字化应用为办公空间带来的巨大转变，互联网与移动技术的日新月异，为办公空间提供了更为便捷的工作设备，但也为工作场所带来新的挑战，原本办公空间的边界已无法适应我们对工作场所的需求，我们甚至需要思考：是否真的需要一间办公室才能完成这些工作？

2. 第三地点——模糊性的工作空间边界

管理学之父彼得·德鲁克在20世纪90年代就提出："未来的组织将是以信息或知识为基础的"。移动电话和手提电脑为知识工作者提供了独立、移动办公的条件，这意味着工作者脱离了固定的办公场所依然能够完成知识信息类的工作，融合了工作、学习和娱乐的新兴的"第三地点"出现了许多工作的身影，例如咖啡厅、图书馆、书店、商场的休息处……社会学家雷·奥尔登堡创造了"第三地点"一词，家庭为"第一地点"和工作场所为"第二地点"。

共享办公和混合办公为工作场所提供了新的可能性，WeWork是共享办公空间运营模式的创始者，提供租期和规模更为灵活的办公室，以及共享的公共区域和办公服务。2020年星巴克在东京设立了一家共享办公的概念咖啡馆，这个举动彻底将咖啡馆的"办公属性"挖掘了出来，为"第三地点"的工作功能提供了更为完善的办公设施。当工作被带到与工作场所无关的"第三地点"，这代表了办公空间的边界被打破或者说边界被延展到了办公空间的外部，正如桑内特说的"气孔空间"将工作与社区连通了，工作冲破封闭围墙的桎梏，更需要的是模糊的、渗透的、融合的"柔性边界"。

三、复杂性科学对办公空间设计的启示

从思想的角度看,复杂性科学的兴起催生了新的复杂性世界观,从20世纪60年代各界对复杂性开始积极讨论,这种独特新颖的世界观正在改变并统驭着科学、哲学,甚至经济社会各个层面。近半个世纪以来,关于复杂性的研究最早集中在科学领域,而后逐渐波及社会学和经济学,其科学范式也影响了城市规划和建筑设计领域。国内外出现了许多基于复杂性科学的探索,如分形城市、耗散城市、协同城市等,这为城市与建筑设计领域带来了更多复杂性探讨的理论。

复杂性科学的思维方式在人居环境的研究领域得到了应用和发展,涉及的方面有动力学、新事物的显现、非线性以及对城市认识的变迁,以更为整体的、变化的、不平衡的系统看待城市及广阔的世界。

(一)复杂性思维的影响

1. 简单性思维

长久以来,还原论根深蒂固地影响着人们的思维,认为复杂的系统、事物、现象可以将其化解为各部分的组合来加以理解和描述。从牛顿到爱因斯坦,直至近代的科学体系都在极力地构建简单性原则,以一种线性的方式去划分系统、阐释规律以及解决问题,线性的系统可以被拆分为彼此独立、互不干扰的个体,又能被简单地整合还原为一个整体系统。总之,在还原论的影响下,简单性成了一种科学信念和指导原则被放置于首位。

2. 复杂性思维

复杂性理论将系统理解为自下而上的、由基本成分组成的层级结构,基本成分构成了网络,个体和组团在网络中通过社会和经济活动相互作用。在城市中存在着大量多层级的复杂系统,系统会不断进化,通过自下而上的运动形成的自发的聚集是城市生长最为重要的推动力。城市中各类网络的相互交叉与彼此作用,又让系统更加复杂。

(二)建筑的复杂性思维

1. 建筑的复杂性

20世纪60年代,罗伯特·文丘里率先探讨了建筑的复杂性,他的著作《建筑的矛盾性与复杂性》成为现代建筑复杂性问题研究的开端。现代设计体系诞生于机器化大生产导致的制作与设计的分离,然而设计到了后期已经越来越不能满足于"赋予形式以简单意义"这个早期定位了。文丘里明确地反对现代主义建筑在处理人与空间问题的绝对简单性,他对极简主义建筑大师密斯·凡·德·罗的"少就是多"直接提出批判,他认为这样并没有解决真正的问题,并且脱离了生活经验和社会需要。

克里斯多夫·亚历山大在《城市并非树形》《建筑模式语言》中表达了与罗伯特·文丘里同样的观点,明确地批判把城市的发展作为一个简单线性发展的过程,只有各类空间相互交融、相互利用的半网格结构才是有活力的城市结构,充分考虑人类丰富多彩的活动内容探索城市空间的复杂性。

简·雅各布斯批判现代城市"理性主义"理论对生活在不同社区的人进行过分的简单化,她认为城市需要尽可能地错综复杂

和相互支持的多样性存在,以满足社会生活和人类需求的复杂性。她提出区域的边界是流动的、重叠的,一个伟大的城市特点是居民是流动的;而不同大小、不同特征的区域是流动的,而非简单化的模块和封闭的群体。

2. 复杂性思维与建筑的复杂性

德国的哲学家德勒兹提出"褶子理论",德勒兹受到了德国哲学家莱布尼兹的"单子论"影响,"微观的分子与复杂的宏观世界交错、折叠、连接在一起。""褶子理论"观点中最重要的一点就是"褶子与世界相互包裹",这一独特的哲学思维与复杂性科学中的分形思维不谋而合。分形是事物内部关系中的一种特殊方式,局部与整体具有彼此相似的特性,构成整体的每个分子都具有整体的特征,通过递归或迭代又形成整体。 这样的复杂性哲学思想也被运用在建筑设计中,外部的环境融入内部的空间、内部的环境融入外部的空间,增强空间之间的交流。

几位理论家、哲学家分别从不同的角度探讨城市发展与建筑设计的复杂性,而构成其中复杂性的内核是因为人的行为的复杂性。以人的活动特征为城市与建筑设计的依据,过于简化和模块化的设计方式将会诞生各类新的问题,复杂性科学主张用有机与发展的眼光看待现实世界的问题。

3. 办公空间的复杂适应性系统

复杂适应系统理论的核心是适应产生复杂性。适应性是指系统中的主体能够与环境以及其他主题进行交互作用。主体在持续不断地交互作用中,能够积累经验并学习和改变自己自身的结构和行为模式,从而形成一种适应性。

任何建筑的使用主体都是人,因此建筑设计必须做到"以人为本"。这里的人不仅是单体的人,而且是社会的人。克里斯多夫·亚历山大提出"空间模式与行为模式的结合"等,建筑空间与城市环境需要适应人的知觉感知与认知意识。办公空间的设计中尤其强调人的社会属性,空间环境也应符合人际交往的活动特征,从这个角度看,办公空间作为一个系统也应该是一个复杂的适应性系统,更符合人的动态以及多样化的需求。

社会心理学根据外部环境对人的心理及行为产生的影响,认为不同的室内布局会使人产生不同的交往模式。例如"离心空间"将减少人的交往与交流,而"向心空间"则大大增加人与人之间的交谈与互动。

建筑师蒂姆·斯通纳则提出工作场所中的非正式互动是办公空间运营效率的"硬通货"。在办公空间中非正式互动常常发生在走廊与楼梯,这种短暂的交流是工作流程中不可预测的,但却是企业信息传播、共享的重要渠道。

走廊与楼梯成为办公空间必不可少的边界空间,它们的作用常常是划分不同职能区域以及隔离上下楼层的边界地带。没有被编排进工作日程里的内容以及巧合、偶然的事件也是办公空间中必要的环节,模糊性的空间,即这种非正式的工作空间为工作场所带来了更多的人际交流,激发员工的创意与灵感。

四、边界模糊性研究在办公空间中的应用

(一)边界模糊性的表现与应用

复杂性科学对于蚂蚁、蜜蜂等昆虫进行观察和实验之后发现了集体智慧。当面对未知事物时，集体智慧比精英者带领下的集体体现出了更多的优势，大量的集体行为产生了复杂、不断变化且难以预测的行为模式。鼓励员工之间平等关系和加强沟通的产生，在未来以信息和知识为主要工作的组织机构将获得更为长远的发展。边界的模糊性是从空间结构的角度研究如何通过环境的营造打破人与人之间的行为边界、心理边界。本文分析总结出以下模糊性边界空间构建方式：增加边界的厚度形成可供人在内停留的边界空间；在边界空间内配置多元化的活动设施引导人的行为，增加人与人的交集与沟通；打造视野开阔的通透空间，运用柔和的材质、光源、形态构建延伸的空间边界，在视觉和心理上使人产生模糊性的观感。

1. 有厚度的边界

边界原本的意思为"区域之间的分界线"，是具有分割作用的线性轮廓。在现实的空间中，边界通常不会是绝对的线，而是具有一定的宽度，当边界的宽度在空间中能够容纳人和人的活动时，边界就形成了有厚度的边界空间。

边界作为线的属性，原本的作用是分隔、割裂不同的区域，当边界成为具有厚度的边界空间时，这样的空间具有双向性，同时拥有"划分和隔绝""连接和沟通"两个特征。这两个性质对立的特征同时存在于边界空间，使边界原有的属性产生了模糊性。

在办公空间中，大量的走廊、过道充斥其中，例如两排办公桌之间的间距、开放办公区与独立办公室之间的走廊以及不同楼栋之间的连廊。另外，楼梯贯通了上下楼层之间的边界，打破了不同楼层的独立性。这两者都具有隔离、连通的双向属性，前者对应横向的空间，后者对应竖向的空间。

Second Home 荷兰公园办公室致力于打造一座没有等级制度的办公空间。尽管建筑的规模并不大，共 800 平方米，由五座年代和形状各不相同的既有建筑组成，为了开拓出更多的使用空间，建筑与建筑之间的空隙被利用了起来。扩大既有的夹层，利用透明双层玻璃作为建筑空隙的屋顶，环境工程师亚当·里奇用肥皂泡填充层间空隙，达到保温效果。无论怎样的天气条件下，被改造后的建筑缝隙夹层成了一个工作与社交兼备的舒适的边界空间。

2. 复合型功能的边界

办公桌的作用在当下的办公空间中是被高估的，一张能够工作的台面可以是咖啡馆的吧台桌、住所里的餐桌、公园的休闲桌椅，甚至是公共交通的简易桌板。经历过新冠疫情所带来的被迫远程工作的考验，我们需要重新审视将人员聚集在一起的办公空间应该提供怎样的功能。

在办公空间中，走廊与楼梯这样的空间常常是被忽略的边界空间。事实上，边界空间在同时具有隔离和连接的双向属性时，能够发挥出比仅仅作为"边界"更为丰富的作用。当人们在通往另一区域的路径中，一场短暂的交谈和偶然的相遇需要被鼓励和利用，走廊既是边界空间也是一间非正式的会议室；接到一通短则几分钟，长达一小时的工作电话，人们往往选择过道的角落或者楼梯间的转角，在边缘的边界空间完成了重要的工作内容。

工作组织之所以需要一个固定的办公场所，除了能够完成一小部分桌面上的工作，很大一部分原因是办公空间具有强烈社会属性，人员在一个固定的空间中共处，通过社交产生信息的交换而诞生新的想法和机遇。托马斯·谢林的"谢林点"则阐述了这种合作博弈，也就是说当两个人拥有共同的文化，可以让他们找到一个"中心点"，双方在合作的目的中更倾向于达成一种共同的选择。在复杂的世界里，办公空间创造了一种共同的文化，促使"心照不宣的合作"，达成互利与妥协的双赢空间。

First Tech 联邦信用联盟新办公园区设计的核心理念是"以人为本"，以促进员工的健康、舒适与幸福为目标。从交叉层压木材结构系统和大尺寸窗户，到材料和饰面细节，每一处设计选择都是为了模糊内部与外部的界限，使人与自然建立亲密的连接。双层高中庭包含了全员共享的集会空间，同时顺应了场地的天然坡度，不仅连接了上下层过道空间，也建立了一个视野开阔的非正式互动的空间。

具有复合型功能的模糊性空间是办公空间最具价值的公共领域，非正式的互动成了生产力的驱动因素，在未来，拥有模糊性边界的办公空间将取代格子间式的办公室和成排桌椅的开放办公区。

3. 过渡性边缘的边界

边界空间的双向属性构成了边界空间的模糊性，既是两个不同区域的边缘界面，又将两者相互连通，形成了一种过渡性的边界空间。

营造通透的空间，在视觉上产生延伸和动态引导。在办公空间中，过渡性的边界空间模糊了空间的界限，通常情况下，办公区域内曲折的走廊、被遮挡的楼梯以及被核心筒和墙体分隔开的各个部门为办公人员增加了互动的难度。办公场所内的过渡空间只需要对边界区域进行调整便可以打开宽敞的视线，以便于寻路者和使用者定位。人们可能会在中庭的不同楼层之间偶遇产生意外的交集，展开一场偶然的对话，突然的灵感与信息置换也许就在这样的边界空间被捕捉到。

塞达尔·阿利耶夫文化中心强调建筑外部和内部之间的连续关系，用通透的玻璃、开放性延伸感的空间结构保持室内和室外之间的流动性。室内结构营造出开敞的、边缘柔和的中庭空间，从不同的角度可以轻易观察到空间中的动态。（图4）

另外，对空间边缘的弱化处理产生模糊性的过渡边界空间。利用材质、形态、光影等因素的变化营造横向空间与纵向空间界面的消失感，使得空间在视觉上产生无限延伸、边界似有似无的感觉，空间边缘存在的不确定使人在知觉上产生模糊性的观感。

（二）国赛生物办公空间设计实践调研

本次设计实践的项目为国赛生物公司新企业总部办公楼，办公空间环境是企业文化的固态体现，是一种企业的"生活方式"的表现，并且在设计前期需要研究企业所释放出的精神核心。

调研方式主要为：到新办公楼施工现场考察、设计调查问卷表收集相关信息、到国赛生物的原办公室现场考察。调研的信息收集主要从内部考察和外部考察两方面着手，内部考察主要了解员工的信息及工作的情况，外部考察客户的信息、对外形象塑造以及现场的周边环境。

从调研的反馈信息能够了解到各方面的情况，一方面是国赛生物员工的整体情况，如人员的学历、年龄情况；另一方面是工作如何组织开展，如小组人员合规模、工作互动的频率、工作时长；还有对外部的连接及企业形象塑造，如企业精神、学术精神、产品展示等。这些信息相互影响，在办公空间设计中综合考虑不同方面信息的穿插融合，边界模糊性为办公空间的复杂性需求提供了一种设计解决的思路。

通过调查问卷能够了解到以下具体信息：（1）国赛生物公司的业务范围覆盖全球，与外国客户的会议往来较为频繁；（2）办公大厦约容纳450人左右，其中销售与售后部门人数占45%左右；（3）员工的年龄总体比较年轻，20～30岁员工占50%；（4）除了生产部，其他部门的出差频率和互动频率都较高；（5）公司涉足高新科技产业，对创造力有较高要求，员工工作时间较长说明公司处于积极的上升期。

（三）国赛生物办公空间设计应用

通过对复杂性科学和边界模糊性理论的探究，以及对办公空间的发展变革的梳理，新兴的办公空间应当符合科技带来的灵活性办公方式和深度的集群连接下更为开放、民主的办公环境。以复杂性科学介入边界模糊性的设计研究，设计策略在国赛生物办公空间的应用如下：

1. 界定边界模糊性的设计范围

国赛生物的新办公楼需要容纳450人以上的员工，其中生产部与研发部涉及专业性设备和生产空间，因此设计的重点被锁定为销售部和售后部。通过前期调研可以了解到，销售部和售后部的员工数接近总员工数的一半，并且这两个部门互动性非常强，工作的灵活性要求高，出差频繁、小组会议以及线上的跨国会议频率高，因此销售部和售后部的办公空间设计应充分结合边界模糊性设计的原理。

选取办公楼的中间几层作为销售部和售后部的办公空间，位于楼栋中间的七层拥有一个户外露台，为整栋办公楼提供了休闲的户外场所，形成室外空间与室内空间连接的边界场所。销售层与售后层位于楼栋中间的八层至十层，具有灵活性的工作性质安排于研发层与生产层中间，起到了信息串联的作用，形成了模糊性的过渡地带。

2. 边界模糊性办公空间设计的应用

（1）生成有厚度的边界空间。确定七层的露台与室内交界的墙面为线性的边界，为线性的边界线赋予宽度和高度，形成有厚度的边界空间。因此，在七层边界线位置至十层之间设计步行楼梯和悬空平台，在这个边界空间中，视觉感官与通达性上都具有良好的连接作用，不同于封闭性楼层间的明显边界感。（图5）

（2）营造复合型功能的边界空间组织。在连通了四层楼的边界空间内，每个平台以楼梯相连并且与楼层之间形成2～3米的落差，因此平台与楼层之间在视觉观感上保持连通，但又各自拥有独立性。平台实际是由楼梯的转角空间形成的可停留的区域，适合配置灵活性高、私密性弱、开放性强的功能，例如临时会谈、休闲娱乐、简短的视频语音会议等。摆放活动式的家具组合，为使用者提供自主的功能选择，或根据使用需求自行调换家具位置。（图6）

（3）设立过渡性的边缘。过渡性的边缘可以通过不同的方式实现，透明的材质通常被用作过渡性作用的空间边界（图7）。在八层通往七层的户外悬空楼梯上，以加装玻璃顶棚实现材质性的过渡方式，在视线上保持开放的通透感，但又能感受到包裹的围合感，通过塑造两种矛盾的感官形成模糊性的边界体验。

图 4 塞达尔·阿利耶夫文化中心（来源：网络）

图 5 边界空间生成分析（来源：自绘）

图 6 复合型功能的边界空间（来源：自绘）

图 7 过渡性边缘的材质（来源：自绘）

五、结论

（一）研究结论

复杂性科学对办公空间边界模糊性设计的启示与研究，对于数字信息化的现代办公空间来说是一个值得我们不断探究并具有实际应用价值的课题。复杂性科学虽然最早诞生于物理、生物科学领域，但是其复杂性的思维及复杂性世界观对人文社科领域产生了持续性的影响，对于建筑空间设计领域也具有前瞻性的引导。关于边界的模糊性设计探讨，复杂性科学以一种自下而上的逻辑给予了一种深层次的解答，也将对未来数字信息化的办公空间模式构建出新的设想。

本文通过对复杂性融入设计思维的启示分析，以及复杂性思维在边界模糊性设计的应用探究，总结办公空间边界模糊性的特点和具体表现方式，并结合模糊性边界空间的实际案例进行分析，为以后的设计实践增加更加丰富的边界层次和更加符合新时代需求的办公空间设计。

（二）论文的局限性

由于学科背景的局限，复杂性科学研究的基础建立于理科，在阅读复杂性科学相关的文献书籍时，大量的研究成果运用了复杂的公式令文科生望而却步，尽管复杂性科学大量介入社会学研究，但也是基于数学公式进行建模，增加了对于相关理论理解的难度。在相关的设计软件中也有结合复杂性科学的原理进行设计创意的实际应用，例如犀牛软件中的 Grassshop 程序，主要应用于复杂的建筑表皮、结构设计，另外由英国伦敦大学巴特雷特建筑学院的比尔·希列尔开发的空间句法软件，对空间的尺度、模式、拓扑关系以数学方法进行空间可达性的测量，对于这些软件的学习需要具备编程能力和较好的数学思维。本文对于复杂性科学介入办公空间边界模糊性设计研究的呈现较为初浅，需要进行更多的尝试与探索。

参考文献

[1] 梅拉妮·米歇尔. 复杂 [M]. 唐璐，译. 长沙：湖南科学技术出版社，2011.

[2] 亚历山大·克里斯多弗. 城市并非树形 [M]. 严小婴，译. 北京：中国建筑工业出版社，1988.

[3] 罗伯特·文丘里. 建筑的矛盾性与复杂性 [M]. 周卜颐，译. 南京：江苏凤凰科学技术出版社，2017.

[4] 迈克尔·巴蒂. 新城市科学 [M]. 刘朝晖，吕荟，译. 北京：中信出版社，2019.

[5] 董治年. 作为研究的设计：CHAOS可持续设计的理论与实践 [M]. 北京：化学工业出版社，2015.

[6] 理查德·桑内特. 肉体与石头：西方文明中的身体与城市 [M]. 黄煜文，译. 上海：上海译文出版社，2016.

[7] 简·雅各布斯. 美国大城市的死与生 [M]. 金衡山，译. 南京：译林出版社，2006.

[8] 王文奎，嵩建华，李华. 简单性、复杂性、复杂科学和世界观——一个哲学史的视角 [J]. 系统科学学报，2010.

[9] 严俊慧，徐敏，刘璐. 基于褶子理论的建筑模糊边界探究——以阿利耶夫文化中心为例 [J]. 美与时代，2019.

[10] 刘磊，徐建三，雷艳华. 公共空间边界设计 [J]. 华中建筑，2011.

[11] 彭丽谦. 当代人居环境研究中的复杂性思维方法 [D]. 长沙：湖南大学，2014.

[12] 腾军红. 整体与适应——复杂性科学对建筑学的启示 [D]. 天津：天津大学，2002.

[13] 蒂姆·斯通纳. 选择未来的办公空间——以质取量，时机已到 [J]. 周怡薇，译. 城市设计，2021.

[14] 蒋亚静，吴璟，倪方文. 从"边界"到"边界空间"——代官山集合住宅外部空间设计解析 [J]. 建筑与文化，2019.

[15] 兰玲. 托马斯·谢林及"谢林点" [C]// 中华外国经济学说研究会第19次年会暨外国经济学说与国内外经济发展新格局，2011.

[16] 杜婷. 建筑柔性界面的分析与探究 [D]. 北京：北京建筑大学，2020.

[17] 刘培爽. 无边界空间深圳设计博物馆 [J]. 时代建筑，2012.

[18] https://www.bbc.com/news/magazine-23372401

https://www.knightfrank.co.uk/office-space/insights/culture-and-space/a-history-of-the-office

学生感想：

从没想过有一天我来到了深圳，从长长的机场出口径直进入地铁站，硕大的广告灯箱写着："来了，就是深圳人！"一场梦境被开启了，刚出地铁口，下班的人流蜂拥而来，匆匆躲闪几步，身后的"滴滴"声催促着示意避让，外卖小哥的电动车"嗖"地擦身而去。格格不入的节奏感竟令我有些愧疚，人们常言时间就是金钱，在深圳停留驻足似乎是挡住了他人的财富之路。深圳有不一样的时间观，随着深夜降临，城市逐渐归于宁静，时间也仿佛停止了，但24小时营业的深圳除外。每一个深圳人都企图榨干24小时的分分秒秒：早上9点，早点铺老板卖完最后一盒炒粉打包走人，凉菜铺粉墨登场营业至晚上10点，铺子再次改头换面，炸串已经就绪在热锅里吱吱作响。学会从海绵里挤出时间，是深圳人的财富密码。

其实比起"来了，就是深圳人"更容易被刻进DNA的一句话是——"深圳挣钱，深圳花"。热气腾腾的城中村美食街与灯火通明的产业园写字楼，在激烈争夺年轻人的时间上难分胜负，无论你几点走出写字楼，晚8点、0点或是凌晨3点，均可以奔向熙熙攘攘的不打烊街道，或饱餐一顿，或聚会小酌，甚至去修整发型。白天的工作付出了多少辛苦，夜晚来这条街道即可收获加倍的犒劳。设计有不一样的性格。

如果不是参加深圳工作站,怎么能有机会在短短几个月走进十几家顶尖设计公司,企业导师们激情澎湃,将自己设计经验倾囊相授,即使被忙碌的日程催促着,也要争分夺秒为我们多讲一分钟。人们常常将学校的老师称为"辛勤浇灌的园丁",那企业导师应该是"梦想工程师",他们在设计的道路上为你筑造了一个梦想的起点。

除了对设计的热情执着的共性之外,每位企业导师以各自的独特魅力书写自己的设计人生。张扬、内涵、风趣、优雅、直爽……这些迥异的性格特点被完美融入了他们的工作环境及设计理念,并身体力行演绎出设计的迷人之处,设计是自由的,做好自己才能做好设计,也许这正是他们为设计而痴狂着迷,孜孜不倦地求索的缘由。

感恩每一场深圳的相聚。感恩我的企业导师彭海浪院长,他以自己深邃的思想为我打开了更广阔的视野;感恩广田集团的石利达院长、严肃院长和张锋院长,让我领略了职场人各怀绝技的人格魅力;感恩潘召南老师、我的导师刘蔓老师和其他各位工作站导师,他们要求我们治学严谨,但又对我们的异地生活关怀备至;最后感恩我在深圳共同生活的小伙伴们,感恩一起做的每顿饭、感恩每个畅谈的深夜、感恩彼此陪伴的每分每秒……

校内导师刘蔓评语:

李蕾同学在深圳工作站的研究课题,"关于复杂性科学介入办公空间边界模糊性的设计研究"得到了彭海浪老师的亲自指导。从复杂性科学的理论研究去探索办公空间的多元化,去寻求一个更好的空间解决方案。通过该课题的研究,李蕾同学拓展了思路,阅读了大量书籍,建立了自己的思维体系,深圳的学习经历很丰富和难得,感谢广田,感谢彭海浪老师。

企业导师彭海浪评语:

李蕾同学在深圳工作站学习期间,刻苦勤勉,对汲取知识有强烈的兴趣和动力。在工作组中,表现出优秀的沟通能力、协作能力和团队精神。

期间,我指导她和金琰同学在一个办公楼设计的实例中用复杂科学理论框架,进行系统的环境里解决复杂问题的实践,并以课题的形式实现理论向实践的转译。为此,李蕾同学不但阅读了大量指定的复杂性科学的理论书籍文献外,还看了其他许多相关著作,使她对设计学科的认知获取了新的更广阔的视角,从系统与理性的角度出发去审视人与空间的关系。在实践的案例中,有许多维度的思考、尝试,和同事们互相探讨、互相学习,一方面得到了认知与眼界的提升,另一方面也对企业文化和社会生产有了进一步的认识。

高架桥附属空间优化更新设计策略研究 / 李赫
Research on Optimization and Renewal Design Strategy of Viaduct Attached Space/ Li He

高架桥附属空间优化更新设计策略研究

Research on Optimization and Renewal Design Strategy of Viaduct Attached Space

李赫（北京工作站）

学校：天津美术学院
专业：环境艺术设计
校内导师：彭军
企业导师：赵中宇
企业名称：中国中建设计研究院有限公司

再启
产学融合研究生培养探索与实践

Reboot
Exploration and Practice of Graduate Education Integrated with Industry and Learning

摘 要

在城市增量扩张向存量更新转变的背景下，运用城市更新的综合性与整体性思维来解决城市发展过程中的各类问题至关重要。高架桥作为城市中常见的交通基础设施，虽有效缓解了城市的交通拥堵问题，却造成了城市空间与景观的割裂和破坏。高架桥附属空间作为增量时代城市高架桥扩张的"附加品"，由于在产生之初未经专项设计，加之权属与管理机制的复杂性，造成大量城市空间的消极使用，逐渐成为被遗忘的空间。如何通过"消极空间"的积极利用，让高架桥附属空间激活潜能、焕发生机，更好地满足居民对城市高品质公共空间的需求，是笔者重点研究的课题。

文章以存量更新为视角，探究如何对高架桥附属空间进行合理改造利用，以构建更具活力的城市空间。首先，就空间的概念、景观构成、围合元素及表现特征进行梳理；其次，对我国高架桥附属空间利用的多种形式与存在的诸多问题进行分析总结和价值评估，同时归纳空间的利用困境及适用条件；最后，根据合理利用途径提出高架桥附属空间的优化更新措施，并通过项目实践，论述高架桥附属空间再利用设计的可行性，探究此类城市空间由"消极"向"积极"转化的可循之道，为城市存量空间中挖掘公共空间提供有效建议，也为公共空间缺乏的城市提供大量的活动空间更新依据。

关键词：存量更新；高架桥附属空间；城市公共空间；消极空间；优化更新

一、绪论

（一）研究背景

1. 我国城市建设模式的转变

近年来，我国的城市化进程不断加快。根据国家统计局于 2022 年 1 月 18 日发布的数据显示，当前整体城镇化率为 64.72%，已接近 70% 的拐点水平，从多国城镇化发展规律来看，当城镇化率接近 70% 时，城市发展需要实现转型并探索新的发展模式。目前，我国处于城镇化的中后期，城市建设的重点由"增量扩张"转向"存量更新"，通过城市更新实现城市可持续发展成为必然出路。

随着我国城市发展开启"存量更新"模式，以往通过大拆大建实现规模扩张的发展方式被摒弃，将转入注重有限空间的优质改造的精细化管理时代，使更多的人享有更高品质的城市生活。

2. 单一功能的城市交通基础设施不能满足城市可持续发展的需求

在我国城市化进程不断加快的同时，城市交通基础设施经历了突飞猛进的发展。目前，多数交通基础设施的建造以提升城市交通运力为核心，忽略了对生态修复、环境美学及活动需求的多重考量，造成对城市空间连续性和城市活力的破坏，同时衍生出大量难以利用的消极空间，在某些地区甚至成为公共安全隐患，引起一系列环境、经济和社会问题。随着我国城发展模式的转变，城市交通基础设施所承载的作用早已超出交通功能的范畴，已不能满足日渐增长的多样化功能需求，成为制约城市可持续发展的一个重要因素。

3. 高架桥附属空间成为城市消极空间

当城市中单一功能的区域相互组成交界地带，渐渐地就会成为城市中被人忽略的灰色地带，即城市消极空间。作为增量时代城市扩张的"附加品"，高架桥附属空间伴随着城市交通基础设施建设而产生，在城市占据了大量的空间。由于高架桥附属空间在产生之初未经专项设计，导致其功能缺失和空间破碎，加之缺乏合理规划和管理维护，出现大量空间闲置、浪费和消极使用的状况，逐渐成为被遗忘的城市空间。这些空间具有生态脆弱的特性和空间封闭、缺乏活力等特点，城市社会问题频发，鲜有人问津，长久以来扮演着一种被动、消极的空间角色。

（二）问题提出

在中国城镇化率逐年提高而城市用地日益紧张的背景下，如何实现对已有空间资源的最大化利用是值得我们深入思考的重要命题。高架桥附属空间作为城市公共空间有机组成部分，却有着不可估量的空间价值等待开发和利用。首先，应探究此类空间如何根据独特的环境特性来合理利用，使其发挥空间的潜力，为市民提供更多的活动场所？如何通过这些空间的改造为城市生态、市民活动、城市风貌带来提升和改善？其次，在此类空间的使用功能和形式上，如何使之与周边区域更好地互补，将空间由消极转为积极？本文在试图回答上述问题的基础上，对如何有效地进行城市高架桥附属空间改造展开研究。

（三）研究意义与目的

高架桥附属空间是城市既有空间中亟待挖掘的巨大财富，如何通过合理的规划对高架桥附属空间进行改造利用，实现空间的积极性转变，并以此激活区域的活力，正是笔者研究此课题的初衷。

1. 社会价值：以存量更新的视角应对城市消极空间的激活与提质，为研究提供新的切入点

随着我国城市建设模式的转变，如何在城市存量空间中挖掘公共空间并实现公众利益和综合效益的最大化，成为城市发展中的重中之重。

高架桥在占用大量城市用地的同时，也为城市储备了大量的空间资源，而对于当前正在存量挖潜的城市来说，高架桥附属空间很有可能为居民活动介入城市新空间提供机遇。笔者以存量更新为视角，聚焦于高架桥附属空间与城市空间现状及存在的诸多问题进行改造策略的探究，为城市存量空间中挖掘公共空间提供参考依据。

2. 环境价值：从城市实际需求出发，挖掘高架桥附属空间的利用潜力，提出更高效、更有针对性的空间优化策略

本文从通过梳理高架桥附属空间的特征及现状问题，以及挖掘此类空间的利用价值和使用潜力，并根据现场实地调研和成功案例分析，提出效率更高、适应度更广的高架桥附属空间优化策略和设计方法。在丰富城市公共空间、完善区域功能缺陷的同时，处理好高架桥下消极空间与周边城市空间的关系，增强高架桥与周边区域的联系，为市民提供质量更高的公共空间。

3. 经济价值：激活周边区域的经济效应，构建更具活力的城市空间

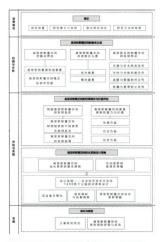

图1 本文研究框架（来源：自绘）

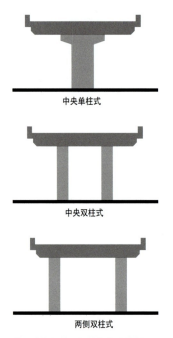

图2 高架桥的不同结构类型（来源：自绘）

高架桥附属空间的激活可以创建活跃的街道临街面，高质量的街道和场所可以提高地区的自豪感，促进投资者的信心。有研究表明，可步行地区的居民社会资本水平提高了80%。所以，利用高架桥附属空间的空间潜力为周边区域提供新的商业场所进行功能互补，从而产生更多的经济效益。

（四）相关研究动态

国外在高架桥及其附属空间理论及实践的相关研究要早于我国。在理论方面主要以"失落空间""城市灰色空间"等视角进行研究。在实践方面，多数案例是将交通空间与城市商业、户外活动空间所结合，探索空间利用的多种模式。例如纽约市的"EL-Space"研究计划，旨在探究高架交通基础设施与周边环境的关系。该计划对纽约市内700英里的桥下空间进行调查，通过装置及社区实验等手段为受高架桥影响的区域带来活力和收益。同年，"El-Space"发布《El-Space工具集》，为桥下空间的改造提供实操方法，为以后在更多城市的推广奠定基础。

我国目前对高架桥附属空间再利用的研究较少，主要集中于高架桥对城市形象的影响。在当前存量更新背景下，日益紧张的城市公共空间资源使得高架桥附属空间利用的重要性日渐凸显。近年来，由不少国内的专家学者开始对其进行探索，使得相关理论研究逐步改善。例如，由上海城市公共空间设计促进中心发起的"行走上海——城市空间微更新计划"，聚焦于桥下空间的激活，通过不同类型的试点开展城市微更新探索，将这些灰色空间转化为融入日常、富有活力的场所，并提高社会关注度。

（五）研究内容和框架

1. 研究内容

首先，就选题背景、意义和研究目的进行梳理，对相关概念和国内外研究动态进行总结归纳，汲取新的方法与途径，为高架桥附属空间更新设计奠定理论基础。其次，从高架桥附属空间的释义入手，对空间的景观构成、围合元素、表现特征进行分析，总结高架桥附属空间利用困境及使用价值，提出高架桥附属空间更有效、更有针对性的空间优化策略建议，并对北京经济技术开发区T408桥下公园进行具体的设计，将理论应用于实践中。

2. 研究框架（图1）

二、高架桥附属空间的相关认知

（一）相关概念界定

1. 高架桥

高架桥（通常可译为 Viaduct，又可译为 Overpass，Highline 等），又称"立体交叉桥"，即在城市重要交通交会点建立的上下分层、多方向行驶、互不相扰的陆地桥。高架桥按照不同的用途分为城市快速路、轻轨设施、高架铁路和人行高架桥等许多类型。（图2）

作为有效的立体交通体系，高架桥可以有效缓解城市道路压力，提高运输效率，在现代城市建设中得到重视和发展，是各大城市为解决交通问题的重要选择。

2. 高架桥的景观构成要素

高架桥的景观由桥梁本体景观、沿线景观、附属空间景观共同构成，具有独特的景观空间延展性。桥梁本体景观包括其自身的结构、形态、流线，人们对于高架桥的审美取决于结构比例是否和谐，形态流线是否美观，整体环境是否协调。高架桥沿线景观即桥梁沿线两侧的城市环境风貌，包括建筑、绿化、水体等要素，对沿线的整体风貌设计具有导向作用。高架桥附属空间景观则为桥体正下方的投影区域以及辐射到的周边城市公共环境。高架桥的景观构成要素所形成的整体风貌影响着区域环境的发展，这就要求与城市空间更好地结合起来，打造高品质的城市公共空间。

3. 高架桥附属空间概念及研究范围

在本文的研究中，主要聚焦于分布在城市居住环境内的城市快速路、轻轨设施等高架桥（Overpass）局部路段，重点在于此类高架桥及其附属空间的改造利用。

高架桥附属空间属于城市高速建设与扩张的附加物，是高架桥在创建过程中所形成的产物。从狭义上说，高架桥附属空间是指城市高架桥桥体正下方的投影区域部分；从广义上来说，除了桥体下方投影区域的空间外，也涉及由高架桥所辐射到的街道公共空间和交通空间等城市环境要素。从城市公共空间角度来看，城市高架桥周边的城市功能、生态环境以及居民活动需求元素都属于研究范围之内。

本文中的高架桥附属空间还具有城市消极空间的属性，有着多功能复合性与可塑性。这些空间虽然与城市其他用途的空间并存，但是在关系上仍然是相互隔离的，只要加以设计和利用便可成为积极的公共空间。

（二）高架桥附属空间及其围合元素

桥下空间指城市高架桥桥体正下方的投影区域部分，是处于桥体顶面和支撑结构下范围下的空间，为高架桥附属空间的核心。桥下空间内部存在各种类型的桥体结构，呈纵横形态，其围合元素主要包括起支撑作用的桥柱以及限制空间顶界面的桥面结构。

1. 纵向要素

桥下空间的纵向要素主要为高架桥下的支撑构件，由柱墩支撑和拱形支撑，通常有"T"形、"Y"形、单柱、双柱等形式（图

2)。桥柱在桥下空间基本呈等距离分布状态,有着秩序感和空间趣味感,在一定程度上影响着桥下空间的净空尺度,以及空间的连通性,其高度、数量、宽度、间距都对场地的完整性、开敞性等空间感受产生不同的影响。

2. 横向要素

空间的横向要素主要是高架桥附属空间的顶面和路面。顶面空间的面积、尺度、质感、形态都会对场地的使用感受和心理感官产生一定的影响。路面则是此空间承载居民活动需求的重要载体,根据不同人群活动需求进行功能的整合和空间的规划,实现空间的再利用。

(三)高架桥及其附属空间的表现特征

1. 交通与安全的优先性

优先发展城市交通是提高交通资源利用效率、缓解交通拥堵的重要手段。对于高架桥附属空间的规划而言,交通功能通常在桥下所有城市功能中具备最高的优先等级。由于高架桥附属空间的部分空间与城市道路相关联,所以此类空间的安全性问题也显得尤为重要。

2. 空间与功能的复合性

高架桥下部空间绿地属性依据《城市绿地分类标准》(CJJ/T 85-2017)的分类划分,其用地功能一般情况下被划为"附属绿地(XG)"中的"道路与交通设施用地内的绿地(SG)"或"防护绿地(G2)"。但在现实此类空间的利用中除绿地建设之外,还有商业、休闲、运动、展览、停车等功能,具有"公园绿地(G1)""专类公园(G13)"等用地功能属性,能够增强高架桥附属空间与周边城市之间的联系,有利于创造满足人民生活与活动需求的城市活力空间。

3. 连接与割裂的对立性

高架桥最本质的要素是交通分流,一方面,它们提供了便利的交通,促进了各区域之间的联系,实现了通行空间的连接;另一方面,错综复杂的高架桥和其产生的附属空间割裂了城市,破坏了城市原本的活力,衍生出大量的消极空间。寻找一种连接与割裂的平衡方式,将周边界面与城市空间相关联,可以缓解高架桥及其附属空间对城市功能、城市活力和城市空间所产生的消极影响。

4. 权属与管理的公共性

城市高架桥是便于市民出行的公共设施,具有公共性,其下附属空间也为公众所有。对于高架桥附属空间的更新利用,要以公共利益为先,以增加公共要素为先,在改造前充分了解居民对空间利用意向需求,提高公众参与度,解决建设影响周边居民生活品质的不利因素,化解人与城市的隔阂和冲突,将更多公共空间归还给居民。

三、高架桥附属空间的利用现状与价值评估

(一)我国高架桥附属空间的利用现状

在对高架桥附属空间进行深入的价值研判之前，应先对当前城市中高架桥现状及问题进行了解，通过总结空间的使用现状及基本特征论证以下问题：在当前社会发展进程中，高架桥附属空间现状是否满足城市居民对优质公共空间的品质需求，即激活桥下消极空间的必要性，从而确保本研究具备一定的实际意义。

1. 高架桥附属空间利用现状的不同类型及使用状态

（1）公共空间

①停车场

随着城市机动车数量的增加，停车问题成为城市发展问题之一。近几年陆续有管理部门将高架桥附属空间改造为停车场（图3-1）。但由于缺乏整体规划，多数停车场与桥下道路的驳接缺乏合理性，车辆出入停车场对桥下交通造成了较大影响，一些地区甚至采取直接封闭的方式，造成大量使用面积的浪费。如果能合理规划，高架桥附属空间的停车场设置会为城市停车问题提供突破口。

②休闲活动场所

目前，我国的部分城市高架桥附属空间已经开始设置绿地公园或者创造活动空间（图3）。由于大多高架桥位于城市居住环境内，桥下的公共空间成为周边居民最便捷可达的日常活动场所。根据调研，城市居民有意愿并已经开始自发地使用高架桥附属空间开展各种活动，映射出此类空间在城市居民中的使用需求。但由于高架桥附属空间存在诸多的利用限制因素，加之缺乏规划引导，绝大多数的空间未能满足基本的使用条件，利用率并未达到均衡，长期处于较低的水平。

③市政设施

为了便于城市的市政管理和运营，部分市政办公建筑会选择置放于高架桥下，多为临时建筑用房。由于维护和管理力度较低，这些临时性质的办公场地看起来凌乱、简陋并伴有杂物堆积的情况，在一定程度上对整体城市面貌产生了消极影响。除此之外，也会设有垃圾压缩站（转运站）、变电站、公共卫生间等市政设施，其安全性、美观度等仍需进一步考量。

（2）交通空间

在城市交通拥堵的条件下，长距离的高架桥附属空间可以起到交通分流的作用。充分利用桥下空间场地开辟新的车行道或左转车道、掉头车道，通过重新施划交通标线，调整桥区周边路口车行道，增设交通标志、标线及信号灯等一系列措施，增加路口通行能力。然而，高架桥附属空间的自行车交通与步行交通由于缺乏合理规划，导致与机动车混行，容易扰乱交通秩序，存在一定的交通安全隐患。

（3）商业空间

高架桥附属空间长期"缺管"是全国性难题，由于管理部门的不够重视，此类空间的商业行为多为嘈杂无序的小商贩售卖摊、二手汽车交易、蔬菜买卖、自行车修理等。多数是自发使用，少有经过整体规划布局的商业管理，此举容易造成道侧的人群聚集，影响城市风貌与城市交通并导致安全隐患的出现。如果能进行有序管理，此类商业空间将会对周边区域的经济发展起到促进作用。

图 3 我国高架桥附属空间的利用现状
（来源：自绘）

（4）其他空间

当前，许多城市选择在高架桥下种植绿化隔离带，在空余的地面上种植大量丰富的植物，不仅能美化城市景观、营造舒适的城市环境，还可以对消解汽车尾气和噪声污染起到积极的作用。而此类处理方式的主要问题是缺乏对周边居民的活动需求考量，大面积绿地难以转化为活动场所，无法被实际使用。另外，城市中大量的高架桥附属空间处于闲置状态，成为环境卫生和社会治安的薄弱地带。

2. 高架桥附属空间的利用困境

高架桥附属空间作为城市公共空间，拥有不可估量的面积和利用价值，而目前却仍存在大量闲置、浪费和消极使用的状况。就上述对空间利用现状的多种类型及使用状态的归纳，总结空间利用所面临的问题，有以下几个方面：

（1）缺乏整体规划，可达性差

高架桥以其高大的尺度和庞大的规模占据了大量的城市空间，因其强烈的"分割""阻挡"效应，造成对城市景观和街道空间的破坏，阻碍了两侧居民的交流互动。在现阶段，多数的高架桥附属空间缺乏与周边环境整体风貌的协调。另外，由于大部分高架桥附属空间在建造产生之初并未对其进行合理的规划，造成大量的空间闲置，虽偶有居民对此类空间进行自发利用，却因缺乏管理和引导，使得空间面貌更为凌乱无序。

（2）空间利用消极，利用率低

我国部分城市高架桥附属空间的再利用为停车场或市政临时办公场所的设置，利用方式较为单一，形象较差，缺乏美观性。此外，根据实际调研发现，多数高架桥附属空间内部空无一物，被栏杆围住，长期处于封闭状态，占用了大量的城市面积且失去其土地资源价值；而部分空间则沦为堆放杂物、废弃车辆和建筑材料的空间，甚至成为流浪汉的居家场所，影响社会环境和公共安全。在寸土寸金的城市里，这种消极的使用方式导致此类空间没有发挥其应有的空间价值，造成了城市空间的极大浪费。

（3）缺少人性关怀，安全感弱

城市居民对高架桥附属空间的自发性利用，体现出了人们其对此类空间的使用诉求，由于缺乏相关管理部门的重视，高架桥附属空间的可达性差、利用率低，没有为区域周边提供积极的功能补充。从交通层面看，高架桥附属空间受周围机动车影响较大，存在一定程度的交通隐患；从公共安全的层面，高架桥附属空间符合不安全场所"空间较封闭，缺乏开场视野，黑暗处较多，庇护性很高"（费雪和纳泽等 ,1992）的特点，容易滋生社会问题，给社会治安和城市管理带来安全隐患，逐渐拉远人与城市的距离。

（4）自身条件限制，舒适性差

作为城市交通基础设施的派生产品，高架桥附属空间受周围的交通影响较大，空间存在汽车噪声和尾气污染，环境较为消极，加之自身具有阴暗、冰冷等外观特征，给人的使用带来了心理负担。

（二）高架桥附属空间景观更新的潜力与价值

1. 环境方面

从空间环境角度来看，高架桥下拥有半开敞、半围合的空间结构特点，面积宽阔的桥顶不仅能抵御日常的风吹日晒，还能够应对下雨、下雪等极端天气，对使用群体起到遮挡保护作用。同时，高架桥下空间具有净空高度高、柱墩间距大的特点，利用灵活自由，且高架桥自身结构体系坚固，耐久性好，能为居民的活动需求提供相对稳定的场所与环境。

从环境美学的角度来看，高架桥附属空间的改造利用可以起到美化城市环境、连接城市景观的作用。通过对高架桥自身所存在的几何美感及其附属空间独特空间形态的运用，可以将高架桥附属空间打造为体现城市治理水平和增强城市识别力的新地标，为城市区域形象的塑造提供新的契机。

2. 社会方面

在存量更新背景下，城市发展模式将转入注重有限空间的优质改造的精细化管理时代。而对于高架桥附属空间的存量挖潜及更新利用，可以使更多人民群众享有更高品质的城市生活。在改造过程中，景观的介入可以改变高架桥附属空间光线阴暗、空间冰冷的环境特征，在一定程度上增加场地的安全感，同时为社会治安和城市管理排除隐患。高架桥附属空间作为城市公共空间，可以根据周边区域的场地性质建设为不同种类的新型公共空间，通过对空间品质的改造提升，满足区域内居民不同的活动行为需求，实现社会服务价值。

3. 经济方面

高架桥附属空间的激活有机会吸引大量公共活动集聚和建设资本入驻。在一些发达国家，利用高架桥附属空间独特的环境特征，将空间转换为商业场所。在位于洛杉矶卡尔弗城内的一座高架铁路下，建筑师通过设计将其改造为一个城市的公共花园，将原先荒废的城市道路变为繁华的售卖走廊，为片区带去更多活力；再例如位于日本中目黑站附近的铁道高架桥下商业区，在改造前为长期封锁的狭窄桥下空间，昏暗压抑。经过空间环境品质的改造和商业的植入成为东京最吸引眼球的新商业场所，为当地带来了新的活力和更多就业机会。综上所述，利用高架桥附属空间为区域提供新的商业或社区场所或娱乐体育设施，可以给周边居民带来便利，产生更多的经济效益。

四、高架桥附属空间优化更新设计策略

（一）高架桥附属空间优化更新的基本原则

1. 利用安全性原则

在对城市高架桥附属空间进行优化设计时，要"以人为本"考虑空间的利用，确保空间的安全性及可达性。首先，应该确保高架桥自身结构的安全，对项目所在地进行安全评估，排除有可能对高架桥自身产生潜在影响的设施、构筑物等设计项目，确保高架桥自身的交通功能与安全性不受后期再利用的影响；其次，要充分考量周边车辆及行人通行的安全性，保证车行和使用者的安全。高架桥建造的主要目的是提升城市交通运力以及缓解城市交通压力，因此高架桥附属空间的规划设计必须以车行及人行的安全为前提，合理规划人车流线与设施布置，保证整体空间的安全可靠性与可达性。

2. 整体协调性原则

高架桥及其附属空间作为城市空间的有机组成部分，与城市发展质量和城市整体风貌密不可分。在设计时，首先应注重高架桥附属空间与城市的整体性，从城市整体规划层面将其纳入城市现有的开放空间系统，考虑高架桥附属空间与周边城市空间的相互连续、相互渗透关系，不能将其仅作为交通附属空间进行单独利用；其次，在功能空间的改造设计上，结合当地的发展情况和周边区域内居民的活动需求，因地制宜，对症下药，通过科学合理的功能布置增强区域内不同空间的联系，使高架桥附属空间与周边城市空间形成良性互动，成为融入城市空间形态的有机整体。

3. 功能复合性原则

随着城市建设开启"存量更新"模式，城市由外延式发展转向集约型发展，而单一的功能空间已经无法满足人们对城市空间的多元化需求，对已有空间的高效重新利用和功能的复合化发展越来越受到重视。高架桥附属空间区别于传统的城市空间，具有独特的景观资源特征，其空间的围合性、遮挡性、利用多样性等多种特性为打造城市可利用公共空间提供了有利条件。本文认为，在对此类空间进行更新利用时，要根据高架桥的自身形态和场地特征积极挖掘此类空间的潜在价值，因地制宜，结合区域周边的发展现状设计成满足多层次功能活动需求的综合设施，将场地资源价值发挥最大化。以此来恢复此类公共空间的活力，对于城市公共空间体系的完善具有积极意义。

4. 景观融合性原则

高架桥附属空间在实际的使用过程中，由于长期受汽车尾气等污染因素的影响，空气流通性差，环境质量存在一定问题。由此，在高架桥附属空间的景观改造过程中，首先，要考虑场地的生态性，加强与周边城市绿地的联系，串联生态廊道，增强生态斑块的连接性。另外，在植物的选取上，选取适合城市道路环境并且耐阴性、适应性较强的植物。利用植物群落的打造减少过往车辆排放的碳氧化合物，同时弥补高架桥对周边生态环境的忽视或破坏，充分发挥空间的生态效益。

其次，在地域文化特色上，要充分融合区域空间的人文特质和历史文化，打造具有地域特色的桥下空间，体现城市区域的特色风貌，打造具有辨识性的新地标，以此避免各大城市景观同质化现象。成都的老成都民俗公园，在空间设计中大量使用了体现成都历史文化的艺术作品，如码头、牌坊和小船等元素。该空间通过雕塑群的方式为现代人展现了一幅生动的成都老城中的生活场景，唤醒人们的文化认同感和归属感。

（二）高架桥附属空间优化更新的渐进性策略

1. 空间布局的合理组织

高架桥附属空间的优化更新首先应注重绿地系统连接与交通可达性增强两个方面。作为城市公共空间，高架桥附属空间的交通流线组织和空间布局组织对周边居民的使用及行人的出行有着重要影响。因此，桥下空间应具备良好的可达性，在改造利用过程中注重绿地系统的连接性以及交通可达性、心理可达性和视觉可达性三个方面。处理好空间内部多种动线之间的关系，将高架桥附属空间与周边区域的环境有机地连接起来。

2. 整体环境的优化提升

（1）生态环境的优化

在景观生态学理论之中，高架桥下生态空间是城市生态不可缺少的生态"斑块"，其作为独立的生态系统，对城市道路生态系统调节有着重要的作用。因此，在高架桥附属空间整体环境的改善过程中，应通过景观手段将生态效益发挥最大化。例如增加桥下地面的渗水铺装，解决桥下积水问题，在桥下环境相对较好的空间设置雨水花园，在提高城市环境风貌的同时也能增强桥下的生态性。另外，在种植方面，尽量选择耐阴性好、对交通排污适应力强的植物，同时保证能够对周围污染气体进行净化、过滤和阻挡。综上所述，通过对生态环境和声环境的优化，来改善高架桥附属空间的生态环境品质，营造出绿色、健康、安全的城市共空间。

（2）声环境的优化

高架桥附属空间与城市交通空间相邻，交通车辆与桥面摩擦声、桥体的固体传播声等都会对空间的声环境带来一定程度的影响。因此，在功能设置时要避免对噪声敏感的功能类型，适当增加隔声措施，并通过景观绿化的增设对车流噪声进行弱化，以减少噪声对高架桥附属空间产生的干扰。

（3）使用功能的有效植入

高架桥附属空间的改造利用应当为所在区域的功能需求短板提供有效补给，与周边城市功能建立起有机联系，这就要求规划前充分了解周围的实际发展现状，并根据周边居民的切实需求进行功能的设置安排。由于高架桥附属空间特定的空间环境与条件限制，在功能的设置安排方面也要尽量避免对安静环境、光线日照、空气质量要求高的功能场所，例如居住、学习、修养等功能的活动场所，而户外交流、公共活动、商业行为、交通服务等功能则对环境要求的严苛性低，在通过空间环境的整体优化后，可以将高架桥附属空间客观环境的利用限制因素降到最少，以达到积极使用的目的。

根据目前国内外高架桥附属空间更新利用的成功案例，可归纳为以下几种类型：

①公共活动场所

高架桥附属空间作为城市公共空间的一部分，具有很强的公共属性。对于城市高架桥附属空间来说，桥下的公共空间是附近居民最便捷可达的活动场所之一。根据案例研究，多数的高架桥附属空间改造为体育运动空间、文化艺术空间、娱乐休闲空间等公共活动场所，成为最常见的功能类型之一（图4）。改造后的公共活动场所以游憩活动为主，具有参与性、互动性、多样性与趣味性，为激发区域内的空间活力、提高城市空间利用率提供了有效途径。

②商业场所

高架桥附属空间的可利用面积有限，加之多种条件限制，不适合大型功能空间，而使用空间灵活、占地面积小、利用率高且受桥下声光环境的限制较小的商业场所则为空间利用提供了契机。在高架桥附属空间内可规划出合理的商业聚集场地，增加具有临时性、移动性的摊位或易拆卸装置，设置为便利店、餐饮点、微型书吧、咖啡馆等居民常用的商业业态。这些丰富的商业类型和规模大小的多样性在为周边居民带来便利的同时，也为周边区域带来新的活力和更多的就业机会，产生更多的经济效益。

③市政服务场所

为了便于城市市政服务和管理运营，将高架桥附属空间改造为市政服务场所也是较为常见的使用类型之一，多数为办公建筑、机动车停车场、自行车停车场等，提升了城市居住环境内的空间利用率。

④装饰文化空间

色彩影响着人们对使用空间的心理感受，舒适协调的"彩色"包装有助于提升高架桥附属空间的使用活力，通过对高架桥柱上进行城市标识和文化特色符号的图案喷绘和灯光照明的装饰方式，用鲜明的色彩点亮由城市交通基础设施构筑的灰白基调空间，运用艺术的形式、活泼的颜色、生动的主题来营造性格各异的空间氛围，打破空间的灰暗单调，体现出所在城市独特的气质，使其成为钢筋混凝土森林中的视觉亮点，一改高架桥往日阴暗压抑、自身冰冷的印象，不但能提升空间品质，还能使空间由消极转向积极，为功能空间的创造和利用提供良好的机会，同时也为周边区域内带来更多的活力。

3. 公共设施的逐步增设

对于高架桥附属空间的优化更新，应做到充分配置公共设施，不仅要考虑使用者的活动需求，也要对人的情感给予人性化关怀。常见的公共设施包括休息设施类、展示设施类、服务设施类、游戏健身类等设施，这些设施能够丰富空间形态、增添环境的趣味性，提高城市空间的品质。

由于高架桥附属空间的特殊位置因素，首先，在设置公共设施时要首先要做到充分考虑周边区域的交通因素，以免影响行车的安全，设施造型风格需与周边环境相协调，凸显城市文化特色。其次，根据周边环境情况及周边居民活动特征等因素，合理地进行安排和布置。最后，公共设施的增设应该满足多层次、多元化的需求，满足不同年龄层次与不同心理使用者的需求，同时考虑不同时间段、不同人群的空间使用要求，将其有机地组合在同一场地内，提高空间的利用率和活力，增强景观的参与性和功能的复合性。

4. 人文元素的提炼运用

城市文脉的延续还需要突出城市地域文化的精神，这是它区别于其他城市的关键。波士顿市长在曾在大开挖（Boston Big Dig）后说道："一个城市的未来是它过去的合乎逻辑的延伸"。在高架桥附属空间的优化更新中，本着尊重文化、发扬

图 4 国内外高架桥附属空间优秀改造案例中的功能分类（来源：自绘）

图 5 成都人南立交桥下城市文化符号（来源：网络）

图 6 北京经济技术开发区 T408 桥下公园的位置与现状及 SWOT 分析（来源：自绘）

文化的原则和文化创新发展精神才是对城市文脉的延续。在设计时，将当地的风景名胜、历史人物、文化遗产、典故传说及物产特征等元素进行整合提炼，通过文化展示墙、特色雕塑等景观手段运用到桥下的消极空间（图 5），提升城市的可识别度，传递城市文化的精神价值，以达到城市空间的文化功能和实用功能的融合。

（三）设计实践——北京经济技术开发区 T408 桥下公园优化更新设计

1. 项目基本情况

笔者将设计选址定在北京经济技术开发区（亦庄新城）亦庄轻轨线，亦庄轻轨线全线长约 13 公里，共 10 个站点，从旧宫站至经海路站东高架桥共 408 根桥墩。本次设计重点为永康公寓示范段（康定街）高架桥附属空间的优化更新（图 6）。

永康公寓示范段西起永昌西三路，东至经海路站，全长为 2.8 公里，北至康定街南人行道南沿，南至绿地南沿，平均宽度 50 米，范围面积约 11 公顷。该区段交通路网发达通达性良好且有大面积公共绿地，其中设有同济南路地铁站，流动人群较多，周边用地主要以行政办公、居住性质为主，公众覆盖面较广且包容性强，能够给周边居民和办公者提供大面积的户外活动场地，具备补充区域内功能缺憾的良好条件。

2. 现状调研与民意调查

永康公寓示范段的高架桥轨道宽度为 9 米，轨道高度约 10 米，轨道桥柱跨距约 35 米，桥下可利用绿地宽度约 50 米，是单一的直线型空间。其中，同济南路地铁站西侧桥柱较低（4～5 米），桥下空间有一定的景观基础和道路规划，但车辆乱摆乱放严重，存有大量废弃物品；同济南路地铁站东侧桥柱较高（5～8 米），桥下空间无景观基础，环境孤立，存有大量建材废弃物品。

根据现场调研发现，场地内慢行系统不连续，割裂城市空间；利用率低，缺少周边人群的服务功能空间；高架桥附属空间风貌与周边环境不匹配；空间碎片化，景观不成体系；自行车停车位乱停乱放严重，缺乏整合；缺少景观休闲设施及体育锻炼的场地和设施；地铁站周边空间组织有待提升、功能需完善。

为了增加场地内高架桥附属空间利用的科学性与合理性，笔者以问卷调查的方式获取周边使用者主观感受及未来利用愿景，并以此提出空间优化更新的建议（图 7）。

3. 高架桥附属空间优化更新策略

综上所述，笔者对场地的利用现状分析及周边使用者的出行特征和对桥下空间的

图7 针对北京经济技术开发区 T408 高架桥附属空间优化更新设计的调研数据（来源：自绘）

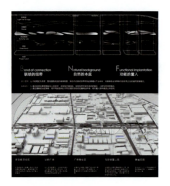

图8 针对北京经济技术开发区 T408 高架桥附属空间的整体优化更新策略（来源：自绘）

心理感受等情况的调研，根据居民对高架桥附属空间的利用意向需求和原则，提出"打造城市乐享活力廊道"的整体发展愿景，旨在连通激活桥下空间、扩充周边地块功能，营造地块的吸引力及向心力，形成区域城市活力点。

总体设计上，首先，通过功能空间与多样化景观、多层级交通流线的植入，实现环境与活动的融合，人群与空间的融合。其次，通过清晰的分区策略，将不同的空间以不同主题的活动回应着周边环境，吸引着人群并激活公共空间（图8）。

（1）优化慢性道路体系，缝合织补割裂空间

通过完整的慢行步道，连接贯通车站东西两侧桥下场地，形成整体廊道空间。打开空间界面，形成积极开放的场所，引入一体化设计，兼顾外部环境，将场地串联为有机整体。

（2）整合桥下空间资源，提升整体环境风貌

打造生态绿色本底，利用植物本身的高低、色彩不同来打造成片、成景的多样性自然景观。同时选用珠梅、箬竹、马蔺、崂峪苔草、玉簪等耐荫、易成活、易维护种植品种的植物。

（3）统筹归纳周边场地，补充区域功能短板

根据周边环境现状及高架桥不同的高差限制，将场地分为多功能活动区、站前广场、广场商业区、文化互动装置公园、共享花园，注重场地的复合性、多元性和文化性。这些功能的打造使原本有限的高架桥附属空间得到无限延伸，并为激发空间活力、创造北京城市新地标提供机会。

①多功能活动区

将高架桥附属空间有效地转变为艺术社区空间，从活动举办上加强空间对于活动信息的表达能力，根据不同活动灵活地进行视觉上和功能上的表现，通过举办包括以"运动"和"健康"为主题的公园场地、公共艺术展示、露天影院、室外展览和当地社区会议等活动，为青年人提供一个充满理想的城市客厅，让使用者对开发区拥有参与感和归属感，加强区域内人群之间的联系。

②站前广场

轻轨站前广场承接交通功能的"转化空间"，通过条状带的广场铺装增设功能服务设施，优化自行车停车场。同时，在同济南路地铁站的建筑外围引入交互的理念，让空间环境与人们进行更加深入的交流，产生更加富有生命力的沉浸式交互体验，为该地区带来新的活力。

③广场商业区

场地连接永康公寓底商，人流穿行量大，是承载休闲与通行功能的连接空间。将场地设置为周边使用者生活交流的微商业社区，打造年轻活力城市空间，与永康公寓底商单一的消费业态进行功能互补，发挥其更大的商业功能优势。场地内引入特色餐饮、咖啡、商店等休闲娱乐业态，采用集装箱或可移动摊位的简易建筑形式，可随时调节空间开放程度和使用功能，更好地应对不同天气和季节的空间舒适度要求。

④文化互动装置公园

运用智能互动装置及智能导览标识激活场地活力，设置具有亦庄产业特色景观雕塑，并融入亦庄的城市记忆，例如展现亦庄原为皇家御场历史的麋鹿雕塑群，在延续城市文化脉络的同时，彰显经开区开放、创新、包容的活力形象。

⑤共享花园

原始场地拥有优良的绿化基础，将其打造为共建、共治、共享的城市花园并增设植物科普展示空间，既契合亦庄新城共享花境城市景观氛围，又能让使用者参与体验花境的设计种植，增强对经开区的建设参与感，与市民共同营造宜居的城市景观环境。

五、结论与展望

（一）主要研究结论

如何在存量时代取得增量价值甚至于多元价值，是未来城市更新中亟须应对的问题。而高架桥附属空间的激活则为城市有限空间的优质改造提供了契机和思路。本文以高架桥附属空间的优化更新设计为研究方向，重点研究空间的改造利用方法和策略。主要研究成果如下：

1. 本文以我国城市建设模式由"增量扩张"向"存量更新"的转变为背景，论述了城市发展新发展模式的需要、单一功能的城市交通基础设施无法满足城市可持续发展的需求，以及高架桥对城市环境、公共空间和社会保障逐渐暴露出来的弊端。同时，从社会价值、环境价值、经济价值三方面论述高架桥附属空间优化更新的研究意义。

2. 研究以高架桥附属空间为重点，对空间概念的解读、景观构成要素、围合元素及表现特征进行详细的整合梳理，通过对高架桥附属空间的使用现状及现存问题的研究，论证高架桥附属空间是否满足城市居民对户外活动空间的品质需求，是否具备激活桥下消极空间的必要性，从而确保本研究具备一定的实际意义。

3. 在研究高架桥附属空间再利用的价值潜力和限制条件的基础上，从利用安全性、整体协调性、功能复合性、景观融合性四个方面提出高架桥附属空间优化更新的基本原则，通过对国内外成功案例的研究，以合理布局空间、提升环境品质、有效植入功能、彰显城市文化等角度，总结出高架桥附属空间渐进更新的策略和措施，并通过项目实践论述其可行性，以探索此类空间利用的多样性，拓宽设计思路，为城市存量空间中挖掘公共空间并实现由消极向积极的转变提供思路与实践范例。

（二）高架桥附属空间再利用的审视与反思

本文的研究是以目前高架桥及其附属空间对城市所产生的消极影响这一现状为基础，从而进行空间的优化提升，但并不等同于高架桥附属空间的更新形式及其与城市公共空间的关系长期存在，高架桥附属空间更新的策略和措施只能在一定程度上缓和与城市空间的互补关系。在未来的城市建设中，高架交通基础设施必须注重与城市空间的协调与衔接，从利用性、功能性、景观性、文化性等多维度层面整体规划，才能打造更高效、合理的城市环境。

此外，本文提出的高架桥附属空间更新的策略和措施缺乏对周边物理环境的数据支撑，例如噪声分贝、空气质量、日照光线，以及项目所在区域的人群行为活动大数据的科学研究等，应进行更多的调查和分析。恳请所有专家批评指正。

参考文献

[1] 刘宙. 从废弃桥下"灰空间"到活力"社区综合体"[J].2018 中国城市规划年会, 2018.
[2] 王苗苗. 北京市高架轨道站点桥下空间利用研究 [D]. 北京：北京交通大学, 2021.
[3] 邬岚，陈学武，马健霄，林丽. 快速公交系统引导城市发展的协调规划模型 [J]. 交通运输工程与信息学报, 2013.
[4] 徐宁. 城市高架桥对城市空间的积极影响 [J]. 华中建筑, 2011.
[5] 邹璨阳. 城市门户型枢纽互通式立交景观设计研究 [D]. 成都：西南交通大学, 2019.
[6] 夏晓瑜. 基于非正式开发模式的城市高架下部空间更新策略研究 [D]. 南京：东南大学, 2020.
[7] 刘欣. 大城市高架桥附属空间的景观更新设计研究 [D]. 北京：中央美术学院, 2021.
[8] 殷丽清. 地域文化在桥下消极空间中的运用 [J]. 工业设计, 2020.
[9] 汪洁琼，江卉卿，潘晶，潘凯临. 桥下空间城市更新与空间重构——以上海市苏州河中环节点桥下空间为例 [J]. 住宅科技, 2021.

学生感想：

课题研究的过程是学习能力、统筹能力、执行能力以及思维逻辑能力全面提升的过程，在这个过程中我取得的每一份进步都离不开工作站老师和同学的关心和帮助。首先感谢我的校内导师彭军教授、企业导师赵中宇教授和课题研究活动发起者潘召南教授以及中建设计集团的老师们在工作站学习期间对我的指导与关怀。其次，特别感谢我的校内导师彭军教授为我提供的此次学习机会。

本论文是由我的校内导师和企业导师共同指导完成，两位老师严谨的治学态度、精益求精的工作作风和科学的工作方法给了我极大的帮助和影响。在为期半年的企业学习期间，从最初选题、项目选择、查阅资料、调研到文章完成，两位老师都给予了我悉心指导与支持鼓励。在企业导师赵中宇教授的引荐及带领下，全程参与了由中国中建设计集团有限公司、AREP（法铁）、北京戴德梁行咨询有限公司联合体共同参加的京西"一线四矿"及周边区域协同发展概念规划方案征集，这是一次集结业内最高水平设计公司的高规格国际竞赛，在积累丰富专业知识的同时深刻感受到中建设计集团高水准的工作能力和团队协作的奋斗精神，是难得珍贵的实践锻炼机会，为此次课题的研究开阔思路和眼界，更为我将来的学习生涯和职业生涯树立了良好的榜样。

最后感谢四川美术学院潘召南教授发起的校企联合培养工作站，为我们搭建了一个视野宽阔的学习平台，以及与北京工作站崔守铭、李硕、刘霁娇、傅惠雪、赵骏杰五位优秀同学的相处陪伴与学习交流，让我收获了真挚的友谊。

在这里，你会变得谦卑，曾经让你引以为傲的所有，通通从零开始。在这里，每个优秀的人身上都有值得你学习的闪光点，鞭策你成为更好的自己。在这里的一切，都将成为一段人生难忘的历程！

校内导师彭军评语：

一个城市容积率的高与低，决定了这个城市生活空间的舒适度。在当今城市的建设快速扩充中，如何盘活可利用的存量空间，尤其在特大型城市中是要面对的紧迫课题。李赫同学以存量更新为视角，探究如何对城市大量存在的高架桥附属空间优化更新设计进行合理的改造与利用，对构建更具活力的城市空间策略进行了较为深入的研究。

文章首先就空间的概念、景观构成、围合元素及表现特征进行梳理。其次对我国高架桥附属空间利用的多种形式与存在的诸多问题进行分析总结和价值评估，同时归纳空间的利用困境及适用条件。最后根据合理利用途径提出高架桥附属空间的优化更新措施，并通过项目实践，论述高架桥附属空间再利用设计的可行性，探究此类城市空间由"消极"向"积极"转化的可循之道，从人性化的角度出发为城市存量空间中挖掘公共空间提出了一些有效的建议，为公共空间缺乏的大量活动空间提供了更新依据。该课题对我国城市更新如何更具有人性化、科学的优化存量空间，提升城市环境质量的探讨与实践具有现实意义。

企业导师赵中宇评语：

在我国城市化高速发展的进程中，面对城市建设用地窘迫、机动车保有量持续增长的困境，高架桥的建设无疑成为解决城市交通拥堵问题的有效途径。然而随着城市高架桥的大量铺设，虽然提高了城市交通效率，但是高架桥附属空间所引发的城市环境品质恶化、城市景观肌理断裂、城市空间资源浪费及社会安全问题滋生也成为城市运营管理亟须解决的问题。

李赫同学的论文《高架桥附属空间优化更新设计策略研究》以城市存量更新为契机，以构建城市活力场所为目标，以高架桥附属空间为对象，总结分析了高架桥附属空间存在的问题，确定了使用安全性、整体协调性、功能复合性、景观融合性等基本原则，系统地提出完善空间布局、优化空间环境、提升使用功能、增加公共设施以及实现人文关怀等渐进性策略，并通过北京亦庄轻轨线的设计进行充分验证，为我国今后高架桥附属空间从消极利用到积极运用、提升城市景观品质、创造城市空间活力提供了有益的借鉴与方向。

再启
产学融合研究生培养探索与实践

Reboot
Exploration and Practice of Graduate Education Integrated with Industry and Learning

产城融合下的高新技术产业园景观场景化设计研究
——以东莞市凤岗区高新技术产业园为例

Research on Landscape Scene Design of High-tech Industrial Park under the Integration of Industry and City
—Take Fenggang High-tech Industrial Park in Dongguan City as an Example

论文《基于地域文化传承的乡村老旧厂房环境设计研究——以天津七里海1984北洋弹簧厂改造为例》在2021年度城市规划行业优秀科技论文暨第十二届"魅力天津·学会杯"进行发表，并获三等奖

作品《百舸争流 应运而生—天津海河柳林公园景观设计》荣获天津"设计之都"核心区海河柳林地区公园大学生景观概念设计竞赛三等奖和"2021米兰设计周 – 中国高校设计学科师生优秀作品展"国赛二等奖

李佩瑜（深圳工作站）

学校：天津美术学院
专业：环境艺术设计
校内导师：彭军
企业导师：张青
企业名称：深圳市凸凹空间设计有限公司

摘 要

我国产业园的数量随着改革开放的发展和国际市场的接轨迅猛扩张，与此同时园区职住配比不平衡、配套设施不足、园区环境单一等问题也逐渐凸显出来，产业园转型迫在眉睫。随着产城融合理念的提出，国内的高新技术产业园更加注重生态产业体系和多元化生态综合体的构建，人的感受和行为活动逐渐得到重视。在园区工作和生活的人们除了在园区建筑中办公之外，景观环境同样不可忽视。笔者了解到高新技术产业园现存的问题、人群活动和景观环境需求。因此，景观场景化既可以满足人的景观环境基本需求，还能在工作之余找到归属感和自我价值的实现，除此之外还能提高生活品质和愉悦精神世界。因此，本文通过对实际案例的走访调研和设计实践项目的方式，对研究内容进行了介绍和论证。

关键词：产城融合；高新技术产业园；景观场景化设计

一、绪论

（一）研究背景

1. 高新技术产业园转型的需要

随着我国改革开放的发展与国际市场的接轨，国内各个产业迎来新的机遇，产业园的数量扩张迅猛。与此同时，产业园中职住配比不平衡、配套设施不足、园区环境单一等问题也逐渐凸显。产与城之间的问题越来越尖锐，出现产业园空心化和城市拥堵化现象，产城之间发展的不平衡不充分与人民追求美好生活的需要相违背，无法满足人的基本需求，产业园的转型迫在眉睫。针对这一系列问题，我国提出产城融合发展的政策来缓和产与城之间的矛盾。2015 年，我国提出开展产城融合示范区建设，主要围绕功能优化、空间融合、设施配套三大内容展开研究。从党的十七届五中全会的"三化同步发展"再到《国家新型城镇化规划（2014-2020 年）》的出台，以及十九大报告提出"推动新型工业化、信息化、城镇化、农业现代化同步发展"理念，产城融合概念不断得到深化和发展。而如今，我国产业园模式从劳动密集型产业已经逐渐过渡到如今的复合型园区模式，对于产业园的建设要求逐年提升，向产城融合发展理念靠拢的同时，产业园的构建更加注重生态产业体系和多元化生态综合体，产业园与产业平行发展，与人民互相尊重，更加追求园区人员的身份认同感和自我价值的体现。

2. 园区人员对景观环境的需要

近几年来，国家加强对于高新技术产业企业的投入，无论是从国家出台的政策还是对企业的资金扶持，都足以证明国家层面对于高新技术产业的重视。高新技术行业的从事人员呈逐年递增的趋势，为国内的高精尖人才提供一个安居乐业的环境，加强园区的景观环境建设势在必行，通过这样的方式为我国高新技术领域添砖加瓦。

笔者对高新技术产业园进行实地考察和对园区工作人员进行问卷调研，了解到在高新技术产业园区的景观环境中出现的人群活动与人们对景观环境的需求和园区景观场景化导向是一致的。针对园区内所观察到的人群活动进行划分，主要分为商务办公、适居生活、文化生活、购物消费四大主要场景。园区的工作人员与周边环境的居民在景观环境中既可以满足人的景观环境基本需求之外，还能在工作之余乐享生活，提高生活品质还能愉悦精神世界。

3. 园区景观环境主题性的需要

高新技术产业主要以生物技术、信息技术、新材料技术三大领域为主，各个领域所研究的领域相互联系与渗透。虽然同属于一个类型产业，但是在客观层面上研究的东西各不相同，三大领域的产业园区的建设容易出现同质化的现象，将其三者如何进行区分，做出各研究领域产业园的差异化，让园区赋予辨识性和主题性，景观环境的设计表达占据指向性的主要因素。在满足了园区人们对于景观环境场所的功能需要和审美需要之外，高新技术产业园区的主题性需要更利于产业的定位和加强园区人员的身份认同感。

（二）研究目的与意义

1. 目的

通过走访调研高新技术产业园区的景观环境，探究园区的景观环境对不同类型使用人群在景观空间的需求和景观场景化的构建途径。结合设计实践项目，参考国内高新技术产业园区的设计理念，探究在产城融合下园区的景观场景化设计的思路，提出高新技术产业园景观环境场景化的构建途径，为以后高新技术产业园区的景观场景化设计提供借鉴和参考。

2. 意义

（1）顺应时代人民的需求

高新技术产业园的版本在不断进化的过程中，产业园的功能迭代进化，产业园的建设重心也逐渐从只关注产业过渡到满足园区人员的吃穿住行上，在"安居乐业"的基础之上才能让人们在园区内安心生活，排除因为生活事务对工作的干扰，缩短工作与住宅之间的通勤距离，节省出行时间。

（2）满足人民审美的需求

高新技术产业园的景观在完善的过程中，园区功能建设和美观程度通常往大众喜闻乐见的方式进行设计。满足基础的功能之外，也满足了人们对于景色和环境的观赏与使用，植物种植搭配与人群活动交相呼应，构建成一幅幅人与自然和谐共处的场景。

（3）产城融合未来发展趋势

随着产城融合概念的逐渐深入和贯彻，园区的需求层次越来越高，不同层次的人员需求有所差异，除了生活与工作之外，还有自我身份的认同感、园区的归属感、自我价值的获得感。为园区人员构建一个可行、可望、可游、可居的场景化景观，满足多种场合的功能，是未来高新技术产业园发展的趋势。

3. 研究现状

通过中国知网的搜索"高新技术产业园景观"关键词，共有 26 篇文献。其中，朱彩霞（2008）提出绿地景观是高新区建设的重要组成部分，有利于生活品质的提升，灵感和创作力孕育和激发，创造良好的经济效益。姚威丽（2010）指出园区景观的构成大致分为三类，第一类是开敞空间，第二类是建筑物，第三类是公共设施。赵明坤（2020）认为高新技术园办公楼附属景观作为高新技术园区的组成单位，景观设计更应尊重人的行为、场地特性等场地精神。

（三）研究方法及论文框架

1. 研究方法

（1）文献研究法

查阅相关研究成果和相关文件，整理并梳理关于"产城融合""场景化""景观场景化"的文献资料，进一步探究产城融合下的景观场景化存在的问题以及解决的途径进行归纳、分类、比较。

（2）田野调查法

通过问卷调研、访谈工作人员、实地考察等方式，围绕景观场景化在国内前沿城市对于产业园的应用以及存在的问题和改善途径进行实地观察，考究产业园内部景观环境对于人群行为所构成的场景和环境中存在的普遍性问题，旨在探索产城融合下产业园的景观场景化设计途径，以及人与景观环境之间的关系，并为后期的设计实践项目提供依据和素材。

（3）案例实践法

通过设计实践，对前面的理论研究进行实验和验证，东莞市凤岗区高新技术产业园的项目条件十分符合本课题的研究方向，该项目从项目区位、项目现状以及周边交通等方面入手，全方位地阐述景观场景化在产城融合下产业园中的应用。

2. 论文框架（图1）

二、相关概念及其研究理论

（一）产城融合的概念

"产城融合"是指产业与城市融合发展，以城市为基础，承载产业空间和发展产业经济，以产业为保障，以提升人的生活质量为目标，通过产业升级换代和城市服务配套，达到产业结构、就业结构、消费结构的匹配，实现产业、城市、人之间的互融发展。

与传统的发展模式不同，产城融合的核心是人。产城融合更加强调人的主观能动性，

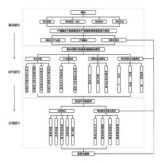

图1 论文框架（来源：自绘）

回归人的视角，应对人的诉求，所反映的是全面、协调、可持续发展的理念。产城融合的本质是从功能主义导向到"以人为本"导向的一种回归，由注重功能分区和产业结构向关注融合发展、关注人的能动性和关注创新发展的转变。

（二）高新技术产业园的概念

从国内外产业经济发展来看，高新技术产业能对区域经济增长起到推动作用，其地位和作用日益提升，受到国内外各界的广泛关注。世界各国纷纷为高新技术产业的快速发展而着力建设高新技术产业发展的空间载体，均投入了不少人力、财力和物力，建设了各类高新技术开发区、科学城、科学园、技术城、高技术产品加工区、高技术产业带等。

高新技术产业园是以高新技术企业为主体，在区域内形成聚集的工作环境，主要从事一种或多种高新技术及其产品的研发、生产和技术服务，最终以实现科技成果产业化的园区，同时高新技术产业园也是知识密集、技术密集的产业类型。高新技术产业园与高新产业之间相互分工与协作，是高新技术产业能够集聚成长的重要动力。产业的聚集带来的不仅仅高新技术企业产业的加速衍生，还能提高技术创新的研发率和成功率。除此之外，高新技术企业还需要宣传、营销、管理、后期跟踪、维护更新以及再创新的资金等各个环节的支撑和集中投入。高新技术园区要加速信息的交流与传播，因此，高新技术园区建设不仅使产业加快集聚，还使信息得到高度密集化、透明化和便利化，从而便于产业获得更多的信息和学习机会，扬长补短，并借此信息交流的"外溢效应"而降低企业的创新成本和交易成本，进而促进高新技术产业的集群化发展。

我国的高新技术产业园建设较晚，到目前为止我国的高新技术产业园已经经历了三个阶段，每一个阶段都是我国时代发展的印记，从产城分离阶段到产城混杂阶段，再逐步过渡到了现在的产城融合阶段。

进入产城融合阶段的高新技术产业园与城市的关系更为密切，园区的布局与城市的产业布局和交通规划相结合、园区内部功能建设与城市产业功能和生活功能相结合、园区的交通流线体系更加人性化，高效又便捷、园区的空间构成上更加注重人的实际需求与感受。

（三）场景化理论

场景的概念已经在建筑设计得到运用，而对于高新技术产业园景观设计而言，场景概念的运用较少。景观场景化满足了园区人员的基本功能之外，还能表达自己的精神情感，场景在园区的应用具有多重复合性的特性，同时景观场景化也是实现园区与产城融合概念结合更加紧密的一条重要途径。

1. 场景的定义

以特里·克拉克为代表的芝加哥学派指出：（1）场景有显著的景观特征且易于识别。（2）场景不仅满足人群对城市功能的需求，还激发活动产生，鼓励社会交往。而在中文的语境中，"场"指许多人聚集或活动的场所；"景"指环境的风光、景色、景致、景观等。"场景"的概念一般是指电影或是戏剧作品当中的各种场面，由人物活动和背景等构成，抑或是生活中特定的情景。场景是具有文化价值的消费实践活动符号的城市空间，也可以解构理解为注重场所的功能和景观的审美的空间体验。

由于我国经济的快速增长，产业园的数量与规模迅猛扩张，设计者对于产业园区的建构中更多的是对于园区功能性场所的构建,满足了园区基本的功能性,却忽略了园区使用者——人,对于场所功能性之外的需求。生活水平的提升,人们对于美的需求也不仅仅是满足功能性,更应该具有其他的追求,所以在注重园区功能性空间场所之外,构建一个可以满足人对于户外环境美的追求也是必不可少的。

2. 景观场景化的定义

"景观场景化"是"场景"的一个派生词。景观的场景化强调景观中场景的重要性,把园区场景作为一种结构单元进行处理,通过不同场景的组合达到满足人群需求的功能和观赏目的。景观场景化强调了事件发生的空间与时间。景观场景化的处理不仅注重园区单个场景的意境表现,更注重多个场景的串联,从而达到园区景观场景的整体性,连续场景的变化对园区的人员来说,能够在满足日常的基本需求之外还能在场景中调动情绪、提升生活的美感质量。

三、高新技术产业园现存问题与场景化构建的必要性

笔者通过实地调研与问卷调研的方式对深圳的两个高新技术产业园区进行了考察,发现其中所存在的问题以及对园区所观察到的人群活动进行场景类别划分,并探究高新技术产业园景观场景化的构建途径。

(一)产城融合下的国内产业园场景化案例

1. 深圳市科兴科学园

深圳科兴科学园意在打造一个综合教育、科技、文化与生态为一体的"社交网络",在人与信息、人与科技、人与自然之间用设计语言构建桥梁,搭建起环境中人与人之间不可分割的联系,创造一个可正式、可休闲、可放松、可静思、一个真正与众不同的工作场所。园区中景观设计采用了流动连续的线条、可循环及再利用的太阳能光伏、人与环境的互动、可塑性的生态。通过观察园区内部的人群,主要以园区的办公人员为主,因而园区景观空间在工作的时间段,人员寥寥无几,只有零星的几个人员和团队在园区的户外咖啡厅进行会议和交流。一旦时间到了中午时分,园区人员如雨后春笋般都出现了,在中途休息的一两个小时里可以观察到园中的人员活动主要分为:与朋友们一起在各个咖啡店的集会场景、在园区的"特色古建筑"的打卡场景、大多数人选择的独处环境、一些休闲场所放松的场景。

2. 深圳市梧桐岛产业园

园区以艺术社区运营的方式,主要通过开展讲座、举办音乐会、筹办生活集市等各种活动,营造了一个富有活力的工作社区。园区的设计主张是让自然回到城市,让人回到自然。景观环境以海绵城市建设为指导思想,打造了一个环境优美的新型产业载体,为园区的工作者提供了工作与生活相融合的栖息地。

由于园区的设计理念,整个产业园区的环境是更加贴近自然的,无论从景观还是建筑来看,都穿插着植物的身影。园区内部活动的人员较多,人群活动比较丰富,如附近的居民开展家庭聚会、开展周末集市活动,外来游客打卡休闲,游客和园区工作人员喝茶休闲,等等。

3. 小结

通过对两个高新技术产业园区调研可以总结出以下结论：（1）园区内的人们都希望与自然进行接触，感受大自然，拉近与自然的距离。可见在景观环境建设中，自然环境元素是不可缺失的一环，重要程度可见一斑。（2）相较于梧桐岛产业园来说，科兴科学园更像一个办公聚集区，功能相比较而言较为单一，而梧桐岛除了工作之外，周末也是会有人选择来此进行亲子休闲、购物消费、打卡娱乐等活动。（3）就两者建筑来说，前者较后者来说建筑形态相对柔和，深圳科兴科学园建筑更具有理性和距离感。（4）通过问卷调研结果得知两个园区中偏好空间排在首位的都是林下空间，一般来说，人更偏爱较为隐蔽的空间，不喜欢被人注视的开敞区域。（5）对于上班族而言，上班与家的通勤路上能节省时间是最好的，交通的效率越高越好，产业园景观设计时要注重交通道路的通达性。

（二）高新技术产业园现存问题

1. 产城间的交通较为拥堵

进入产业园之前，观察园区外部交通状况，虽然深圳科兴科学园周边设有地铁站点，但离园区的距离较远，关联性不强，加上周围施工建设同步运行，导致步行人流量较大，路口容易造成拥堵。园区外部设置有停车位且数量较少，不能容纳园区的车辆，园区车辆的进出通道与城市交通主干道相接，同时与人流与车流发生交叉，导致车辆堵塞，交通效率低下，延长通勤时长。

2. 园区基础配套不够健全

在园区进行内部环境配套设施的考察，如所采访的园区工作人员所说，上班休息的间隙中，进行散步放松时会发现园区内部的坐凳较少，分布较散，不够集中；从事高新技术行业的人员通常会有加班的情况，下了夜班，园区景观环境照明亮度不足，看不见路，存在安全隐患。深圳梧桐岛产业园对公众开放，周末节假日的时候会有周围的居民前往产业园进行活动，由于园内导示数量较少且指向不够明确，会存在不少游客在园区问路的现象。

3. 内部业态过于商业化

在调研的两个园区，深圳科兴科学园内部的业态十分丰富，覆盖面广，基本满足了这里的上班族吃喝玩乐的需求，门店类型主要是以年轻人比较热衷的门店为主，吸引年轻人消费和人流量，消费层次普遍较高。在深圳梧桐岛产业园的业态，以休闲娱乐、家庭聚会业态为主，和园区的设计理念相符，消费人群主要为外来的游客。由于园区内部缺少相应的基础设施，诱使游客和园区工作人员进入店里消费。相比于深圳科兴科学园，该园区的消费环境远比不上前者，一是消费水平较高，二是业态较为单一，三是园区内部入驻企业较少。

4. 内部绿化环境难以清洁

相较来说，两个产业园的景观绿化方式大相径庭，深圳科兴科学园的景观空间绿化属于小家碧玉型，是经过精心修剪后的景观环境，简约且具有理性的绿化空间，林下空间与广场空间相互穿插其中。相比之下，深圳梧桐岛产业园的景观环境就粗犷了许多，更像是回归城市里的田园，未经修饰的林下空间和滨水空间，营造着野趣环境。但是质朴的景观环境让园区负责清扫的工作人员叫苦不迭，由于草丛与树木的自由生长占据了园区的部分道路和地面铺装材料比较容易藏污纳垢，园区环境的质感稍显粗糙，与线条锐利的科兴科学园背道而驰。

（三）高新技术产业园景观场景化的必要性

北宋山水画家郭熙曾提出过这样一个观点：山水有可行、可望、可游、可居，但可行可望不如可居可游。这个观点对于高新技术产业园来说同样适用，以前的高新技术产业园是只可以工作的地方，但是如今的高新技术产业园已经达到如画家郭熙所说可行、可望、可游、可居的模式。产城融合是产城共同发展的必然结果，目前建立的产城融合的高新技术产业园在功能优化、空间融合、设施配套的基础上，融入文化与生态。

1. 优化功能

由于以前的产业园区利用较为粗放，存在着大量的存量用地，对这些用地进行改造整合。从城市功能布局来看，传统工业园区的工业用地占比过大，居住用地，公共服务设施用地不足，且相互之间缺少必要的联系。在产业升级、产城融合的前提下，需要对用地进行整合和重新分配，以平衡产业、居住、配套设施的用地比例，优化园区内部环境的使用功能。

2. 融合空间

高新技术产业园现状发展应顺应产业变迁趋势，向绿色化、信息化方向发展，通过对原有产业结构的转型，提高产城融合的可能性。同时，高新技术产业园有其一定的发展规律和空间的需求，满足其发展方式的诉求是产城融合的首要措施。因此，需要对产业布局进行调整，基于未来目标产业的诉求为导向，结合产业园的发展条件和实际诉求，为其提供合适的产业空间，以实现产城融合。

3. 改善设施与环境

在原来的产业园区内，工作人员停止工作后会返回城市居住，主要是城市的环境和设施能够满足工作者工作之外的生活。基于产城融合的发展，产业园的发展对医疗卫生、教育、商业、文化体育等公共服务设施提出了更高的要求。伴随着产城融合的逐步升级，集聚在产业园区的高素质人口也对生态景观、人文环境也提出了更高的要求。

（四）高新产业园景观场景化构建要素

人、空间和物的联系构成了场景，主要表现为在场景中由于人的参与，再通过物的连接，使原本的空间集结了不同的功能空间。因此，在场景的构成中，人作为主体是空间表现的关键。在高新技术产业园的景观环境当中，园区的工作人员作为景观环境中的主体，人对空间的需求和人的行为特点进行针对性的研究是非常重要的。

1. 主体：人

在园区的景观环境中，人作为场景中的主体，场景才显得有了故事性和功能性。有了人的介入和参与，人与场景的关系得到紧密结合，如在某一块草坪上的儿童游乐设施里，一个女孩和其他同伴玩耍，这是一个娱乐场景；旁边站着女孩的父母，就是家庭场景。当事件与具体的空间和载体相融合，我们所见的场景便产生了。

在产业园中青年人是主体人群，他们的需求应当得到满足。因此，将园区的青年人群的需求归为以下：办公需求，在园区的景观环境中办公，感受自然美和生活美；生活需求，工作之外的休息场所，优质的居住场所能够更好地蓄能；文娱需求，园区的文娱活动场地能够更好地容纳人群的活动；消费需求，满足基础的功能之外还能享受其他消费购物需求。

2. 载体：空间

空间承载了园区人员的行为活动，是人群活动的载体。人群的行为往往存在于空间之中，在这个范围里进行办公、休息、购物产生不同的行为活动。因此，场景的构成可以有效促使人员发生场景里相关的动作，为园区各种需求层次的人员提供对应的空间，满足不同场景的需求。

3. 连接体：物

物在场景中最为普遍的存在客体，可以让场景中所要表达的内容与情节更加丰富，加强人与场景之间的联系。在户外办公场景中，通过外置桌板构成办公环境；在宜居生活场景中，通过植物种植搭配营造更好的居住环境；在文娱活动场景中，在剧场中通过乐器演奏等形式营造文娱场景；在购物消费场景中，通过生态绿色、运动健康、演艺展览、特色建筑的方式营造多元购物场景。

四、产城融合下的东莞市凤岗区高新技术产业园景观设计方案

（一）项目概况

1. 项目背景

东莞市政府与凤岗镇人民政府为了积极落实粤港澳大湾区和"一带一路"的国家战略，东莞市凤岗区将打造一个高新技术产业园，主要面向新零售、现代物流、智能制造、人工智能等领域，承载园区的新业务板块及未来重点发展的业务板块。

2. 项目区位

该项目位于广东省东莞市凤岗镇，三面临深，呈倒三角嵌入深圳核心腹地，区位得天独厚，是深莞两市产业衔接的重要纽带。与深圳龙岗中心城处于"半小时生活圈"内，35 分钟畅达罗湖、莲塘双口岸，一站式通关尊享大湾区交通一体化体验，唯一坐享深莞双区优势区位。凤岗，深入深圳腹地，与深圳发展核心区无缝对接，占据深圳东进战略和东部发展轴的桥头堡，零距离享受深圳"未来规划 + 高端人才 + 产业资源"辐射。

3. 项目周边环境

该项目周边的交通便捷，紧邻多条高速公路与城市交通主干道，位于深圳地铁 10 号线和地铁 16 号线开发规划范围内，距离深圳北站 40 分钟车程。周边环境教育、商业、医疗等配套设施完善，满足日常生活所需功能。项目辐射范围 10 千米内，公园数量众多，滨水临山，景观资源优越。

4. 项目现状

该项目区域内生态环境好、多坡地地形、水域覆盖面积较大，有水体落差，山体高差大。场地西面邻近雁鸣湖，环境以

图 2 项目场地现状（来源：自绘）

图 3 户外办公场景（来源：自绘）

图 4 宜居生活场景（来源：自绘）

图 5 文娱活动场景（来源：自绘）

图 6 购物消费场景（来源：自绘）

山林地为主，具有优良的生态环境和完整的生态体系。场地局部水域已形成湿地，山林深处有大量白鹭在该区域内栖息，生物多样性好。片区地形条件较复杂，山体高差大，多为坡地地形，交通流线的设计较为复杂。滨水界面较为局限，无法形成整个产业园完整的景观界面（图2）。

5. 主要人群

该项目区主要面向：办公者、居住者、参访者、游娱者。为办公者带来户外办公的全新体验、沉浸式办公的高效率、办公与生活的零距离。为园区居住者提供休闲娱乐的开放空间、友好型的社交空间、拉进关系的亲子空间、健康的运动配套空间。建设健全的生活配套服务空间、完善的企业配套服务空间和便利出行的交通空间，同时便于园区的外来参访人员的使用。打造生态与艺术结合的空间感受艺术氛围的熏陶，同时拉近人与大自然的联系，探寻生态与自然的平衡点，与此同时还能够吸引外来的游娱观光人员。

（二）营造园区景观场景化的途径

项目区内部的景观空间作为园区景观场景化的核心表现形式，应当充分发挥景观设计等方式，笔者通过形态、业态、文态、生态等多重维度为项目区域内的景观环境空间的场景化营造带来更多的附加价值，本文针对这四重维度来进一步探究景观场景化的营造途径。

1. 户外办公场景

该场景主要为园区人员户外拓展的工作环境，以人员的需求为设计导向，基于景观空间的特征从多个维度营造户外办公的环境，优化户外办公场景的适用性和人群的匹配度，为人们增加全新的办公环境和互动空间。在新冠疫情的影响下，许多人已经改变了对办公室环境的看法，写字楼的空置率高于正常水平，办公场地不再受限于时间与空间的限制，当下已经实现了云办公的工作方式。户外办公在一定程度上可以吸引和留住一些企业，对员工也是同样具有巨大的吸引力。

根据调研问卷所总结出：人们更倾向于待在林下空间，园区的剧场所形成的阶梯式地形，通过外置桌台的方式将办公地点转移在中心广场剧场阶梯区域下的林下空间。户外办公避免了传统办公环境的压抑和千篇一律的严肃环境，将享受阳光、呼吸新鲜空气变得触手可及，让员工以最佳的状态进入到工作之中（图3）。

2. 宜居生活场景

在工作之余，生活同样占据着我们的大部分时间，"安居"才能"乐业"，营造一个适合居住的环境是非常有必要的。下班之后，园区人员回到蓄能之地，提高生活居住场所环境的质量，有利于灵感孕育和激发创作力，为园区创造良好的经济效益。

园区的居住环境空间与工作空间的距离缩短，降低了通勤时间，提升了交通速率。通过植物种植搭配提升空间软环境的质量和美感，拉近建筑、人与自然的距离，为园区人员营造一个舒适、美观、高质量的居住场所，是留住园区人员的关键策略（图 4）。

3. 文娱活动场景

文娱活动场景是园区人员的丰富业余活动的场景，园区会通过开展各种类型的文娱活动加强人员与产业园之间的连接，增强人与人之间的互动感和参与感。提高园区人员的生活的情趣，陶冶情操，为其创造能够进行文娱活动提供相应的场景空间。

园区中心广场的剧场，不仅可以成为一个剧场空间，同时还可以在非正式的场合下，为园区人员提供一个开展各种活动的开放性场地，将场地的特有功能空间进行转化，赋予新的场景和新的功能（图 5）。

4. 购物消费场景

购物消费是刺激园区内部和外来人员的有效途径，同时也是提升园区公共活动与商业活动的核心途径。目前，中国消费已从"消费 1.0"纯购物消费体验，升级到全新时代"消费 3.0"无界性消费体验这一多元、包容、无界的消费商业体系。将生态绿色、运动健康、演艺展览、特色建筑融入购物场景，展现园区的特色环境，提升园区的生命力和消费水平。

园区中的各个场景的串联，打破园区场景的单一化和局限化，园区人员在工作之余也能够体会在城市里的便利。将广场与建筑的底部空间进行结合，为园区人员和外来人员提供更加便捷和多元的购物消费环境（图 6）。

五、 总结与展望

通过以上的分析与总结，高新产业园景观场景化可以通过对户外办公、宜居生活、文娱活动、购物消费场景的营造，将原本功能单一的产业园设计成了一个可行、可望、可游、可居的地方，让在这里工作的人们也能找到归属感和自己的价值所在，与园区一起相互扶持，共同成长。在后续的毕业论文和毕业设计将继续延续高新技术产业园的景观设计的研究，深入论文的研究方向，深入了解高新技术产业园的前沿的设计理念和国家出台的相关政策，结合设计实践项目总结出设计途径和经验。

参考文献

[1] 张威峰 . 科技产业园空间模糊性设计研究 [D]. 大连：大连理工大学 ,2021.

[2] 陈智林 . 基于游客感知下的工业遗产场景化研究 [D]. 上海：上海师范大学 ,2021.

[3] 罗梦婕 . 产城融合背景下科技产业园复合化设计研究 [D]. 广州：华南理工大学 ,2020.

[4] 张馨月.产城融合模式下新型产业园社区化设计策略研究[D].广州：华南理工大学,2020.

[5] 赵明坤.基于场所精神的高新技术园区景观设计研究——以合肥市创新产业园景观设计为例[J].现代园艺,2020,43(21):184-186.

[6] 朱直君,高梦薇."公园城市"语境下旧城社区场景化模式初探——以成都老城为例[J].上海城市规划,2018(04):43-49.

[7] 李璐,特里·克拉克.场景理论的概念与分析：多国研究对中国的启示[J].东岳论丛,2017(38):16-24.

[8] 王红.高新科技产业园公共绿地景观研究[D].西安：西安建筑科技大学,2010.

[9] 姚威丽.高新技术产业园区景观规划设计探析[D].重庆：重庆大学,2010.

[10] 朱彩霞.高新技术产业开发区景观规划设计研究[D].长沙：中南林业科技大学,2008.

[11] 石景琨.纪念性建筑场景化处理[D].哈尔滨：哈尔滨工业大学,2007.

学生感想：

白驹过隙，为期四个月的深圳工作站之旅悄然落下帷幕，终与企业导师们和深圳这座城市挥手作别。无论是在深圳的所见所闻还是各位导师讲座所分享的内容，都让我觉得这一次的学习之旅十分值得和难忘。

还清楚记得那是 2021 年 8 月的一天下午，还在公司实习的我，突然接到去深圳工作站的消息。听闻消息的时候既开心又激动，首先是自己没有去过深圳，未曾去过前沿城市的设计公司，也未曾见过设计大师们，更多的消息是存在于书本和平时浏览的信息上，去深圳工作站学习一下拉近了自己与设计之间的距离。

我们一行进站的同学们因为在深圳这一段旅程，从素不相识成为彼此的朋友。在深圳这四个月里，参观了七所设计公司和参与了十位企业导师精心策划的设计专题讲座，带领我们更加深入地了解设计行业。参加讲座的同时也参观了各个企业，每个企业的室内设计也是各具特色，从公司不同的装修风格也能对企业导师的设计主张窥见一斑。

初次来到深圳市凸凹空间设计有限公司，张青老师带领着我和雪梅认真上了进站第一课，指导我们要制定好学习的时间安排表，明确自己到深圳的目的和想培养的习惯。在互相督促的环境之下将早起晨跑的习惯坚持了下来。改变不好的习惯就要用另一个习惯去置换，改变是艰难的，一旦松懈就会打回原形。在公司的这段日子里，和公司各位相处十分融洽，怀念一起讨论项目的设计方案和设计策略的场景，即使方案一次又一次推翻重来，但有成果真正呈现在眼前的时候，心底里还是充满了最初的感动。

这四个月以来非常感谢张青老师在深圳对我给予的帮助和鼓励。每次进行集中汇报之前我都忧心忡忡，很害怕在公众场合进行演讲，我很明白自己可能处理不好这样的场合，内心十分慌张，声音也会颤抖。但张老师会帮助我了解到自己的问题和演讲策略，虽然我最后的表现还是不够满意，人嘛，总是得慢慢磨炼。

通过这一次的工作站学习，和来自不同学校的每一位同学交流，都会有新的感触。在每一次的集中汇报，能发现自己与

再启
产学融合研究生培养探索与实践

Reboot
Exploration and Practice of Graduate Education Integrated with Industry and Learning

其他学校同学之间的差距和闪光点,是从选题的角度、演讲的方式、汇报文件的制作,都是我需要学习和进步的空间。参加工作的各位同学都是非常优秀的代表,很开心同时也很有幸认识工作站的各位同学,感谢相遇。

最后,非常感谢四川美术学院能够为我们提供这么宝贵的眺望机会,去到祖国设计最前沿的城市——深圳。在来深圳之前,对于设计这一行业我感觉大多数的时候是苦中作乐,对此也是比较怅然。很荣幸能够来到深圳市凸凹空间设计有限公司进行了为期四个月的学习交流,感谢企业导师张青老师和校内导师彭军教授以及工作站其他的企业导师和校内导师们对我课题的指导。对于产业园的设计也突破了我对于传统的产业园的认知,在未来产业园的建设将会不断地迭代与升级,我们作为未来的建设者也应该跟上时代的步伐,为国内的高新技术工作者建设美好天地。

校内导师彭军评语:

高新技术产业园是新技术革命和改革开放的产物。如何为聚集其中的高新技术企业和高素质人才创造具有创新性的以人为本特色的园区环境?本文从产城融合下景观场景化设计的角度,通过走访、调研高新技术产业园区的景观环境,以东莞市凤岗区高新技术产业园项目的研究与设计实践,分析园区的景观环境对不同类型的使用人群在景观空间的自我身份的认同感、园区的归属感、自我价值的获得感的需求、在产城融合下园区的景观场景化设计的构建途径方面,进行了较为深入的探究,以期为以后高新技术产业园区的景观场景化设计提供借鉴和参考。

李佩瑜同学通过进入校企艺术硕士研究生联合培养工作站,在张青实践导师的指导下对本选题的实践教学,提升了专题研究与实践的认知能力。期待她在此专项研究的基础上进一步在当今信息时代如何使数字信息科技与景观场景化设计结合方面深入研习,强化科学与艺术系统化设计的拓展能力。

企业导师张青评语:

从选题开始,所考虑的是如何将专业结合实际做研究?研究的方向对相关专业有借鉴意义,并且从前沿实践中,通过田野方法,找到和给出一些参考与建议。因所研究的是产业和城市化进程的内容,涵盖面广且复杂,故在结合专业和基础上,选择了景观场景化的研究。景观场景化提出已经有些时间,关于高新科技园等专类板块的还不多。所处中国发展前沿,有具体时间和内容,从这个角度入手,具有很强的实践价值和时代意义。也希望通过这样的研究,对景观专业的发展提供一些资料和数据,对接下来中国进入产业化深度、高效、高质量发展提供专业理论与设计支持。也希望这样的实践性,对我国的优秀人才提供更新的、更有价值、极具创新的培养方式。不积跬步无以至千里,涓涓细流汇成江海!未来可期!

全龄友好理念下老旧社区小微空间更新设计
——以北京水碓子西里社区为例

Old Community Small and Micro Space Renewal Design under the Concept of All-age Friendship
— Take Beijing Shuiduizi Xili Community as an Example

刘霁娇（北京工作站）

学校：四川美术学院
专业：环境艺术设计
学校导师：赵一舟
企业导师：薛峰
企业名称：中国中建设计研究院有限公司

摘 要

本文以全年龄阶段人群和社区小微空间作为切入点，以"人群、空间调研—设计要素提取—层级框架构建—设计应用"为研究路线，以北京水碓子西里社区为研究案例，开展设计研究。其一，对社区中全年龄阶段人群的生理、心理和行为活动特征进行分析，总结各年龄阶段人群之间的空间需求；其二，将社区小微空间分为道路小微空间、楼栋组团空间、单元入口空间三大空间层级，对其进行现状分析和问题总结；其三，构建以可达性、互动性、归属感为优先级的三级小微空间全龄友好设计要素体系，并将其对应到三大空间类型，提出提高居民友好会面意愿、创造居民友好交往条件、营造居民友好沟通氛围三方面的更新策略，以此打造步行易达的道路环线、全龄互动的组团花园以及包容共享的单元客厅。本设计研究旨在实现老旧社区的提质更新，促进各年龄阶段人群的互动交往，为同质社区的全龄友好优化更新类项目提供有益的设计策略与案例参照。

关键词： 全龄友好；小微空间；代际互动；包容性设计；社区更新

一、绪论

（一）研究背景

随着新时代人民群众对美好生活需求的不断增长，2020 年国务院办公厅印发了《关于全面推进城镇老旧小区改造工作的指导意见》，提出要大力改造提升城镇老旧小区，改善居民居住条件[1]。如何提升老旧社区生活品质，增强社区归属感已成为老旧社区更新的重要问题之一。

在城市建设发展方式转向存量更新的新形势下，老旧社区更新逐渐从大拆大建的开发模式转向小规模、渐进式的更新方式。小微空间作为老旧社区中数量众多、分布广泛的既有空间存量，在带动环境品质提升、激发社区活力方面具有巨大潜力。近年来，随着居民之间的代际冲突越发明显，不断有学者提出构建全龄友好社区的目标，强调面对全年龄阶段人群满足其全生命周期中不断升级变化的物质需求和精神需求，突破了仅关注单一年龄群体需求的局限，全龄友好的小微空间更新已成为实现老旧社区提质更新的有效手段之一。

（二）研究对象与范围界定

1. 研究对象

本文以全年龄阶段人群和社区小微空间为研究对象。针对不同年龄阶段人群和不同小微空间类型，探索社区小微空间中影响全龄友好的设计要素，进一步明晰设计要素的优先级，将全龄友好的设计要素融入小微空间更新，提出适应全年龄阶段人群全生命周期不断升级变化的物质需求和精神需求的更新策略，以此来指导设计，实现老旧社区的提质更新。

2. 范围界定

针对全年龄阶段人群进行界定。人在诞生、发育、成熟、衰老、死亡五个不同的生命阶段所呈现的身心特征也有所不同，根据不同时期身心特征的相似性，按照 0～17 岁、18～59 岁、60 岁以上将全年龄阶段人群分为儿童阶段、中青年阶段以及老年阶段。

针对社区小微空间进行界定。本文强调各年龄阶段人群之间的代际交往，因此其范围是除去居民住宅之外，可供居民进行互动交往活动的小微空间，在本文中主要表现为"道路小微空间—楼栋组团空间—单元入口空间"三个空间层级。

（三）研究目的与意义

1. 研究目的

本研究以北京水碓子西里社区为例，通过对老旧社区小微空间的调研分析，梳理社区各年龄阶段人群需求，总结老旧社区小微空间使用现状及问题，结合小微空间全龄友好设计要素层级，积极寻找促进各年龄阶段人群交流互动的小微空间优化策略，以期为各年龄阶段人群提供友好的物质环境和社会环境，促进各年龄阶段人群的互动共融，实现有温度、有味道、有品质的社区更新。

2. 研究意义

本文以北京老旧社区小微空间为研究对象，针对全年龄阶段人群的需求，补充丰富以可达性、互动性、包容性为优先级的三级小微空间全龄友好设计要素层级，提出全龄友好的更新策略，有利于为老旧社区更新类项目提供有益的设计策略与案例参照。

（四）国内外相关研究现状

1. 国外相关研究现状

国外全龄友好社区研究较为丰富，美国建筑理论家路易斯·芒福德（Lewis Mumford）在 20 世纪 50 年代，首次提出了"在地老化"理念，提出老年人与年轻人共同居住的养老模式。20 世纪 60 年代，Bengt Nirje 认为应注重老年人及残障人士等弱势群体的"正常化"生活，发展了"通用型社区"的建设理念[②]。20 世纪末，约瑟夫·朗特里基金会（Joseph Rowntree Foundation）、哈宾特格住宅协会（Habinteg Housing Association）和其他学者提出了终生住宅（Lifetime Homes）的概念，强调应对不断变化的人口需求，为所有年龄段的居民提供包容的、高质量的生活环境，为全龄社区概念的形成提供了基础。目前，已建的绝大多数社区主要面向年轻群体，真正实现代际融合的全龄化社区仍未完全形成，还有待进一步探索[③]。

2. 国内相关研究现状

国内关于全龄友好社区建设或更新方面的研究起步较晚，近十年来，全龄社区的研究主要以老年群体为主，侧重新建的养老社区、养老地产以及养老建筑的规划设计、模式研究和策略研究等方面。随着全年龄阶段人群之间的代际冲突越发明显，近五年来，关于全龄友好的研究，更多地关注各年龄阶段人群的全龄共享和代际互动，强调儿童友好、包容性设计、场景化等内容，并将其更多地融入到了老旧社区的更新中，全龄友好已成为老旧社区更新的主要趋势之一。因此，如何通过更新改造的方式在既有的基础上创建全龄友好社区，还需要进一步地探索。

（五）研究方法与框架

1. 研究方法

文献分析法：通过在学术检索平台查阅与本研究相关的文献资料。明确国内外研究现状并进行总结，整理归纳有关全龄友好社区的基本概念，结合需求层次理论、环境心理学等相关理论，为本文的研究铺垫了坚实的理论依据。

行为标记法：通过在工作日和休息日从早到晚的六个时间段对各年龄阶段人群进行追踪，沿途记录大家的活动内容行为特征，以此来获取不同年龄阶段人群的日常行为活动习惯，并对其活动内容进行时间重合度分析，总结不同年龄阶段人群行为活动之间的联系。

实地调研法：通过借助观察工具对本研究中的调研对象进行多角度观察，对其小微空间的基本现状、空间使用情况以及居民户外空间活动类型进行记录，并通过实地调研，观察小微空间使用者的年龄结构以及不同人群的活动情况等，为后续小微空间的设计提供依据。

2. 研究框架

本文共分为 6 个章节，内容框架如图 1 所示。

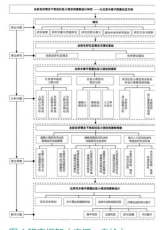

图1 研究框架（来源：自绘）

二、全龄友好社区概念与理论基础

（一）全龄友好社区概念

全龄友好面向全年龄阶段人群，侧重考虑满足其在全生命周期中不断升级变化的需求，在人与社区的友好上强调平衡不同年龄阶段人群之间的差异化需求，在人与人的友好上，强调促进不同年龄阶段人群之间的代际互动。通过为全年龄阶段人群提供包容的、高质量的生活环境，来应对不断变化的人口需求[④]，以实现各年龄阶段人群全生命周期的舒适生活，达成彼此之间的友好互动。

在物质环境上，强调在满足老年人、儿童等弱势群体使用需求的基础上，融入中青年群体所需的空间功能，促进居民之间的友好共存。在社会环境上，强调通过各类社区活动和服务促进各年龄阶段人群之间的交流与参与，打造一个包容的、可持续发展的人性化社区。

（二）相关理论基础

1. 需求层次理论

美国心理学家亚伯拉罕·马斯洛（Abraham·H.Maslow）提出的马斯洛需求层次理论将人的需求分为生理需求、安全需求、社会需求、尊重需求和自我实现需求五个层次。在社区中，居民在生理需求和安全需求得到满足的前提下，会产生对社会需求的渴望，并在良好的社交中获得他人的尊重。随着人们参与到社区的建设和活动中，也使居民逐渐发挥出自己的能力，满足居民自我实现的需求。

2. 环境心理学

环境心理学是研究人的行为与人工和自然环境之间关系的整体科学。在社会距离方面，美国著名人类学家爱德华·T.霍尔在《隐匿的尺度》中提出了亲密距离、个人距离、社交距离和公共距离4种社会距离，不同的社会距离会产生具有差异性的心理感知，适合不同的交往关系与活动。

3. 社区户外公共空间活动类型

扬·盖尔在《交往与空间》中将人在公共空间中的户外活动分为必要性活动、自发性活动和社会性活动三种类型。社区公共空间的环境品质会影响不同户外活动类型的产生，因此适应于各年龄阶段人群全生命周期的空间环境，可以促使居民在相同的空间进行必要性活动和自发性活动时引发不同类型的社会性活动，促进各年龄阶段人群之间的友好交往。

三、北京水碓子西里社区小微空间调研

水碓子西里社区位于北京市朝阳区团结湖路52号，与水碓子社区相邻，东至水碓子西里东侧路，南至朝阳北路，西至团结湖路南侧段，北至团结湖南路西段，是北京市2020年首批老旧小区综合整治项目之一，也是北京市建筑师负责制试点项目之一。

（一）社区各年龄段人群分析

1. 社区各年龄段人群占比分析

水碓子西里社区起先房屋的建设是为了安顿单位员工，大多是外交部、民航局、海洋局和旅游局的单位员工或者家属。经过40多年的发展变化，原本的单位员工年龄几乎都在60岁以上，逐渐步入老年阶段。单位职工的子女大多已迁出社区，依旧留住在社区内的人群，也组建了新的家庭。现阶段水碓子西里社区大多为最初入住的老年员工，占社区总人数的50%以上。

（a）各年龄段人群需求分析

年龄阶段	生理特征	心理特征	空间需求
儿童阶段	身体属于生长发展时期，注意力易分散，长时间处于好动状态。	1、心理尚处于不成熟阶段，需要家人的看护。 2、对亲人和伙伴较为依赖，需要从和他人的关爱、交流和互动中获取安全感。 3、好奇心与探索欲较强，且处于接收信息，学习模仿的阶段，需要正面引导，树立健康的三观。	1、趣味性较强，色彩、形式丰富的活动空间。 2、多样的活动类型和丰富的互动交流形式。 3、可以和伙伴、家人聚集活动的互动空间。
中青年阶段	身体属于生命周期中的顶峰阶段，但由于科技发展对电子产品的依赖以及社会家庭各方面的压力，大多中青年的身体处于亚健康的状态。	1、青年人群对新事物的接收能力较强，喜好多变。 2、中年人群肩负着生活、工作、家庭的多重责任，心理压力较大，容易焦虑。 3、中年人群与家人相处的时间相对工作时间而言较少，容易产生矛盾，积压情绪。	1、安静，舒适的空间环境，放松心情。 2、可以和朋友、家人交流的聚集空间。 3、具有趣味性、可变性的活动空间。 4、可供运动、漫步的空间。
老年阶段	身体属于逐渐衰退的阶段，五感退化，对环境的适应能力较差，运动能力与免疫系统也有所退化。	1、生理机能的衰退导致老人的生活状态发生变化，带来不便，容易产生失落和自卑的情绪，安全感降低，遇事较为敏感。 2、处于从工作岗位回归家庭的去社会化过程，缺少人际交往。	1、和邻里、家人聚集活动的互动空间。 2、安全、便捷、易识别的空间环境。 3、可供日常锻炼的运动空间。 4、可进行活动组织的空间，为老年人提供自我展示的平台，扩大老年人的社交范围。

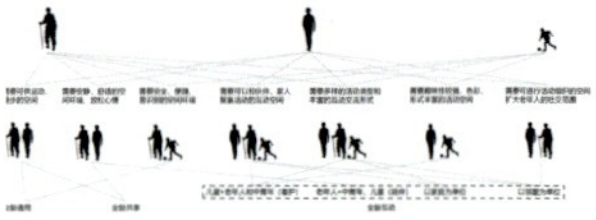

（b）各年龄段人群空间需求共性分析

图 2 社区各年龄段人群需求分析（来源：自绘）

2. 社区各年龄段人群需求分析

社区居民的生理和心理特征随着年龄的变化，也不断影响着居民对空间的需求。本文将住户分为儿童、中青年、老年三个年龄阶段，对其不同的生理特征和心理特征进行分析，总结各年龄阶段人群的空间需求（图 2a）。

各年龄阶段人群需求具有一定的差异性，特别是老年人和儿童等弱势群体，在后期的空间更新设计中应注重对其需求的关注。除此之外，各年龄阶段人群需求也具有一定的联系，根据以上信息总结各年龄阶段人群空间需求的共性，有助于针对不同年龄阶段人群组合方式，满足居民的共同需求。

本文将不同年龄阶段人群对空间的需求进行连线，将其划分为通用需求、互动需求和共享需求（图 2b）。在满足全年龄阶段人群的通用需求和共享需求的基础上，分别侧重满足儿童、老年人、家庭以及邻里之间的互动需求，以便后期针对不同年龄阶段的人群对空间的需求进行设计。

3. 社区各年龄段人群活动特征

（1）各年龄段人群活动类型分析

本文采用观察法和住户访谈的方法对社区不同年龄段住户日常活动内容和活动时间进行记录，将调研结果采用图表的形式进行统计，分析各年龄阶段人群的活动类型及内容的需求（图 3a）。

从各年龄阶段人群的活动内容来看，大多较为单调。从活动类型来看，社区中主要的活动人群为儿童和老年人，大多为日常生活中的必要性活动和自发性活动，在社会性的活动中参与较少。特别是中青年阶段，大部分时间都属于上班、接送孩子、日常购物等必要性活动。在后期优化过程中要加强各年龄阶段人群互动参与空间的设计，促进社会性活动的产生。

（2）各年龄段人群活动重合度分析

将上述各年龄阶段人群的活动内容以不同颜色在时间轴中进行表示，从清晨、上午、中午、下午、傍晚、晚上六个时间段，对各年龄阶段人群活动之间的重合度进行分析（图 3b）。由于儿童的日常活动离不开家人的看护，因此儿童与老年人或儿童与中青年的交往较多；老年人由于没有必要性的工作限制，在社区的活动时间较多，除了日常对儿童的看护外，由于中青年阶段工作、学习较为繁忙，老年人大多时间都是个人或与

图3 社区各年龄段人群活动特征（来源：自绘）

图4 社区小微空间分析（来源：自绘）

邻里之间的活动。但从各年龄阶段人群的活动时间分布来看，大家有很多活动内容在上午和傍晚都有所重合，有利于后期根据时间上重合的活动内容，对小微空间的功能模块进行重组，建立各年龄阶段人群之间的联系。

（二）社区小微空间现状分析

水碓子西里社区采用的是20世纪60年代典型的行列式建筑规划布局形式，在总体规划上，以住宅建设为主，对小微空间的考虑较少，受建筑规划布局形式的影响，社区小微空间大多呈并列式排列，空间四周与道路相接，并围绕空间边界分布有大量的停车区域。本研究选取了道路小微空间、楼栋组团空间和单元入口空间三类空间层级进行研究（图4a）。

1. 道路小微空间

道路小微空间主要包括空间死角、岔路口、高差节点、休闲节点等，主要承载了居民日常的交通出行和休闲健步。在交通出行方面，缺乏对停车区域的规划，大多数人行步道被车位占用，缺少人车分流，具有安全隐患。道路与建筑入口相接的节点处存在高差，对居民的出行造成不便。休闲健步方面，存在空间死角，道路流线不连贯，缺乏完善的人行系统。除此之外，还存在铺装老旧、杂物随意堆放、配套设施不完善等问题，无法为居民提供良好的健步环境（图4b）。

2. 楼栋组团空间

(1) 空间尺度分析

楼栋组团空间主要分布在社区楼栋之间，主要承载了居民日常的休闲娱乐、运动健身、互动交流等行为活动。整体的空间尺度受建筑布局影响较大。水碓子西里社区的组团空间主要分为以下四类，皆属于半开敞空间，其空间尺度的D/H值大于1，空间给人较为宽阔的感受，私密感较差（表1）。

(2) 空间现状分析

楼栋组团空间大多属于半开敞的小微空间，主要包括休憩交流、休闲运动以及衣被晾晒等活动类型。总体上来说，大部分空间已经荒废，空间使用率较低；空间功能区域混杂，缺乏组织。除此之外，还存在车辆不规则停放、杂物随处堆放、配套设施老旧、绿化环境杂乱、空间缺乏特色等问题（图4d）。

3. 单元入口空间

表1 楼栋组团空间尺度分析

表2 全龄友好设计要素分析

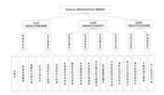

图5 全龄友好设计要素层级（来源：自绘）

单元入口空间位于楼栋内部与社区公共空间之间的过渡区域，是居民日常出行的必经之处，人流量较大，承载了居民外出通行、休闲交流等功能。水碓子西里社区单元入口周边长期车辆停放杂乱、不规范，空间拥堵。入口门禁处残留大量广告张贴的痕迹，整体外观杂乱，缺乏标识导向，空间识别性较差（图4c）。

（三）老旧社区小微空间全龄友好设计要素层级构建

1. 全龄友好设计要素分析

全龄友好的老旧社区改造应当是基于当前空间存量发展的现实情况提出的，以公共空间和公共设施为改造对象，符合不同年龄群体需求的系统重构[4]。本文通过在CNKI中对关键词"全龄友好"进行搜索，筛选出相关性较高的参考文献，对文献内影响小微空间全龄友好的因素进行梳理，并结合联合国儿童基金会提出的儿童友好型城市规划手册《推动儿童友好的城市化》、世界卫生组织制定《全球老年友好城市建设指南》等资料，对老旧社区小微空间全龄友好设计要素进行筛选（表2）。

2. 全龄友好设计要素层级构建

根据设计要素的筛选，本文对小微空间全龄友好设计要素进行归纳整理，将其划分为三大层级。其中，一级设计因素包括可达性、互动性和包容性；二级设计因素包括场地安全性、出行便捷性、空间场景化、空间多样性、空间复合性、空间灵活性、空间领域性、环境舒适性；三级级设计因素包括全坡化、防滑地面铺装、温暖的光照环境、空间引导标识、连贯的步行系统、适宜的步行距离等（图5），有利于系统地认识影响全龄友好的设计要素，为小微空间的更新设计提供依据。

四、全龄友好理念下老旧社区小微空间更新策略

（一）道路小微空间可达性提高友好会面意愿

道路小微空间是各年龄阶段人群出行的必经之处，是人们进行友好会面的通道。完善的小微空间节点和空间线路规划，有利于保障居民的外出安全，为居民的友好会面提供便利，从而提高出行的意愿，加大友好会面的可能性。

1. 完善小微空间节点，保证道路安全性

通过对社区道路小微空间进行全坡化处理，结合防滑地面铺装和温暖的光照环境，

为居民的无障碍通行提供保障。

2. 完善空间线路规划，提升出行便捷性

采用连贯的步行系统和文字简洁、色彩鲜明的空间引导标识，为居民提供一个顺畅的出行流线，避免原路返回或迷失方向等问题。除此之外，由于老年人和儿童受其生理状况的影响，其进行交往活动的可接受步行距离也是有限的。因此，应该针对老年人和儿童适宜的步行距离对道路的小微空间进行规划，在缩短步行距离的同时，为居民创造更多的交往机会。

（二）楼栋组团空间互动性创造友好交往条件

楼栋组团空间属于相对开敞的活动空间，互动性强的空间设计方式有利于为各年龄阶段人群的交往提供条件。

1. 构建多维度趣味空间，增强空间场景化

采用二维平面与三维空间相结合的方式，营造多维度的空间体验，并通过色彩丰富的界面设计，与周边的环境和可供居民互动的趣味设施相结合，营造一个充满活力的生活场景，吸引各年龄阶段人群的互动参与。

2. 打造多功能空间环境，增强空间多样性

不同年龄阶段人群的感知能力都有所不同，根据居民的视觉、触觉、听觉、味觉和嗅觉特征，营造丰富的环境感知，在此基础上融入多功能的空间体验，增加空间的多样性，促进各年龄阶段人群与环境、空间之间的互动，为彼此的交往创造条件。

3. 设置多尺度功能模块，增强空间复合性

根据不同年龄阶段活动人群的差异化需求，打造多代复合的功能模块，为其提供各自专属空间的同时也提供共同参与的空间形式，并融合不同年龄阶段人群空间活动的尺度需求，打造多尺度的复合空间，为居民的共同参与创造条件。

4. 打造多用途空间形式，增强空间灵活性

将不同活动类型对空间形式的需求进行整合，打造兼容性较强的空间形式，根据居民不同时间段的空间使用需求提供不同的功能。并在空间设计中进行一定范围的预留，结合可供改造的空间设施，为各年龄阶段人群提供一定程度上的改造空间，激发居民对空间的多样化使用，增强空间的灵活性。

（三）单元入口空间包容性营造友好生活环境

打造具有识别性和舒适性的空间环境，确保各年龄阶段人群不会因为年龄、身体机能或认知能力的差异而造成出行归家的不便，为居民营造友好的生活环境。

1. 丰富空间界面，强化空间识别性

针对小微空间界面，采用易于识别的界面色彩和具有记忆点的节点设计吸引各年龄阶段人群的注意力，增加空间的可识别性。

2. 优化空间氛围，提高环境舒适性

合理配置具有观赏性、地域性、季节性的绿化景观，并结合居民的行为习惯，打造近人尺度的空间和设施，确保全年龄

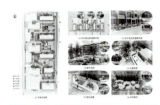

图 6 北京水碓子西里社区小微空间更新设计（来源：中建水碓子设计项目图纸改绘）

阶段人群在其中舒适地使用。

五、北京水碓子西里社区小微空间更新设计

（一）一环四园四厅的多层级总体规划

北京水碓子西里社区小微空间更新主要包括以道路休闲节点为主的道路小微空间，以画中花园、五感花园、居民苗圃、市民集市为主的楼栋组团空间，以及四处共享客厅（图6a）。设计将提高居民友好会面意愿、创造居民友好交往条件以及营造居民友好沟通氛围三方面策略与道路小微空间、楼栋组团空间和单元入口空间三大空间类型相对应，针对不同年龄阶段人群对空间的需求共性与活动特征，打造一环、四园、四厅的整体空间布局。即一条串联多个休闲节点的步行环线、四个全龄交往的口袋公园、四处全龄共享的单元客厅，以打造全龄友好的社区小微空间。

（二）步行易达的道路环线

根据社区居民的人流习惯，将原本的社区道路进行人车分流，打破道路尽头的空间死角，将整个社区的人行流线串联起来，形成道路环线；结合现有的休闲节点，根据适合老年人和儿童的出行距离进行优化和增设，并在道路转角处设置图片与文字相结合的引导性标识为居民提供便捷的出行服务。除此之外，还采用无障碍坡道设计、防滑地面铺装以及暖黄色的灯光照明为居民打造安全的出行环境，提高居民的出行意愿（图6b）。

（三）全龄互动的组团花园

1. 画中花园

设计侧重于针对儿童的活动需求，采用视错觉的立体墙绘，将画面中的座椅、秋千和树木延伸到空间中，形成二维墙面、地面与三维互动设施之间的转换，吸引儿童参与，并从圆形的地面铺装中延伸出可供看护者休憩的休闲设施，在看护的过程中，促进儿童与看护者之间以及看护者彼此之间的交流（图6d）。

2. 五感花园

空间设计采用对老年人群五感产生影响的园艺植物打造一个多功能的五感花园，营造出疗愈性空间环境，并采用镜面与展示界面相结合的可持续性展陈方式，将其融入花园，在拓展老年人对空间环境的视觉感受的同时，提供一个舒适的感知人文记忆的场所。同时，结合独特的镜面设计和展示内容，吸引中青年群体前来打卡、游览（图6e）。

3. 居民苗圃

设计将空间划分为儿童康体与居民苗圃两类空间模块，利用趣味性的环形步道将空间联系起来。并在儿童康体的区域设置了家人看护用的休闲座椅，在居民苗圃里设计了自然科普标识牌，为家庭提供一个共同种植、寓教于乐的互动空间（图6f）。

4. 市民集市

设计采用圆形的构筑形态打造了一个多功能的市民集市，不同年龄阶段的人群可以根据自己的需求打造不同风格、形式的交易空间，在保持统一构筑形式的前提下，赋予空间多样化的生活气息。除此之外，根据居民不同的活动需求，还可以在空间内进行交流休憩、衣物晾晒等活动，为居民提供灵活的使用方式（图6g）。

（四）共享包容的单元客厅

单元入口空间结合居民日常出行归家的活动特征和对应的空间尺度，打造一体化入口门厅、全坡化人行步道和共享休憩座椅，结合多层次的地域性绿化景观营造舒适、包容的出行归家环境。除此之外，设计还将适老化色彩融入地面和入口门厅的侧界面设计上，增强了儿童与老年人对空间的识别，吸引各年龄阶段人群在休憩空间进行停留与交往，打造一个全龄共享的包容性单元客厅（图6c）。

六、总结与展望

不同年龄阶段群体的需求具有差异性，仅关注单一年龄群体的老年友好和儿童友好的研究与实践已难以解决在公共空间使用过程中因代际差异而产生的冲突问题。老旧社区面临着如何平衡不同年龄阶段人群之间的差异化需求，促进不同年龄阶段人群之间代际互动的现实问题。本文将全龄友好的理念与渐进式的小微空间更新方式相结合，探索老旧社区小微空间全龄友好设计要素层级，为小微空间更新提供有益的设计策略，从而实现老旧社区提质更新。

注释

①国务院办公厅. 关于全面推进城镇老旧小区改造工作的指导意见[Z].2020–07–20.
②刘明利. 全龄化综合养老社区规划设计研究[D]. 合肥：安徽建筑大学，2021.
③李小云. 包容性设计——面向全龄社区目标的公共空间更新策略[J]. 城市发展研究，2019,26(11):27–31.
④薛峰，李婷. 全龄友好社区理念下的老旧小区公共空间更新改造实践[J]. 当代建筑，2020(05):36–38.

参考文献

[1] 薛峰，李婷. 全龄友好社区理念下的老旧小区公共空间更新改造实践 [J]. 当代建筑，2020(05)：36–38.

[2] 薛峰，沈冠杰，童馨. 有"味道和温度"的城市旧区"再规划、微改造"[J]. 建设科技，2021(06)：35–40.

[3] 周燕珉. 日本集合住宅及老人居住设施设计新动向 [J]. 世界建筑，2002(08)：22–25.

[4] 周燕珉，王春彧. 营造良好社交氛围的老年友好型社区室外环境设计研究——以北京某社区的持续跟踪调研为例 [J]. 上海城市规划，2020(06)：15–21.

[5] 周燕珉，刘佳燕. 居住区户外环境的适老化设计 [J]. 建筑学报，2013(03)：60–64.

[6] 刘明利. 全龄化综合养老社区规划设计研究 [D]. 合肥：安徽建筑大学，2021.

[7] 汪劲柏，常海兴. 全龄友好社区的"场景化"设计策略研究——以中部某市老旧小区连片改造设计为例 [J]. 上海城市规划，2021(01)：38–44.

[8] 张璐，叶竹. 基于老幼复合共享特征的既有住区全龄化改造策略 [J]. 城市发展研究，2020，27(10)：109–115，133.

[9] 李小云. 包容性设计——面向全龄社区目标的公共空间更新策略 [J]. 城市发展研究，2019，26(11)：27–31.

[10] 李小云. 国外老年友好社区研究进展述评 [J]. 城市发展研究，2019，26(07)：14–19.

[11] 吴聘奇. 积极老龄化背景下中国全龄化社区规划重构研究 [J]. 现代城市研究，2018(08)：2–6.

[12] 佟佩颖，聂彤. 全龄友好下的老城区社区室外公共空间微更新策略研究——以青岛市陵县路社区为例 [J]. 建筑与文化，2022(02)：93–96.

[13] 练忆茹. 代际互助型全龄友好社区构建路径研究——基于成都社区的考察 [J]. 成都行政学院学报，2021(04)：61–67.

[14] 梁思思. 平疫转化导向社区小微公共空间场所营造研究 [J]. 建筑创作，2020(04)：97–103.

[15] 汪丽君，刘荣伶. 大城小事·睹微知著——城市小微公共空间的概念解析与研究进展 [J]. 新建筑，2019(03)：104–108.

[16] 谢波，魏伟，周婕. 城市老龄化社区的居住空间环境评价及养老规划策略 [J]. 规划师，2015，31(11)：5–1，33.

[17] 宋夷白. 全龄化社区养老模式下的老旧社区住宅空间优化研究 [D]. 无锡：江南大学，2021.

[18] 何丰. 城市住区公共空间儿童友好性更新设计策略研究 [D]. 南京：南京工业大学，2020.

[19] 李爱莉. 儿童友好导向下的西安市碑林区社区公共空间优化策略研究 [D]. 西安：西安建筑科技大学，2020.

[20] 刘勋. 老龄友好视角下英国"终生社区"理念及环境构建策略研究 [D]. 深圳：深圳大学，2020.

[21] 王宁. 儿童友好型城市住区公共空间景观设计研究 [D]. 大连：大连工业大学，2020.

[22] 高祥. 基于活力评价的北京朝阳既有社区公共空间更新研究 [D]. 北京：北京工业大学，2020.

[23] 张灿. 住区公共空间代际互助性能评价与优化策略研究 [D]. 哈尔滨：哈尔滨工业大学，2020.

[24] 周燕珉，程晓青，林菊英，林婧怡. 老年住宅 [M]. 北京：中国建筑工业出版社，2018.

[25] 扬·盖尔. 交往与空间（第4版）[M]. 何人可，译. 北京：中国建筑工业出版社，2002. 13–18.

[26] 李道增. 环境行为学概论 [M]. 北京：清华大学出版社 ,1999.

[27] Edward T Hall. The Hidden Dimension [M].New York ：Anchor Books.1990.

[28] 李小云. 面向原居安老的城市老年友好社区规划策略研究 [M]. 北京：中国建筑工业出版社 ,2014.

[29] 路洋. 养老社区环境景观设计 [M]. 北京：中国林业出版社 ,2021.

[30] 庄惟敏. 建筑策划与设计 [M]. 北京： 中国建筑工业出版社，2016.

[31] 许树柏. 层次分析法原理实用决策方法 [M]. 天津：天津大学出版社，1988.

学生感想：

基于四川美术学院校企联合培养硕士研究生（环境设计专业）2021～2022 工作站计划，我于 2021 年 9 月很荣幸地参加了中国中建设计研究院有限公司工作站的研修学习。

我的企业导师为薛峰老师，是中国中建设计研究院有限公司的总建筑师，也是教授级高级建筑师和国家一级注册建筑师。在工作站学习期间，基于企业导师薛峰老师及其团队承担的"十三五"国家重点研发计划——既有居住建筑公共设施功能提升关键技术研究和全龄友好社区相关研究等理论依据，参与了 2020 年北京水碓子西里第一批老旧小区综合治理项目的更新设计。以此提出了我的论文选题，全龄友好理念下老旧社区小微空间更新设计研究——以北京水碓子西里社区为例。整个研修过程，从实际案例切入了我的设计研究与设计实践，通过考察调研、导师讲堂、设计实践、理论研究等方式，形成了我的研究框架和设计构想，并完成了论文提纲的梳理和设计的初步方案。这样的学习方式是以往很难接触到的，在设计思想、设计项目以及设计技术等方面都拓展了我的视野，让设计与项目更加密切地联系在一起，考虑到更多的现实问题，是一次难能可贵的研修机会。

除此之外，我还参与了《基于建筑师负责制的绿色低碳社区更新改造》的论文撰写、《北京 2022 年冬奥会和冬残奥会无障碍中国方案》的编制，以及北京海淀区北洼西里社区等系列老旧小区改造项目和技术发明研究相关工作。在社区更新改造、无障碍设计、完整社区建设以及人性化环境建设方面都获得了很多前沿的设计信息，为我后续的选题研究提供了有力的实践基础和技术支撑。

在工作站期间我们还在线上与深圳工作站的同学一同参加了水平线设计琚宾老师的导师讲堂，琚宾老师和我们一起分享了阳朔糖舍酒店、章堰文化馆、雅安禅院等8个设计案例，从材料与五感、功能与形式、构建与美学等方面进行讲解，让我们对恢复与自然的关系、关注地域性、继承场地固有历史与文脉、重建人际关系与社区场所有了更多的了解。

在北京工作站的研修学习中，不仅在项目实践、理论研究方面学习到了丰富的经验与方法，也认识了很多来自各大高校的同学，在彼此之间的交流中学习到了很多新的设计知识和学习方法。

目前，在深化完成研修工作的阶段已经完成了选题论文的撰写，在接下来的设计深化和成果展示部分会进一步完善，希望通过此次工作站的学习能提升自己设计实践和设计研究的能力，交出满意的答卷。

企业导师薛峰评语：

水碓子西里社区是北京市建筑师负责制试点项目之一。刘霁娇同学在北京工作站期间，参与了公共活动空间、单元门厅、标识系统等相关设计工作，本文为阶段性成果之一。文章侧重以全年龄人群和社区小微空间为切入点，抓住老旧社区更新痛点，从原来对物的改造转变为以居民需求为中心的小规模、渐进式空间更新，进而探索基于全龄友好理念的社区小微空间全要素适宜性设计策略。同时，刘霁娇同学还参与了《北京2022年冬奥会和冬残奥会无障碍中国方案》的编制，以及北京海淀区北洼西里社区等系列老旧小区改造项目和技术发明的研究相关工作，也为研究全龄友好的社区更新提供了研究基础。我们也希望通过工作站项目型、研究型、服务型设计导向，探索专业学位研究生培养的有益模式。

校内导师赵一舟评语：

老旧小区更新一直是城市建设的重要议题。刘霁娇从2020年9月起，有幸跟随北京工作站导师薛峰老师参与了水碓子西里社区更新等示范工程的相关设计工作。本文即为其从小微空间入手，基于全龄友好理念对老旧小区更新设计的一次积极尝试。其研究与设计特色主要体现在针对水碓子西里社区特征，细化构建了多样年龄组合、多级设计要素、多元空间类型的关联关系，进而开展不同小微空间安全性、便捷性、场景化、多样性、复合性、灵活性、识别性、舒适性等具体设计探索。很欣喜地看到刘霁娇在薛老师团队学习期间的显著进步，期待她在现有阶段性成果的基础上，进一步深化各空间节点设计，不断深耕，形成更有针对性、创新性和探索性的设计成果。与此同时，我们也深感以问题、项目、需求为导向的产教融合模式对专业学位研究生培养的重要性，并在育人理念、平台构建与培养路径等方面探索更多有益模式。

智慧居家养老空间设计研究
——以北京密云穆家峪康养社区为例

Smart Home Care Space Design Research
—A Case Study of Mujiayu Health Care Community in Miyun, Beijing

李硕（北京工作站）

学校：清华大学
专业：环境艺术设计
学校导师：李飒
企业导师：张宇峰
企业名称：中建城镇规划发展有限公司

摘 要

本文以我国居家养老模式成为主流养老模式和互联网等技术的发展为大背景，结合当下我国智慧居家养老行业的发展现状及我国老年人行为心理特点，试探索在居家养老成为主要养老模式的大背景下，如何整合各类智慧养老技术并合理的与老年人居住空间相结合，形成智慧空间助老环，优化老人在个人居住单元、社区公共空间的使用状况。

首先，本文对智慧居家养老的相关定义及现存不足进行分析，对国内外智慧养老空间、智慧居家养老模式的相关理论与实践加以研究，总结出现有智慧居家养老空间设计研究的缺陷；其次，本文对老年人的行为心理特征与居住空间设计要点进行分析，提出智慧居家养老空间设计相关原则，作为具体的空间设计策略的基础，探索出以"智慧助老环"为主的智慧居家养老室内设计新模式，针对老年人的个人居住空间、公共居住空间进行智慧化的设计研究，为智慧老年居住空间的设计提供一定参考；最后，本文通过对北京密云穆家峪康养社区的设计实践验证所研究策略的合理性，得出本文结论：智慧空间助老环的设计能够满足智慧居家养老模式中依托社区—家庭核心—技术驱动的重要结构，更好地提升老年人居家养老的生活品质。

本文希望通过对智慧空间助老环的设计研究更好地提升我国居家养老水平，同时考虑到现今大部分老年人的居家养老空间基本以原居住空间为主，本研究也希望能够将"智慧助老环"进一步进行模块化设计，使其能够适用且方便置入老年人的旧有居住空间，扩大智慧居家养老服务的老年人群范围。

关键词：智慧居家养老；智慧助老环；老年居住空间

一、绪论

（一）研究背景

自 2000 年以来，我国人口老龄化程度逐渐加重，基于我国传统的家庭结构和社会文化传承，居家养老成为我国主流的养老模式。同时伴随着互联网 5G 等科学技术的发展，催生出了智慧居家养老这一新的养老方式，未来养老逐步踏入大众的视野。2022 年 2 月国务院印发的《"十四五"国家老龄事业发展和养老服务体系规划的通知》中提出，在居家养老为主的大背景下，需推动老年用品科技化、智能化的升级和建设兼顾老年人需求的智慧社会[1]，足见对该方面的重视。现今智能手机、手环、AI 智能居家产品、远程监控等科技产品为老年人的居家生活带来了便利性，但居家养老背景下的老年智慧化居住空间设计还存在一定的短板，本文是基于居家养老模式成为主流以及智慧家居技术的发展这两大背景展开的对智慧居家养老空间的设计研究。

（二）研究目的

一方面，针对现今智慧居家养老产业大多停留在单纯的技术产品设计的现状，试探索智慧技术与适老化的居住空间结合形成智慧化的居家养老空间；另一方面，在找寻到智慧居家养老空间设计策略的基础上进一步研究其在原居养老空间改造中的可能性，实现更大范围的智慧居家养老实践。

（三）研究意义

理论意义的层面，找寻现有理论研究的短板，并在此基础上探索出智慧居家养老空间设计的相关理论，同时推动智慧养老产品、信息服务等理论研究的完善；在实践意义的层面，通过设计实践整体考虑社区—智慧科技—家庭三者之间的关系，从社区、居家空间的设计出发，完善智慧居家养老整体服务链，给老人打造一个连续的、舒适的智慧养老生活空间，在一定程度上提升老年人居住水平，让老年人更好地享受到科技带来的居家养老服务。

（四）研究内容

本文围绕智慧居家养老空间的设计研究，探索"智慧居家助老环"的设计方法，从社区公共空间到个人居住单元进行整体性的研究，同时结合设计实践完善相关理论研究，旨在为我国老年人居住水平的提升提供一定的参考。

（五）研究方法与架构

研究方法包括初期对智慧居家养老空间设计、平台构建、智慧养老产品设计研究等方面的文献调研，总结理论参考及现阶段研究的不足之处；第二阶段进行线上和线下相结合的调研，了解现阶段智慧居家养老产业的发展现状；第三阶段进行问卷、采访、观察调研，了解现今老年人的居住状况和智慧居家养老技术使用情况，总结出老年人在居家生活中使用智慧技术时的痛点；最后基于前几个阶段的研究基础，结合实际项目进行设计实践完善理论研究。

二、智慧居家养老概述

智慧居家养老作为一种新型的养老方式，是在我国居家养老模式的基础上建立的，主要是以家庭为核心，以社区为依托，以互联网技术为驱动的服务体系，利用信息化的技术手段整合衣食住行、医疗卫生、休闲娱乐等服务内容，在老年人的居家空间中实现信息管理、健康监测、安全防范、生活辅助等多方面的功能，让老年人的居家养老生活得到精准、便捷、实时的智慧服务保障。

（一）智慧居家养老的特点

从智能建筑技术的层面看，智慧居家养老与智能家居系统的技术有着高度的重合，后者经历了中央控制、分布式感应的两个发展阶段后，形成了现今万物互联的第三阶段[2]。智慧居家养老基于万物互联的技术，具有两个特点：

1. 多层次复合联动的服务平台

智慧居家养老平台通过在城市社区建立的服务中心，依托电子呼叫、安全检测等设备，让居家的老年人在家中即可享受医疗卫生、餐饮娱乐、安全防范和专业社工派出等多层次的服务，形成"系统 + 服务 + 老人 + 终端"的服务模式。[3]

2. 空间中智慧系统的介入

在智慧居家养老服务平台建立的基础上，老年人居住空间中智慧系统的介入是完善服务链体系的重要一环。主要涉及空间中安全监测系统、呼叫服务系统的设置，一方面让服务平台能够实时接收老人的健康状况和安全状况，另一方面让老年人能够提出服务需求并及时收到回应。

（二）智慧居家养老的优势

一方面，大数据、互联网等信息技术发展迅速，为居家养老模式提供了技术支持，让老年人在居家生活中享受到现代科技带来的便利，帮助老年人跟进科技发展的脚步；另一方面，通过智慧化的室内养老空间设计，利用其适老性、联通性、即时性等优势，让老年人的生活需求能够得到及时的应答与扶助，在老人自身感受舒适的生活圈中获得更好的养老服务。

（三）我国智慧居家养老空间设计现存不足

1. 智慧居家养老空间设计的不完善

智慧居家养老是以社区为基础、家庭为核心、智慧科技为驱动力的养老模式，主要涉及智慧居家养老平台的建构、智慧养老产品的研发与生产、智慧医疗服务等，但现今这些服务往往都是独立式、点对点"单品智能"模式，相互之间缺少关联，忽略了老年居住空间作为智慧技术使用场景的重要作用以及社区空间作为统筹相关养老服务的关键作用。

2. 智能设备操作的不适老性

现今多数智能养老产品都是由普遍意义上的智能产品生搬硬套而来的，有些设备并未完全基于老年人的行为心理特点进行设计，老人的认知局限与身体机能的局限导致其在进行设备使用时附加了更高的学习和使用成本，本想助老却适得其反。

3. 以老为本原则的忽视

智慧居家养老服务平台中所涉及的实时监控设备虽然能让服务人员即时观察老人的健康及安全状况，但老人的个人隐私却难以得到保障，容易造成老年人心理上的不适；此外，现有的智慧居家养老技术的使用主体多为护理服务人员，老年人在其中的主体地位被削弱，往往只是被动接受服务，缺乏在老人身体机能承受范围之内的主动性操作。

4. 信息化和智慧化的应用程度不足

我国当下的智慧居家养老空间服务所涉及的范围不够宽泛，仅局限于基础性的监测服务中，对老年人多样化、个性化的需求响应不足。在万物互联的今日以及新冠疫情后的生活状态下，老人难以独自操作实现的外卖服务、买菜上门、网络视频电话等都应涵盖进平台的服务范围之内，让老年人跟进时代信息科技的发展步伐。

本文的侧重点在于对智慧化的老年人居住空间的设计研究，结合现有的智慧养老技术及老年人行为心理特征的分析，探索智慧空间助老环的设计方法，更好地辅助老年人生活、提升生活质量、帮助老人与智慧化的城市生活状态接轨。

（四）国内外研究现状

1. 国内研究现状

现阶段，我国的理论研究在针对智慧居家养老空间整体的设计研究方面还相对薄弱，大部分还是集中于单一的老年人居住空间中的智能化设施或家具的设计研究中，或是集中于智慧居家养老平台的构建或是产品的设计中，在老年住宅的空间设计要点、智慧居家养老平台构建技术、产品设计要点等方面有着较高的参考价值。

陈晓宇在《适老型住宅智慧化设计的可行性研究》中将适老化的住宅空间中引入智慧化的设计策略，并对隔断、客厅、厨房、卫生间等空间的智慧化设计提出了相关的方案，但文章并未充分考虑老年人操作使用的便捷性；陈熙、郑硕茵等在对失能老年人智慧居住空间构建的相关研究中提出智慧居家养老空间应搭配科技产品的使用，为老年人提供相应服务[4]，但文中所提及的科技产品主要涉及医疗科技范畴，操作主体主要在于他人而不在老年人。此外，周燕珉教授编著的《老年住宅》作为老年居住空间设计的代表性书籍也有着基础性的指导作用。

在理论层面的研究之外，国内有部分养老机构也进行了智慧居家养老空间构建的相关实践。泰康之家养老社区是国内具有代表性的老年康养社区，其近年来正不断进行智慧居家养老服务的开发。以泰康之家·燕园社区为例，社区内的老年居住空间通过安装智能猫眼、智能门铃以及健康应急报警装置等为老年人的生活提供智慧化服务，虽一定程度上实现了智能化，但并未将各类智慧技术与老年人居住空间紧密结合。

2. 国外研究现状

欧美国家的智慧养老行业起步时间相较于我国来说更早一些，有着多样的科技助老的方式。德国的"环境辅助生活系统"（ALL）运用周边辅助技术增强老年人的独立生活能力，如定制化的智能升降床等，但使用空间的局限性还是较强。又如荷兰的一养老院内运用拟人形智能机器人来帮助老年人生活，然而老年人对于这类机器人的接受程度并不一致，有的老人还易产生对机器的畏惧心理。

三、老年人行为心理特征与居住空间需求分析

（一）生理特征层面

老年人的身体机能随年龄增长逐渐退化，包括感觉机能的退化、神经系统的退化、运动系统的退化和免疫系统的退化，[5]感觉机能方面涉及视觉、听觉、触觉、味觉和嗅觉五感的衰退，在老年人的日常生活中有着不同程度的影响，因此智慧化的老年居住空间设计应在符合老年人体工程学的基础上以智慧技术辅助老人在空间中的日常活动。

（二）心理特征层面

随着年龄的增长以及家庭角色和社会角色的转变，老年人的心理状态会发生了极大的变化，中国的老年人更是如此。自

图 1 老年人身体特征与空间设计要点
（来源：自绘）

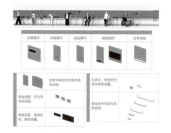

图 2 助老环尺度范围及功能示意图
（来源：自绘）

古以来中国就有着独特的大家庭观念，普遍认为赡养老人是理应遵守的社会公德，这就促进了大家庭结构的形成。然而随着我国人口老龄化程度加深，家庭结构发生了巨大的改变，尤其是在 20 世纪 80 年代实行独生子女政策之后，往往每个家庭中只育有一个子女，这也直接导致了空巢老人数量的增加，老年人离开了工作岗位、脱离了子女的家庭，心理变化十分显著。

智慧居家养老模式为老年人的生活提供了更多可能性，通过智慧化的养老空间设计，增强老年人与家人和外界之间的联系，丰富老年生活，让老人在自己的生活、心理舒适圈内获得更好的养老体验。

四、智慧居家养老空间设计策略研究

智慧居家养老是家庭依托社区、以互联网等技术为驱动的养老模式，多层次、多技术的服务提供往往需要建立起整合这些智慧服务的体系，而老年人的居家空间是这些服务进行的主要场所，是产品使用的主要场景，是从全时空角度承载老年人居家生活的重要客体。在本设计研究中，通过"空间助老环"进行智慧技术的整合，对个体居住空间、社区公共空间进行设计探索，旨在缔造一个社区管理、医疗服务、智慧辅助的连续性的智慧居家养老空间。

（一）智慧居家空间助老环设计要点

综合前文所述，智慧居家空间助老环的设计要点大体可总结为三点：首先，以老年人为中心，注重居家空间和智慧技术使用方式的适老化；其次，智慧技术与居住空间紧密结合，根据老年人的居家生活习惯和空间特点形成整体化的智慧居住空间；最后，需充分考虑老年人年龄和身体机能的变化，促进智慧化居住空间的"生长性"，满足老人不同阶段的生活需求（图 1、图 2）。综上所述，在智慧空间助老环的具体设计实践方面又可分为以下几点：

（1）助老环的模数化。根据老年人身体活动尺度及空间尺度设计出助老环的几个模度值，在居住空间中可以实现灵活置入[6]，满足老人使用需求，同时模数化的设计也方便原居养老的老年人居住空间的改造工作。

（2）助老环模式的多样化。赋予助老环不同的服务模式以应对老年人的不同使用需求，包括以扶助把手、拉环报警等无须供电供网的常态化助老设施，也包括智慧屏幕、语音、红外探测等需要网络连接的特殊助老设施。

（3）助老环使用方式的适老化。助老环的操作方法应结合老年人身体机能特征进行设计，包括语音、感应、触摸、点按、抽拉等方式，保证老年人日常操作的方便性及紧急事态下求助的及时性。例如，某些智慧设备的操作可简化为按钮的一键启动，而后老人的语音操作也应更简短化、口语化。

（4）人员使用的灵活性。老年人的身体状况具有多变性，助老环需满足可自理的健康老人的使用常态，同时也需考虑到老年人偶感疾病时子女、伴侣、护工等人员介入时的使用状态，保障不同人员在居住空间中都能获得相应的智慧化服务。

（二）智慧居家养老的老年人群分析

如今选择居家养老方式的大多为健康可自理的老年人群，有着一定的自主生活能力。部分居家养老的老人可能患有慢性疾病，可以通过智慧技术辅助其日常生活，提高生活质量。当下，我国大部分老年人选择原居养老的模式，50岁的中老年人向老年人过渡的过程中，原居住空间也需在相应的时间段进行"适老化"改造，智慧空间助老环即可在此时介入老年人的居住空间。结合上一小节所述的助老环模块化特点，也为老年人原居空间的"适老化"改造提供了更多可能性，同时也为全国范围的老年人居家空间智慧化升级提供了一定参考。

此外，智慧居家养老服务内容涉及广泛，可以根据老年人的实际需求来进行相应服务的提供，避免服务维度不到位或是服务资源浪费的情况。同时，老年人对智慧养老服务的需求程度是随着年龄增长、身体机能变化而不断变化的，因此保障智慧养老服务提供的灵活性与多选择性是十分重要的。

（三）个人居住空间设计策略

根据老年人的生活需求，不同老年人的居住方式、身体健康状况分情况分析，保证空间服务的全面性，一方面，考虑与社区对接服务的即时性；另一方面，考虑老年人居住空间中智慧设施使用的方便性。在个人居住单元的设计策略方面总结出以下几点：

1. 智慧日常健康监管

主要包括老年人身体数据的采集分析与医疗服务的介入两大部分。数据采集分为线上与线下采集两种方式。线上采集即将老人的健康数据上传至数字平台，其中包括智能助老设备的互联互传以及智能 App 上传功能，其他健康老人可通过操作过程适老、简洁的智能助老设备进行，如助老环体系中的血压、心率采集装置或是卫生间内的智能镜和智能马桶；或是定期前往社区完成采集，对智能设备的学习能力较差或是失能老人则可以依靠社区进行人工上门数据收集服务。老年人的健康数据通过整合，及时上传至社区医疗服务系统，有利于医院更全面掌握老人的健康状况，有效降低老人罹患某些疾病的风险，同时也能够在老人突发急症时及时诊断并进行救治。

2. 智慧居家饮食

随着年龄的增长，老年人的消化系统逐渐衰弱，心脑血管也较为脆弱，日常生活中的健康饮食是保障老年人健康的重要因素，智慧居家饮食服务体系主要包括饮食记录与饮食建议两方面。

通过线上饮食管理系统，一方面由老人或其子女通过智能设备或 App 上传每日饮食状况，为了方便老人的操作，设备可设置为拍照上传或语音上传的方式；另一方面，接受上门做饭、订餐、食堂用餐服务的老人也可以通过相应的途径进行个人每日饮食的记录。根据老年人的饮食记录以及身体健康指数的分析，提出相应的个性化食谱建议，同时通过各方面健康数据的整合，便于在老年人身体出现状况时及时发现饮食方面的原因或是进行相应的食疗。

3. 智慧居家护理指导

患有疾病的居家老人在生活中需要得到恰当的照顾才能更好地提升其生活质量。在居家环境中，除了聘请专业的护工外，子女、伴侣也是护理工作的主体。智慧化的居家系统可以通过对老人身体健康状况的监测进行相应护理方案的匹配，让护理服务更具针对性，更符合老人的生活需求。与子女、伴侣同住的老人可以通过与医疗服务平台相连接的 App 或是智能设备的线上指导让家中的护理者了解相应要点，例如针对老人所患某些疾病的护理要求，家属可学习饮食、起居、卫生等各方面的护理知识，从而达到更加科学的居家护理目的。此外，还可以结合由社区平台提供的线下护理服务，根据社区数据平台中老人的健康信息、生活习惯分析进行相应护理人员与护理项目的匹配，让护理服务更具有针对性，更符合老人的生活护理需求。

4. 智慧休闲娱乐

老年人的日常生活节奏较慢且相对枯燥，尤其是与外界联系薄弱的独居老人，若是没有休闲娱乐活动的调节，容易让老人产生孤独感且极易诱发抑郁症。因此在智慧居家养老服务体系中，休闲娱乐方面服务的提供也是十分重要的一环。线下活动让老人能够走出房间，加强与邻里、朋友之间的交流，丰富老人的生活。同时线下活动中可尝试加入现今某些社区正在试行的老年人智能设备使用辅导课程，帮助老人更好地融入科技社会。除线下活动外，社区需考虑为出门不便的失能、半失能的老人提供线上娱乐服务，可包括社区老人线上棋牌室、聊天室等，老人可通过语音或是简单按钮进行方便的操作，丰富居家养老生活。

（四）智慧居家养老社区公共空间设计策略

智慧居家养老模式除了以个人居室空间作为承载场景之外，社区空间也起着至关重要的作用，是承接各智慧助老环的上层服务环。老年人在个人居住空间中通过智能化终端采集的数据信息接收至社区中央控制室，再由各分控室进行老年人服务需求的回应，同时线下的养老服务诉求也要由社区的不同服务模块实现。

1. 社区室内公共空间设计

结合上文所述的个人居室空间的设计策略，社区需根据老年人的不同居家需求配备相应的公共服务空间，包括社区医院、社区食堂、各类社区活动室等，同时在大厅、走廊空间的设计中扶助设施、无障碍设施的设计也是必要的。

首先，社区导视系统和无障碍设计的完善是基础。例如，社区医院或诊所的空间设计可以建立模拟空间进行线上导航，

图3 社区公共空间设计策略示意图
（来源：自绘）

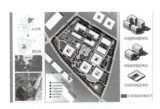

图4 社区平面布局及各居住组团设计示意图（来源：自绘）

图5 个人居室空间设计平面图（来源：自绘）

图6 各室内空间效果图（来源：自绘）

通过AI机器人或手机端的导航界面带领老人前往相应科室。除日常的线下医疗服务之外，也需完善线上医疗服务平台，通过老年人在日常居家空间生活中的健康数据采集形成个人数据资料库，在老人进入医院或诊所就诊时通过面部识别即可获取，便于辅助医生进行病情诊断。

其次，根据老人的个人喜好和健康数据通过助老环进行引导是社区服务精细化的必要策略。例如社区食堂空间的设计中，可根据地域风味、荤素类型等进行区域划分，用餐区的设计也需考虑到进餐时的卫生、舒适度，老年人进入食堂用餐时，可根据入口处的面部识别读取老人近期健康数据和医嘱提出饮食建议，引导老人前往相应用餐区进行就餐。此外，社区食堂也需搭配智慧化的线上服务，方便为出门不便的老年人提供居家点餐、上门配送的服务。

此外，以丰富老年人生活多样性为目的进行社区空间设计也是提升老人生活质量的重要途径。例如，社区可设置不同类型的活动室，可包含棋牌室、健身房、舞蹈室、音乐教室等，在空间设计中需根据不同的空间功能进行构建，如老年健身房中的健身设施需符合老年人的使用需求，在入口处进行刷脸检测老年人的健康状况，同时在设施旁设置使用方式和使用指导，避免老人受伤。（图3、图4）

2. 社区室外公共空间设计

养老社区的室外公共空间需充分考虑到道路的无障碍性、景观设计的观赏性和休憩空间的多样性，一方面方便老年人的户外活动，另一方面提升老年人的居住和休闲体验。

为方便老人行走，社区道路系统需以缓坡替代楼梯，同时设置扶手等扶助设施，路面的铺设需保障平整、防滑，避免老人摔跤。同时，社区内的景观设计需满足老年人的观赏诉求，通过植物种植、景观节点设计丰富老年人的游赏体验。此外还可设置多样的休憩空间，包括社区广场、小种植园、小垂钓园等，丰富老年人日常生活。在室外空间的智慧设计中，可通过老年人随身佩戴的手机、手环等智能设备进行定位，根据老年人的身体健康状况为老人提供当日运动量建议，同时设置户外报警器方便老人出现身体不适时及时求助，为老人营造一个安全舒适的户外活动环境。（图5、图6）

五、智慧居家养老模式的设计应用——以北京密云穆家峪康养社区为例

（一）场地选址

本设计实践所选场地位于北京市密云县穆家峪镇，北临密云水库，南临潮河，四周有群山环绕，自然条件优越，人口密度较低，适宜老年人康养居住；同时场地位于北京市一小时经济圈内，虽远离市区但交通便利，智慧产业发达，市场需求广阔，社会条件优越。场地不足之处在于远离市区，周边配套设施不全面，因此本设计实践希望通过智慧养老社区的整体构建弥补这一缺陷，实现自然条件与社会条件兼备的智慧居家养老方案。方案以"环"为主要概念，根据社区—组团—家的三级空间关系划分成三级"环"，环环相扣，为老年人营造一个连续性的智慧居家养老环境。

（二）智慧居家养老个人居室空间设计方案

在个人居住单元的室内空间设计中，根据老年人的居住面积进行了三类户型的设计，分别为一居室、大一室一厅和两室一厅，本文以一居室方案为例，列举老年居室中的六个功能空间进行具体分析。

1. 玄关

玄关为连接入口与居室内部的第一个空间，对于老年人来说除了具备储物、换衣等基础功能外，还可加入智慧化的天气提醒、出行辅助、安全门禁、智能灯光等功能，结合玄关空间，方便老年人安全出行、回家。具体的方案设计中，居室入口设置连接走廊扶手的置物台，一方面方便外出购物的老人临时放置物品；另一方面可于其上放置老人喜爱的摆件，帮助老人识别住处。居室的入户门设置智能猫眼和智能指纹门锁，连接玄关储物柜部分的助老环，通过智能屏幕显示并智能识别来访者图像，给老人相应的语音提示。同时，玄关处助老环也可在老人出门时提供当日天气提醒和穿衣建议，还可根据老人的出行距离帮助老人制定出行计划、线上约车等服务。老人晚归时，玄关处的照明尤为重要，可设置光敏夜灯，在老人进入室内前亮起，防止老人在黑暗中摔跤。

2. 起居室

起居室是老年人日常居家生活中最常用的空间，智慧助老环的应用可以帮助老年人丰富观影休闲、亲友交流、简单锻炼等活动形式，让老人有更好的居家养老体验。

起居室的方案设计中，影视柜助老环模块应涵盖多样的功能，包括日常观影、亲友视讯、居家健身等活动模式，根据老年人视听能力退化的特点，空间中智慧技术的操作模式应尽量设置为语音操作，且收音装置宜设置在邻近沙发的位置以避免收声不便。此外，遥控器等设备的收纳宜固定在沙发扶手或是边几上，以鲜亮色彩突出其位置方便老人拿取。起居室设置可视频通话的智能屏幕，方便独自居家生活的老年人时常与子女联系，避免孤独感和失落感；疫情常态化的时代，起居室可设置室内运动模式，由智慧屏幕指导老人在室内跟随进行相应锻炼，实现居家健身的目的。此外，从整体养老社区的层面来看，社区可建立线上老人聊天室、棋牌室，让出门不便的老人也能参与到与邻里的互动中。

3. 卧室

老年人睡眠质量易受到外界声音、光照等因素影响，因此在卧室空间的设计中，墙面、门窗的降噪隔声作用，窗帘的遮光作用都需涵盖。此外，老人在卧室中的阅读、健康监测等功能也需涉及。

老年人泌尿系统随年龄退化，夜间起夜次数增多，卧室内的床边可设置感应夜灯，防止老人暗中寻找开关不便。在床头的助老环模块可设置睡眠监测设备以检测老人睡眠状况，同时还可为喜爱熏香的老年人设置助眠香薰，提升睡眠质量。

4. 厨房

随着年龄的增长，部分老年人在家自主烹饪的次数减少，且老年人嗅觉、听觉、记忆力等机能下降，因此在进行厨房空间设计时，应保证老人在操作方便的同时，避免老人自行烹饪时发生意外。

在具体的方案设计中，厨房空间的助老环可以结合操作台面设置烹饪辅助界面和安全报警装置。老年人可根据智慧助老环健康数据提供的饮食建议进行烹饪，助老环辅助界面可按步骤提醒老年人进行相应操作，报警功能也可防止煤气泄露或是火灾的发生。此外，助老环还可与智慧化的电器相结合，如智慧冰箱可及时提醒老人仓内有无过期或腐烂的食物，避免老人因误食而发生食物中毒等情况。

5. 餐厅

老年居住空间中的餐厅设置智慧餐桌，屏幕可显示当日社区食堂的菜品，同时结合对老人身体健康数据的分析推荐当日餐点。智慧餐桌还可连接社区商超，方便老人线上选购食材、生活用品并接受送货上门服务。此外，餐厅助老环模块还可加入视频通话的功能，让老人实现与子女远程共餐，缓解老人远离子女的孤独感。

6. 卫生间

卫生间是极易发生老人跌倒等意外的空间，因此需做好空间的干湿分离及扶助设施的设计。卫生间入口处地面设置嵌入式的吸水毯，帮助老人擦净脚底水渍，防止滑倒。卫生间盥洗台安装智能镜面，老人可通过显示屏中的面部、舌苔识别功能简单测试当日的身体健康状况，也可满足播送新闻、广播等需求。淋浴间的设计中应考虑到老年人通过把手调节水温的困难性，设置固定水温调节按钮，方便老人一键完成，防止水温忽冷忽热导致身体的不适应性。

（三）智慧居家养老社区室内公共空间设计方案

智慧助老环在社区公共室内空间中主要包括扶助、定位、导示等作用。在具体的设计方案中，助老环延伸形成连续性的扶助设施，在与不同功能空间的连接处形成功能导示，如社区食堂的入口处的助老环可设置智慧屏幕放送当日或明日菜单供老人参考。在居住单元的公共走廊设计中，助老环除具备连续性的扶助设施外，还可结合老人喜爱的装饰画作，一方面提升环境观赏度，另一方面利于有认知障碍的老人进行辨认。此外，在居住单元入户空间的设计中采用内退式设计，门口设置小桌板、智能门锁方便老人出入。

穿插在居住单元内的服务台设计便于社区工作人员接收老人在居家空间中的服务需求并更快地做出反应。同时在服务台周边设置休闲区供老年人进行聊天、下棋等休闲活动。

（四）智慧居家养老社区室外公共空间设计方案

在社区的室外公共空间设计中，助老环随健身步道延展，主要包含紧急求救设施、定位系统，防止老人在活动时出现意外。此外，场地临近密云水库与潮河，周边有众多休闲垂钓园，因此将小垂钓园融入场地的景观设计，同时社区小农场的设计满足部分老人业余耕种的愿望，丰富老年人的休闲活动。植物配置的多样性保证一年四季都有具备观赏性的植物，愉悦老人身心。从社区公共空间到个人居住空间单元的设计，是对智慧居家养老空间相关的设计策略的实践印证，进而更加完善本文对智慧空间助老环的理论研究。

六、结语

在互联网等新技术快速发展的今日，老年人的居家养老生活受到了巨大的影响，完善以社区为基础、家庭为核心、智慧技术为驱动的智慧居家养老空间设计是提升居家养老水平的重要途径。本文核心是对智慧空间助老环的研究，一方面，得出智慧技术在老年居住空间中的应用策略，通过设计实践加以印证；另一方面，基于现今我国90%以上的老年人选择原居养老的实际情况，希望在设计实践的探索之外扩展到对原居养老的空间改造设计中，通过实现助老环的装配式设计为更大范围内的老年居住空间的改造升级提供可能性。文章也希望能为相关的理论研究方向进行一定的补充，同时为从事老年居住空间设计的设计师提供一定的参考。

参考文献

[1] 王春彧.养老设施智能化系统的现存问题与设计要点[J].设计与研究，2020（08）：112-114.

[2] 钱希.智慧居家养老平台的应用发展分析[J].时代经贸，2021（08）：119-124.

[3] 张曦.初老人群使用智能手机的用户体验研究[D].广州：广东工业大学，2021.

[4] 陈熙."智慧居家养老"背景下的失能老人起居环境构建[J].轻工科技：68-69.

[5] 徐冰."模数化"时代的室内设计及其开发应用[J].美术教育研究，2014（24）：107.

[6] 孙思雨.智能技术支持下的老年产品创新设计研究[J].科技与创新，2021（16）：69-72.

[7] 马丽萍.智慧健康养老：飞入寻常百姓家[N].中国社会报，2019，1.

[8] 程文秀.我国智慧居家养老问题及对策探究[J].理论园地，2021（65）：76-77.

[9] 张宇.居家养老视角下住区空间智慧化趋势[J].科技导报，2021，39（8）：52-59.

[10] 薛峰 . "明日之家 2012"适老住宅集成技术解决方案 [J]. 建筑学报，2012：第 70–75.

[11] 孙小翔 . 智慧居家养老模式下老年人住宅环境优化研究 [D]. 大连：大连理工大学，2020.

[12] 徐兰 . 互联网＋智慧养老：基于 O2O 理念下的社区居家养老服务模式 [J]. 中国老年学杂志，2021（41）：2675–2681.

[13] 张卫东 . 智慧城市建设背景下居家养老体系架构及重点环节解析 [J]. 都市服务，2021：80–86.

[14] 韩振秋 . 帮助老年人跨国"数字鸿沟"[N]. 中国人口报，2021,9.

[15] 冯文猛 . 科技将成为解决养老护理难题的重要支撑 [N]. 中国社会报，2021,9.

[16] 朱礼华 . 智慧养老服务的供给、需求及媒介分析——基于"服务链"理论 [J]. 中国老年学杂志，2021（41），4118–4124.

[17] 周燕珉 . 老旧小区的适老化改造有哪些要点 [N] . 中国社会报，2020,5.

[18] 周燕珉 . 老年住宅 [M]. 北京：中国建筑工业出版社，2011.

[19] Jinfei Qin, Bijian Jian, Guangfeng Rong etc.A Brief Analysis and Exploration of the Smart Home Care Model[J].Scientific Journal of Intelligent Systems Research, Volume 3, Issue 11. 2021.

[20]Li Fang.Design of an Interactive Two-Way Telemedicine Service System for Smart Home Care for the Elderly[J].Journal of Health care Engineering, Volume 2021, 2021.

学生感想：

回望过去一年在工作站的学习时光，我收获了专业知识的充盈、行业视野的拓展、校企良师的指导、站内同学的友谊，感谢四川美术学院校企联合培养工作站提供的这一宝贵平台，让我能够在研究生求学阶段获得一段珍贵难忘的学习经历。

感谢我的校外导师张宇锋老师，让我在中建城镇规划发展有限公司的学习中，通过北京密云穆家峪康养小镇和匈牙利国际文化艺术街区等实际项目，获取了我在校内的日常学习中不常接触到的专业领域知识，习得了企业内高效标准的工作方法，这对于我今后的研究生学习阶段乃至毕业后就业的阶段都将产生巨大的积极影响。同时感谢公司的周老师、胡老师在全过程中给我的教导和支持，以及赵老师、小丁姐在日常生活中的悉心关怀。

感谢我的校内导师李飒老师，在老师的推荐下我得以进入工作站参与学习。我会一直谨记李老师对我的教诲：设计是一门实用型学科，仅仅纸上谈兵而不付诸实践是无法实现设计的真正价值的。的确，我需要不断开拓自己的专业视野，加强自己的实践能力，提升与他人交流合作的能力，方能有机会成为一名优秀的设计师。在工作站的学习阶段，我在企业内提升专业实践能力的同时，李老师也在校内为我提供了理论知识的补充和指导，校与企相辅相成，正如理论与实践的结合，正是本次校企联合研究生培养工作站的根本目的。

感谢工作站内可爱的同学们，一起在北京学习生活的这四个月里我们结下了深厚的友谊，专业上互相请教，生活中互相照顾。来自四川美术学院的刘霁娇、赵骏杰，来自四川大学的崔守铭，来自天津美术学院的李赫，来自西安美术学院的傅慧雪，

再启
产学融合研究生培养探索与实践

Reboot
Exploration and practice of postgraduate training of integration of production and learning

不同院校的不同教育体系让我看到了专业学习的不同方法，博采众长，也是在工作站中重要的学习体会。业余时间，北京丰富的文化展览资源和美食资源带给我们丰富的体验，从北京民生美术馆到首钢园，从安藤忠雄到冬奥跳台，一路畅聊各自的感想，也留下了一张张宝贵的合影。嘤其鸣矣，求其友声，相信今后我们的友情依然，同时也期待与深圳站同学们更多的交流机会。

感谢四川美术学院研究生培养工作站的各位老师。感谢潘老师为我们搭建这样一个学习平台，让我得以有以上所述的精彩经历；感谢诸位校企导师在每次汇报中的指导，为我提供了不同角度的专业建议；感谢科研处刘老师等在工作站中的辛苦安排，保证每一阶段的工作顺利进行。

路漫漫其修远兮，吾将上下而求索。工作站的学习即将告一段落，但在其中获得的专业知识、师生情谊、同学友谊却会伴随我继续向前！

校内导师李飒评语：

李硕同学选择国家重视的民生问题——居家养老模式作为研究对象。尝试在居家养老模式和互联网等技术发展的大背景下，分析当下我国智慧居家养老行业的发展现状，提出整合各类智慧养老技术并与老年人居住空间相结合，形成智慧空间"助老环"的新理念。这一观点在当下装配和集成化设计的基础上，为我国的养老空间提出了新的解决方案，同时，"助老环"的理念也适用于老旧小区的改造项目，扩大智慧居家养老服务的老年人群范围。这是一次大胆的尝试。在研究过程中，李硕同学对我国养老空间做了大量的调研和文献比较研究，态度积极认真，整体论文写作结构合理，逻辑清晰，在设计过程中得到了校外实践导师张宇锋老师的指导，对于研究落地的可行性给予极大的帮助，是一次研究与设计实践紧密结合的完美呈现。

企业导师张宇锋评语：

李硕同学在我单位实习期间，勤奋好学，踏实肯干，能够将学校里学到的知识灵活运用到实际工作中来，善于思考，虚心求教，能够从他人的工作建议中得出结论和发表个人见解；态度端正，时间观念强，善于沟通，责任心强，注重团队合作，在团队中表现突出，与同事相处融洽，在参与的项目中积极努力、勤奋刻苦、热情待人，受到了同事们的多次表扬。在"密云穆家峪康养小镇"项目中，参与规划设计的同时对"智慧居家养老空间设计"进行细致研究，梳理了社区、智慧科技和家庭的关系，提出了智慧居家养老的特点和发展趋势。

实习期很短，需要的是一份热爱，希望该同学在这段忙碌的过程中得到历练和成长，同时希望这段团队的工作和生活会成为你不一样的回忆。

沉浸式体验在酒店设计中的营造——以襄阳·若水汉主题酒店大堂吧设计为例 / 赵子睿
Immersive Experience in Hotel Design
—Take the Lobby Bar Design of Xiangyang · Ruoshui Han Theme Hotel as an Example/ Zhao Zirui

沉浸式体验在酒店设计中的营造
——以襄阳·若水汉主题酒店大堂吧设计为例

Immersive Experience in Hotel Design
—Take the Lobby Bar Design of Xiangyang · Ruoshui Han Theme Hotel as an Example

赵子睿（深圳工作站）

学校：四川美术学院
专业：环境艺术设计
校内导师：黄洪波
企业导师：杨邦胜
企业名称：YANG 设计集团

摘 要

本文属于设计艺术学的研究范畴,其立论依据是基于人类处于历史上第四种经济产出的体验经济社会背景下,依托于积极心理学、艺术学、美学、传播学、叙事学、逻辑学等学科结合的综合交叉研究沉浸式体验应运而生。悄然之间影响了人与空间、人与人的关系维度,引发了空间无限维度的审美变革、艺术演变、意蕴的嬗变。酒店空间作为激发文化与社交、旅游等的综合场所,有着传播数字化艺术和文化、绿色生态建设的责任。以文化为内核的沉浸手法结合当代艺术的设计语境挖掘酒店空间的沉浸路径、语言特征、意蕴表达是一次酒店空间的艺术实践。融合积极心理学与五感交互的场所体验逻辑,以"空间文道""空间交互""空间叙事""空间意趣"为触点,让薪火赓续的文化实现酒店空间艺术载体化、空间艺术媒介化、空间艺术形式互动化乃至于空间艺术作品化的梯级跳跃。

本文前两部分为基础理论的由来、学科背景、相关定义、特性。系统阐释体验、空间体验与沉浸式体验的区别、界定、特征等。第三部分为沉浸式体验方式的梳理,归纳两类沉浸式的方式,并分析与空间结合的可能性。第四部分则是具体设计部分,以四个层面解读汉文化沉浸式体验设计思路讲汉代故事、造汉代景象。第五部分为具体的襄阳·若水汉文化主题酒店大堂吧的设计。

进而表达沉浸式文化体验介入酒店的解读,体悟沉浸文化体验艺术的美学本质与深厚内涵,从而论证酒店空间"沉浸式""体验性""文化性"多维的生成特点,确立一套动态的文化沉浸体验在酒店空间的创作方法论与设计思路,以文化渲染空间诗意气质,打破室内设计的文化性策略的思维疆域。

关键词:沉浸式;文化体验;酒店设计

一、绪论

(一)研究背景与意义

沉浸式体验是当今文化与科技融合所形成的一种动型业态系统。它在先进科技成果的推动下,发展成为集硬件设备、软件内容等于一体的围合交往型、跨模态型、即时体验型、智慧可控型的生态体验链。它以大量的集成式技术、多维文化内核、开敞的市场应用维度,形成了强纵深度创新生态和超广度营商环境,在"科创 + 文创"多学科互联的强大引擎下反哺着后工业化时代人类历史上第四种经济产出的体验经济。

酒店空间作为激发文化与社交、旅游的综合场所,培育数字文化产业的新兴业态的重要组成部分,要求酒店空间的本质与价值产生了开创交互、自然迭代的变化,当代酒店空间更应兼具东方美学范式下数字交互媒体沉浸式设计的气质和体系,构架数字化艺术文化传播的绿色生态建设,并且沉浸式的艺术手法在酒店中的表达具有深厚的人文意义。

（二）研究目的

将从设计师、体验者、产业者的三个角色来展开，设计师作为酒店空间中的导演，他需要拥有掌控空间能量的共生手法、塑造空间表情的共感能力，渲染空间诗意气质的叙事表达。丰富空间的话语体系、场所、动能、形式要素、文学哲学化的升华……那么无本之木、无源之水的单纯的空间要如何构建是值得考究的。诚然论证空间的可行性是困难的问题，好在王国维在《人间词话》给了我们思路："有有我之境，有无我之境，有我之境，以我观物，故物皆著我之色彩。无我之境，以物观物，故不知何者为我，何者为物。"让酒店空间从有我之境到无我之境的升华，在"无义所有"的哲学观中，设计者开始有了空间艺术载体化、空间艺术媒介化、空间艺术形式互动化乃至于空间艺术作品化梯级跳跃的思考。

体验者作为被选定的观众，他希望在度假的有限时空中感受从古典的探索到现代的体验：感知真实的体验到虚构的世界，品读传统文化与当代文化的和鸣，产业者则需要站在更高的维度迎合文旅发展，树立当代先锋的品牌兼顾艺术疗养、有机生态等的同时完成记忆点立体化的传播矩阵，从而获得更全面的价值属性。

（三）国内外研究综述

1. 理论基础层面

对沉浸式设计在室内空间的应用进行美学溯源，沉浸式体验设计是 20 世纪下半叶的产物，由美国积极心理学家米哈里·契克森米哈赖《发现心流——日常中的最优体验》所提出的，其中三个核心词：一是幸福；二是最有体验——心流，就是文内所提到的沉浸式体验；三是精神熵，并归纳了实现沉浸构成心流体验的八大要素。相比塞利格曼《真实的幸福》中提到的心流，虽早但未确切的定义为沉浸式的体验这一概念。爱尔兰心理学家阿兰·卡尔（Alan Carr）的《积极心理学》着重介绍沉浸体验的 9 个关键特征与沉浸产生的条件，还对"如何测量沉浸体验""计算机与沉浸体验""文化与沉浸体验""各种关系中的沉浸体验""可带来沉浸体验的活动""沉浸体验的神经生理学机制"进行了介绍。积极心理学之父马丁·塞利格曼在 Zn 上扩充了《持续的幸福》一书中构建了 PREMA 模型，总结了 5 点元素并阐释了幸福与心流的关系，以上都为如何搭建互动数字媒体沉浸式体验介入酒店设计提供了深厚的理论基础。

2. 技术层面文献

约瑟夫·派恩、詹姆斯·H. 吉尔摩的《体验经济》等书为本文绪论部分涉及的数字媒体艺术沉浸式场景设计的"设计与消费""营造与导演空间""编排与人生体验"等及其社会作用方面，并提出了空间体验的"4E 理论"，即娱乐性、教育性、审美性、逃避性，特别促进对体验营造本质的深入研究做出了突出的贡献，为本文如何以文化为内核营造沉浸式的空间体验中体验的方式、体验元素的强度时间、文化维度的感知与理解提出了新的模型——19 世纪中叶的古斯塔夫·弗莱塔克模型从而使中外学者们了解了体验表达的密匙。

《华尔街日报》中多次提到的"虚拟现实之父"美国计算机科学家杰伦·拉尼尔（Jaron Lanier）撰写的《虚拟现实：万象的开端》翔实地介绍了 VR 等技术是数字媒体艺术沉浸式场景设计得以实现的核心手段并给出了 52 个定义，第十章以技术塑造"沉浸感"与第十八章"场景"为沉浸的设计链条提供了新角度。

（四）研究内容和方法

本文属于设计艺术学研究的范畴，结合设计艺术学、美学、传播学、叙事学、逻辑学等学科结合的综合交叉研究，并应用文献研究法、案例分析法、视觉符号分析、法五感设计法进行研究分析。

二、 相关概念解析

（一）空间体验

1. 空间体验的理论范畴及特质

福柯对于空间理论的谱系学梳理之后，自福柯有关权力、绘画与社会空间的分析以来，空间理论也如"身体"般迎来转向的趋势。空间不再是时间，尤其是线性时间的附庸，而拥有了内在的历史；空间不再是客观的自然，而具备了生产的能力；更重要的是，空间的概念与后结构主义思潮一起，与当代理论对于总体哲学的突破一起告别了整齐划一的规章制度，告别了线性秩序与逻辑关系，告别了统一和静止，并就此迎来了巴什拉（Gaston Bach–clard）对于异质空间的描摹。

因此，体验设计，从字面上看，是为人的体验而设计；从内涵上看，是为了给人的生活以意义，让人体验到意义。设计对物的研究、对行为的研究，最终是要赋予人的生活世界以丰富的意义。设计人类学学者迈克·阿纽萨斯和蒂姆·英戈尔德说："我们所呼吁的是这样一种设计实践：反思自身学科的创新，分享对生活的理解，了解感知、文化和材料之间的关系，创造性地积极参与人类生活的持续改善。"如果说，在传统的农业经济、工业经济时代，人们对体验的追求还是一件奢侈的事情，那么，在体验经济时代，对体验的追求则是一个正当的需求。设计也随之从创造人工物转向创造意义。

胡塞尔在《逻辑研究》中对体验的确切定义是："在这个意义上，感知、想象意识和图像意识、概念思维的行为、猜测与怀疑、快乐与痛苦、希望与忧虑、愿望与要求，如此等等，只要它们在我们的意识中发生，便都是'体验'或'意识内容'"。因此，现象学、诠释学的代表人物、德国哲学家伽达默尔说："体验概念在胡塞尔那里就成了以意向性为本质特征的各类意识的一个包罗万象的称呼。"由于现象学的态度反映的恰恰是人在本来意义上对待生活世界的态度。

2. 体验的核心要素与非核心要素

体验核心要素是角色与场景，首先，此处的角色是两个概念，即进入空间的体验者，都有其自主选择角色并与之体悟，次之角色进入空间后成了空间中的一个元素，动态流动交互之中，空间中每一个点都各自有其"角色"的新属性。场景则是空间本体的场所了，它由场景外的渲染、主题与道具、流程与路径、场景活动与行为所构成。简单来讲就是空间的结构与组织、界面与装饰、介质与秩序、行为与心理。

（二）沉浸式

1. 沉浸式体验

"沉"最早来源于《广雅》沈，没也。在说文解字中也有所提及，"陵上滈水也，从水冘声"，其特点为深入且埋没特性上有一定的神话色彩。也有 SEMs 模型（Strategic Experiential Modules, 战略体验模块）一类倾向关注人的体验，包括感官（Sense）、情感（Feel）与思考（Think）；另一类关注受众群体验、共享体验：行动（Act）与关联（Relate）。不管是西方还是东方，沉浸式体验远比我们想象的更早浸入我们的生活，它与人类的进化具有深刻且协同的联系。随着人类的神经系统、思维方式、时代认知的发育与迭代，形成了一套复杂的感知、体验、记忆系统，在这个不断探索与构建的漫长旅程中，像比较早的洞穴壁画，就给了世人很早的沉浸式体验，正所谓：洞中方一日，世上已千年。对于"沉浸"国人有着天然的感知力，是由于中国自古有这对"境"天然的中华传统审美基因，不仅有儒释道洗礼还有羽化成仙等神话系统的加持，它都迫使我们对于沉浸的程度有着不同于西方纯数字化、异化等景象的诉求，它需要更高的内省的、间接的、隐晦的哲理意味。

国际多媒体协会主席哈威·费舍先生这样界定沉浸式体验："沉浸式体验——高价值文化服务以主题叙事为聚焦，沉浸式视听为效果，以现代逻辑为构架，提供给人三合一的价值体验。"它包含着多维且直接的感官体验、间接且丰满的情感体验、内省且深刻的哲理体验，从 2017 年沉浸式体验、沉浸式艺术走入了人们的视野，在其中不得不提的三个主体：计算机、体验者、设计师。共同感知、准备甚至深度学习以共感道德性、审美价值、思想深度、终极关怀……内外因共同作用的结果。

2. 沉浸式体验的特征

谈到沉浸式体验的特征，要从技术奇观、体验程度、体验方式、体验内核这几个角度来展开，沉浸式体验在技术层面：集成新型视听、人工智能、高仿真、混合现实、人机互动等先进技术的推动下，透视学、美学、叙事学、神经生理学等学科的推进所形成的综合技术大奇观；从体验程度层面：超越自然界和日常生活中的体验程度，达到极致化的高强度和宽领域体验。从体验方式层面：以包裹式手段，全方位调动感官，从表层体验到深度的哲理体验。体验内核层面：以现代逻辑（包括符号思维、关联逻辑、多值思维等），形成奇幻却更为真切，并且能够自主运行的视听世界。构成特征角度来看，它具有跨媒介、跨学科、时间性、针对性、跨物质的特质，从内容特征来看它结合解构、叙事、代入、交互的手法。

（三）文化的沉浸式体验

文化的沉浸一是规定了沉浸的内容核心是文化，酒店空间作为激发文化与社交、旅游的综合场所，培育数字文化产业的新兴业态的重要组成部分，要求酒店空间的本质与价值产生了开创交互、自然迭代的变化，当代酒店空间更应兼具东方美学范式下数字交互媒体沉浸式设计的气质和体系，构架数字化艺术文化传播的绿色生态建设，并且沉浸式的艺术手法在酒店中的表达具有深厚的人文意义。

对于文化的沉浸塑造，应以文化为内核，通过空间导演的组织与塑造，拟合成主题性的情景，并使访者通过无感交互，触控多元的空间介质，以形成新的认知并完成空间内角色的扮演，通过交互的沉浸手法使人感受气氛，感知全新的体验并体悟设计者赋予空间的情节，终而完成空间情境的沉浸。

（四）文化的沉浸式体验及相关案例分析

本次将从三个案例出发来对文化的沉浸式体验进行相应的阐述与分析。

首先第一个展览为"在青山行不尽——唐诗之路艺术展"共展出青绿山水画《浙江大观图》、描绘天台山水的《悬水空观》等唐诗之路相关展品 300 多件。选用此案例是由于它从空间构成营造文化沉浸体验，并以此角度被分为了舆地、洞天、山河三个主题空间，与设计者共赴浙东唐诗之路，整合了三条诗路文化带——串联瓯江山水、钱塘江、大运河三条"诗路"。这个案例为我们选择沉浸式体验内容方面的处理整合提供了经验。

以唐诗为线，调动五感通过装置、影像、戏剧再造空间营造沉浸，是文化沉浸的很好尝试，与此同时，提示了文化内容的梳理和筛选之于空间沉浸的关键性。应用"国油版雕"、书法、手工艺和艺术人文，用跨媒介的方式书写"唐诗之路"，有着对诗路、诗心、沉浸体验多情千面的唐诗的体悟，体现文化沉浸创新"诗学"之路。空间设计中充分运用装置、影像、数字化展演等新媒体手段，利用艺术化的手法将国画、油画、书法、版画、雕塑等，超越了以陈旧语言书写传统题目的习气，书写出一条新的"唐诗之路"。

"舆地"聚焦"艺术的在地感知与地方工作"，呈现创作者通过田野考察、在地实践催生出的鲜活思考与创作，以及"创造性"地参与地方文旅、文艺建设工作的尝试；"洞天"着重于想象力的不羁与瑰丽，创作者们通过与传统诗歌审美中的超越性、神秘性母题相应和，创想出人境之外的别有洞天；"山河"呈现艺术家对历史变迁与山水家园的重寻、重访，试图回应中国山水文化的自然美学和世界经验的宏大文明史命题。

其次，GLA 格兰莫颐文化艺术集团瑰丽沉浸式数字意境展。展出内容是从《千里江山图》《洛神赋图》和《百花图卷》三幅古画中提炼出设计意向，展现东方美学的同时使人在空间内沉浸。本次展览选择以中国美学为主题，是希望用溯源东方审美感的题材以古韵、词赋、古画，拉近文化与当代年轻人的距离，在遵从学术大背景的前提下，对古画进行了拆解与再译。

从宋代传世名卷中撷取美学元素，在平等的空间内光影写意、沉浸互动、体验沉浸未来感的"东方意境"。这是一场充满东方韵味的"艺术实验场景"，新媒体艺术与传统文化，沉浸表达装置艺术，表达中国人关于自然、山水、家国、浪漫的情愫；在艺术馆里，你将从层层"梯田"走向花木掩映的"亭榭"，偶遇飘然若飞的"洛神"，在古今共情中感受东方美学的浸染。

三、沉浸式体验的方式

（一）不同感官媒介构成的沉浸式体验

1. 五感营造

亚里士多德认为人的感觉可分为五种，分别为视觉、听觉、触觉、嗅觉和味觉，并认为视觉是"心智之母"，凌驾于其它感觉之上。而心理学家詹姆斯·吉布森提出了与其不同的五种体系，即视觉体系、听觉体系、触觉体系、嗅觉—味觉体系、基本方位体系。在空间的设计中以五感切入时其刻画的重点尤为关键，以视觉为例，其特征片面性、流动性、吸引性都是着重描摹空间的切入点。声音的场所性、亲密性、静默性来塑造空间的性格。触觉的主动性、反馈性、时间性是空间情绪的关键，设计师在空间设计中体悟感觉与知觉，使之相伴相承，才能真正做到使空间的张力自现。

2. 跨模态化

联合感知营造的沉浸式体验惯常使用的方式之一就是运用超新技术、工具对观者的各个感官进行全方位刺激，虽然其各个感官联动发挥作用，但在实际情况中它们并非各行其是，发生的状态协同多维共时。"所有的感觉表达媒介都在发生相互的渗透，尽管每一种表达媒介在依靠自身最独特的性质时发挥得最好，它们又都可以通过与自己的邻者偶然联袂为自己灌注新的活力。"在生物学中，这一情况被称为跨模态，即整合或融合两种及两种以上的感官技术，通常是沉浸式环境的特征之一。

"有机体之所以如此，一方面是因为这些感觉可以相互增强，另一方面是它们可能以类似方式被处理。"当然还有谱系学中的概念相符：综合感知——思维与感觉的思辨、感觉与知觉的解剖、知觉与体验的联姻、此消彼长、互惠互利。

（二）不同心流倾向营造的沉浸式体验

1. 交互性

交互类型的心流倾向之所以作为沉浸式体验的营造方式之一，主要是因为在沉浸式的作品当中，作为体验者和参与者能通过视觉的聚焦与序列、听觉的场景与韵律、触觉的再现与设计、味觉的联想与诱导、嗅觉的品味与疏导等五感营造来沉浸于设计作品当中。随着沉浸式的逐渐发展，审美的主客体之间不再专注呈现一种固定的模式，而是通过沉浸式交互体验的介入，使得审美主体与客体之间的界限变得模糊，甚至不止于传统的物与人之间，还应注重在空间中人与人的交互。在沉浸式交互空间和交互体验原则之下，人与审美主体之间不仅为物象层面的欣赏，希望通过交互体验的形式传递深层信息并引起思考，从而实现设计观念的表达。

2. 扭曲时间性

扭曲时间性在沉浸式体验中有两个横向与纵向两个表现层面，横向扭曲时间性的表达即为固定时间的无限延长和多事件的瞬息之间，而纵向扭曲时间性的表达即为体验者的时空跳跃与多维参与，栖身在设计导演的时空之中。沉浸式场景设计的扭曲时间感的营造，依托于声、光、电类技术及空间形态设计和整体动线导向，让体验者仿佛置身于设计作品之中。并且设计作品不应是一味地专注于沉浸形式的表达，还应研究、调研与设计相应安置地点，充分考虑地理气候、自然条件、人文历史等地域因素。希望通过扭曲时间性心流倾向在沉浸式设计作品种的表达，让体验者能穿越时间的桎梏，打破时空的维度，体悟时间长河中的历史与变幻。

3. 娱乐性

相对于沉浸式的设计作品，能留住体验者目光的不是文化的长篇大论，而是娱乐层面的表达。前文所述希望通过交互体验的形式传递深层信息并引起思考，从而实现设计观念的表达。相应的深层思考和设计观念表达如何在体验者心中留下记忆的痕迹，沉浸式作品的娱乐性表达就显得尤为重要。沉浸式体验设计最大特点是能为体验者提供非传统的"第三空间"，即舒适与趣味的结合，能让体验者摒弃身份与心境，无功利般释放真实的自我，在设计者给定的沉浸式空间中休憩与娱乐。隐于沉浸，人行景中，享于娱乐。

四、汉文化沉浸式体验设计思路——多重意境的塑造

（一）空间文道文为世用

1. 符号形态——汉元素现代转化

汉代室内空间的营造脱离不开界面的装饰与室内陈设，汉代首屈一指的雕刻绘画方式来实现室内空间的立体化装饰，诸如壁画、画像石、画像砖、帛画，我们从细处剖析其表现技法、色彩运用、构图营造，都不难发现其装饰整体特征中的"气韵流动，蓬勃生命"，例如说灵动飘逸的"云气纹"不论如何的充盈繁复，也有足够的留白，才有了"气动，则流水不朽，气畅则神清"。把握了整体风貌，进而去探寻汉代符号形态应用于室内设计应该如何转译的问题，在 2022 年"纹"以载道——故宫腾讯展中给出了很好的范例，不管是将青花枇杷绶带鸟纹的传统纹样赋予到经过设计的盘型界面上，还是裸眼 3D 流动起来的文物，精美重组的动态纹样，是当代艺术、古代工匠巧思与现代技术的碰撞，希冀与锦绣图景再现，其中每每都是鲜活的汉代故事（图 1）。

在"宫墙纹饰系列"中我们不难看出变化多样性的曲线成为装饰图案的首选，灵动的窗花纹饰：四时纹样、祥纹、瑞兽构成了"虚"的窗棂，植物纹流淌在拱形环幕"天空"之中，使人浸入漫漫宫墙瑞意流光，在浪漫的历史甬道中瞥见那一抹琳琅满目、五彩斑斓的旧时风貌。就汉元素的现代转译在空间体验中应考究如何变化的呈现"转折顿挫、刚柔并济"，空间细部中把控描摹"粗细长短、深浅着色"，在设计的汉文化沉浸体验中应以描绘"灵动"与"动势"、"生命感"与"律动"为核心。提取时代话语体系中的精要，繁华荟萃的国宝之中凝炼与辨别十分重要，通过汉元素的交织我们得以去描摹"凝固的诗、立体的画、盈动的音"的"汉宫游记"，感知薪火赓续的汉之传承。

2. 古籍活化——汉图景提取凝练

谈到汉图景凝炼很难绕过汉赋，而汉赋经典中的精要则在文景之治迎来顶峰，时代运笔下极尽古雅，精神流散，意极高。它像一面镜子，反射给我们以更生动更具故事性的立体图景，实乃凡一代有一代之文学。这之中汉代的审美精神嬗变、文学观念在迭代，是"古籍活化、文为世用"反哺设计的养分。

在酒店具体的设计中首先感知汉图景是以怎样的特点存在的，只有把握其魂才能章其法。就整体分析其风格定位，不论是《三辅黄图》中大美重威"未央宫"的"宏"与"壮"；《西京赋》重峦相承间的"繁"与"重"；"万人坐""只见柱

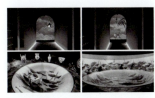

图1 2022年"纹"以载道——故宫腾讯展（来源：自摄）

图2 南京金鹰世界G酒店效果图（来源：YANG设计集团）

不见墙"《阿房宫》的"尚大"与"聚合"；天花藻井、砌上明造，满挂锦绣、羽翼群生"长乐宫"的"满"与"溢"。都为我们以设计去描摹汉宫图景提供了范式与方向："完满"而"充盈"，空间文道之中应具"重"与"拙"、"气势"与"恢宏"。

古籍活化是文化性浪漫的空间尝试，诗赋中的禅意、律动中的功夫、案台上的雅集、水墨中的光影、餐谱中的四季、榫卯中的万象，都是谱写空间典籍的序章。

3. 随物赋形——色彩肌理汉艺术草创表现

空间形态的赋予，需着眼于汉艺术的整体观。这也是先研究整体风格定位的原因，汉代属艺术的草创表现阶段，民间艺术与人文艺术上未分化，青涩而朴实。画像石到汉乐府、从壁画到工艺，陶俑隶属草书都呈现了汉代艺术磅礴而旺盛的生命力，其力量感和气势是后代难以企及的。汉代美学思想大多混融于其宇宙论、生死观和政治观念中。吸收老子《道德经》的影响形成了虚实相生、空有交融又憧憬神话和世俗美学的浪漫艺术世界。那么，在酒店空间中如何去把握汉代空间叙事、器物选择、色彩构成、肌理陈设、艺术品的搭配都要做到随物赋形，去彰显力量感大化流行之中又饱含浪漫神话色彩。

汉代的家具及陈设沿袭了"席"的特征仍以低型家具为主，习跪坐恶箕踞。在软装设计中应避免过高的座椅沙发，破坏汉图景中的时代印象，当应以礼而置。那么，在造型与装饰中应尽量选取形制方正几何线条的，正所谓"席不正不坐"，也潜在地再现了汉代大处"尚静""尚简"的思想。

那么，在酒店空间中时代艺术的表现从何处出发？南京金鹰世界G酒店中不论是多媒体的电梯间还是开放式大堂酒吧都给我们提供了新的思路，材料交织光影形成的沉浸，该设计中顶棚体块巨大的水纹金属，倒影魅惑灯光，雅与潮碰撞，实与虚交融，让人忘乎所以，不知是身处云端酒吧，使人游走于夜色秦淮。这就是肌理的魅力，它是重塑空间观念的密匙，从真实的材料到超越真实的体悟，是空间设计者的观念再融合的角度，将沉浸式空间的母题转化为具体的现实艺术，是技术和艺术、观念和表达、东方和西方，从点、平面到空间中的多维综合感官，漫漫巧思相互的融合和生长（图2）。想要营造一个沉浸式的汉图景酒店需以"写物图貌，蔚似雕画"，以小见大的同时把握时代空间叙事的观念、宇宙观等观念思维层面进而了汉艺术的话语体系，才能演绎随物赋形的淋漓汉景。如果失去这个过程，所有以文化视角切入的设计都将空有其名，有名无实。

行文至此，不论是汉元素的现代转化、古籍活化抑或是时代肌理艺术审美的提炼，在筛选辨别中始终存在片面的问题，那么在此处以艺术批评的视角，以其方法论为依托，从构成形态中学习符号学的识别与系统，甄选时代语法、语义、语用。依托图像学的筛选与归纳方法，寻找具有社会性、人文性的古籍进行活化。应用形式主义的整理法与再设计，寻找具有结构性的时代审美。在文化沉浸的内容筛选是促成沉浸以及沉浸效用的关键一步，也是沉浸体验文化性的衍生。在文化沉浸酒店空间中的探索是势在必行的，空间与古为友，并非是一招一式的模仿，而是文化的传承之义，是当代设计的拓本寻源。

（二）交互情景体验互动

1. 交互式应用——空间界面再造

在空间中交互情景的塑造脱离不开构成界面的营造，在传统设计思路总是围绕界面的二维装饰或是在空间形态中进行局部的变式，但核心并不能真正使之尽其用，每个空间界面，都是一个完整且无限的空间，都是我们营造"动"的汉代景象的重要载体。针对这样一个思路寻找到了一个案例：单体墙面的无限性的实验，数字媒体展中将空间中一墙体形成一个多宝盒，其中每个格子都有其特殊的规制摆放以特殊的器物，观者可以通过选择器物欣赏国宝的细节，这是很好的一个沉浸式体验的塑造，实现了文物"走出来"。

那么，我们得到了一个好的思路，交互式墙体化或是将构成空间的多个面都进行数字媒体技术处理。将固态的界面叙事化，这样的处理可以使空间与时间形成四维连续区。简单来说，一日可感四季则是如此。在故宫腾讯展中，入口处设计形成一个斗栱，具有开门见山的意象，通过聚焦观者视线于丰满寓意的纹样动画，让人沉浸在传统美学的造景之中。

这样推论下来，酒店空间界面中故事的表达、内容的呈现、放置的位置、交互的顺序、风格与体验等都影响着人在设计空间之中沉浸的程度与时间。以设计的手段去导演空间，从而完成空间中的文学形式的渗透，即多媒体文学空间化的同时给予空间切合的情节。这样可以把空间与空间体验者联系起来。

2. 情节化组织——空间情景表现

陆邵明先生指出：空间情节源于生活体验的更高层面，目的是唤起感悟，架起幻想和记忆的桥梁，在发展体验中获得秩序感、场所感，到达体验中审美的高度奠定升华平台，获得场所精神空间，空间情节是从视觉场所到实现场所精神的媒介。

在酒店空间情节的塑造中沉浸式体验，是设计师导演空间的重要一环，围绕着一个主题进行时间再造、空间再造、主题交互、联觉感知这四个步骤使人沉浸于拟定的文化意向。

京都虹夕诺雅酒店是由 AZUMA ARCHITECT & ASSOCIATES 设计公司打造，旨在打造隐身于京都千年古城，尽显贵族气派的樱花源。以泛舟樱花源为主题，设计者首先拟用时间再造的方式，使一应服务人员着和服，让人恍如隔梦，回到了往日京都。在码头处等待访者，待乘船逆流而上，追溯来自古都的遥远记忆。空间情景的塑造离不开故事性的塑造，五感多方面的叙事空间，将文本复现。此处叙事空间与空间叙事不同，叙事空间在于文本诗词歌赋意境情操的再现，而非后文利

图3 东京虹夕诺雅酒店茶室（图片来源：古德设计网 https://www.gooood.cn/）

图4 小洞天民宿设计
（图片来源：古德设计网 https://www.gooood.cn/）

用空间叙事表意。

到了东京虹夕诺雅酒店，则是标榜在充满榻榻米香的优雅馆内体验最正宗日式旅馆的待客之道。穿过由单切柏木打造的设计者有意"加高"的大门，客人将被身着和服、面带微笑的向导带领至酒店内部。当身后的大门关上时，一切噪声都戛然而止。长长的榻榻米走廊一路延伸至尽端以当季插花作品装饰的壁龛。脱下鞋子，存放在走廊上一排竹制的鞋盒内，然后穿着袜子走进日本的细腻礼仪与服务。随着耳畔传来木板的敲击声，客人将来到客房所在的楼层。馆内每层楼都设有一个"茶之间"，为该楼层的客人提供时令清酒和各色茶点，同时鼓励客人之间的交流和偶遇，檀香的气息与榻榻米的竹香交织在一起，与优美的插花共同提醒着人们去留心四季之美，享四季之食，并献上最地道的日本茶道，通过介质的交互，人与人、人与空间的互动唤起五感，体悟"感知只存在于此的世界"（图3）。

（三）空间叙事游以达情 —拾汉时境像

空间的叙事在《存在·空间·建筑》一书，诺伯特·舒尔兹提出了"存在空间"的概念，在有限空间塑造"无限""动态"的知觉图示体系。在这种空间的叙事学所包含的远不止"文本叙事"，更多的是"历史叙事""心理叙事""图像叙事""哲学叙事""社会叙事""教育叙事"等。诚然叙事遍布于小说、史诗、寓言、历史……顺其自然地在跨学科的叙事中，也出现了"叙事的转向"，从叙事学的视角去研究空间设计领域。

空间叙事在于空间流线与空间组织之间。空间流线的组织中，去营造隐喻与韵律，例如木守西溪的门口处理"隐而入"和桃花源记中的"初极狭"有着异曲同工之妙，在空间流线中去把握隐喻与韵律，隐喻在于对于隐喻关系有各种不同的描述：比较、对比、类比、相似、并列、相同、张力、冲突、融合等。

从巧妙引导性的"明"铺装，到"藏"而"隐"的入口大门及廊道，建筑师试图通过设计将西溪湿地"冷、静、孤、野、幽"的自然美态呈现给来访者，那么就需要一个感知的转变，避世的环境促使在流线的导演中，多处生变，这其中不乏植物、水等自然环境编织进建筑，乘船而游欲避世也是一番沉浸式隐居体验。

水路流线基于湿地的原始地貌而设计，使习惯了陆上出行的现代人群得以沿古水道前往酒店，酒店景观借景于西溪，在摇橹船徐徐的桨波中，塑造空间的"迂回"与"围合"获得观察西溪湿地的另一种"冲突"视角。在京都红夕诺雅酒店的设计中更有穿过竹林青苔小径，以丰富路径的种类，以达到访者沉浸"探"的空间叙事之中。

接下来就是空间组织中的沉浸体验，是空间叙事游以达情的关键，空间结构的塑造与组织，实为空间之筋骨，利用借景赋比兴等手法界空间组织把个别的独立的空间组织成一个有秩序、有变化、统一完整艺术的空间哲学集群。每一个空间都是设计者"立"像的过程，同时也是自然的映像。

小洞天民宿设计中，也谈到了有关于"山水"文化的室内设计，主题则是围绕洞天的讨论，设计者谈道：洞，是最早的"山水建筑"，"洞天"是道教中的概念。洞天无论大小，都是一个完整的微观世界，有着属于自己的时间和叙事空间。洞天是对中国传统景观的隐晦表达，是一种源于内部的观点。该项目所塑造的"洞天"融合了茶室和文化交流的功能，人们聚集在此，共同探讨与建筑、山水画以及戏剧有的话题（图4）。

洞现无尽深远，转而见山道中待合，遗石而至。隔山呼远：茶室与盆地隔着书房与山路，经横裂洞口邻座遥望，左此右彼，仿佛隔世之裂观，脑洞之拼贴妄想。不难看到设计者的巧思，以门做框景的同时，塑造空间景深与层次，通过几扇几层门，将洞的空间沉浸演绎出来。

埋书之远：书山进行空间的围合，屏风是书页，八扇屏风打开了书中的瑰丽世界：檐下巨大的四分之一圆月，拟合月下品读的空间意境。梯云路远：言张生云中取月，梯云而登天，这是冲顶之远。在此可俯瞰盆地，亦可招呼山口雅集的迟到者，守着山口，望着山里。空间叙事中的隐喻与韵律去把控空间流线，在空间组织中感知迂回与围合通过空间的构成叙事，使观者沉浸"历史空间""心理空间""图像空间""哲学空间""社会空间""教育空间"。

（四）空间意趣外化再现

无论在东方文化中还是西方文化中，空间意趣都是水乳交融式的"只可意会，不可言传"，其原因主要有三点：其一，整体性。场域各物之间虽然是可见的，但并非"水油分离"式的各自而立，而是"骨肉相连"式的融合，以灵活的、有机的、生态的为整体，具有一种虽润物细无声但又随处可见、无孔不入的侵染使人沉浸其中。其二，意在言外，在空间思辨中融合散文、诗词、琴棋书画等各种艺术，是源自于思想、文化、哲学、伦理等意识形态的复现与生长，升华的空间表达以形成的共感。其三，空间意趣的外化再现，实际上就是访者与设计者共同体悟下的空间思辨与空间审美的碰撞，无论是立象尽意画图天地的汉时旧像，还是访者对空间无羁多义、炙热深沉沉浸体验，都是文化的空间，感知体悟古典和现代的碰撞。

五、设计方案及实践

（一）项目概述

1. 项目的调研

本项目的现场调研分为两部分，其一分析杨老师已完成的项目例如深圳会展中心希尔顿、研习过往5年内大量的优秀案例，

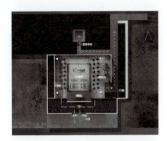

图5 设计流线分析与总平面图（来源：自绘）

图6 芍药主题沉浸方式（来源：自绘）

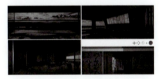

图7 大堂吧设计效果图1（来源：自绘）

例如文化沉浸的表达——南京金鹰世界G酒店等，进行初步的酒店探索，把握空间功能、区域体量、设计思路、各空间艺术文化式的处理要点，并完成观后感讨论对于酒店认知的第一步。其二，是对文化性与沉浸体验的把握，在大量文献调研工作与整理中选取精要应用于设计之中。

2. 项目区位及定位

该项目地处襄阳位于中国华北地区、湖北省北部、汉江中游，是汉江流域的中心城市。南湖宾馆坐落于襄阳古城护城河畔，庭院面积近200亩，襄阳市襄城区盛丰路北侧背靠襄阳古城邵明台、西临南湖公园，依山傍水。

由于较大的庭院面积，以及三面环水尤可远眺汉水，其为内外景观姣好的庭院式园林酒店，在文化定位中，对于其所属襄阳，文化之息四溢，地处荆楚文化、三国文化、诗赋文化的发源地，所以在其文化定位中选定为汉文化的沉浸式主题酒店。

从设计区域整体地理位置来分析酒店规模适中度假精品酒店，景观优越。东侧南渠，一面临山，三面环水，依山傍水，汉水快快。在设计中要把握绝佳的地理优势、难得的视野，把握历史文脉赋予酒店空间的浓浓文化内涵。

（二）设计策略

1. 设计缘起

随后得出了平面流线以及分区概况：大堂吧由绸编屏风分为四个区域，分别为书吧、舞台、茶吧台、观景区。习得汉代屏风的要义，隔而不断。私密且开放，可动可静。

2. 五感交互的情景沉浸

依前文所示，如若想要在酒店空间中使人以文化沉浸体验，需要拟定一个主题，在空间的情节化组织中，通过一些介质借以表意空间。导演空间内的沉浸主题、内容、节奏等都是文化沉浸式体验的重要部分。

李时珍说"芍药犹绰约"，芍药"花容绰约，故以为名"，这是因为它的花姿而名；汉代人却有"制食之毒，故得药名"，属我国最古老的花卉之一，因此在设计中我选用了芍药作为情节化组织的主题。在主题下我运用了三个维度联合五感去营造，分别是：气律、词采、相和（图6）。

- 气律 汉乐 汉香 品味论乐 以律论天
- 词采 汉食 汉茶 食骨清高 茶词华茂

· 相和 汉服 汉礼 服兼雅怨 礼被文质

名士宋洪刍所著的《香谱·天香传》中就曾说道："香料可以连接上古天地，它具有至纯至洁的特点，因此可以用来敬奉神明"。

依汉制以汉香待客乃上礼之制，在空调新风系统中加入芍药香料，弥漫在一片芍药阵阵幽香之中，在食制之中精选芍药花制饼与茶，着汉服的琴师作揖抚琴，配以"汉宫秋月"的古调。

在大堂吧这样一个尺度里建构汉宫景象。渲染气韵、塑造情境、交织五感于设计之中，才能使沉浸其中，尽管道德说教儒学信条已浸满画廊，也难掩根底深厚的充沛浪漫，体悟汉文化的文学叙事与汉画的动态演绎。

芍药花下、原始昔拙、狂放意趣、今古无界、无极想象。焚香点茶、挂画插花、品八般闲事，以设计重拟旧时汉像，以空间唤起时间的绵延。让那个时代走进访者，抹平我们与历史之间的沟壑，多样化地让汉文化真正与访者走近，而非所谓的冰冷历史鼓点。在钻研各处礼制与汉代经典去尝试着塑造一帘艺术化的汉时幽梦，品味那个"以律论天、食骨清高、茶词华茂、礼被文质"的汉之韵。

3. 汉艺术的草创表现

首先映入眼帘的是大堂吧的入口，采用忽隐又现的设计语言，应用汉代书法家张芝的行书作品，仿佛置身于一片书法作品之中。诚然，这只是第一步，这是一处暗门，即将使访者开启一道汉之旅，沉浸隔世之裂观。暗门的中心部分应用了汉代铜镜四叶纹钮座，采其聚合欢迎的符号化纹饰语义，悄然间以暗语倒倒屣相应（图7）。

《茶说》曰："何为茶寮：构一斗式相傍山水，教一童子专主茶役，以供长日清谈。"品茗区：一席茶当有汉道。在设计中古籍活化情节化叙事，以形成观者的沉浸。节选了明代画家仇英的《汉宫游记》，观赏动态的汉宫秋乐、簪花折枝、汉画丹青、烹茶品茗、隔屏闻香、会须一饮的6个典故，并采用光栅立体画的设计手法，使高矮有所别的大人与孩子，坐或站观看不同的图画，仿佛浅浅一幕汉代故事。

4. 空间叙事游以达情

在空间叙事的层面，首先捕捉设计是如何叙事的，在结构主义的影响下有了叙事学的研究，它是以符号学、现象学的两个分支呈现的。进而因为传统的叙事学隔断了作品与社会、历史、文化语境的关联，有了叙事学"空间的转向"得到了空间叙事的实践。

在空间叙事中，能做到游以达情的太少，首先要求空间叙事者对所叙理论、概念、文本的理解是全面而深刻的；其次又要深谋对空间访者的心理以及社会、文化语境的作用与意义；最后如何导演空间，使访者在拟定的空间尺度中，把握材料与结构、五感与想象、情境与气韵、美学与现象的空间叙事逻辑（图8）。

汉空间的空间叙事，更想去把握汉代幅员辽阔图景下铿锵的中原鼓点，充满磅礴旺盛的生命感，朴实中兼具力量感和气势，如果用三个词去形容汉游应是：古拙、野性、气魄。利用韵律和隐喻的手法营造复合性的空间组织：高台楼阁、琼台远眺、

图 8 大堂吧设计效果图 2（来源：自绘）

内有千秋。继承场地特有的历史与文脉，造朦胧写意汉游的初景。运用迂回与围合的空间流线设计空间叙事：曲径通幽、幽竹阑珊、汉剧再现、方寸无极。拟合借景赋比兴的手法造汉代景象：感知汉水淼淼、烟波离离，汉江的"借""比"自然映像。最后，笔者以一首随笔为题，望共赴汉游：

"物走星移间，步入涴心栖境。

感日月其迈，时节如流。

朝饮芍药之坠露兮，夕餐花相之落英。

汉江一梦知千秋，半醒凡尘皆已醉。

浮烟吹作雪，世味道成茶亦酒。

黛瓦听风，闲庭信步。

翩翩飞烟，息我庭柯。

茶隅闲止，好声相和。

白云自来，水旷竹幽。"

六、结语

酒店空间设计者不仅是设计师，更应是诗人、作家，是中华文化的践行作者。将文化空间沉浸当作一种介质，以一个匠人的心境，献上对先辈的尊重与礼赞。塑造空间时考究空间为何而设，文化因何为续的问题，才能使空间长时间有力量且谦卑的"活着"，"谦卑"地融入中华土地，传递有力量的话语与艺术审美价值。在体验经济激发空间的今天，如何当空间自身及其附属产品、商品、服务都过剩时，依然有沉浸体验提供给空间更高价值的承载物。古籍活化、自然人化、意蕴生化的多元方式使空间内的人与空间、人与人互动沉浸共频，从而完成空间的文化意义的提升，以设计重拟旧时汉像，以空间唤起空间的绵延。

参考文献

[1] 龙迪勇. 空间叙事学 [M]. 上海：生活·读书·新知三联书店，2015.

[2] 胡奕颢. 沉浸之思——3D 立体电影美学研究 [M]. 北京：文化艺术出版社，2019.

[3] 计成，李世葵，刘金鹏. 园冶 [M]. 北京：中华书局，2011.

[4] 李沁. 媒介化生存：沉浸传播的理论与实践. 北京：中国人民大学出版社，2019.

[5] 李砚祖. 艺术设计概论 [M]. 长沙：湖南美术出版社，2009.

[6] 李泽厚. 美的历程 [M]. 北京：文物出版社，1981.

[7] 李贽. 焚书续焚书 [M]. 北京：中华书局，1975.

[8] 刘佳. 当代中国社会结构下的设计艺术 [M]. 北京：社会科学文献出版社，2014.

[9] 钱穆. 民族与文化 [M]. 贵阳：贵州人民出版社，2019.

[10] 孙惠柱. 第四堵墙——戏剧的结构与解构 [M]. 上海：上海书店出版社，2011.

[11] 滕锐. 消失的边界：新媒体艺术"亚审美性"研究 [M]. 北京：人民出版社，2020.

[12] 王国维. 人间词话 [M]. 彭玉平译注. 北京：中华书局，2016.

[13] 吴国盛. 时间的观念 [M]. 北京：商务印书馆，2019.

[14] 徐恒醇，等. 技术美学 [M]. 上海：上海人民出版社，1989.

[15] 杨蕾. 体验式交流设计 [M]. 北京：中国传媒大学出版社，2017.

[16] 张以哲. 沉浸感：不可错过的虚拟现实革命 [M]. 北京：电子工业出版社，2017.

[17] 费孝通. 论人类学与文化自觉 [M]. 北京：华夏出版社，2004.

学生感想：

首先，十分感谢从到深圳以来，杨老师对我的细心帮助、温暖及时、关怀备至，不论是生活中、学习里、工作中，都给了我很大且向上的作用力，这都为我能更好、更快地成长起来做了充足的准备。

进入公司后首先进行了企业培训、进入项目组、案例学习的第一课，在企业培训中，了解了设计公司的结构、运作模式，进入研发二部，开始了设计师身份改变后的第一次团队协作。真正走进公司后，才更加感知到，确实很幸运有机会进入 YANG 设计集团的大家庭，这是一个包容、开放、创新、温暖、高效且享誉全球的大型创意公司，对我来说这不仅仅是一家全球第五的酒店设计公司，设计超过 600 多家高级酒店，在这里悄然诞生了 23 项全球权威大奖的诸多成就，而是身处其中不

沉浸式体验在酒店设计中的营造——以襄阳·若水汉主题酒店大堂吧设计为例 / 赵子睿
Immersive Experience in Hotel Design
—Take the Lobby Bar Design of Xiangyang · Ruoshui Han Theme Hotel as an Example/ Zhao Zirui

自觉的就会怀揣着的设计激情和周遭满满温暖有爱的氛围。

第一个阶段学习了老师筛选的经典案例。诸如大理满江精品酒店、南京金鹰世界G酒店、中山威斯汀酒店、重庆沙磁公馆、成都悦榕庄等项目的学习，对于酒店设计的构成概况流程有了新的认知与体悟。有了一定的理论知识，杨老师安排了现场调研的新任务，我们分析了基础资料、定位、平面图等分别去了深圳回酒店、深圳会展中心希尔顿酒店、希尔顿花园酒店。现场调研后，对于设计有了更进一步的理解，并试着加入设计团队开始设计工作。

进入团队后，我拟定了三个阶段性的目标，首先，在一个新的身份中理解"设计"是什么，"设计行业"是什么，设计师在"如何做设计"。其次，在设计中遇到问题时，应该以什么样的态度和原则去梳理解决。最后，发现怎样做有创新力设计、如何做有价值的设计、怎样赋予设计能动性，并结合已有的理论知识，希望形成一套独立的设计构思体系。随着每周的讨论课程，观察一体悟一反思一疑问一讨论的过程。并学习了杨老师设计思路"自然造物"的设计哲学，善于挖掘东方美学的独特意境，融历史、文化、艺术于空间之中，执着追求设计的完美境界。最终我们选定了"沉浸式体验在酒店设计中的营造"为题。赋予空间沉浸的文化体验，塑造空间表情的共感能力，渲染酒店空间诗意气质的叙事沉浸表达。希望寻找到丰富空间的沉浸式体验话语体系、场所、动能、形式要素、文学哲学化的空间诠释。

在完成工作站设计与论文研究工作的同时，杨老师还安排我们进行了一部分实际项目的学习。随着珠海悦榕庄、襄阳南湖宾馆、深圳小梅沙美高梅钓鱼台等设计工作的展开，确实真正走进了设计，感受着灵感照进现实的碰撞，受益匪浅，这也反向促进了我们所选课题的进程。

回到学校后，黄老师也充分认可选题的意义，并指导我以此延续研究生阶段的毕业研究。在几个月的学习设计中，给了我大量宝贵而及时的建议，深化了论文框架以及文章构成引注到插图等，细致系统的指导，让我更有信心进行更深入的研究。

最后，感谢各位老师与学校的悉心指导！有幸参与！收益良多！

黄洪波老师评语：

以沉浸式体验在酒店设计中的营造题进行研究。能为解决主题文化酒店设计的问题提供参考和借鉴作用，有一定的实践价值和现实意义，在全文结构中，首先对国内外的研究现状做了罗列和分析。

首先，对空间体验和沉浸式深入的解析以提出本文关于沉浸式体验应用的观点；其次，就沉浸式体验的表达方式做分类陈述；最后，以实际参与的设计案例汉文化主题酒店设计佐证自己的观点。全文体现专业特色要求，文章分部之间衔接得比较紧密。不足之处在于，属于自己的创新之处还可以深入研究。

杨邦胜老师评语：

本次工作站的学习，我为子睿拟定了两大目标：

一是适应身份的转变，从象牙塔里做设计到企业中实战设计，面对商业命题，如何与同事协作，与客户沟通，用专业提供恰当解决方案，完成从由学生到职业身份的顺利过渡。

二是学会设计之前的策略思考，深入了解并参与一个商业设计作品从无到有的全过程。将我们公司的核心竞争力——酒店地域文化挖掘与展现，对子睿全程开放并引导参与，让她对设计从主题锁定到概念表现到完整方案有了系统了解，建立对一个项目应有的全案全局观。

因此先安排她进入研发二部，以开业的深圳国际会展中心希尔顿酒店为案例，经现场调研、多轮分析、团队讨论的过程，形成对酒店室内设计行业的初步认知，包括项目定位、创意主题、设计手法、风格表现、操作流程……用与学校类似的案例研讨学习方法，辅以项目实际创作人员的积极反馈，帮助子睿建立职业信心，适应转变，同时迅速调整工作状态与方法。

随着工作层层推进，我们共同探讨并商定了论文选题，即《沉浸式体验在酒店设计中的营造——以汉文化的酒店为例》。中国正在建立文化自信，酒店室内设计也逐渐有了自己的审美体系和标准，我希望把我们公司过往的成果与智慧——对文化故事的热爱与巧妙运用，能传递下去，而非浅谈一些手法、技术、材料。

在具体设计会议中，我保留了许多子睿的"原始"想法，我认为那是设计里很珍贵的部分，是她年轻赤诚的热爱，有别于程式化的设计思路，希望充分挖掘她的大胆想法和兴趣点，真切地激发并呵护她对设计的热情。

最后，选择襄阳南湖宾馆作为课题呈现。这个项目是以汉代美学为设计灵感，溯源东方审美，从古韵、词赋、古画、古风中，创造沉浸五感的东方美学气质。入口处重在处理"隐"与"现"的对比、大堂吧以现代手法演绎"焚香点茶、挂画插花、八般闲事"，建构汉宫盛景的同时，拉近与当代年轻人距离后续的空间逐步展开，形成多层次的意境之美。

虽然子睿来公司的时间有限，但进步良多，希望能带给你专业上、职业上、人生道路上的多维思考，在未来的设计之路上，越走越远。

基于地域文化的品牌商务酒店客房设计研究——以长沙万豪酒店客房设计为例

Research on Guest Room Design of Brand Business Hotel Based on Regional Culture—Taking Guest Room Design of Changsha Marriott Hotel as an Example

徐双双（深圳工作站）

学校：四川美术学院
专业：环境艺术设计
校内导师：刘蔓教授
企业导师：刘波老师
企业名称：PLD 刘波设计顾问（香港）有限公司

摘 要

由于经济全球化的时代，我国经济快速、稳健的发展步伐与中国人民日益增长的追求美好生活需求间的矛盾，促使品牌酒店的同质化现象需加快改善，仅提供物质层面，无法满足当下客人的心理精神以及文化品位的需求。品牌商务酒店的"硬件设施和服务水平"已不再是客户考虑的唯一标准，进而增加了对品牌商务酒店的设计品质、文化内涵的考量。因此，在竞争激烈的市场环境下，客房作为其经营的主要收入来源，提升客房特色设计变得尤为重要。

本文首先简单概述了研究背景、分析国内现状、阐述研究目的与意义，以及运用文献研究法和案例分析法进行文章的写作；其次概述地域文化与品牌商务酒店客房设计的相关内容和两者关系；再次了解地域文化应用在品牌商务酒店中的设计原则及设计策略，结合优秀的酒店客房设计案例，分析总结设计表达手法；最后结合长沙万豪商务酒店的设计实践体现该研究的价值与意义。

通过本文的研究得出，地域文化应用到品牌酒店客房设计中时，应在充分考虑品牌酒店的前提下，思考地域文化与设计之间的关系，再结合现代设计手法，最后运用到空间设计中，让地域性、酒店品牌、客房设计三者之间建立联系，减少割裂感，同时又具有文化特色。目的是为品牌酒店设计时如何保证品牌同一性的基础下，客房空间呈现出不同体验感而提供新的思路，从长远来看，有益于品牌商务酒店的发展以及地域文化的传承。

关键词：品牌商务酒店；地域文化；客房设计

一、绪论

（一）研究背景

我国正式加入世界贸易组织之后，快速发展的经济形势与人民生活水平的显著提升，促使近几年我国酒店业的持续增长。据了解"中商产业院对中国酒店客房数量的统计：从 2015 年的 215.01 万间增长到了 2019 年的 414.97 万间，期间的年均复合增长率为 17.87%。"但规模的增大，也导致设计同质化。目前国内品牌酒店"标准化、规范化、程式化"的单一理念，已无法满足客户除硬件设施和服务水平的要求外，对获得新奇、文化和艺术审美的心理和精神需求。且随着已经入驻中国市场的国际品牌酒店越来越多，并逐步在中国市场竞争中占有着一定重要的战略优势地位，"品牌"也逐渐成为国内客户在选择商务型酒店时候的重要参考依据之一。

客房业务是星级酒店管理的主要核心及重要组成部分，是五星级酒店的主要经济来源，也是客人入住后的主要活动区域，其重要性不可言喻。但大部分品牌酒店只注重公共区域的设计，往往认为客房区域小、功能少，而不注重其设计的重要性。虽然品牌酒店的客房设计与地域文化是大势所趋，但对其如何应用的研究缺乏深度，如一些设计单位在为品牌酒店设计时没有考虑到"每个酒店都具有其特殊性和地域性，"在融入地域文化或在地性设计时，缺乏在品牌文化的基础上展开系统的思考，客房设计中往往出现两种极端现象：一种是在设计时完全不考虑酒店的风格和变化；另一种是过分强调地域文化，到处都是"文化"，没有一块"净土"，从而使客房设计与酒店品牌的定位或文化不相符，同时也不能为客人提供舒适、典雅的空间氛围。

（二）研究目的与意义

在全球贸易往来频繁及旅游业的刺激下，商务酒店行业竞争越来越激烈，品牌酒店集团化、标准化的理念下，出现大规模的仿制、生搬硬套导致审美疲劳与设计同质化，不能适应时代的发展与人的需求变化。总体忽视了每个酒店品牌都有各自特有的产品调性以及设计项目各自也有他其风格独特性。

本文旨在基于中国地域文化特征对高端品牌商务酒店客房设计的研究。微观层面实质上则是试图探讨传统地域性、品牌酒店文化、商务客房设计三者之间相互联系的问题与解决方法；宏观层面内容上也是尝试从外显性和内隐性两个层次，对中国传统文化中的和谐性思想特征进行重新诠释，深入挖掘地域文化的深层内涵特征，而并非简单粗暴地照搬套用这些民俗色彩图案和服饰纹样，从而也赋予设计更多的历史人文底蕴和社会价值，以期为品牌商务酒店客房设计中地域文化元素的运用提供一些新的思路。

（三）研究现状

1.国外现状

西方对酒店设计的理论思想有着约持续一百多年时间的系统化研究，具有相当完善的酒店系统理论架构，且关于酒店文化与设计理论思想的各种系统化实践研究理论方法、技术和发展之道路成熟。其中，瓦尔特·鲁茨的作品《酒店设计——规划与发展》中主要指出在酒店景观建筑的总体规划或设计方案时，不仅要充分体现或反映出各等级酒店形象特点及其自身独特的人文社会形象特征，还有当地特有的地域人文自然景观等[1]；爱凯蒂林守在作品《消费者体验融入品牌化过程》中探讨了酒店顾客的品牌体验、品牌知识与酒店品牌忠诚之间的关系[2]。通过知网搜索发现国外对品牌酒店中应用地域文化的研究相对比较少。

2.国内现状

Art & Architecture Source(艺术与建筑专题库)数据库目前针对商务酒店(Hotel Design)的检索结果有1574个，其中发布于学术期刊894篇，学位论文172篇。结合地域文化、客房等关键词的研究比较少。其中曾友在论文《星际酒店室内设计中FF&E设计的本土化研究》中特别提到在全球化发展浪潮推动下如何结合当今国际酒店设计手段对中国的传统文化元素在玖点设计中进行继承与再创新，创造性设计出一个独特个性的、无法被替换取代的、满足当今以人为本精神的酒店空间环境[3]；周邦建在《解析酒店》中提到作为酒店设计师需要了解不同品牌的建造规范以及酒店品牌定位，才能更好地进行酒店设计[4]；张明在《酒店设计与品牌管理》中提到酒店设计会影响酒店的品牌，而品牌文化引导酒店设计，两者相互作用，彼此提升[5]；白宛蓉在《品牌酒店客房设计中的地域文化应用研究》中对品牌酒店视觉设计风格与中国地域文化风格相结合时文化的选择因素分析和酒店视觉要素选择进行做了进一步详细论述[6]。

（四）研究方法

1. 文献研究法

广泛系统地收集各种相关专业的最新文献资料，并仔细地思考出其具体可行性，利用现有所得到的研究资料进行有关理论方法的研究分析，加深其对该研究中心课题理论内涵与理论方法等的深刻理解，掌握对现阶段国际品牌酒店在设计工作中地域文化的具体应用等现状研究。

2. 例证分析法

从大量相关案例中收集归纳了与该论文主题直接相关课题的近期研究成果，并系统地进行深入的研究分析及归纳，对所研究的基本问题地进行系统性地总结归纳，为后续课题研究成果的进一步深入研究总结奠定基础，并通过文章对万豪集团旗下的长沙万豪商务酒店进行设计实践的分析研究，有针对性地总结说明，为该文章提供实践性基础。

（五）文章框架

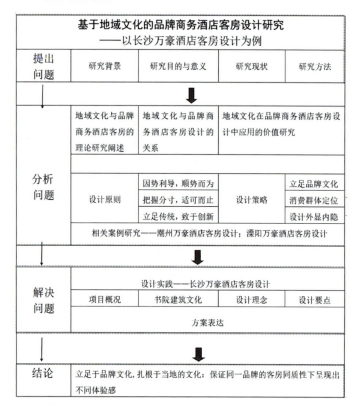

二、地域文化与品牌商务酒店客房相关解析

（一）品牌商务酒店和客房的相关理论

1. 酒店品牌的界定

美国营销学家菲利普·科特勒认为："品牌是一个名字、称谓、符号或设计，或是上述的总和[7]。"目的是为了带来稳定的客户群和集群效应带来的社会人制度和影响力的品牌化战略，并根据市场战略决定了酒店定位。此外，酒店品牌特指因其在形成发展过程之中所积淀下来的深厚人文历史经典内涵而充分展现自身无限迷人的魅力，久而久之形成酒店文化与风格。

酒店品牌有时表现为一个大集团旗下所属企业的几乎所有星级酒店，有时甚至是酒店为了适应各种不同类型的客户消费和需求，会选择在一些大品牌下加以延伸出不同品牌的酒店，如万豪国际酒店管理集团旗下的 30 个品牌，分别代表了不同的概念与定位；再比如喜达屋集团旗下的 W 酒店是时尚新潮豪华型酒店，主要客户群体为追求时尚的青年人和中年人；而喜来登五星级高端商务酒店，针对的主要客户群体是商务人士或有经济基础的旅游型、家庭型客户。

2. 品牌商务酒店的界定

何谓品牌商务酒店？品牌体现在何处？在中国市场上国内的品牌大体与"星级"建立了一种不成文的一一对应关系，品牌效应亦较为明显。商务酒店是一种专门针对商务人士服务的酒店，提供各种商务短期旅游或会议住宿服务，能满足因公休、业务出差或者因旅行而出差等各种商务人士的商务出行需求[8]。现通过以下几个方面对本文所研究的品牌商务酒店进行界定：

（1）酒店规模：配备满足必要的会议功能条件、高级行政商务设施，如小型多功能会议室、商务中心、行政楼层餐厅等硬件设备要求；酒店客房数量规模一般在 200～800 间，并尽量做到以超豪华和高奢配的房型为主调；客户群体多为商务出差或参加商务活动的商务人士，其占比最大。

（2）服务水准与地理位置：配备舒适的酒店专业服务以及高端且完善的客房设施，并具有较高的艺术品位；区位交通便利，周边设施完善，充分讲究酒店室内氛围和环境装潢设计的高档设计水准与高品质要求且满足现代社会高端层次社会商务人士对与国际身份地位、会议环境、办公、交际等的需求。

（3）价格与认识度层面：商务人士考虑或选择一家国际商务酒店时最主要的因素就是"品牌"，酒店看重的也是品牌。品牌成熟并系列化的商务酒店会成为客人选择酒店时的重要衡量标准，为酒店带来忠诚的客户源，其品牌效应较为明显。入住品牌商务酒店的客人一般具有良好的经济、文化及艺术品位，对价格不会过分在意，相比较下更会注重酒店的服务设施、设计品位，所以品牌酒店的价格都会很高。

（二）地域文化的相关理论

1. 地域文化的界定

"地域文化"是指某些特定区域独具特色且又源远流长的文化传统，传承至今仍发挥着显著作用。从字面意义来看"地

域文化"，即"地域、文化。""地域"指地理位置、环境或是一个空间，是自然要素与人文要素形成的组合体；"文化"是人类生活的特定要素形态的统称，包括了衣食住行等，是人类生活与社会发展的产物[9]。文化产生的几个重要背景条件之一即历史地理环境，不限定范围大小，不同的地域背景下会导致不同的地域文化特征。地域文化的形成是一个漫长且不断积淀的过程，会随着时代的变化而不断发展变化。

2. 地域文化的特征

（1）区域的差异性：我国地大物博且历史悠久，孕育了各种优良的传统文化，在不同的区域背景下产生了不一样的地域性文化。从自然景观到历史人文景观都呈现出浓厚的地域性特色，如建筑文化都分有六大派系：徽派的白墙青瓦马头墙；闽派呈环形、方形的土楼；讲究中轴对称天圆地方的京派建筑；私家园林景观结合的苏派建筑；晋派特色的窑洞；川派的吊脚楼等[10]。

地域文化的特点：具有地域性、人文性、独特性、时代性和不可复制性。

（2）传承的时代性：在历史文化的长河中，社会文化与自然环境之间互相交流，不断传承而孕育了地域文化，但地域文化不是一成不变的，也不能与其所在地的早期文化分割开来。相反是随着时代的发展而不断展开演变，两者对立统一。

（三）地域文化与品牌商务酒店客房设计的关系

古语云："没有文化的酒店就没有生命。"越是高端的酒店则越重视客房的细节，把控与设计品质[11]。酒店客房设计的地域性是指在酒店的设计过程中融入地域性文化设计元素，通过对其文化的提炼与转译，结合现代设计手法运用到酒店客房设计中。增强了酒店自身的综合竞争力，减少了设计上的"同质化"现象，而使酒店设计也逐渐成为一种地域文化得以传承创新的最佳载体，两者相辅相成。

（四）品牌商务酒店设计中地域文化的研究价值

1. 文化价值：地域文化深深地烙印在人民心中，并持续性地影响着人们的生活，经过时间长河的冲刷能触动人内心深处的情感。将地域文化运用于品牌酒店客房设计中，让人们对酒店空间产生认同感与归属感，也体现了对地域文化的保护与传承，同时也是对标准化、单一化理念的反抗，有利于丰富人们的精神文化需求。

2. 经济价值：人民物质生活水平提高的同时也越发重视对生活品质与精神文化的需求，在品牌商务酒店的设计中融入地域文化，则在竞争激烈的高端酒店业中产生新的消费卖点，让客户愿意为其富有文化品质的酒店买单，从而产生巨大的经济效益和良好的社会效益。

（五）本章小结

酒店是地域文化的载体和传播媒介，地域文化提升品牌效应，两者相辅相成。通过了解品牌酒店的定位，能知其酒店文化及消费群体，有利于站在品牌的基础上展开系统思考，把握地域文化与酒店客房设计之间的关系，从而扎根地域文化，把品牌特点和标准结合到创新设计之中面向国际化，也进一步说明地域文化融入商务酒店客房设计中的重要性。

三、地域文化在品牌商务酒店客房设计中的应用

（一）设计原则

1. 因势利导，顺势而为

在大多数历史条件下，一个特定的地区可能拥有他本身独特的地域历史文化，顺着文化的脉络，利用其优势，对这个珍贵地方的人文历史记忆深入挖掘，从中汲取灵感，提取有代表性的"符号"元素运用到设计项目中。既有利于对地域文化的保护和传承，也有顺应时代的发展。

2. 把握分寸，适可而止

地域文化的内容庞大且繁杂，尤其在一些人文历史名城以及在那些大城市附近分布的一些有大量古代著名地域文化历史的地方，可挖掘的东西较多，因而在设计中应该去其糟粕，取其精华，避免形成符号模仿、简单的堆砌抑或摒弃现代元素的彻底复古，形式大于功能。

3. 立足传统，至于创新

高登·布鲁斯曾说："做设计要善于挖掘人血液里的精神。"[12]。只有真正清醒透彻地认识到设计传承重在文化传承，以及在精神内涵上取其"形"精髓、延扬其"意"、传习其"神"的精粹，立足时代性特点将民族地域性特质的文化设计面向现代国际化[13]，其思想血液才是最为鲜活的。

（二）品牌商务酒店客房设计相关案例

潮州凤凰广场万豪酒店位于广东省潮州市，是潮州首家万豪品牌酒店。高耸挺拔的山墙，也被称为"厝头角"，是广东岭南文化的一个标志性"符号"，白墙黛瓦，窗雕嵌瓷都颇具特色，无不显露出潮州古朴典雅的建筑文化内涵。酒店客房的设计灵感则来自这个著名的"厝头角"造型，将屋脊作为造型语言用于客房空间设计，采用抽象重组的手法，试图从传统与当下的共通、艺术与生活的和谐共处，追求设计的本质；传统符号元素与现代材料的搭配，形成高级典雅的调性，回应客人深层次的情感以及文化的诉求。（图1）

整体风格典雅清新、把控细节。如迷你吧的造型是抽象化了的建筑线条，简洁流畅；地毯的细节则运用了建筑的窗格元素，删繁就简，增加材质的凹凸肌理感；活泼的绿调寓于沉稳冷静的灰调之中，创造出一种平衡的空间，给人素雅的自然感。用艺术的形式赋予生活仪式感的体验，柔软了远道而来的旅人的内心。（图2）

（三）设计策略

1. 立足品牌文化

品牌定位犹如酒店品牌建设的罗盘，是酒店理念、文化、价值观和社会声誉的精确表达。不同的品牌酒店，其风格内涵

图1 潮州万豪酒店外墙设计 [图片来源：PLD 刘波设计顾问（香港）有限公司]

图2 潮州万豪酒店客房 [图片来源：PLD 刘波设计顾问（香港）有限公司]

定位或标准会有所不同。因而，进行品牌酒店项目设计时，立足品牌自身的文化与风格，有利于深入和理解酒店设计的本质和内在规律，确立其酒店的设计定位。

2. 消费群体定位

消费群体决定了设计的方向。经常有需要进行商务出差或旅游的客人，一般都会选择自己熟悉或适合自己的酒店消费。如高端品牌商务酒店主要针对高端商务人士，他们一般具有良好的文化及艺术品位，对商务酒店更多的需求是具有文化内涵和独具一格的文化特色。因而，充分了解品牌酒店的客户群体结构，有利于在设计中合理运用地域文化元素。

3. 设计外显内隐

外显层面，即通过对一定历史物品符号的抽象造型手法来明确表达其地域文化内涵，而不是简单的"拿来主义"符号化。原型符号与抽象符号之间应有着较为合理的联系，以使人们既能够直接理解事物意义的同时又易于形成各种想象空间[14]；内隐层面，空间环境设计中运用大量的含蓄表达，即隐喻性的艺术手法。利用一定的环境文化所构成的元素和组织方式等来暗示其所蕴含的理念。

（四）本章小结

我国地域广阔，地理位置、气候环境条件等方面的差异较大，国内酒店的发展也必然有其特殊性和地域性。不同地区或性质的商务酒店，在功能需求、设施硬件配备、空间结构、材料装饰运用、艺术风格特点和区域文化特征内涵等诸方面又确实存在很大程度的差异。在整体视觉形象上强调地域文化时，立足于品牌文化，扎根于当地的文化，将自己与本土文化特色进行了很好地融合。

四、设计实践——长沙万豪酒店客房设计

（一）项目概况

1. 项目背景

长沙万豪商务酒店项目隶属于万豪国际酒店集团，位于长沙市望城区滨水新城月亮岛，紧邻"月亮岛生态度假区"，景观资源丰富，周边交通便利，东距月亮岛仅700米，距长沙市政府直线距离7千米。项目所在地的地块路网密度较合理，并规划已初步基

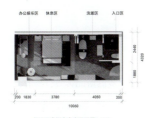

图 3 客房平立面图（来源：自绘）

图 4 客房平立面图（来源：自绘）

图 5 方案效果（来源：自绘）

图 6 客房平立面图（来源：自绘）

本成型，片区中未来主要有东西向三条快速过江的通道，地铁有 4 号线、12 号线等（规划）在此交会，交通可达性高，且周边区域配套完善。

2. 品牌定位

万豪国际酒店集团是全球首屈一指的国际酒店管理集团，通过查阅万豪集团官网的统计，旗下拥有超 30 个酒店品牌，根据不同的市场定位，从经典奢华、特色奢华、经典高级、特色高级、精选、长住到臻选典藏。

万豪属于旗下的"经典高级品牌"，秉承凝聚典雅的氛围与感受，让客户保持思绪清晰缜密，又时刻充满灵感的品牌理念，使其发展至今 70 余年，成为享誉国际的大品牌，受到享受生活品质的人群所追捧。19 世纪末，万豪入驻中国市场，凭借优秀的管理与设计品质在中国高端商务酒店中占有一定的优势地位[15]。

（二）设计理念

"承其脉，取其形，立其意"，每个城市的味道都不一样，选择什么样的意象、隐喻去构建它的文化体系、空间层次、使用情景，都需要综合考虑。因此，本设计以长沙岳麓书院文化的建筑特点为设计轴，撷取当代西方现代设计语言精粹，结合五星级酒店独特的酒店功能需求特点进行设计，创造出长沙万豪酒店的独特魅力、满足现代"以人为本"的空间环境。（图 3 ~ 图 6）

（三）设计要点

1. 书院建筑梳理

长沙岳麓书院，取南岳衡山七十二峰之尾的岳麓山为名，吸纳了儒、道、佛三家思想精髓，蕴含了极其深厚的文化底蕴，被誉为"千年学府"，创造了湖湘文化中的灿烂历史，营造了书院建筑文化独特的地域气质，其建筑具有"湖湘特定文化所固有的建筑和装修形式。"根据前文对万豪商务酒店的定位与风格充分了解后，本文以长沙岳麓书院文化为切入点。岳麓书院建筑不同于宫廷官式建筑，也有别于民间世俗建筑，扼其文化特点，可称之为一种文人建筑，包括民居、园林、书院和一些文人活动场所，追求幽静典雅。所谓安身立命，修养心性，表现出朴实淡雅、自然含蓄的特点[16]。其严谨的优美环境，突出人与建筑、环境的协调统一，反映"天人合一"的理想追求。

（1）具有和谐统一的整体布局，分和互补、动静结合，像是一首诗，平平仄仄，抑扬顿挫；建筑形式朴实多样，多采用普通砖木结构，简洁朴实，但变化丰富；空间组合与建筑造型注重主次分明、虚实对比。

（2）具有雅俗共赏的装饰艺术，体现建筑的文化格调，其建筑及装饰艺术呈现多元性的文化特征，多元又统一。鲜明而又适度的对比关系：如红墙黄瓦与粉墙黛瓦、屋脊与封火墙；整体与细部的处理：大块的白墙上点缀精致的花格窗；点与面的关系中体现出文人化的美学风格，收到以少胜多的效果；雅俗共赏：文人风格的雅与民间文化与艺术的俗完美结合。

（3）整体依山而建，前卑后高，层层叠进，错落有致，加以庭院绿化，林木遮掩，以及亭阁点缀，山墙起伏，飞檐翘角，构成生动景象，与自然景色取得有机结合，因而达成"殷色相和，神采互发"的效果，成为地方风景环境的一个重要组成部分。其"书院八景"，或因或借，构成佳境，自成特色。

2. 介入地域文化

通过对岳麓书院建筑文化的梳理，进而提炼隐性和显性文化运用到品牌商务酒店客房设计中，并结合酒店客房的功能需求，通过现代设计手法和材料的演绎，呈现出既有传统书院文化的特色，又具有现代审美的室内空间设计。通过岳麓书院文化元素的运用体现其文人雅士的场所精神，追溯长沙的城市记忆。

客房的空间尺度小，功能属性强，一是在设计上主要以卫生间、睡眠区、会客区为设计重点，融入特色的书院建筑元素；二是合理设计视觉效果；三是注重客房的氛围营造；四是契合品牌文化、营造舒适的空间氛围。

（四）方案表达

结合该项目的具体情况，酒店客房空间设计以长沙岳麓书院建筑文化为轴，在选材和空间营造上结合西方现代手法。诠释其建筑文化的特点。

入口区的两边分别是盥洗室与嵌入式衣柜，作为过渡的灰空间，干净到没有过多的装饰；洗漱区则是提取了书院建筑的琉璃瓦元素，作为洗手台的背景的点缀，色彩素雅，符合文人建筑的朴实淡雅；材质多为石材与金属，两者相搭产生色调和体量的碰撞，而卫生间移动闭合的门则与休息区形成虚实对比的效果。

大块面的打底，点缀暖黄点灯晕染，使休息区明暗交替出朦胧的状态，营造出素雅的休憩氛围、情绪释放最舒适与安全环境。造型上体现出比例尺度的和谐与材料技术的美，正如英国夏夫兹里博所说："凡是美的都是和谐的和比例合度的，凡是和谐的和比例合度的就是真的。"工艺分缝的细节之处增加其层次感，背景墙与地毯的色调，则为空间注入生机活力，造型简洁显示出典雅朴实自然之美，呼应建筑周围自然景观的同时反映出长沙书院文化中"文人建筑"的观点。

五、结语

本文聚焦地域文化在品牌商务酒店客房设计中的应用，旨在让地域性、酒店品牌、客房设计三者之间建立联系，减少割裂感，同时将人的精神情感需求融入设计，寻求更加舒适、和谐又具有文化特色的空间氛围。从科学设计与实用主义的角度出发，并结合生活美学，详细探讨地域文化与设计之间的关系以及地域文化融入商务酒店客房空间的设计原则，提出设计思路与策略。

首先对研究背景、研究目的与意义进行阐述，基于相关理论知识研究与案例分析，总结出设计策略，通过设计实践展现地域文化在品牌商务酒店客房空间设计中的具体运用。对于品牌商务酒店而言，在整体视觉和感受体验上强调独特地域文化时充分考虑品牌酒店文化的基础上运用地域文化：一方面，能使同一品牌的客房空间设计中呈现出不同体验感而提供新的思路；另一方面，从长远来看，有益于品牌商务酒店的发展以及地域文化的传承。

本文在对地域文化和品牌商务酒店的研究过程中收获良多，通过不断学习与思考，逐步提升自己的能力，并在设计与研究过程中加入自己的思想与见解。但所提出的观点、设计策略研究仍然还有很多不足之处且有待深入。

致谢

历经半年的工作站学习，终于完成了课题论文。首先，非常感谢四川美术学院提供的"产教联合培养"平台；其次，感谢老师们百忙之中在课题汇报中对我的批评指正，使我在课题完成的过程中获益匪浅；再次，感谢 PLD 的刘波老师，在繁忙的工作中抽出时间对我的学习进行指导；最后，感谢李梦茹、黄会敏、向楚贤同事对我在酒店设计研究方面所做出的帮助与指导。

参考文献

[1] 瓦尔特·鲁茨，理查德·H. 潘纳，劳伦斯·亚当斯. 酒店设计：发展与规划 [M]. 温泉，田子篪，谭建华译. 沈阳：辽宁科学技术出版社，2002.

[2] Aikaterini Manthiou, Juhee Kang, Norzuwana Sumarjan, etc. The Incorporation of Consumer Experience into the Branding Process：An Investigation of Name - Brand Hotels[J]. International Journal of Tourism Research, 2016, 18(2).

[3] 曾友. 星级酒店室内设计中 FF&E 设计的本土化研究 [D]. 苏州：苏州大学 ,2016.

[4] 周邦建. 解析酒店——二十年实践与思考考 [M]. 上海：同济大学出版社 ,2021.

[5] 张明. 关于酒店设计与品牌管理关系的思考 [J]. 商业时代 ,2010,(02):49–50.

[6] 白宛蓉. 品牌酒店客房设计的地域文化应用研究 [D]. 沈阳：沈阳航空航天大学 ,2015.

[7] Martin Hattersley The valuation of hotels Journa of Valuation, 1990(8): 2.

[8] 韦锡艳. 广州高端商务酒店客房区设计现状及升级改造研究 [D]. 广州：华南理工大学 ,2012.

[9] 侯秉熔. 地域文化在商务酒店室内设计中的应用 [D]. 呼和浩特：内蒙古师范大学 ,2011.

[10] 邓千秋. 基于地域文化的酒店室内外景观一体化设计研究 [D]. 重庆；四川美术学院 ,2021.

[11] 陈静雅. 高级商务酒店特色客房设计研究 [D]. 北京：清华大学 ,2012.

[12] 刘欣瑶. 地域文化在度假酒店室内设计中的应用研究 [D]. 石家庄：河北科技大学 ,2021.

[13] 何彩霞. 传承精华 立足创新——关于设计本土化的思考 [J]. 美与时代 ,2007,(04):97-98.

[14] 吴雨桐 , 管雪松 . 传统纹样符号在商务酒店设计中的应用 [J]. 美术教育研究 ,2021,(23):86-87.

[15] 李林泽 . 藏族图饰在品牌酒店设计中的应用研究 [D]. 重庆：四川美术学院 ,2020.

[16] 杨慎初 . 岳麓书院建筑与文化 [M]. 长沙：湖南科学技术出版社 ,2013.

学生感想：

时间如逝，岁月如流，深圳工作站生活已经过去，虽然时间不可重来，但学到的宝贵知识却可以重复利用。在深圳的学习生活过程中，是丰富多彩的，不仅有企业导师的指导，还有不定期的"导师讲堂"为我们的学习注入新能量。

从没在专业公司实习过的我，在 PLD 设计公司的环境里耳濡目染，使我初步了解到公司的一个设计流程，以及物料部是怎样在种类繁多的材料中选择；此外，每当看到夏总监给同事讲方案时，我总会站在旁边偷偷地听，满满都是干货；由于我的性格比较内向，所以和同事的交流不是很多，处理工作的态度和能力表现也不是很好，这让我失去了更多学习的机会。但在 PLD 公司短短五个月的实习之后，让我对自己的行为以及规划有了更多的思考。

多达 13 次的导师讲堂，向我们传达了如何学习以及如何做好设计。张青老师说："要学会反思过往，在生活中拓宽认知和改变以及有目标性地思考，然后通过行动不断去实现它"，这也让我更加明确了来工作站的目的，比如提高设计能力、调整心态和拓宽眼界等，因为这是难得的机会；琚宾老师认为："设计来源于自然，美本身就是一种创造力，是一种真实、自由的展现。"并建议我们多学习建筑、文学及艺术方面的知识，这对于一步一步夯实设计基础与审美意识有很大的帮助。

"时间管理""维度"也是老师们经常会提到的关键词，每个人的时间都是恒定的。学海无涯，需要建立一个非常有效的时间管理方法和终身学习的方法，给自己找到一个方向，才能在长途漫漫的学习中走得更为快乐与幸福，也只有拓宽维度与高度，才能从多维度的视角去解决设计的现实问题，而不是局限于只关注和精通设计的单一维度。

很幸运能参加深圳工作站，得到众多位老师的指导与建议，短短几个月的时间真心让我收获良多，连我爸爸也说我改变了好多。但某些时候表现得却不尽如人意，还让老师为我担心，实在很抱歉，也十分感谢老师们的鼓励。我知道此行收获的宝贵经历与知识，会在未来的学习生活中督促我向前进。学海无涯，且行且珍惜。

校内导师刘蔓评语：

徐双双同学在深圳工作站半年的学习期间，得到了 PLD 刘波老师及团队的帮助和指导，关于地域文化在商务酒店中的设计研究课题，从空间、文化、尺度等方面进行深入的学习，并提出了自己的解决方案，该课题有研究价值和实际意义。

基于漫游体验的艺术空间设计研究

Research on Art Space Design Based on Roaming Experience

崔守铭（北京工作站）

院校：四川大学艺术学院

研究方向：建筑空间与环境艺术研究

校内导师：万征、周炯焱

企业导师：张宇锋

实习单位：中建城镇规划发展有限公司

摘 要

现代艺术空间的定义越来越模糊,它的功能不仅仅是展示艺术品。一个艺术空间,可以是艺术家的工作室、创客的办公室,也可以是人们日常休闲活动和社交聚会的目的地。在这样的情况下,建筑空间和其中的艺术品一样,成为人们的消费对象,而漫游则是体验空间和参与空间事件的主要手段,漫游体验成为艺术空间设计中的重要因素。创作者和参观者可以在空间中漫游,作为艺术事件的观察者和参与者,寻找创作灵感,感受艺术氛围。追溯空间漫游这一概念的起源和发展,可以发现其经历了从文本概念到先锋艺术家的行为艺术实践,再到概念建筑的引用,最后在解构主义建筑师的手中被实际建造出来的过程。漫游体验带有强烈的非理性色彩,当其与相对理性的空间设计相结合时,如何平衡两者的矛盾成为设计师需要解决的问题。本文梳理空间漫游概念的起源和发展脉络,锁定与之关联最为密切的建筑师及其实践项目,并通过分析总结归纳出能在满足功能需求的同时创造丰富漫游体验的空间设计手法,最终运用在设计实践中并对其进行检验。

关键词:漫游体验;艺术空间;设计研究

一、当代艺术空间功能与形式的转向

艺术空间在今天是一个很广泛的概念,它涵盖了所有能展示艺术品的空间。在过去,艺术空间的所能指代的对象是单一的。画廊和美术馆是最早出现的艺术空间形态,西方美术馆的发展史至少可以分为四个阶段:(1)古典时期,为了存放战争中搜集到的各种珍贵物品而建立学园和神庙,这是博物馆/美术馆的雏形。学园和神庙是学者和专家进行研究的场所,作为国家的文化艺术研究机构而存在;(2)到了中世纪,宗教几乎成为西方艺术创作的唯一题材,美术馆成为教会和皇室贵族宅邸的附属建筑,为教会成员和艺术学生提供学习资料[1];(3)17 世纪末和 18 世纪,出现了各种从私有藏馆和画廊改造而成的美术馆,美术馆开始从附属建筑独立出来,转变成公众收藏品的收藏和展示场所;(4)经历了近代的社会变革和现代的社会发展,美术馆建筑涵盖的功能和形式越来越多样化和复合化,与餐饮、办公、销售等商业的混合甚至使得我们无法仅仅用"美术馆"来对其进行定义了。当代艺术空间相对于传统的画廊和美术馆空间,至少在三个方面发生了重大转变。

其一,空间权力和使用主体的改变。西方国家的美术馆发展史反映出了艺术空间的空间权力逐渐从私有转向公共化,而使用人群也随之从上层阶级逐渐转变为普通群众。发生这种转变的根本原因是社会生产关系的发展和变迁,直接原因是艺术品创作主题和展示形式的转变。文艺复兴将艺术创作从统治者和教会手中解放出来,这让艺匠们得以成为人们眼中的艺术家,而创作重新成为艺术家表达思想和情感的方式。在思想解放之后,资本主义革命进一步推动了精英艺术的发展,一战后先锋派的创作将艺术精英化推向高峰。精英艺术家们完全掌握了艺术的话语权,这一时期的艺术空间自然也难以与普通群众产生交集。二战后欧洲资本主义国家的社会矛盾日益尖锐,面对经济萧条艺术家们不得不让作品向商业化过渡,这一时期出现的艺术流派如波普艺术已经呈现出大众艺术的倾向。到了20世纪中后期，大量出现的公共艺术品将艺术作品推到了公众面前，甚至直接融入城市生活。艺术创作目的和消费群体的改变也彻底改变了艺术空间的形式和秩序。

其二，功能上与日常生活的有机复合。对于大多数人来说，进入美术馆观看展览，是一种非日常活动，其目的是在精神上寻求超脱于日常生活的体验。这种需求随着整体生活水平的提高而日益膨胀，并促使艺术品走出美术馆，进入日常生活。于是，现代的大型商场、各种艺术餐厅、办公空间、图书馆以及公园等城市公共空间都积极接受艺术品的介入，并通过艺术化的空间设计为人们创造更多非日常的空间体验。而相反，原本作为非日常空间的美术馆，无论是选址、功能还是空间形态都在向着平民化、市井化靠拢。不少美术馆通过空间改造直接坐落在居民楼中、步行街边乃至菜市场旁。建造于居民楼顶层的广州时代美术馆、与菜市场仅一墙之隔的广州扉美术馆，作为桥连接万溶江两岸排屋的湖南吉首美术馆，与公共景观紧密相连的上海艺仓美术馆等都是比较典型的代表。对于这些艺术空间而言，"美术馆"不过是方便定义其性质而赋予的名称。事实上，与城市空间的紧密连接已经让它们成了人们日常生活中的休闲活动场所。

其三，空间与艺术品主从关系的反转。由于当代艺术空间与城市生活之间关系的转变，人们在使用这些空间的时候的目的更加多样化。观看艺术展览不再是人们前往美术馆的首要目的——可以是前往其中的咖啡厅度过一个悠闲的午后，可以是与朋友、同事相约交流的目的地，也可以是茶余饭后散步休闲的场所，甚至只是单纯地漫游穿行于丰富多变的空间和景观中，体验其带来的非日常感，并通过摄影记录下来分享到社交网络上。人们更多的时候是在消费空间本身而非艺术品，美术馆从传统的"收藏馆"变成了现代的"生活馆"。从单纯的配合艺术品来布置空间，转变成特定的艺术品与所处空间相互协调形成整体的氛围。

当代艺术空间区别于传统美术馆和画廊空间的纯粹性和单一性，无论是功能还是形式上都更加模糊、复杂且暧昧。之所以发生这些变化，其原因是艺术走向公共化，其目的是与包括艺术家在内的各社会群体的日常生活相互交融。为了适应这种变化，当代艺术空间往往以集群社区的形式出现。自纽约soho艺术区出现以来，自发形成的或是规划设计形成的艺术社区在世界各国大量出现。居住、办公、展览、演出、商业、休闲娱乐等各种不同功能、不同氛围的功能空间进行有机整合成一个街区规模的艺术空间。如果将艺术社区置于更大范围的城市空间去看，它无疑是当代城市空间、建筑空间变迁的局部反映。工业社会同质的、分离的、静止的效率型城市空间，让城市成为一个巨大的生产机器。当代的城市，正如文丘里在他的后现代建筑宣言中所说——基本要素混杂而不"纯粹"，折中而不"干净"，扭曲而不"直率"，含糊而不"分明"，既反常又无个性，既恼人又有趣[2]。现代城市的复杂、千变万化、包罗万象，产生了丰富的、富有激情的日常生活。同理，异质的、矛盾的、流动的空间组成让当代艺术空间成为一个能够被反复游览、不断挖掘和发现灵感和生活趣味的场所。当代艺术空间规模的增大、功能的增加使其足以承载城市公共生活。其空间形态也逐渐向城市综合体靠拢。因此，不妨从塑造城市综合体的角度去讨论"当代艺术空间正在塑造怎样的体验"这一话题。

二、空间漫游概念和相关理论

如果抛开诸如"城市综合体是城市发展的产物"这样以经济学和历史学的论调,而单纯从人对空间需求的角度来谈论现代城市中的各种商业、文化、艺术、体育、科技产业综合体的话,实际上很容易得出与文丘里相同的评价。城市综合体在现代城市中,划定出一小块土地,然后又试图将这些丰富的体验尽可能微缩起来置于其中。因此,城市综合体空间的混杂性、模糊性和流动性同样也是现代城市所具备的内在属性。换言之,城市综合体塑造空间的目的是还原城市体验,体验空间的方式即体验城市的方式。

(一)漫游与体验城市

关于如何体验现代城市,从夏尔·波特莱尔(Charles Baudelaire,1821–1867)到瓦尔特·本雅明(Walter Bendix Schoenflies Benjamin,1892–1940),他们在各自的文学作品中塑造出了"漫游者"这一形象(Fl·neur 是法语词汇,在其他研究中也作"游荡者"翻译,而"漫游者"的翻译更契合空间研究的主题,故本文中均采用后者)。波特莱尔在作品中所塑造的角色居伊就是典型的漫游者形象,他在现代都市中无目的地游走,以自己的视角观察瞬息万变的人群及其之间发生的事件。本雅明在对 19 世纪巴黎的城市研究中则是以漫游者的视角展开的[3]。这里所指的漫游者既有居无定所、无所事事的自由职业者,也包括有钱财支撑而无稳定工作的人士,可见不被劳动所束缚是游荡着的共同特征。正因为区别于那些被工作支配的人,他们在城市中却游离于城市(生产活动)之外,才能通过漫游和观察体验到城市的现代性、复杂性和丰富性。

如果将城市作为一个文本来理解,每一个人对城市的理解都是碎片化的、拼凑而成的。为了构建出一种整合的都市氛围,1957 年成立的情境主义国际(Situationist International,以下使用英文简称 SI)的成员在成立组织之前多次进行了"漂移"(Derive)实验。即不同人在城市中漫游,不断搭便车穿行,彼此间以大哥大联络,透过彼此间的沟通将不同地点的氛围同时呈现[4]。SI 的漂移实验以空间漫游为手段,以构建在不同氛围间穿越的体验为目的。氛围穿越主要包含运动和滞留这两种状态,两者的关系是相对的、相依存的,运动中的体验可以被拆分成无数个滞留的瞬间。这一开创性的城市研究将漫游这一概念引向了空间理论和实践领域。

(二)康斯坦特——未来城市的漫游空间

作为 SI 的早期成员之一,荷兰艺术家康斯坦特·纽文惠斯(Constant Nieuwenhuys,1920–2005)的纸上建筑实践《新巴比伦计划》中,将漫游体验作为空间营造的其中一种要素。作品包括一系列的模型、设计图纸和绘画。康斯坦特"新巴比伦计划"的探索持续了 18 年(1956~1974 年),因为这个作品康斯坦特也被赋予了建筑师的身份。他一生并未建造任何建筑,其作品更多的是以艺术家的身份和角度探索未来城市的空间形式。"新巴比伦城"是一个完全自由状态下的未来城市构想,以动态、变化和不断创造的生活对抗乏味、一成不变的现状。[5] "新巴比伦城"架高于传统城市上空,多层次的空间将各种功能高效整合在一起,并利用交通空间串联起来。

图 1 Oriënt sector (Orient Sector)

图 2 Rode sector/(Red sector)

图 3 拉维莱特公园

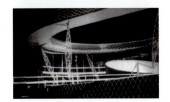

图 4 巴黎国家图书馆的竞赛方案

康斯坦特创作新巴比伦的动机，很大程度上受到了他在意大利阿尔巴地区见到的吉普赛人营地以及他们生活状态的启发。1956 年，他创作的第一个透明的伞状空间体模型就是为吉普赛人建造的大型营地。[6] 因此，新巴比伦构想的空间充满了自由、迁徙的游牧色彩，其中的生活涵盖了旧城市的所有功能和事件，但是唯独与劳动、工作的关系最为疏离，因为在这里工作是不必要的，使用者被设定为"游戏的人"。这个未来城市的前提是生产自动化并完全满足生活需要。显然，这与波特莱尔和本雅明笔下的漫游者在城市中的状态如出一辙。康斯坦特将新巴比伦中的生活描述为一种"游戏"的生活，人们在丰富多变的交通空间的引导下，在不同功能和氛围的空间区块之间游走，与人交流、接触。[7] 生活在其中的人们不仅仅是使用者，还是探索者和自我生活的设计者。这里拒绝任何形式的永恒不变而鼓励人以游牧的方式生活。在"新巴比伦"中，"漫游"隐含在了"游戏"当中，成为连接空间和日常生活事件的桥梁。

康斯坦特延续了 SI 城市研究的主要特点，在新巴比伦城的空间构成中处处体现着氛围的穿越。尽管新巴比伦城作为一件概念建筑作品，无论从建造还是城市空间的角度看都难以对现实中的设计实践有直接的指导意义，但是它在面对当时空间生产趋于同质化的西方社会，以情境空间构建的手段开启了对城市空间研究的新视角——将漫游体验、氛围穿越这些思想从美学的思辨引入了空间和事件的维度，探索创造出了一系列的空间原型。这在一定程度上影响了 20 世纪 60 年代后的一众解构主义建筑师的空间思想。

三、基于漫游体验的空间实践分析

"漫游"的空间体验在康斯坦特的笔下是氛围的穿越，而在实际的建造中则主要是通过空间事件的组合穿插实现的。而这种体验在建筑中被构建出来主要是在瑞士建筑师伯纳德·屈米（1944– ）和荷兰建筑师雷姆·库哈斯（1944– ）的实践项目中。

（一）伯纳德·屈米——事件空间的漫游

伯纳德屈米 1944 年出生于瑞士。在地理位置上，瑞士处于法国、德国和意大利三国之间。这是一个处于欧洲近现代各种文化艺术思潮中心的国家。人口的流动融合最终形成了的一个多元化、多语种的瑞士。屈米早年辗转于瑞士和法国之间，并在 1962

年访问芝加哥后回到瑞士并在苏黎世理工学院建筑系接受教育。瑞士建筑可理解为是对一系列事件的共享，而这些事件又与其他地理环境或语言区域相关的文化传统紧密相连。[8] 屈米的作品中，更强调的是漫游体验而不是漫游本身，而事件则是构建建筑空间的核心。屈米早期所做的一些建筑理论研究，主要是以文本建筑的形式来展现的。在1976～1982年出版的《曼哈顿手稿》中集中体现了屈米将事件、运动和体验作为建筑空间线索的思想。手稿的表达形式类似一个电影的分镜头剧本。他将一系列存在逻辑关联的活动照片分别抽象成了一个空间平面和一个线性的事件运动轨迹。这种蒙太奇手法从整体上看拼凑出了一个完整的叙事线索，但是每一个环节的空间形态和氛围却是分离的，各自完成了自我的表达，并以此获得一种脱离于形式主义或是功能主义的丰富体验。这种手法贯穿了他后来在教学中进行的大量概念设计和实践项目。基于此可以发现他的建筑作品中最常用的空间组织手法是"叠置"——包括形式要素上的叠置，如拉维莱特公园中构筑物矩阵（点）、道路网络（线）和各个主题区块（面）重叠而成的方案平面，这使得整个公园空间充满了偶然性和随机性。空间功能的叠置，如巴黎国家图书馆的竞赛方案中环道与跑道的置入，将运动与阅读这两种相冲突的功能结合起来，解决了市民使用与学术研究之间的矛盾，也拉近了两者之间的距离。[9] 无论是前者还是后者，其目的都是将不同的功能空间及其中发生事件进行并置、交叉，从而产生互动，以达到意想不到的空间体验。这种带有蒙太奇意味的手法，能保持人在不同时间、不同方向，以不同速度在空间中漫游时对空间感知的差异，碎片化的空间事件赋予日常生活体验以瞬时性、多变性。

（二）雷姆·库哈斯——氛围区块的构建与穿越

相对于屈米，同为荷兰人的雷姆·库哈斯受康斯坦特的影响更为直接也更加明显。由于海平面的持续上涨，荷兰人自古以来都在与海洋争夺空间。人口密度居于世界前列的荷兰在如此紧迫的生存环境之下，城市空间极高的利用率孕育出一种拥挤却不拥堵的文化。这两位处于同一文化语境下的两位建筑师，其理论思想明显受到荷兰独特的拥挤文化的影响。[10] 康斯坦特倾向于增加新空间的方法，避免拥挤。但尽管如此，新巴比伦构想中向空中发展的城市从组块的紧密排布来看仍然称得上拥挤；而库哈斯则更倾向于"合理的拥挤"提高空间的效率和品质——前者窥探未来而后者研究当下。

库哈斯在1963～1968年是荷兰《海牙邮报》的一名记者。1966年对康斯坦特的采访也许是双方的第一次深入交流。这次采访并没有让库哈斯产生更多的尊敬之情，并在之后撰写了一系列批判无政府主义者的文章。批判的对象也包括当时被视为荷兰无政府主义者的领袖人物康斯坦特。[6] 但是这兴许也是库哈斯开始自学建筑学，并在1968年前往英国建筑联盟（Architectural Association School of Architecture）学习的契机之一。

他早期的建筑作品中在垂直的或连续大空间内将功能空间（矛盾的或联系的）近距离并置在一起，并利用不同情境复杂的交通元素相连接。与康斯坦特的概念模型相比较，库哈斯的建筑原型就像是"紧凑型的新巴比伦"。[4] 这在2004年落成的西雅图中央图书馆的设计中得到了充分体现。从城市的角度来看，这座特立独行的图书馆与周边建筑可谓格格不入。第一次面对这座建筑时，很容易被其堪称怪诞且复杂的造型所迷惑，似乎所有这些都源自一种非理性的空间设想。然而，无论是其扭曲的建筑外皮还是错落的体块其实都是经过极度理性的分析和计算得出的结果。设计团队认为现代图书馆各楼层的多功能

图 5 西雅图中央图书馆内部模型

图 6 西雅图中央图书馆功能布局

图 7 波尔图音乐厅

图 8 波尔图音乐厅

性尽管灵活性较高,却容易因为藏书的增加而侵占公共空间。灵活散布的功能区让使用者也更加分散,能用于社交和自由交流信息的空间也受到极大限制。于是团队将这些过于自由泛滥的功能进行梳理和归纳,分成了两类——与书紧密相关、相对稳定的、私密性较高的群组和能灵活使用的、性质模糊的、公共性较高的群组。前者按照不同的特质(氛围)分成了五个区块,而后者则被置于这五个区块之间的间隙中,最终通过丰富的垂直交通连接起来。不难发现,这五个区块恰好与康斯坦特概念模型中的氛围组块(Sector)相对应,管理、藏书、会议、员工办公和停车这五个特征鲜明、氛围迥异的组块在垂直方向上排布。它们之间的空隙楼层置入了各种混合功能,这些区域是人们可以自由使用的公共空间。系统的划分强调了区块之间氛围的差异,从而强化了空间漫游体验的丰富性。在西雅图中央图书馆的设计中,更强调构成漫游体验的运动和滞留中的滞留部分。

在波尔图音乐厅的设计中,库哈斯通过曲折的交通系统把游览者带向不同的方向,并最终引向数个面向城市景观的开口。游览者在此过程中视线被身边丰富的内部空间所吸引,然后在某个转角处偶然走出一片露台,这里可能是一处咖啡厅,也可能是一处观景台,或者仅仅是一处休息空间。库哈斯将这样的漫游体验称为"未知的游览",是一种迷失在建筑中并不断探索和发现空间及事件的过程。[11] 相对于西雅图中央图书馆,在运动和滞留之间这个作品则更侧重于运动过程的体验。

四、漫游体验的本质与构建手法

(一)漫游体验之于艺术空间的本质与目的

"一座建筑就是动作的刺激物体,是运动和交感的舞台。它是与身体对话的伙伴。"[12] 漫游体验的本质是身体在建筑中的运动和滞留。而空间设计需要做的就是对身体运动进行有效的促进或暗示。然而这些在今天,作为规模最大的艺术空间——艺术博览会中几乎无从体现。从独立艺术家到画廊制到博览会,策展人或者说投资者们都在追求效率的最大化。他们租用一块较大的室内场地,并将其划分成一块块均质的场地出租给画廊,进行展览和交易。中立的、无差别的场地单元,给予了空间使用最大限度的灵活性——各种不同风格、不同形式的艺术品都能在此展出。诚然,这种直接、高效的空间组织的确是解决艺术博览会展品多元化最简单的办法。但值得反思的是，这样的艺术空间在除去效率之后，还剩下些什么？当我们重新审视近十年来一些艺术博览会的空间布局，可以发现其与农贸市场的平面布局呈现出惊人的相似之处。在这里，艺术品与艺术空间的关系是疏离的，在均质空间中的平均排布降低了所有作品的艺术价值。另一方面，对笛卡儿空间的滥用，剥离了空间与身体体验。既不存在舞台也不存在中心，人身处其中是被动的，我们只能依靠地图和标识牌去感知自身的方位。尽管艺术品的种类足够丰富，却只能带来贫乏的空间体验。漫游体验的目的是身体与空间的对话和互动，以第一视角去感知空间和情境，因此在空间组织上是异质的、并置的、多中心的、分离且相连的。

（二）漫游体验的构建要素

在上一章的分析当中，构建漫游体验的核心是为氛围穿越创造条件。构建的过程主要有两个部分，一是搭建并布置不同的氛围组块，二是穿越路径的组织，前者是构建体验的基础，后者是承载体验的载体。

1. 身体滞留——基于氛围组块

组块（Sector）是康斯坦特作品中的基本构成单元，也是他从局部单元出发的空间组织思维，每一个组块都是特定功能和事件的集合体。从组块到小组团再到大组团，新巴比伦在康斯坦特眼中就是这样如病毒增植般在旧城市的上空"蔓延"开来的。组块到了屈米这里演变成了事件空间，在库哈斯手中则成为构成垂直城市的各个"平台"。以组块为单元组织空间的目的是为身体在空间中的滞留创造各不相同的滞留方式。组块的划分方式根据不同需要依据空间事件、情绪氛围、使用私密度等进行划分。但不管怎样，组块中发生的活动是相对固定的，而组块之外、组块之间所创造出了能承担各种不稳定功能的灰空间——其中较小的灰空间成为交通空间，而较大的则成为中庭、广场、屋顶花园等。

2. 身体运动——功能性路径与情感性路径

在路径的组织上，屈米和库哈斯的作品都强调了其丰富性和多变性，交通空间往往成为他们作品空间中的视觉焦点，仿佛一切有趣的事件都将在其中发生。路径的曲折和沿途空间尺度、氛围的变化一边吸引着游览者的注意力，一边将其引向目的地点。其中路径的类型包括两种：一是满足建筑基本交通的功能性路径，受限于消防规范、残障设计；二是情感性路径，这一类路径直接与漫游体验相关，它关乎身体运动的速度、方向和视线变化。

对于单个路径，通过其方位走向（上行、下行或水平）、宽窄尺度和色彩，质感来暗示不同的身体运动方式——上行楼梯预示着未知和惊喜；宽敞的廊桥促使人降低步速目视远处；光滑而扁平的扶手邀请路过行人的依靠。

对于路径之间的关系，往往表现为视线上的交互。通过多条路径的并置、交错、分叉、汇合，使人在行进过程中能通过眼睛捕捉到另外一条路径或是大空间中的人和事件——既可以是连续不断的，也可以是忽隐忽现的。正如皮拉内西监狱系列中多次出现的那些可视却不可达的楼梯一样，路径的穿插创造了悬念，激发了想象和探索欲。上文中提到的组块单元离散排布，也为这种丰富的路径组织创造了物理空间上的条件。

五、构建漫游体验的空间实践

库哈斯在他的著作《S，M，L，XL》中表明了现代大都市中大尺度建筑的态度。工业化所造就的庞大资本成为现代城市中大规模工程的推手，这样的变化足以改变城市的面貌——从分散的各自为政的点状肌理演变成以街区、建筑综合体为单位的块状肌理。[13]正因为这些综合体建筑足够大，足以承载城市的部分职能，因而其功能足够复杂，空间也足够丰富。在本文所谈到的艺术空间社区化、综合化转向同样也是跟随大都市发展趋势的结果。这才使得漫游体验在艺术社区中的构建变得有意义和有必要。

（一）漫游体验与本案之结合点

本次研究的项目位于匈牙利布达佩斯第十三区，多瑙河东岸的一块工业遗址区域中。业主希望将该区域打造成为具有国际影响力的，集文化交流、艺术体验、展览展示、会议发布于一体，兼具艺术家聚集居住、创作的文化艺术街区。项目一期的占地面积达到了1.2公顷，功能的复杂性和街区规模的尺度成为构建丰富漫游体验的基础。

匈牙利的主体民族是匈牙利族（占全国人口的98.2%），历史上也称马扎尔人，是来自乌拉尔山南部的游牧民族。匈牙利人对赛马的狂热和对传统马术的骄傲，表现出追逐自由、冒险探索的游牧精神。由于地理位置的特殊性，处于中欧地区的匈牙利在历史上数次受到东西方民族的侵略和统治。民族间的暴力征服造就了其历史和文化的复杂性和多重性。19～20世纪期间，匈牙利的国家政权和社会性质反复更迭，尤其是二战及其之后频繁的革命，使这段争取独立、民主和发展的历史充满了不确定性。在多元丰富、杂糅交融的匈牙利民族文化背景下，加之大量中国艺术家的入驻，该项目也应当以空间的丰富性和体验的多重性来进行回应。

（二）功能与事件——构建氛围区块

氛围区块是漫游体验的基础，其组合与分布是形成丰富的漫游空间氛围的关键。由于艺术社区空间中涉及的功能较为复杂且性质不一，在处理功能区块时必须协调好公共区域与个人空间之间的关系。个人空间需要在保证一定的私密性同时与公共区域发生交互，而公共区域则要保证使用上的灵活性而不被个人空间侵占和限制。

第一步是将空间中可能产生的各种事件进行梳理，并将具有类似特征的事件组合，归纳为一类组块。为了保证舒适度和私密度，艺术家公寓和酒店作为居住空间与其他功能在垂直方向上分离，形成三个高层组块。创作、办公、展示、社交等功能空间集中在1~3层，并且根据空间使用的稳定性划分出四个氛围组块，分别为艺术工作室、商务办公、艺展中心、仓储与交易中心。停车场作为独立组块置于地下空间中。而这些相对稳定的组块之间围合出的间隙空间，则作为共享区域置入各种使用稳定性较低的功能，如临时展演、学术论坛讲座、临时办公、休闲会客、轻餐饮、阅读空间等。这些灵活使用的空间作为事件的凝聚器，是整个社区空间的事件中心。

（三）流线——身体运动

艺术家和创客作为空间的使用者主体，其需要的不仅仅是一个自由创作的空间，更需要进行作品展示、会客和交流的空间，以及能丰富其工作体验激发创作灵感的活动空间。因此，功能组块和共享区域之间需要置入连廊系统进行连接、穿插和激活，形成一个可游、可赏、可居的社区空间。由于功能区块在水平方向上的并置，它们之间形成的间隙空间尺度较大，连廊系统中穿插了数个平台，作为灰空间，同时也起到调节和限定空间高度的作用。近人尺度的空间更有利于近距离交流互动事件的发生。

六、总结

漫游体验在艺术空间中重要性的提高，无疑是城市日常生活变迁的结果。艺术空间走向生活，走向大众化，走向日常化。这也从反面证明了越来越多的人在日常生活中追求非日常的体验——更多的艺术公园、艺术主题商业空间、社区艺术空间。这些空间中艺术化的设计往往被制作成社交媒体图像发布在网络上。这种视觉化的趋势让不少作为空间生产者的建筑设计师开始反思空间理念展示与视觉表达之间的比重。或者说，设计师作为创作者而群众作为使用者，试图让信息在两者之间无障碍地、无损地传达几乎是不可能的事情。为此，设计师需要尽可能创造更丰富的空间体验——无论是身体上的、使用上的还是视觉上的。

参考文献

[1] 陈立. 从精神容器到开放场域 [D]. 北京：中央美术学院，2017.
[2] 罗伯特·文丘里. 建筑的复杂性与矛盾性 [M]. 南京：江苏凤凰科学技术出版社，2017,5:20.
[3] 汪民安，游荡与现代性经验 [J]. 求是学刊，2009（04）.
[4] 凌世德，郑爽，周卫东. 空间·事件·漫游 [J]. 中外建筑，2013（04）.
[5] 傅逸君，许光庆. 从理想走向现实的新巴比伦——从康斯坦特的新巴比伦看库哈斯的建筑模型 [J]. 建筑技艺，2021（S1）.
[6] 范颖."欲望"的突围——20世纪60年代情境主义建筑的演进 [J]. 美术文献，2019（12）.
[7] 朱渊，孙磊磊. 游戏的人：从游戏广场到"新巴比伦"[J]. 建筑师，2020（01）.
[8] 俞欢. 伯纳德屈米的建筑理论及作品分析 [D]. 上海：同济大学，2008.
[9] 赵蓉."事件——空间"：伯纳德屈米的设计策略及其建筑实践 [J]. 建筑与文化，2010,（01）.

[10] 陈望. 建筑内的"城市意象"[D]. 天津：天津大学，2010，6.

[11] 支文军，朱金良. 奇妙的"容器"——解读波尔图音乐厅[J]. 建筑学报，2006（03）.

[12] 肯特·C·布鲁姆，查尔斯·W·摩尔. 身体，记忆与建筑[M]. 杭州：中国美术学院出版社，2008，6.

[13] 雷姆·库哈斯 .S ，M ，L，XL，1995：1238–1269.

图片来源

图 1 https://www.163.com/dy/article/GEG0DEKI0534MZG7.html

图 2 吉首美术馆 / 非常建筑 I ArchDaily

图 3~7 Wigley Mark，Constants New Babylon The Hyper–Architecture of Desire，1998

图 8 Bernard Tschumi. Event Cities: 2 ,2001

学生感想：

最初从学院老师那里收到消息并决定参加这次的产教融合研究生工作站时，我的内心既忐忑和不安，又满怀期待。忐忑是因为意识到即将前往一个全新的环境进行学习和研究，而期待则是在于即将结识新的同学、朋友和接受新课题的挑战。在北京工作站的学习圆满结束、论文集即将出版之际重新回顾这段学习经历，与最初的想象相比少了一些焦躁不安，多了一份喜悦和释然。陌生的环境因为耐心而亲切的企业老师和热情友好的同学而显得格外温馨，正如在入站时潘老师所说，我们在北京相聚就该像家人一样互帮互助。在课题研究中面临的困难和挑战于我而言也是前所未有的，而我最终能一步一步地克服困难并在此能顺利交出一份答卷，离不开各企业导师和高校导师的指导和各位校友的帮助。

我选择的课题所依托的企业项目是匈牙利中欧文化艺术交流中心，这是我在北京参与学习的单位——中建城镇规划发展有限公司正在推进的项目，基地位于匈牙利的首都布达佩斯。在全球疫情大流行的背景下，现场调研无法进行，加之资料的获取途径和渠道较少，这些因素使得研究的难度骤增。但是，我并不打算放弃这次难得的接触国外项目的机会，经过再三考虑后我仍然希望能把握这次企业提供的资源展开研究。全新的生活环境也使我静下心来，潜心进入到课题研究当中。确定课题目标和方向的过程是曲折的，每一步都伴随大量的资料检索和筛选。一次次的碰壁使我失落迷茫，但一次次的新发现和感悟却又足以振奋人心。研究生工作站这个平台，让我在探索研究的路上时刻能获得指引和帮助。尽管最终成果差强人意，但这个过程中我能切实感觉到自身眼界和知识面得到了拓展、心智得到了磨砺。

北京作为全国的文化中心，聚集了大量优秀的设计项目，数量众多的美术馆也带来了频繁的展览和艺术活动。因此在繁忙的课题研究之余，我趁着这次长时间留京的机会，与同在北京站学习的校友们一同参观了各大美术馆的展览以及市内优秀的建筑、景观设计案例。这些也都成了我本次北京之行的宝贵经历之一。

最后，我要郑重感谢四川美术学院搭建研究生工作站这一平台，让我有机会到北京这个文化艺术之都学习。感谢我的企业导师张宇锋先生给予我参与到优秀设计项目中的机会，在百忙之中仍然时刻关注我的研究学习并予以支持与鼓励。也感谢胡院胡亚茹女士和周院周治先生在过程中对我的耐心指导。

感谢我的校内导师万征老师、周炯焱老师，通过线上和线下对我课题研究的悉心指导以及学习生活的关怀。

在北京学习期间结识的李赫、李硕、刘霁娇、傅惠雪和赵骏杰五位校友都十分优秀。来自不同高校的我们交流讨论、外出调研的经历不仅让我收获了知识，更收获了宝贵的友谊。感谢他们，也期待之后在四川美术学院的成果展览上再聚。

校内导师万征评语：

论文提出"漫游体验"的概念，试图通过对空间漫游的起源和发展，从文本概念到先锋艺术家的行为艺术实践，再到概念建筑的引用，以及在当代建筑作品中被实际建造出来的分析和阐述，探讨"漫游体验"的本质和在建筑空间中建构的方法。文章从人在空间中漫游的行为特点，"身体滞留"和"身体运动"两个方面提出了"氛围组块"和"路径组织"是构建漫游体验的设计策略，并将其实际运用到位于布达佩斯的匈牙利中欧文化艺术交流中心项目设计中，从满足空间功能到创造丰富空间体验等方面研究并论证了"漫游体验"的概念在当代艺术空间设计中具体运用的可行性。文章提出的"漫游体验"概念和设计策略具有一定的创新性、前瞻性和学术研究的价值。文章从概念阐述到理论分析都翔实、具体，有较强的逻辑性。在具体实践项目设计中有待对"漫游体验"概念的深化和基于项目具体情况和问题的解决方案做更深入的研究。

基于儿童友好城市理念的街道空间设计研究
——以深圳福田区景田社区街道为例

Research on Street Space Design Based on Child-friendly City Concept
— Take The Streets of Jingtian Community, Futian District, Shenzhen as an Example

第九届 CBDA 中国建筑装饰设计艺术展 一等奖
"空间的延异"第五届中建杯西部"5+2"环境艺术设计双年展 景观类银奖
第八届 重庆市美术作品展 优秀奖
第十二届 园冶杯大学生国际竞赛 荣誉奖
作品入选 2020 百校百村百艺：中国乡村美育行动计划
作品入选 四川美术学院第十七届研究生作品年展
作品入选 四川美术学院第十八届研究生作品年展
论文入选 四川美术学院第一届研究生学术论坛

曾麒（深圳工作站）

学校：四川美术学院
专业：环境艺术设计
校内导师：龙国跃
企业导师：程智鹏
企业名称：深圳市城市交通规划设计研究中心

再启
产学融合研究生培养探索与实践

Reboot
Exploration and Practice of Graduate Education Integrated with Industry and Learning

摘 要

近年来，国际上对生活街区设计的重视不断提高，国内对步行优先、街区场所功能回归的呼声也日益高涨，以人为核心的高品质街区设计逐渐成为发展趋势。儿童作为特定群体，在城市高质量发展的进程中需要特别对他们的生活状况、发展情况给予更多的关心与重视。在这样的大背景下，从孩子的角度进行街道空间的设计研究与分析能为城市更新、公共空间优化等方面提供不同的设计思考，从而探寻新的街道空间设计策略与方法。

本文首先围绕核心关键词进行理论界定和概念阐述，以人机工程学、儿童心理特征分析、环境行为心理学等相关理论概念为基础，对样本街道空间进行调研分析，从步行空间、公共活动空间以及街区风貌三方面分析儿童视角下的街道空间现状，梳理和分析当下城市中儿童所面临的成长环境问题。结合影响街道空间的因素，提出"道路通达性""功能复合性""空间舒适性""环境可供性"四大设计原则，得出在出行、活动、风貌、成长氛围等方面的设计策略，并落实到深圳福田区景田社区街道空间设计实践中，通过探究如何建设儿童友好型街道得到对建设儿童友好型城市的启示。

关键词：儿童友好城市；儿童友好型街道；街道空间；深圳

一、绪论

（一）研究背景

2020 年，我国常住人口城镇化率升至 63.89%，城市逐渐成为儿童成长发展最重要的外部环境。随着城市人口增加，带来了出行机动化、环境去自然化、电子游戏日渐低龄化、户外活动空间被挤占等问题。基于现代交通需求，城市街道的属性仍以通行为主，导致了机动车和非机动车大量压缩公共空间，街道生活被逐步侵蚀，儿童也丧失了在街道上活动的机会。

1996 年，联合国儿童基金会和联合国人居署共同发起儿童友好城市倡议：将儿童权益作为城市可持续发展的核心要素进行考虑。2021 年，国家发展改革委联合 22 部门印发的《关于推进儿童友好城市建设的指导意见》[1]也说明了我国对建设儿童友好城市开始越加关注。

（二）研究目的与意义

在城市建设的进程中，儿童的权益同成年人一样应当得到合理关注。此外，儿童往往通过进行户外活动来感知空间环境、认识人际关系等，因此在对城市公共空间进行设计时应充分考虑当代儿童户外活动需求，保障他们能在城市公共空间中健康、安全的成长、活动。

本文以儿童作为切入点来分析城市街道空间，通过理论研究和设计实践探究适宜儿童活动的街道空间特性。理论方面，基于深圳对于建设儿童友好城市现有的实践和经验，结合国外所取得的先进学术成果加以总结，结合我国儿童、城市街道空间实际情况和设计规范等来探索儿童友好型街道的本土化建设路径。实践方面，以儿童视角推动街道空间建设，不仅能更好地满足儿童成长的需求，而且也能为城市建设带来特别的设计亮点。

（三）研究对象与内容

本文探讨的是儿童户外活动与城市街道空间之间的关系问题，选取深圳市福田区景田社区街道作为样本街道进行研究。建设儿童友好型街道首先需要准确详细地对服务人群做出定位，以便为不同年龄阶段的儿童创造适合的户外活动空间。结合样本街道中儿童年龄分布情况，本文将所探讨的研究对象年龄界定为6～14岁儿童。以街道空间为研究出发点，对样本街道空间中的儿童行为、活动方式以及街道的步行空间、公共活动空间、街区风貌等进行实地调查和分析，分析当下儿童成长环境，发掘样本街道空间中对儿童不友好问题以及城市空间设计中因为儿童视角的缺失而导致的公共空间问题。

本文以"提出问题—分析问题—解决问题"为研究思路，从现有的儿童心理学、环境行为学等设计学理论出发，总结儿童身处街道时的心理、行为等，并结合国内外优秀设计案例，通过分类和总结，得出影响儿童友好型街道设计的因素、设计原则和设计策略，并应用于深圳市福田区景田社区街道空间设计实践。

（四）研究方法与逻辑框架

1. 研究方法

本文以理论结合实践的研究方式进行分析研究，归纳总结、具体分析。拟采用文献查阅法、案例研究法、调研分析法等设计研究方法，并对深圳福田区景田社区街道空间进行了解和设计分析，完成论文的研究工作。

2. 逻辑框架

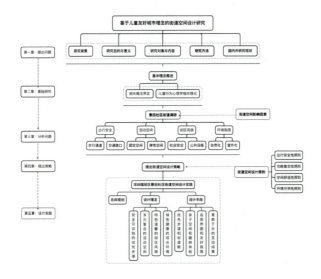

（五）国内外研究现状

自 1996 年儿童友好城市倡议提出以来，全球各个城市根据自身情况、客观环境和制度要求参与实践，至今，全球已有 1000 多个城市地区获得儿童友好城市认证，包括伦敦、巴黎、慕尼黑、温哥华、哥本哈根等。

1. 国外研究现状

国外对于儿童的成长环境关注较早，最早开始对儿童友好城市进行探索，并针对街道进行了一系列积极的探索和实践，取得了很大的进展，开展了如"生活庭院（Woonerf）"的儿童友好型街道设计实践。20 世纪 60 年代，荷兰提出了"Woonerf"概念（源自于荷兰的一种独特的庭院式道路体系），强调保证行人在街道的主要使用权。"Woonerf"使街道回归为更宜居的公共生活环境，其创新点在于取消连续的路缘，对于街道进行一体化设计；机动车时速不得超过行人的步速，必须随时注意路面上出现的行人，尤其是孩子；对于路口的转弯半径、过街距离等根据道路设计规范也进行了相应的调整。此概念被越来越多的国家认可并接受，并针对不同的情况进行本土化改造，如英国的"回家带（Home Zone）"、美国的"共享街道（Shared Street）"等。[2]

2. 国内研究现状

我国目前尚未有城市获得儿童友好城市认证，发展仍正处在萌芽阶段并逐步向各方面完善建设阶段迈进。2016 年，深圳率先提出创建儿童友好城市，将促进儿童发展融入城市可持续发展过程，得到了全社会的广泛支持。2018 年深圳妇儿工委在《深圳市建设儿童友好型城市行动计划（2018–2020 年）》中提出建设"儿童友好型街道"，同年完成了园岭街道红荔社区儿童友好型街区试点工作，申报成为深圳第一条"儿童友好型"示范街区，对儿童友好城市整体性建设做出实践范例。

对比欧洲和北美发达国家来看，我国目前相对欠缺关于儿童友好城市建设的诸多理论研究，缺乏大量基础调研数据和实践经验，仍需总结并令实践模式得到优化。本文基于国内城市街道空间实际情况，以儿童友好作为研究视角，选取深圳市景田社区街道作为设计实践对象，探寻儿童友好视角下街道空间设计的设计方法和设计策略。

二、相关研究基础与理论

（一）儿童友好型街道空间

1. 儿童

本文对儿童年龄阶段进行了如下分类：0～3 岁的婴幼儿时期；3～6 岁的学龄前时期；6～12 岁的孩童时期；12～14 岁的少年时期；15～18 岁的青年初期。其中，婴幼儿身心处于发育阶段，无法脱离监护人进行独自行动，无须单独的街道活动空间；学龄前儿童开始逐渐建立自己的心理认知，体力和创造力逐渐提升，行为上的表现更加具有活力，能自发性地进行部分户外活动；而孩童及少年进入学龄时期，逐渐有了一定的知识储备，会对周边环境产生较为浓烈的求知欲、探索欲，户外环境可作为此阶段儿童生动有趣的自然课堂，也能自主且独立地参与到街道活动中；青少年时期的儿童心智逐渐变得更为成熟，独立性更强，但肩负沉重的课程压力，活动时间限制较大。

从以上分析可以看出，学龄前时期和少年时期的儿童在户外活动的时间较多，且更需要在贴近自然的户外空间进行活动。故本文将研究对象界定为年龄在 6 ～ 14 岁的儿童。

2. 儿童友好城市

此定义由联合国儿童基金会于 1996 年提出，是指"一个明智政府在城市所有方面全面履行儿童权利公约的结果，不论是大城市、中等城市、小城市或者社区，在公共事务中都应该给予儿童政治优先权，将儿童纳入决策体系中"，具有保障儿童能够"得到基本的公共服务，得到教育和技能培训，并生活在清洁、安全、有绿化空间的环境，有地方玩耍和娱乐"等特征。[3]

3. 街道空间

（1）道路与街道

道路是将通行方向、交往途径提供给人们的带状空间形式，而在城市范畴中，街道空间指的是具有车行、人行等交通属性且建筑物分布于两侧的带状空间。就现代城市来看，街道空间基本依托于建筑，建筑的分布和排列位置也影响了街道的形态，属于城市中人们日常生活需通过的具体空间。

（2）街道界面

街道空间中的部分特征较为近似于公共空间，使用街道的方式和在街道中可活动的公共空间形态受限于街道两侧临街建筑的立面，同时因街道两侧的建筑退让、挑伸、肌理变化等原因形成的"U"形城市街道空间是城市居民互动的主体空间，虽然两侧的整体建筑形态已完全改变，空间尺度与形态也出现改变，但道路特征却依然较为稳定；相反，道路两侧与建筑之间所形成的丰富的半围合空间使得街道空间所能提供的活动方式多种多样。

（二）相关理论概念

1. 人机工程学

（1）儿童活动中的行为尺度

站在儿童友好视角来设计公共设施与空间时，需要符合儿童的身高和活动尺度，让儿童在活动和游戏的时候感觉到舒适和便捷。其一，从生理层面上来说，儿童处于生长发育的阶段，成人尺度的设施和环境并不能满足他们的需求，针对儿童使用需要进行缩尺化调整。 其二，结合心理尺度层面可知，成人以 4.5 米作为亲密距离、1.2 米为个人距离。但就儿童日常行为来看，则与此种尺度规则并不相符。一般而言，幼儿处于 2 岁半时，其个人距离仅达到 0.46 米，而 7 岁则增加至 0.61 米，直至 12 岁时才可与成人数值接近。此外，结合研究来看，年龄近似儿童的个人距离可能相对更小。[5]

（2）儿童活动中的时间性

儿童户外活动的时间与成人相比更为规律。对于学龄前的儿童来说，因为他们需要更多的睡眠时间，往往在上午 7 ～ 10 点、下午4～6点集中开展户外活动；学龄儿童则多在放学后和节假日全天任意时段开展户外活动。

2. 儿童心理特征分析

以对儿童心理的充分了解作为前提，考虑儿童在城市街道空间方面的具体需求，才能够在设计街道空间时更好地回应儿童。

从空间的角度看，独特的空间会吸引孩子的注意力，满足孩子的好奇心与探索欲，引导孩子的活动。而儿童游戏往往以聚集形式展开，运用视线、空间使得儿童得到引导，聚集玩耍于合适空间中，避免聚集在安全隐患显著的空间中。需要注意的是，在短时间内，某一事物可能会对儿童注意力产生吸引，如在短时间内对某一游戏项目表示高度关注，此类注意力往往持续时间偏短，在需求得到满足后，即可能对下一关注对象进行探寻。因此，在社区游戏设施、游戏场所的设计进程中，需避免欠缺吸引力、功能相对单一，如此才可增加对儿童的吸引力，并促进其活动。

从儿童认知的角度来看，他们对世界的认知往往以模仿作为主要途径，而在模仿的同时，会将自己的创新加入其中，游戏活动的整体有趣性随之提高。在设计公共活动空间时，可基于儿童的此种特点完成游戏空间的设计工作。随着他们对年龄、性别的认知逐渐清晰，行为在这些方面将开始出现排他性。2～3岁的儿童即具备相应性别意识，可结合头发、长相等对他人性别进行区分。在年龄日益增大的同时，儿童在辨别性别以及理解能力方面将得到深入发展，部分孩子面对异性伙伴发出的游戏邀请，往往会主动拒绝。此外，因所处年龄阶段一致的儿童也具备近似的生理、心理发育程度，此类儿童更易形成基于年龄的小团体。心理专家提出2～3岁的儿童已对"我"一词的含义有所掌握，表明已产生儿童自我意识。3～5岁幼儿的自我描述往往已较为具体与细致，还可对自身心理活动产生一定认识，感受到自身情绪的改变。在8岁以前往往将自我作为中心，无法对他人感受、观点有所理解，行为规则往往无法对其产生约束力，仅对自身感官、生理需求有所追求。处于这一阶段的儿童往往运用直觉思维方式，受到影响的概率较小，注意力往往在一点上集中，而不会对周边状况的改变有所关注。学龄儿童已具备更为突出的自控能力，在面对危险环境时，往往也具备自我保护能力。进入童年中期，儿童形成更为完善的自我意识，对于自身的认知、评价以及对他人的认知与评价，更具客观性。学龄儿童已具备自我约束与调节的能力，可先对环境进行观察并对结果进行评估后再加以行动。

表现欲也是儿童较为明显的特征，他们希望获得其他儿童或成人的关注，成为焦点，便往往以街道公共开敞空间作为重点表现场所。在设计方面通过合理空间的提供，以便儿童表现欲得到满足，利于其身心得到健康发展。

3. 环境行为心理学

（1）儿童行为特征

从行为习惯方面来看，儿童往往属于多点一线活动，即从学校到家的一条路线和路线上的多个活动空间点，而在行走的过程中，儿童的思维往往表现出随机的、跳跃性的变化，街道内的各类新奇事物往往会对其产生吸引力，并未在街道步行空间形成固定的活动轨迹与类型，具有指向性、自发性、偶然性特点。因街道步行空间为线性带状空间，相较于广场、绿地，这一类面状空间存在一定的空间限制，儿童活动随之相对分散。此外，从活动水平、时间以及喜好方面来看，年龄接近的儿童往往具备一致性，更容易聚集并开展活动。在开展活动时，年龄相对偏小的儿童往往对于年龄较大的儿童或成人有一定程度上的情感依赖，难以独自开展活动，需要由同伴、家长或老师为其提供帮助，具有依赖性。若儿童专注于某一件事的时候，如行走进程中低头玩手机等，对于环境的感知将会被弱化，存在发生危险的可能性。危害事故往往以活动具备自我中心性作为重要诱因，但此种特性将在儿童不断的成长进程中得到持续减弱。

综上所述，儿童呈现出如下特征，即易受到独特空间的吸引、具有较强的好奇心、喜好与同龄人之间开展活动、偏弱的自我保护意识、喜欢自然环境等。

（2）儿童活动类型

依照行为方式可将儿童活动划分为如下三大类，分别为观看、参与、躲避。观看是长时间对他人游戏表示关注、观看他人活动但并未参与游戏。因儿童可能以此作为参与活动的前提，且此种行为自身也具备显著重要性。若使用频率相对较高的活动设施周边设置有闲逛或座位区域时，儿童可随意对他人活动状况进行观察，且自身也不会被关注，并在时机合适可混入其中，就从"观看"转为"参与"的行为方式。作为儿童而言，他们参与活动与否以及参与方式很大程度上受到自身个性的影响，以对儿童个性的尊重为前提，创造形成交往的积极空间就变得尤为重要。此外，可独处、思考、休息以及安静的空间往往极有必要，因为儿童需要私密空间，若其隐私受到威胁他们往往会出现过激反应。由此，需设计儿童发现于活动之中、相对隐蔽，但却可对其他儿童活动进行观察的空间。

依照交往方式可划分为如下三大类：个体、小组与群体交往。个体交往即儿童分散在空间中开展各类活动。此类活动的目的一定的随机性，也没有交往对象、活动路线及固定的活动方式。如观察建筑橱窗内的场频，即属于儿童与建筑环境之间的交流。小组交往即多个儿童组成小组并开展活动，往往基于个人活动演变产生，往往选定具体行为内容，活动的目的性较强。群体交往则是与监护人、各类社会人士等共同开展和参与社会活动。

（三）本章小结

本章阐述了与主题相关的各类理论与概念。介绍本文的儿童年龄界定，何为儿童友好城市、儿童行为特征与心理，明确城市街道空间将为推进儿童成长发挥重要作用。分别以儿童的活动特征、心理特征作为切入点，探究儿童与空间之间的联系，为此后调研样本街道空间问题、儿童活动的关系奠定理论基础、明确分析方向。

三、儿童友好视角下的景田社区街道空间调研

（一）调研背景

1. 深圳实践

党的十九届五中全会和习近平总书记在深圳建立 40 周年庆祝大会讲话均提出打造儿童友好城市的要求。深圳是我国第一

个将儿童友好城市建设作为城市发展规划中重要一环的城市，拥有全国首部地方性建设儿童友好城市的行动纲领性文件，并首次提出"儿童友好型街道"的概念，其相关研究可以为我国未来儿童友好城市的建设提供参考。从深圳首个"儿童友好街区"——园岭街道百花二路宜学街区，到省级儿童友好示范社区——南天社区，深圳儿童友好城市建设已建立从"顶层设计"到"落地实施"的实践体系，正探索更高质量的儿童友好空间建设路径。

2. 研究对象概况

本文以深圳市景田社区街道作为研究对象。景田是深圳城市新旧发展的交接点，其城市布局新旧交融同时十分平衡，是一个代表深圳 40 年发展特别具有中期特色的城区，其教育资源丰富，交通完善，现已成为多个"示范窗口"。本文所选取的样本街道研究范围包含莲花路、景田路、商报路、景田东路四条道路，设计路段长度为 1.37 千米。针对 6 ~ 14 岁儿童在街道空间内的活动地点、轨迹、行为习惯等开展调研工作，同时通过调研对街区风貌、儿童成长环境等开展分析工作，梳理街道空间内的儿童不友好情况，总结得出景田社区街道现状与儿童行为活动之间的矛盾及联系。

（二）街道空间调研与分析

1. 步行空间调研分析

研究范围内，公共交通设施体系完善，机动车交通运行顺畅。从片区主要道路及其功能来看，莲花路是交通型主干道，双向八车道；景田路是次干路，双向四车道，也是景田中区对外交通的主要道路；而商报路和景田东路都是支路，前者为双向三车道，属于本区内部东西向转换服务道路，后者为双向二车道，分流景田路交通压力。周边的公共交通发达，片区 500 米轨道覆盖率达 70%，公交线路密集。

基于调研和数据分析得出设计范围内所有街道均为儿童出行路径。但部分路段步行空间隐患突出，儿童友好设计缺位。根据 2017 年深圳市中小学生交通事故报告显示，6 ~ 12 岁小学阶段儿童交通事故率最高，上下学时间段儿童发生交通事故概率大。据"家长最担心的街道三大安全问题"调查问卷显示，非机动车横冲直撞位列榜首，占 33%，而右转车不让人占 23%，路口起伏不平坦占 11%。

2. 活动空间调研分析

景田社区公共资源丰富，以居住、公服、商业、绿地功能为主。以妇儿大厦为中心展开调研，直线距离 300 米可到达的社区公园仅有市政大院一处，样本街道中适宜儿童活动的公共空间仅有图书馆下沉空间一处。在对于儿童活动的调研过程中，基于手机信令的热力分析并不适用，所以只能通过分时段人口活动分布调研数据来识别周边人群及学生使用最频繁的街道停留空间节点。根据调研结果显示，中午及下午放学时，图书馆是最热门的儿童活动集中场所，儿童在其中进行游戏、写作业、聊天、自发运动等行为活动，家长进行聊天、看护孩童等有聚众性质的休闲活动，其他时段，此处为全龄人群共享的公共空间，活动类别包含坝坝舞、小聚会聊天等。

3. 街区风貌调研分析

通过对研究范围内的四条街道进行考察，发现部分路段存在明显的视线监护盲点。景田路天平大厦前为封闭绿化，景田东路一侧为封闭式建筑围墙，另一侧中部仅有几家商铺；而商报路街道一侧为福田图书馆侧立面及封闭绿化，另一侧为在建景龙小学，并不能为儿童独立出行提供连续的自然监护。从公共设施方面来看，公共座椅、游戏设施缺位严重；道路铺装填补混乱，现状街道空间缺乏美感。环境色彩方面，街区以黄褐色为主要色调，色彩较为暗沉，缺乏活力，并且街道空间中并未发现植入周边文化教育性场所的元素，文化性氛围极少。

4. 儿童成长环境分析

高密度的城市空间布局减少了儿童与自然空间接触的机会，其生活环境发生了转变，阻隔性明确的都市空间又限制了儿童们就近玩耍的可能，儿童的身体"被迫"逐渐安静了下来，身体免疫力降低，也失去了通过身体与环境的互动来获得学习和经验的能力。英国和日本平均每 20 万人拥有一个自然教育中心，按此标准计算，深圳至少需要 67 个自然教育中心，目前深圳仅有 6 个自然教育中心，缺口较大。

信息时代的高科技产品大量涌入儿童成长环境，儿童的游戏方式也发生了巨大的变化。根据《中国城市儿童户外活动状况调查报告》显示，有 12.45% 的儿童平日每天看电视、玩电子游戏时间超过 2 小时[6]，沉迷于虚拟游戏的现象普遍存在，游戏不再是一种亲身体验，而转变成为外在于身体的观赏性事件，视力、认知、情绪和社会能力因此均受影响。此外，儿童所接触到的大量暴力类电子游戏对他们的身心健康成长产生了影响，原来自然游戏当中的积极对抗行为被暴力虚拟游戏中消极的攻击行为所取代，甚至异化出社会犯罪倾向。

（三）调研结论

从深圳市景田社区街道空间的调研数据发现儿童使用视角下街道空间具有以下四个方面的问题：

1. 出行：环境安全性、友好度不足

步行空间承载功能复杂，机动车道与非机动车道没有明显的空间分隔，人行道与街边景观绿化之间缺乏联系，导致儿童出行缺乏连贯性、安全性与趣味性。在路口和单位出入口位置并无特殊的标识引导——提醒儿童注意车辆、提醒车辆减速慢行；交叉路口铺装质量工艺较差、高低错落，安全岛较高且空间较小，导致使用不便。

2. 活动：街道空间"假性不足"

样本街道空间乏味，缺乏适龄、适需的复合性空间和亲子空间、缺少能够启发创造力的儿童游戏空间，缺少自然化、有留白的活动场地，导致儿童无处可去。图书馆下沉空间中完成课后作业的儿童多趴在花池上，可见公共设施缺位，需要优化儿童户外的阅读环境、增设满足儿童多元化需求的活动空间。

3. 街区风貌：景观匮乏且友好设计缺位

部分道路路段为封闭式的建筑围墙和郁闭绿化，儿童独立出行欠缺安全保障，需要对街道整体安全性进行优化。现状街道

空间中对于儿童活动的参与性和互动性缺乏关注，缺乏充足的休憩、停留空间与设施，街道现有的休憩座椅、特定人群的公服设施等的数量与质量也很难满足街道基本的人群休憩、交谈、驻足等需求。街区整体风貌缺乏人文趣味性，缺乏具有场所特征的视觉环境和观感氛围。

4. 成长环境："去自然化与虚拟化"严重

由于当下城市中儿童的生活环境和方式发生了变化，留给儿童自己可支配的时间减少，活动越来越趋向于室内化、商业化、虚拟化。现有的绿化空间郁闭、自然化不足，儿童活动与自然隔绝，并不能获得提供足够生态的体验。而追溯导致儿童游戏"虚拟化"的原因，并不能完全归咎于电子游戏的发展，从社会环境层面上来谈，儿童成长、生活的环境氛围也至关重要，乏味、缺乏设施和活动场地等现象使得儿童对于在街道中进行活动、游戏并不感兴趣，即便样本街道空间中拥有大量优质的教育资源，但并不能感受到学区氛围，也缺乏人文环境。

四、儿童友好型街道空间的设计策略

（一）街道空间影响因素

1. 空间安全性

儿童主要以步行为出行方式，将因人非混行、无连续安全的步行路径而欠缺安全感，家长也会因担心而限制其孩子独立出行，儿童户外活动因此受限。从行为特点来看，儿童活动具有自我中心性，他们容易沉迷在自己的世界中，往往会忽略外部因素对其的威胁。此外，交通路口车况复杂，特别是上下学时段，儿童过街是否完善、是否有标识引导等也是儿童友好型街道设计中需要着重考虑的因素。

2. 空间功能性

街道空间属于全民公共空间，对于儿童活动场地并没有独立、明确的划分。空间功能是否完善会影响空间对儿童的吸引力，从而影响他们在街道中的活动时间、游戏体验感。由于设计没有完全考虑人对空间的需求、后续管理不够到位等问题导致利用率低下的消极空间占据街道可用空间，如封闭的绿化、被违章停车所占用的建筑前区空间等，可供活动的公共空间缺位。通过激活、串联沿线的零散空间，合理安排空间功能，增加空间的服务性、功能性，为市民提供更恰当、更有活力的街道场所[7]。

3. 景观与设施

街道景观能够帮助儿童认识场所、获取场所信息，比如确定自己位于哪个位置、所处的空间能进行什么样的活动等，通过识别周边的景观要素，自主开展各项活动。由于儿童的自我保护意识薄弱，需要第三方介入，比如通过提高空间的可见性以及增加空间使用率来构建社会化儿童保护网络，建立儿童社会保护机制，保证街道社会安全性；对空间提供自然监护，降低犯罪者实施犯罪的机会，优化儿童发展的社会环境。同时，儿童天生对色彩鲜艳的事物更为敏感，街道的景观、色彩、公共设施也能影响空间对儿童的吸引力。

4. 环境氛围

街道空间属于社会化环境，在这个空间中，儿童的天性将得到充分释放，通过对环境进行自我感知、与人群接触，逐渐形成他们对世界的认知。自然的环境所创造的多样化动态场景，能激发儿童的想象力和观察力；而开放的环境更能够促进儿童社会性发展。街道作为城市特色最重要的载体，结合样本街道空间的自然特征、地区特质等对街区整体进行优化，突出环境优势，强化街区的人文、生活氛围。

（二）街道空间设计原则

1. 道路通达性原则

通达性是指街道区域内各节点之间是否存在直接或间接的路径联系，通过行程时间的长短对其通达程度进行评判。在城市道路路网评价中，通达性可作为一项重要指标，从而引导设计。如在重要节点增设设施、装置等，为儿童进行自发的游戏、社会活动等提供物理环境，增加其停留、交往、活动时间；对于次要节点则更需注重道路的通畅，以此保障儿童能快速、安全通过。

2. 功能复合性原则

街区往往是市民的公共活动空间，在考虑打造特色化街区的同时需要考虑如何匹配空间资源，使得场地实际功能和潜在功能共同发挥作用。对场地进行设计时，不仅需要结合儿童在街道上的行为特点、活动方式等，考虑各个空间节点的可达性、便捷性，而且在考虑空间功能时需要兼顾成人与儿童的需求，探索亲子共同参与活动的模式，打造多元化的复合型空间，通过设计增强亲子互动性、提供有效陪伴。同时，需要考虑场地的平整性和功能的灵活性，确保在不同时段能为不同人群提供活动的空间需求，如社区坝坝舞、儿童轮滑、周末临时集市等，根据需求调整空间的功能，满足不同活动需要。

3. 空间舒适性原则

儿童使用街道空间是否舒适与他们是否愿意在街道上活动、参与户外活动频率和时长等息息相关。由于儿童开展活动时不具备较强的耐久性，自身对间断性休息有所需求，而大部分监护人在陪伴儿童游戏时需要在空间边界等位置等待、休憩，以及便于照看儿童，增设形态、数量均适宜的公共休憩设施有助于提升城市的环境品质。此外，完善街道上的基础公共设施也能够提升空间的舒适性，从设施的尺度、色彩氛围等角度塑造友好型街道空间，营造自然化、趣味化的街道环境，吸引儿童进行户外活动，取得身心的自然平衡。

4. 环境可供性原则

街道为儿童活动提供了可供性，包含了实际的可供性和潜在的可供性（空间的可供性——即可以提供给儿童的活动场地、活动形式等的可能性）。较之于人工环境，自然环境能够提供丰富且相对柔和的活动场景，激发儿童先天的好奇心与探索欲望，激发他们参与相关的运动和活动并借此促进生理发育。从社会环境的角度来看，街道空间立面可作为城市的立体化宣传版面，有效利用环境立面让儿童在户外玩耍时无意识的接收健康、正确的价值导向信息、获取相关的教育知识等，提供一个宜学宜成长的友好氛围。

（三）街道空间设计策略

根据调研结果以及影响街道空间设计的四方面因素，针对样本空间的现状问题，参考国外的设计实践，本文从安全、活力、品质、健康这四方面提出以下设计策略（图1）。

1. 消除安全隐患，注重友好型街道建设

安全是家长针对儿童独立出行首要考虑的因素，也是建设儿童友好型街道的基础。荷兰代尔夫特建立了世界首个"儿童出行路径（Kind Lint）"，即将学校、家庭、儿童游戏场地通过安全趣味路径串联起来，沿着所设定的路径儿童可以安全到达街区中的任意场所，不仅保障了儿童能够安全出行和进行街道游戏，也增加了他们独立活动的机会。

根据道路规范、标准和实际情况调整机动化空间，在满足机动车基本通行要求的基础上缩减车道宽度及数量，优先考虑落实步行、自行车通行空间；根据街道的不同人群使用需求，可将步行空间划分为不同宽度的步道。平面交叉口空间，包括机动车进出口道、人行过街横道、右转渠化岛等，注意协调步行、自行车与机动车交通的三者之间的关系，保障交通安全。根据道路规范、标准和实际情况，通过缩小交叉口的转弯半径和设置二次过街安全岛达到缩短过街距离的目的，有利于提高行人和非机动车的安全性和过街效率。此外，地面标线可以采用不同材质、色彩来代替，从视觉上能更好地识别出儿童友好步行空间。

2. 拓展游戏空间，提升互动性与多样性

通过营造功能不同的活动场所来激活街道，以及增加街道的社会性活动[7]。英国威尔士、苏格兰、英格兰等地区的分别制定《游戏政策》及《游戏政策实施计划》等具有法律效应的文件，提倡正式与非正式游戏空间并重。从设立正式游戏空间，即"冒险游乐场"，提供可控风险，利于培养儿童风险意识，到设立非正式游戏空间，即"快闪公园"，为全民提供临时游戏空间，呼吁全社会共同参与。

针对场所区位和周边环境条件匹配其功能，增设儿童活动、教育、家庭交流场所、自然化场所等，尽可能打破空间的封闭、不连贯的现状，促进街道空间的一体化整合。优化设计空间的边界，利用好转角空间、建筑前空间等，丰富街道空间业态，吸引居

图1 样本街道空间设计策略（来源：自绘）

3. 优化街区品质，增强场所感与归属感

保障社会安全和提升物理环境均能优化街区品质，塑造街区风貌。瑞典首都斯德哥尔摩在这方面做出了可供参考的实践：在建设儿童友好型城市进程中充分利用城市充足的公园和绿地，打开郁闭的绿地环境，加强行人与周边环境之间的亲切感；各行各业的艺术家齐心合作，设计建造具有自然且独特性的儿童设施。

艺术与建筑、景观、公共设施的结合已是近年来的一个趋势，艺术元素的注入使得街道焕发新的生命力。提取街区环境配色，采用温馨欢快的色彩，结合儿童色彩认知能力发展过程，精选街区主题色，并形成主色调+配色调的街区色彩图底关系。公共艺术作为一种有效传播记忆及增强空间认同感的媒介，设施的互动性增强了街道的活力。适当地引入公共艺术设施，不仅能够弥补公共设施缺位，也能提供新的打卡点，提升街道的艺术性和审美性，构建城市集体记忆。

4. 挖掘自然要素，重构儿童与环境联系

参与自然化环境有助于儿童恢复注意力、缓解压力情绪、发展多种基础技能。英格兰谢菲尔德市开展"与自然共生（Living with Nature）"社区儿童游戏场地营造项目，通过儿童户外游戏场地自然化改造的方式对社区户外空间进行适儿化提升，完成多个自然型儿童游戏场地的新建和传统游戏场地的自然化改造，从而增加儿童与自然接触的机会并提高游戏场地的游戏价值。基于英国经验，可以考虑充分与学校和社会组织合作，继续创新自然学校与自然教育中心共建模式，组织开展自然教育活动，为儿童提供一个可探索、可休憩、可学习的野趣空间。

此外，结合景田社区现拥有极为丰富的教育资源和多个"示范窗口"的特点，将儿童启蒙教育、思想道德教育、人文精神宣传融入街道景观，将素质教育融入街道生活，利用现有街道立面对其进行立体化宣传、教育。一方面能保障儿童心理健康发展，引导儿童树立正确的价值取向，培养兴趣爱好，鼓励儿童积极参与街道活动等；另一方面，提升界面的积极可供性，重构儿童与环境的联系，提升全民对儿童友好城市的认知水平。

五、儿童友好型景田社区街道空间设计实践

（一）总体规划

本文的研究范围以妇儿大厦为中心，景田社区为辐射范围，打造"儿童友好特色街道空间"。通过1.37千米的"儿童友好带"来链接社区与城市，提升"儿童友好带"的安全性、舒适性，鼓励儿童出行。

根据调研结论和提出的对应设计策略，分别从出行安全、空间多元、氛围街区以及健康环境四方面对样本街道进行友好型设计。针对不同年龄阶段的儿童打造非硬化、主题各异的步行径和多样化互动空间，提升空间的体验感，打造一个充满趣味与自然诗意的漫游式街区，鼓励儿童探索城市中的自然，实现安全性、趣味性、昭示性升级。

（二）完善安全可识别的优先步道

1. 优化独立出行的安全步道

从应对公路机动化的角度入手，划分出安全、连续的步行和非机动车空间，规范机动车交通；增设儿童优先出行步道，充分串联街道中分散的活动空间，使得步行体验变得更为连续。完善"学校—家庭"路网，在重要活动节点处设置趣味性标识、街道小品等，设计"活动空间停留、步行空间快速通过"的出行流线，使儿童出行兼备趣味性、安全性。将景田东路原非机动车道涂刷为儿童优先步道，莲花路、景田路以及商报路新增 1.5 米宽儿童优先步道，并且通过特殊铺装提升可识别度，增强文化感与自然触感，构建家长放心、儿童爱玩的 1.37 千米儿童独立出行路径。（图 2）

图 2 "音乐童径"儿童优先步道（来源：自绘）

2. 消除交通路口的慢行高差

对现有的 6 个单位出入口进行重新铺装，增加斑马线及特殊标识。消除 4 个交叉路口原有慢行高差，给予步行和非机动车足够的通行空间，重视无障碍设计，提升通行舒适度。路口设置醒目规范的街区标识，突出细节处理，提升街区的可识别性。（图 3）

图 3 零高差单位出入口与人行横道（来源：自绘）

（三）提供多元复合的活动空间

参考深圳市儿童场地标准，挖掘儿童潜在活动空间，实际面积 100 平方米以上方可布置为儿童活动场地。根据儿童出行路径、现状儿童场地活动与需求合理增设活动空间，落位 5 个设计点，即妇儿大厦前广场活动空间、景丽花园前街道空间、图书馆下沉空间、商报路路口街道角以及商报路街道空间。（图 4、图 5）

1. 丰富街道空间多样性

莲花路为交通型主干道，将妇儿大厦前广场活动空间和景丽花园前街道空间作为街区的形象展示空间进行打造，是儿童友好型街区的形象窗口。妇儿大厦前广场活动空间约 1500 平方米，但由于地铁改造，前广场中心区域覆仅 600 毫米，不可布置大型构筑物。故广场空间功能进行弹性化设计：平日以集散功能为主；节事活动中可布置临时展览、舞台；沿街增设艺术性装置，增强街区的到达感。

图 4 妇儿大厦前广场活动空间（来源：自绘）

图 5 商报路弹性街道空间设计分析（来源：自绘）

福田图书馆的下沉空间可为儿童提供一个有高差的游戏场地和室外化的阅读环境，在设计中考虑动静空间划分与联系，提升儿童与公共服务性场地、家长、同伴之间的互动性。将原有 1600 平方米的建筑前空地打造成儿童户外静读与动游为一体的"四点半广场"，为孩子们提供一个既能尽情玩耍也能在树下的课桌花园里汲取知识的空间，

图 6 天平大厦前绿地空间（来源：自绘）

营造景田宜乐宜学的氛围。

商报路路口街道角位于图书馆正门旁，将其作为图书馆的附属空间进行打造，打开图书馆前绿地空间，扩大户外等候空间，结合图书馆的开放活动，构建学校与图书馆互动链接的桥梁，为儿童、家长提供社交、交流场所。

2. 增加弹性活动街道空间

经仿真模拟，测试结果商报路（景田路—景田东路）封闭后对路网交通运行效率无明显影响，可将上述街道改造为共享道路。高峰期及节假日封闭为无车街道，东西向车流通过疏通图书馆北侧通道及新景路疏导。日常为"慢行街区"，倡导少车、无车街区，三车道改两车道，提升慢行体验；周末释放宽 10 米、长 120 米的广场空间，用于举办各类儿童及家庭集市活动，增加街道活跃度。

（四）打造特色温馨的街区风貌

1. 设立街道眼，提供视线监护

通过合理的设计让儿童在场地中能感受到较强的领域感、安全感，将封闭的街道立面改为半围合空间，打开街角封闭绿地、在沿街商铺较少且空间开敞的位置设置小型儿童服务站点等。根据儿童出行路径设置多个开放的"街道眼"，加强对儿童的自然监护，打破视线阻隔。

2. 注重视觉观感，强化街区印象

视觉环境营造方面，遵从现状环境特征，协调城市中建筑的主要色调，利用绿化、街道铺装、围栏等色彩作为辅色调，以设施、空间细节作为载体融入一些明亮的色彩作为点缀，以此构成街区的整体风貌。

设施方面，填补城市家具缺位，采用尺度适宜的公共设施，材料细节上注意采用自然亲肤、可持续的环境友好材料；将艺术装置植入街道，开展主题性艺术活动，打造创意空间，使儿童与艺术之间建立联系，在潜移默化中培养自己的爱好。

（五）营建绿色健康的成长环境

1. 构建可感知的自然野趣景观

在构建街道环境的过程中，充分发挥场所的潜在作用，增设"户外自然实践"课堂、科普课堂、开展自然教育活动等，将"寓教于乐"的特点融入进街道空间的设计。对景田东路与莲花路路口的绿化空间进行优化设计，打开转角界面，充分利用街角空间强化街区标识；将儿童自然认知融于植物景观设计，将其作为全民可参与、可休息停留、游戏、自然教育的多功能线性乐园，不仅为儿童提供一个充满野趣的活动空间，也为附近的居民提供休憩的生态化场所，如设置自然科普牌，帮助儿童认识街道中的植物；或开设种子花园，儿童可以将种子带回家播种、跟踪观察，记录生命成长。

2. 烘托寓教于乐的人文氛围

将思想道德宣传、人文因素等融入街道空间设计，强化街道立面的宣传功能。采取"学校、家庭、社会"三方联动，注重儿童的健康教育和指导，将素质教育作为儿童成长发展的必修课；通过完善自然化户外游戏空间和开展街道活动，突出公民意识和价值导向教育，帮助儿童形成健康人格、拥有良好品质。

六、总结与展望

在新的城市发展阶段，提升街道品质是满足人民群众对公共产品和公共服务需求的重要途径，对于街道的功能定位也已从"侧重道路交通功能"转变为"兼顾街道公共空间功能"，逐渐回归到人本街道空间。在此过程中，针对在街道中活动的不同人群应为其提供多元化的空间需求。

本次设计研究的样本街道，从建筑立面到公共空间，打造以儿童关怀为体验，强调公益性、服务性、普惠性的街区级儿童活动阵地。在建设儿童友好城市方面，国际上较多的城市考虑"儿童友好"的城市公园、游乐场地等，以街道作为载体结合考虑而进行的城市更新在国际上较为少见，对儿童友好型街道空间的研究对于我国儿童友好城市的建设具有借鉴意义，也是儿童友好城市规划的关键。

儿童友好型街道代表的不仅是仰望的城市高度，更是俯身的人文关怀，从"一米高度"看城市，创建儿童友好街区2.0。

致谢

有幸参与2021～2022年产教融合设计学科高层次人才协同培养工作站（深圳站）。

在此，感谢我的校内导师龙国跃教授，给予我这个实属难得的机会，以及对我的辛勤栽培。从龙老师身上，我深切领略到传道、授业、解惑这一教师职责的深刻含义。

感谢我的企业导师程智鹏先生对我的悉心指导，将公司前沿的设计资料分享于我，阶段性地关心我的课题进展，支持我学习，让我在这半年的企业实践中获得意想不到的突破。感谢深圳市城市交通规划设计研究中心对我提供的大量帮助，感谢景观设计院同事朋友们对我在设计研究上所作出的指导。

最后，感谢工作站给予我与行业大师接触的机会，感谢清华大学美术学院、四川大学、西安美术学院、天津美术学院、南京艺术学院的教授们在每次课题汇报时的耐心指导和鼓励，感恩与各个大学专业佼佼者们的相遇和交流。

参考文献

[1] 国家发改委.《关于推进儿童友好城市建设的指导意见》[J]. 早期教育,2021(52):28.

[2] 何丰，朱隆斌. 从街道到游乐场——荷兰儿童友好型街道实践经验借鉴[J]. 住宅科技,2020,40(04):43-47.

[3] 余炜楷，唐威，张鹤琼，徐静. 广州市儿童友好型城市空间与规划体系构建研究[C]// 面向高质量发展的空间治理——2021中国城

市规划年会论文集（20 总体规划），2021：166-179.

[4] 冯家齐. 儿童友好视角下街道空间设计研究 [D]. 西安：西安建筑科技大学，2021.

[5] 徐南. 住区儿童友好型开放空间及其评价体系研究 [D]. 杭州：浙江大学，2013.

[6] 阚晓茵，黄红兰. 把"玩"的教育意义释放出来 [J]. 人民教育，2016(11)：47-49.

[7] 深圳市福田区城市管理和综合执法局，深圳市城市交通规划设计研究中心股份有限公司. 深圳市福田区街道设计导则 [M]. 北京：经济日报出版社，2020，5.

[8] 谢雨杉，曾甜，朱直君. 国内外先进城市儿童友好型城市建设经验及对成都的启示 [C]// 面向高质量发展的空间治理——2021 中国城市规划年会论文集（20 总体规划），2021：189-195.

[9] 佟琛. 基于儿童独立活动特征的社区街道空间研究 [D]. 长沙：湖南大学，2018.

[10] 高灿香，胡佳琪，吴昕晔，冯伟尧，金剑柔. 构建社区安全儿童游乐空间——基于 CPTED 理论的儿童友好型社区空间研究 [J]. 房地产世界，2021(20)：1-5.

学生感想：

总是会不自觉地想起在深圳的日子。

初到时总是爱惨了这个城市的夕阳与夜晚，也总是羡慕他们能随时奔向山海之间，即便很少停歇。这是一个很年轻的城市，我爱这座城市的活力、包容和温暖。不可否认，这座城市是我梦想中生活的城市的模样，有不曾熄灭的灯火，有勇敢的追梦人，有宽广的大海以及温暖的阳光。

我深刻地记得在最后一次导师讲堂上发起的提问——如今经济和信息都如此发达了，很多城市都能提供机遇，包括成都、重庆这样的新一线城市，那我们是否还有必要带着这么多不确定的因素跑到这么远的地方来打拼？其实对于这个问题，很多老师在之前讲座中多多少少都有提过。杨总说要"远走高飞"，张院长说"来深圳待五年一定不会后悔"。彭院长说我很勇敢，这好像也是他第二次夸我，上次是在开题汇报上，他说我特别自信。"坚持你的想法，年轻就不要有什么顾虑，想走就走，不要有遗憾。"其实后来我想了很久，对我而言什么才算"遗憾"，就像他当时问我们"什么叫成功"一样。他说对他而言的"成功"，是随时可"死"，没有遗憾地离去。当时我们在场的所有人都对所谓的"成功"下了定义，唯有他的回答让我热泪盈眶。我想，"不遗憾"或许就是指在很多年以后，我白发苍苍，回想当初自己所做的选择，很庆幸我坚持从事了自己所热爱的事业、并且勇敢地走出舒适圈去探寻自己更多的可能性了吧。

我想，这趟旅程的意义因人而异，甚至因时而异。我并不觉得能在这一百二十五天的深圳之行中快速成长为一个多么"成熟"的设计师，我想这也并不是这趟旅途的重点（至少对我而言不是），但通过这趟旅途让我更加清晰地明白，我是如此地热爱设计这件事，也是如此期待自己能成为一个"伟大而渺小"的设计师。更庆幸的是，在这里我遇见了很多对设计、对生活、对生命充满期待和热爱的人。如果用两个词来概括这趟旅程，"感恩""感动"，足矣。

感谢我的导师龙国跃教授和程志鹏先生对我的教导和关心，感谢潘召南教授和工作站其他老师为我们提供如此难得的学习机会，感谢各大院校的教授、老师们在课题上对我们的严格要求和悉心帮助，感谢各位企业导师们带我们见识行业里更广阔、更前沿的世界，感谢和我一起在深圳"同甘共苦"的朋友们，感谢相遇，感谢陪伴。

我会永远想念在深圳的那个秋冬，想念每天下班沿着沙河西路的混凝土森林骑单车回家，想念某个阳光明媚的下午在咖啡店一边看着玻璃杯折射出的彩虹、一边写着论文和开题报告，想念和同校、异校的朋友们一起去参加导师们的讲座、看各种展览和大师建筑，想念临走前独自去蛇口港吹了整整一下午的海风，甚至想念广东冰冰的手打柠檬茶。

"热爱可抵岁月漫长"——愿每个人都会拥有自己执着和热爱的事并且勇敢地坚持下去。无论未来我们在哪里，愿我们脚下有风，各自灿烂。

校内导师龙国跃评语：

曾麒同学在深圳工作站撰写的这篇论文论题新颖，观点鲜明。选题符合环境设计专业研究方向和工作站培养目标要求，能综合运用本专业知识原理并结合社会实际来进行理论界定和概念阐述，以人机工程学、儿童心理特征分析、环境行为心理学等相关理论剖析文中的主要问题，也体现出该同学较强的时代特色性与实践应用性。

全文结构基本合理，思路比较清晰，语言比较通顺，层次分明，观点表达基本准确，论据与论点保持一致。论文反映出作者阅读了大量相关文献，对本专业基础理论和课题方面的知识掌握深入、牢固，能利用所学知识解决课题中的实际问题，参考的文献资料与论题和论文内容结合紧密，以儿童的视角对街道空间进行设计研究与分析的设计思路，探寻新的街道设计策略和方法。论文的条理清楚、语言流畅、图文规范、数据可信，表现出该生具有较强的研究潜力和必需的创新精神。

企业导师程智鹏评语：

曾麒同学的论文选题相当有时效性，直切当下老龄化、少子化的社会问题，通过大量的文献和案例的研究，在文中提出了有意义的设计原则和策略，在景田片区项目中付诸实践，并总结了相关的设计方法和手段，有一定的普适性和参考价值。

文章结构合理，思路清晰，行文流畅，观点和设计方法基本表达明确，基本符合论文的要求。唯有儿童友好型街区与一般街区相比，改善了哪些方面论述还不够深入，如能量化比较则更好。希望曾麒同学在今后的学习工作中仍能坚持、持续关注和观测，让研究的意义更深远。

有机垃圾处理中心荒野景观设计研究

Study on Wilderness Landscape Design of Organic Waste Treatment Center

赵骏杰（北京工作站）

学校：四川美术学院
学校导师：潘召南、赵宇
企业导师：韩居峰
企业名称：北京侨信装饰工程设计院有限公司

摘 要

城市的发展对于环境的影响是自工业革命以来的重要议题，本文从环境伦理学视角聚焦于城市文明与自然环境两者的冲突关系，从梳理荒野的概念发展与类型到探究城市中建设环境景观的价值。在此基础上研究有机垃圾处理中心厂区的基本特征与荒野景观进行联系，并分析其相通性，研究在有机垃圾处理中心的荒野景观设计策略，通过构建新型科教环境、营造景观叙事空间、搭建小型生态系统、引入艺术装置等方式，建设能够宣传垃圾环保处理方式、呼吁关注生态自然环境、引起人们对于自然的反思和内省的空间。通过对北京通州有机垃圾处理中心场地的实地调研，以荒野景观设计方法对其景观建设提出相应的设计分析与路径，以期能够为今后现代化工业厂区中的荒野景观设计提供依据。

关键词：荒野景观；有机垃圾处理中心；环境伦理；生态；科教

一、绪论

（一）研究背景

1. 城市工业文明进程不断加快了城市生活品质建设，将生活不断通达与便捷，同时也将城市与自然之间无形的堡垒越筑越高。城市美好生活中的人的美好愿景又将如何实现。夏日夜晚田间的萤火虫、沙沙作响的树梢、在绿海中的嬉戏声都成为城市居民对于美好生活的向往。高度自然的荒野环境对于在高速发展下的城市群落建设，高度工业化生活环境中的普罗大众，无疑是一种稀罕物。当下的城市环境是以人工的建设为核心、高度的人工管理下的城市自然景观。

2. 2018 年国务院办公厅印发关于"无废城市"建设十点工作方案通知，指明要坚持绿色低碳循环发展，在 2019 年国家出台针对餐余垃圾资源化相关指导意见，"就地收集原料、消费利用、形成产业……建立专业化餐余垃圾收集运输体系"。伴随着我国城市规模的不断扩大，生产活动的增加，城市垃圾数量与日俱增，对于环境承载力不断增加，环境状况不断恶化。

（二）国内外研究现状

国外对于荒野景观的探索起源于美国在 1964 年颁布的《荒野法》，正式以国家立法的形式确认"荒野"，指明"荒野地内动植物和土地不受人类的控制，人类以短暂停留的身份存在"。随后，各国对于荒野景观的价值意义与设计实践展开了大量的探索与研究，产生了大量的实践成果，如美国的高线公园（图1）等。国内外对于荒野景观的研究起步较国外晚，现研究成果主要分为荒野思想、人类对于荒野的认知发展历程、荒野的意义与价值、城市荒野景观四个方向，整体研究实践时间相对较短，内容也多停留在理论层面。目前，国内对于荒野景观的研究还存在一定的不足，主要针对荒野景观的设计实践相对较少。

二、城市荒野景观的基础理论研究

（一）相关理论——环境伦理学

环境伦理学是研究人类、社会系统与自然环境系统之间的道德伦理科学，罗尔斯顿将环境伦理学中的"自然"限制在地球范围内，指地表生态圈层产生生命的系统或者称为"荒野"，它是一个有机生命共同体，有着创生和发展的演进过程。[1] 环境伦理学形成了与以往哲学与伦理学以人为中心的观点对立的观点，形成了以自然为主导的伦理观念，将生物和自然界以及未来人类纳入道德伦理考虑的范围，提出对生物、自然界以及未来人类尽义务和责任的问题。探究以自身内在尺度为评价标准的自然内在价值。在高速发展的城市生活中，城市中的生产活动对于自然环境造成的影响不断提升。通过对环境伦理学的研究，建设自然生态的环境影响人类道德观念，利用自然的内在价值传递缓和社会关系紧张、环境恶化等问题，谋求人与自然的可持续共同发展是一种新的协调方式。对于自然价值，当我们亲身感受，在切实经历中体验到了这些价值，才能对他们做出判断。通过更进一步探索使得人们再度思考与认识人、自然、社会之间的和谐关系。

（二）城市荒野景观

1. 概念

在 2007 年荒野谢菲尔德大学举办的荒野会议上，城市荒野景观被定义为"城市中以自然为主导的土地，尤其是指在自然演替过程中呈现植物自由生长景象的地貌，如自然林地、湿地、无人管理的田园、河流廊道、被遗弃的场地或棕地等。"[2] 城市荒野景观是从荒野景观、荒野思想中逐渐剥离出来的概念，从词义上理解不难看出两者的矛盾性与复杂性。"荒野"一词拆分开来，"荒"是指"长满野草，或无人耕种"，"荒废、荒疏、荒置""野"则是指"不讲情理，没有礼貌"，"野蛮、粗野"，荒野是无人涉足之地，是无法被人掌控之地。由此可见，荒野与人之间的相互对立关系，"城市"是安全与文明的象征，"荒野"则代表着野蛮与未知，这两个代表着产生巨大冲突的意象是如何共存和衍生的。

城市荒野景观这一复杂概念伴随着城市扩张进程不断变化的，在城市扩张初期，建设区域不断地扩大到城市周围的乡村、田野，在这其间，一些地块由于原生植被、地形地貌或是开发资金不足得以保留下来，成为城市荒野景观斑块[3]，具有完整的片段式的自然地块。在城市建设到中期时，城市中心住房交通拥挤，使得工业区外搬也就是城市挪移后工业地，经过数十年的搁置，重新回归到以自然为主导的环境中，形成了次生演替的荒野景观。在城市收缩阶段，由于人工管理缺失、高昂的管理费用等导致自生植被占据而形成城市非正式绿地[4]（图1）。

实际上，目前城市荒野景观概念所包含范畴较为宽泛，既包含城市中未受人工干扰的天然环境，也包括荒废、遗弃、缺乏管理而逐渐进行自然演替建立次生演替的荒野景观。这种荒野景观的尺度无固定样貌，从城市中保留的自然保护区域到路面、建筑的缝隙因人工管理缺失而产生的植物组团，它的出现与城市建设和人们的日常生活密切相关。伴随着对于荒野景观价值的不断认同，出现了一种人工创造的野生环境。为了满足人类对于"自然样貌"的美学需求、生态功能等而搭建的景观环境

图1 城市荒野与城市扩张进程（来源：自绘）

类型即荒野景观[5]。

2. 特征与评估

城市荒野景观强调以自然为主导的自然演替形成的环境状态，具有相较于其他类型的城市景观有低干预性、低维护性、多样性、可持续性等特征。

（1）特征

低干预：荒野环境中其通过内部环境的自我演替形成的完整生态景观体系，保持自我维持、自生状态同样能够达到良好的生态环境与审美环境。荒野环境内部自发形成最原始的生物交换环境。在设计过程中强调尊重和利用自然特性，因地制宜地利用原场地现有的条件资源进行整合塑造，在满足人们基本使用功能的情况下最低限度地干预原生环境。

低维护：荒野景观因自身的结构能够满足自身需求，供给内部元素相互适应、相互竞争，彼此建立良好的循环系统。具有良好的自我组织能力与维持能力，其所需的资金或人力维护成本较低，不因缺少管理而形成恶性生态环境。可以提供多功能、具有可塑性的游憩空间，满足不同社会群体的日常使用需求，一定程度上可规避城市自然空间的士绅化，有利于城市的景观公平。

多样性：荒野景观的内部结构促使生物群落自身演替过程中为当地野生动植物提供了更为适宜的异质生境。由于荒野地区环境与气候存在差异性，独特的生存环境在自我繁衍过程中产生了多种独特的景观类型。当其脱离该生境，生物无法继续生存繁衍。因此，荒野作为它们独特的生存和繁殖栖息地，可以保持动植物的遗传多样性和物种多样性。

（2）荒野度评估

在《城市荒野景观》中，安娜·桥根森指出城市荒野景观是以自然为主导与人工管理两者拉锯关系的映射，是一种位于人工与自然两者之间的阈值状态[6]。其与人的生产活动、活动频率、人工管理等息息相关，无法从单一的标准界定，且提出了以距离居民遥远度、交通道路通达度、人类活动干扰度、生物多样性来评估荒野质量数指数，对荒野进行评价。

（三）城市荒野景观建设价值

1. 自然环境的反思与启迪

城市荒野景观对于环境的影响不仅仅在建设形成生态化生活环境上，对于城市工业文明带来的一系列环境问题是当下的重要议题。人类文明诞生之初，荒野对于人类是恐惧的深渊，充满着未知与神秘，当人从野蛮的状态中走出来，从此将文明与自然割裂开，站在文明的高台上眺望自然的风光，从城市到乡村，从人群到林莽，才会对荒野所呈现的景象感到珍视与惊叹。在20世纪，人类的文明对自然几乎是无孔不入，渗透在地球的所有能够开发的地域，满足人类近乎无限的欲望[7]。然而，后工业化时代遗留在城市中心的工业厂房，经过时间的洗涤，自然以植被生长的方式重新"代谢"这些人工遗迹。它们是人与自然博弈遗留下来的痕迹，当我们去直面这些时，我们其实在直面自己，直面那些经由人们创造的一切，又经过人们的规划与发展落寞的一切。

2.审美与自然内在价值

人类是从荒野而来，人们对于自然的精神是具有绝对依赖的[8]，人们常常能够在自然环境中找到比拟内心情感或者性格品质的自然物质现象，自然有一种"引导的能力"能在我们内心里激发出一些思想，给我们以教育，引导我们走出来[1]。比如中国古代的诗词歌赋，以自然事物的发展状态来抒发自身的情绪，即借景抒情。"若夫淫雨霏霏，连月不开，阴风怒号，浊浪排空……至若春和景明，波澜不惊，上下天光，一碧万顷……"诗人范仲淹描写天气的阴雨与晴朗两者的景象来表达"不以物喜，不以己悲"的观念。正是因为荒野景观所独有的特殊审美体验使得人们对于自然中的"野性"环境感知力增强。相较于高度人工化管理绿地，其减少降低自然体验感和自然要素与观赏者发生更多互动的可能性，而荒野景观给予人们的多重感官体验引发了一系列刺激与反应，并形成了独特的生活环境中自然野性审美体验，能够使人们的身心具有舒缓与放松作用，也能有效地帮助人们排泄负面情绪，促进积极正面的情绪产生。

3.城市景观生态性

具有低人工干预性的荒野景观通过植被自我的演替发展建立了更加完善具有适宜该地域的生态环境体系，其生物多样性明显高于精细管护的人工绿地，带来了更多可感知、可见的生物种类。良好的生物多样性和自我维持能力为城市荒野景观能够持续提供生产食物和药物的供给服务、荒野体验的文化服务，以及促进城市环境适应气候变化的调节服务等多样生态系统服务打下基础。[9]

三、城市荒野景观与有机垃圾处理中心关联性研究

（一）城市荒野景观与有机垃圾处理中心的共性

1.环境建设的伦理性

人类从自然中走来，在人类文明快速发展的今天，人类对于自然环境的需求又提到了新的高度与视野当中，工业园区与自然环境站在对立面上，人类的工业文明的发展对自然环境产生了巨大的影响，工业园区的景观建设，是在人工制造的基

础上建设相对立的自然环境，从设计思路上应体现工业文明对于自然环境的冲击下，对于原生的自然荒野景观的敬畏与思考。

在时间维度上，工业厂区的发展具有交替性质，在一定时间周期工业厂区将会更新换代，不断地进行代谢活动，在这种代谢中会产生大量的废弃工业建筑环境，曾经经过高度人工管理的工业环境在人类活动褪去之后，自然便悄无声息地自我愈。在城市发展过程中城市的不断扩张对原有的工业区进行迁徙与更新。通过荒野景观的介入对于工业厂区的发展是一种减少成本与消耗的有效手段。

2. 有机垃圾的生态性

随着城市的发展理念转变，逐渐转向生态方向，城市垃圾的处理方式也从传统的填埋，发展为针对不同类型的垃圾进行焚烧发电与生物处理，有效地将垃圾转化为再生能源，传递与呼吁自然保护观念，是建设新型生态城市的重要路径。有机垃圾处理中心是城市循环经济中承担"分解者"的重要角色，生态化的处理方式是通过人工的方式将人生产生活遗留的人造垃圾转化为再生能源，将城市这一"消费者"的"代谢物"进行分解再投入生产。同时，有机垃圾自身作为有机生物能够进行自我分解，与自然界中的分解者"相同"承当相应的角色。由此可见，有机垃圾处理中心的建设首先是模仿自然界中的循环模式，其次有机垃圾处理本身所营造的生态性与自然界的生态系统是相近的。

（二）有机垃圾处理中心

1. 有机垃圾处理中心研究定位

有机垃圾处理中心是基于循环经济理念倡导下的新型再生能源工厂，是通过将城市废弃的有机垃圾进行收集、分类、整理后，利用厌氧发酵、生物技术等步骤，产生能够再次使用的甲烷、生物柴油，将原本的废弃物通过物理技术分解、提纯、最大限度地再次利用和代谢。有机垃圾处理中心景观主要是满足厂区绿化指标，厂区人员休憩集散通行等功能的户外空间设计，需要对厂区环境进行评估与合理规划，实现厂区功能空间的高效互通，空气环境良好，特殊的功能生植物与观赏性植物搭配。

2. 有机垃圾处理中心特殊空间特征

有机垃圾处理空间依据其主要功能划分为：综合处理车间、甲烷生产区、生物柴油区三个方向。综合处理车间是有机垃圾处理中心的主要区域，主要是经过收集城市废弃有机垃圾统一进行预处理，将其分选、破碎进行湿热处理，将有机垃圾中的水分与油脂渗透固液分离，划分为废液、水油混合物、固性残余物，三种物质分别通过不同的生物技术转化为沼气、生物柴油、可降解废水[10]。在该区域主要空间形态由宏大的封闭建筑体构成，通过运输垃圾通道，主要出入口衔接内外空间。建筑对于密闭性要求较高，周围环境主要以道路边缘绿化与出入口硬质铺装为主。外部空间人为活动频率较低，主要功能以硬质铺装满足车辆运输需求，功能性植物种植隔离与防护。

甲烷生产区主要是将上一阶段残余的有机废水进入发酵系统，发酵产生沼气，首先通过水解酸化过程将大分子有机物酸化为小分子有机酸，与此同时将有机酸类的物质运输到发酵罐中，在适当的温度、pH酸碱度和其他条件下，通过甲烷菌分解分子进而转化为甲烷。发酵完成后的沼液与沼渣仍包含一些有机物将运输到生物柴油生产区域。该区域为储罐区域，在罐内进行厌氧发酵生物反应，第一，植物种植满足通风需求；第二，罐与罐之间按照消防规范建设。该区域活动频率较低，宜种植大面积低矮的草本植物。

生物柴油主要是将餐余废弃物中油类物质，通过与醇类酯交换反应得到。通过催化剂与氢氧化钾进行多次酯交换与回收之后再次进行分离、水洗中和、水油分离等过程产生最终的生物柴油成品，装载至柴油储罐中，通过车辆运输后，能够再次为人所用。该区域活动频率较低，应满足车辆通行运输等交通功能，以硬质铺装为主，种植隔离绿化带。

3. 有机垃圾处理中心景观环境问题

当下有机垃圾处理中心的景观设计主要通过种植功能性植物来降低工业厂区对于周围环境的影响，在厂区内部景观空间普遍呈现高度人工化的状态，将城市景观中的样貌，复制于工业园区内。

（1）景观空间使用率低，在现代化工业园区中，新型高科技设备逐渐代替了工人，园区内部的人员数量减少，对于多样的景观空间需求也逐渐随着降低，以传统的景观设计形式与内容放置于现代工业园区内两者是冲突的。工业园区整体功能区域，人员活动范围有限，因此减少不必要的景观功能空间。

（2）工业环境与景观环境视觉失调，不同的环境下景观环境视觉应当呈现不同的样貌并与周围环境相匹配。

（3）景观环境维护与建设成本高，高昂的景观维护与人工管理费用对于工业园区的建设造成的负担，逐渐造成景观环境缺少维护与管理而产生的生态污染与景观环境杂乱等问题，甚至呈现无人管理的废弃景观环境。

四、荒野景观介入有机垃圾处理中心的设计方法研究

（一）设计原则

1. 生态优化原则

园区景观建设不仅局限于该范围内的人员与环境，是将园区置于整个循环链条内，以点带线，以线活面，是将工业生产与自然、社会全面实现生态循环，保护与改善生态环境，平衡生态环境，组织城市空间内的各项要素达到生态环境的和谐发展。将园区的整体景观规划置于整个周围区域中，从宏观的整体性入手，逐步分析区域之间相关联要素，区域定位、气候条件、功能场所、动植物群落等部分，切实分析相互协调。工业园的起点是在自然的对立面上，在发展过程中，需要将工业园的景观环境最大限度地自然化、生态化，以期将工业发展过程对于环境的影响降低到最小值。

2. 环境与人共生原则

工业园区景观建设需要关注到环境与人两者，人是资源的享用者、文化的传承者、技术的掌握者和自然的保护者。对于工业园的生产制造过程对于工人的负面影响，景观设计应发挥自身最大优势，从景观绿植、景观设施、景观空间、景观小品等多方面作为设计主体，改善工人日常生活的视觉感官与日常工作环境，提供令人身心愉悦的优质景观环境，创造积极效应，

最大限度地满足人性生理与心理上的双重需求，促使安全施工、工作交流。

（二）荒野景观介入设计方法

1. 搭建小型生态系统

荒野景观其重要特征就是自然生态环境，通过植被的自生演替形成天然环境，自然体系满足自给自足的生态环境。与荒野景观相同，有机垃圾同样强调对于环境的生态性构建，有机垃圾处理中心作为现代工业园区应当满足绿色生态的生产生活环境，将对周围环境的影响化为最小值，保证园区内部的生产人员身心健康。构建小型生态系统，通过雨水收集系统、地形地貌营造、关键动植物引入、废弃物再度使用等方式激活场地生态链条，通过人工介入使得园区景观环境趋近于自然生态环境状态。

2. 营造景观叙事性传递

景观荒野景象承载着原始土地记忆，将其具象、直观地传递给观者，是大地自述历程的一种景观。一方面，城市中的原生荒野能够展现出这片土地原始的痕迹，保存着这块土地从古至今自然演变的历程；另一方面，也展示着在城市演变进程中人类对于自然的态度、谋求生存的过程、利用土地的方式，也记录着场地中人类活动的痕迹。在垃圾处理中心厂区去传递人与工业之间、工业与自然之间、自然与人之间的不断发展改变的历史进程，充分利用荒野景观自身的野性，呈现在城市生态园区中，引导人们思考场地历史，叙述着场地内在的丰富性和故事性。通过进行生态历史叙事、文明进步论叙事、复兴隐喻叙事，常用的叙事手法包括时间序列重组、故事进程重述、聚集于并置等设计方法可传递创造具有立体生动的、能够自我叙述、富有故事性的城市绿地空间，充实场地文化的厚度与内核 [11]。

3. 构建新型科教环境

自然环境是最佳的"教育"环境，自然的客体可以引发我们的想象，使我们有新的发现，引发我们对于现实现象的思索，修改我们固有的观点，自然是我们认识事物的源泉也是我们对人造物思考的催化剂。有机垃圾处理中心作为新型的处理垃圾方式，是兼具人生产活动与宣传生态环保教育双重身份的厂区。第一，其独特的垃圾处理方式是宣传科普城市垃圾的重要平台，让人们深入了解有机垃圾的生物处理后再利用的过程，提高城市居民的环保意识与居民减少日常生活垃圾的意识。通过搭建科教基地实现寓教于游，让更多的青少年了解与体验不同的新型垃圾处理技术。第二，有机垃圾处理中心是人们通过人类对于生产活动造成的环境问题反思人工建设的工业厂区，荒野景观的建设是倡导以自然为主导的伦理观念，它的建设为人与自然互动提供了新的可能性，为人探索与了解自然提供了新模式，人们在荒野环境中游憩、活动、感知能够连接城市与自然的断裂，以启迪人们对于环境问题的反思，认识到自然的价值与力量。

4. 人工过渡性边界构建

（1）活动频率与荒野度的关系

在城市空间中，人们的活动频率对于自然自身的繁衍和生长是息息相关的。在不同的活动频率区域内，相对应的自然环

过渡形式划分			表1
空间形态 边界过渡形式	平行	垂直	交错
平面形态	点状	线状	面状
方向性	单向	双向	多向
介质	硬性	软性	混合

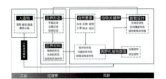

图2 人造界面——植被过渡模式（来源：自绘）

厂区荒野度评估					表2
荒野度评估	交通通达度	人类活动频率	距住宅远近	景观功能需求	绿地面积
生活区	高	高	近	高	大
厌氧发酵区	高	低	近	高	小
双氧气肥区	高	低	中	高	中
废水处理区	低	低	远	低	中
生物柴油区	高	高	远	低	大

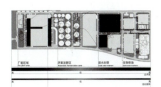

图3 厂区荒野度评估（来源：自绘）

图4 "梦境的回归"手绘（来源：自绘）

境状态也会随之发生改变，在活动频率较高的区域内，如需满足人们的多种需求，交往空间、活动空间、通行空间相对应的荒野度会降低；在人们活动频率较低的区域内，荒野度则会随之升高。通过对不同区域活动频率的评估后再具有针对性地进行荒野景观设计是荒野景观设计的重要前提，既满足人们的日常所需，又将荒野景象带入人们的日常生活。

（2）人造界面植被过渡模式

工业厂区不同于自然废弃地、自然湿地等，其需满足基本的活动需求，由于不同的区域所针对的荒野化程度不同，在人类干扰性活动较强的区域，构建人工界面过渡研究，是最大化地将人工环境与自然环境相结合，为自然提供生长界面与平台，结合植被野化模式，构建城市野境。[12]（表1、图2）

五、北京通州有机垃圾处理中心景观设计

（一）前期分析

1. 企业文化

朗坤环保集团成立于1999年，是一家以区域综合环境服务的模式从事环保事业的企业，服务范围包括有机固体废物整体解决方案、环境修复整体解决方案、污废水处理、工业废物综合处理处置等环保项目的技术咨询、设计、投资、建设、监督与运营管理。

（1）名称："朗坤"取自"朗朗乾坤"，人与自然和谐共处。LEOKING 蕴涵保护环境之坚定信念、强大的执行力以及环保资源化方向领跑者的王者风范。

（2）标识：朗坤的 LOGO 是由狮王、地球、水元素、太极和金币五大核心元素组成。雄狮的造型呼应企业名称，LEO-KING（狮王），代表勇敢、卓越、创新和领跑者。圆形的图形结构似地球，以地球的寓意乾坤，雄狮捍卫地球母亲；曲线又似水波，色彩以深浅不同的水蓝色为主，体现洁净、环保，寓意朗坤是环保事业的践行者；黄色寓意财富，体现朗坤通过实施业务生态环境园和环境工程等业务企业创造效益、为社会创造价值，自身获得成长。

2. 场地现状条件分析

设计场地位于北京通州区近廊坊位置的通州区永乐店镇，再生能源发电厂东侧的

环卫设施预留用地内，旁为生活垃圾焚烧厂。全年四季分明，整体降水量较少集中在夏秋季节，光照时间较长，环境空气整体干燥。气候周围地块多为种植林地，场地周围现有植被：槐树、松树、白蜡、柳树、紫叶李、海棠、柳树、榆树、桃树、栾树、银杏、杨树、梧桐、枫叶、核桃、野杏、黄檀、元宝枫。

3. 厂区景观荒野度评估

整个厂区以原始的有机垃圾处理功能空间划分为6个区域，生活区、综合处理区、厌氧发酵区、双氧气膜区、废水处理区、生物柴油区。（表2、图3）

（二）厂区设计目标与定位

北京通州有机垃圾处理中心项目力争成为国内一流有机废弃物精品标杆项目，兼具接待中央领导参观的功能。在保证其原有的作业需求和消防安全下，从文化、生态、艺术的等多方面对场地进行设计，赋予其独特的景观特征，搭建传播新型垃圾处理方式平台，营造具有生态环保的景观环境，将"自然的力量"传递给参观者，使参观者与生产工人能够感受自然与人工之间的冲突，激发人们对于当下生存环境的思考。

（三）整体景观设计

将人们的对于环境感官体验将厂区划分为梦境的回归、原野的呼唤、花境的召唤、溪涧的回音。厂前广场——"梦境的回归"作为核心自然环境体验感受区域，建立生态坡模拟自然从林地到灌木草地再到石漫滩然后到水域的自然过渡过程（图4）。以乔木、灌木、草本、藤本植物结合打造丰富多样的荒野景象。厌氧发酵区——"原野的呼唤"是将自然草甸的样貌进行刻画描绘（图5），空间内只满足通行与观赏的需求，将人工干扰最大程度降低。双氧气膜区——"花境的召唤"废水处理与生物柴油区——"溪涧的回音"（图6、图7）。

1. 绿地空间类型

有机垃圾处理中心的景观绿地主要依附于厂区的附属绿地，整体绿地面积较小，主要是为了满足工业厂区的绿化指标，通过植物种植改善周围的环境条件，满足工业厂区的绿化要求，其中绿地主要划分为集散广场、小型活动绿地、道路边缘带状绿地、厂房周围环状绿。

2. 植物种植

植物种植主要以功能性植物为主，观赏性植物为辅。在植物种植方面，首先满足绿化指标问题即工业厂区与周围环境之间的隔离绿化，其中隔离绿化主要是满足滞尘、降噪等功能。主要分布在整个厂区周围，主要乔木以乌桕、女贞、臭椿、侧柏、珊瑚树、海桐为主。有机垃圾处理中心厂中综合处理中心运输垃圾道路线上，该区域空气异味严重，需要在道路两侧种植抗氯化物与抗氧化物的抗性植物，并且同时种植芳香型植物，主要以大叶黄杨、侧柏、白榆、悬铃木、槐树、天幕琼花、万寿菊、海桐、杜仲、连翘、木槿、紫薇、桂花、榆树、紫荆、紫穗槐、地锦[13]。罐区的植物种植以低矮的常绿灌木与地被植物为主，不宜种植落叶乔木与落叶灌木，主要为大叶黄杨、小叶黄杨、雀舌黄杨、凤尾兰、铺地柏、棣棠、海仙花。

图 5 "原野的呼唤"手绘（来源：自绘）

图 6 "溪涧的回音"手绘 1（来源：自绘）

图 7 "溪涧的回音"手绘 2（来源：自绘）

3. 生态系统

工业园区生态建设需要因地制宜，根据不同的基础生态条件发展相适应的生态景观，与周围生态环境相协调，通过分析周围环境生态要素，即水文、地质、植物、气候、生物等多种生态因子共同构建生态链条。有机垃圾处理中心对于自然环境来说，是高频的人类活动区域，同样会对自然环境造成一定的影响，基于该地域的特殊性，自然景观的生态性则尤为重要。将各生物种放置在适宜的环境条件下，以激活其本身在生态链中的作用。构建生态链条时，以整体园区为核心，不同区域的小型生态系统为辅助，层层递进，形成完整的横向与纵向生态链。

4. 道路交通系统

工业园区道路建设需在满足地方以及国家工业园区消防规范的基础上进行道路设计，有机垃圾处理中心功能区域较多，需要高效协同配合，道路主要分为空中运输、消防道路、通行道路与行人道路。空中运输通道主要是运输厂区内部的分解生物质，到达不同功能区块进行处理。线路建设的材料应当使用安全系数高、隔热、耐腐、坚固的刚性材料，运输管道为等离子分期处理管道线路，要求能够最大化地将每个不同区域之间的功能实现联通。通过增加空中参观步道激活厂区景观节点，串联整体景观叙事过程。

参考文献

[1] (美) 罗尔斯顿 . 哲学走向荒野 [M]. 长春：吉林人民出版社 ,2000.

[2] (英) 安娜・桥根森 . 城市荒野景观 [M]. 北京：中国建筑工业出版社 .2012.

[3] DiTommaso, A. The wildeor downtown：Exploring wilderness remnants in urban America(Doctoral dissertationl). Polytechnic University of Catalonia, Barcelona,2014.

[4] 邵钱涵，徐欣瑜，袁嘉 . 城市荒野景观：内涵与价值审视 [J]. 景观设计学 ,2021,09(01)：15.

[5] 王晞月 . 城市缝隙：人居语境下荒野景观的存续与营造策略 .[J] 城市发展研究，2017，24（07）.

[6] Rupprecht, C. D. D., Byrne, J. A., Garden, J. G.etc.Informal urban green space： A trilingual systematic review of its role for biodiversity and trends in the literature. Urban Forestry and Urban Greening,2015. 14(4), 883-908. doi：10.1016/J.UFUG.2015.

[7] 康正果 . 生命的嫁接 [M]. 生活・读书・新知三联书店 ,2002.

[8] Berman, M.The Recnchantmcnt of the World .New York: Vintage Books,1984.

[9] 茵戈・科瓦里克 . 与荒野共生 . 城市绿地的发展前景 [J]. 景观设计学，2021(01)：49-50.

[10] 餐余垃圾综合处理工艺分析研究 [D]. 广州：华南理工大学 ,2013(12)：14-20.

[11] Diemcr M，Held M，Hofmeistcr S. Urban wilderness in Central Europe，International Journal of Wilderness, 2003, 9(3)：7-11.

[12] 袁嘉、游奉溢、侯春丽、等 . 基于植被再野化的城市荒野生境重建——以野花草甸为例 [J] 景观设计学 ,2021.09(01)：28-29.

[13] 北京市质量技术监督局 .DB11/T 1100—2014 城市附属绿地设计规范 [S]. 北京 . 北京市质量技术监督局 ,2014.

学生感想：

九月的北京，天儿已经逐渐凉了下来，安置下来住所，开启了为期四个月的北京工作站时光，虽然短暂，但是十分充实，不同于以往的体验，让我切身体会到实际的工作与校园象牙塔生活之间的差异。

非常荣幸能够进入北京侨信装饰工程设计院有限公司跟随韩居峰老师实习。通过北京通州有机垃圾处理中心等实际项目，获取了我在校内的日常学习中不常接触到的专业领域知识，习得了企业内高效、标准的工作方法，这对于我今后的研究生学习阶段以及就业的阶段都将产生深远的影响。感谢与我同公司，来自西安美术学院的傅慧雪同学，相互交流帮助了我对于课题的理解，促进了彼此的进步，一起度过每次课题汇报前紧张的准备时光。同时，感谢公司的邹总、饼哥、苏哥在全过程中给我的教导。

在这个过程当中，我不仅对知识与技术有了进一步的了解，更重要的是自我的成长过程，是在不断与他人交流中碰撞、传递、分解、组合的过程；是在不断试错下，修正自己的方向；是在不断坚持下，调整自己的心境；是在不断努力下，超越原来的自己。在北京的生活结识了许多来自不同院校的优秀同学：钟灵毓秀的刘霁娇、才思敏捷的李硕、沉着冷静的崔守铭、玉树临风的李赫、活泼开朗的傅慧雪，大家拥有不同的教育背景，彼此相互学习，相互激励，相互进步。我们从逛游清华园到安藤忠雄的展览再到参观首钢园，一起经历了北京的寒冬，结下了深厚的友谊，希望我们以后还能保持持续地交流与沟通。

最后，感谢导师潘召南为大家搭建的工作站平台，是这个平台让我经历了四个月有趣又丰富的实际工作时光，专注于课题研究、更加深入地进入到实际项目当中，完整了自己的经历，填补了学生生涯中的一点空白。

如今，再回想起那几个月的时光，仿佛回到了在安藤忠雄的光之教堂中，我离那十字架的光更进了一步。

校内导师潘召南评语：

赵骏杰同学自 2021 年 9 月进入北京校企联合培养研究生工作站学习期间，认真勤勉，师从知名设计师韩居峰老师。学习期间，他积极向企业导师求教，并主动向学校导师汇报学习进展情况。通过进入导师的实际项目——北京有机垃圾处理中心环境设计工作团队，在理论研究和设计实践等方面得到具体的锻炼，明确了自我学习的方向，也弥补了自己在相关知识方面的不足。在企业团队与项目现场的反复磨炼中很好地完成了每个阶段的研究任务，综合能力得到明显提升。论文《有机垃圾处理中心荒野景观设计研究》，选题具有一定新意，以荒野景观理论为切入点，对垃圾处理中心这一特殊的环境展开具有反向社会教育意义的景观设计思考，体现了专硕应有的理论研究与实践创新能力，为后续的毕业论文和毕业设计打下了良好的基础。

指导教师：四川美术学院 潘召南教授　　2022 年 3 月 22 日

图书在版编目（CIP）数据

再启：产学融合研究生培养探索与实践 = Reboot Exploration and Practice of Graduate Education Integrated with Industry and Learning / 潘召南等著．-- 北京：中国建筑工业出版社，2022.6
ISBN 978-7-112-27553-3

Ⅰ．①再… Ⅱ．①潘… Ⅲ．①研究生教育－产学合作－人才培养－研究－中国 Ⅳ．①G643

中国版本图书馆CIP数据核字（2022）第109965号

本书为研究生校企联合培养的模式、管理机制和培养案例解读。研究生校企联合培养是四川美术学院六年前首次开展的创新型研究生培养模式。经过几年的培养和实践，这种模式已经成为多所院校研究生培养的教学模式，同时联动几所院校共同开展相关校企培养活动，并将企业的地点、企业方向等做了扩充，从规模到导师都有了增加，并形成了多元产业结合的社会实践模式。为设计专业研究培养的方向打开了新思路，是教学和实践的良好结合，也为我国高校的研究生培养提供了一定的借鉴意义。本书适用于环境设计、艺术设计专业师生、相关从业者、设计管理人员及相关专业爱好者阅读参考。

责任编辑：唐　旭　张　华
文字编辑：李东禧
书籍设计：汪　泳　申梦倩
责任校对：土　烨

再启 产学融合研究生培养探索与实践
Reboot Exploration and Practice of Graduate Education Integrated with Industry and Learning
潘召南　张宇锋　彭海浪　等　著
Pan Zhaonan, Zhang Yufeng, Peng Hailang, et al.

*

中国建筑工业出版社出版、发行（北京海淀三里河路9号）
各地新华书店、建筑书店经销
天津图文方嘉印刷有限公司印刷

*

开本：889毫米×1194毫米　1/20　印张：19$^{1}/_{5}$　字数：617千字
2022年6月第一版　　2022年6月第一次印刷
定价：165.00元
ISBN 978-7-112-27553-3
　　　（39633）

版权所有　翻印必究
如有印装质量问题，可寄本社图书出版中心退换
（邮政编码 100037）